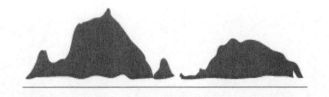

# 일본 의회 의사록이 인정하는
## '다케시마'가 아닌
# 한국영토 독도

최 장 근

제이앤씨
Publishing Company

# 프롤로그

한국은 삼국시대 이래의 역사적 권원에 의거하여 독도를 한국영토로서 실효적으로 관리하면서 주권행사를 하고 있다. 그런데 일본은 독도에 대해 〈다케시마(竹島)〉라는 이름으로 "역사적으로나 국제법적으로 일본영토임에도 불구하고 한국이 무력으로 불법적으로 점거하고 있다"고 비난하면서 영유권을 주장하고 있다. 최근 일본 시마네현 의회가 일부 민족주의자들에 의해 선동되어 2005년 '죽도의 날'의 조례를 제정했다. 이를 기점으로 일본에서는 다시 독도에 대한 영유권의 목소리를 높이고 있다. 일본정부도 시마네현의 선동에 동조되어 관련부처인 외무성은 대외적으로 한국을 비롯해 세계 각국에 선전활동을 하고 있고, 문부성은 대내적으로 학교교육을 통해, 그리고 언론사는 매스컴을 통해 일본국민들을 향해 '죽도'가 일본영토라고 영유권 교육을 시키고 있다. 이러한 노력의 성과는 최근 일본정부의 여론조사에 의하면 일본국민들 중 60% 이상이 '죽도는 일본영토'라고 생각하게 되었다고 한다. 이처럼 최근의 일본정부는 '죽도' 영유권 주장으로 한국의 주권에 대한 도전을 하고 있다. 그렇다면 과거의 일본정부도 마찬가지로 이 같은 영유권 활동을 했을까?

본서는 이러한 문제의식을 갖고 과거 일본정부와 정치권이 독도 영유권에 대해 어떠한 인식을 갖고 있었는지에 대해 일본의회의 의사록을 분석하여 그 답을 찾으려고 한다.

한국은 일본이 패전한 후 바로 독립과 더불어 독도를 실효적으로 점유하여 영토로서 관리하면서 주권을 행사해왔다. 일본 국회에서는 한국의 독도 점유에 대해 야당 전문위원들이 일본정부에 대해 일본정부가 '죽도' 영유권을 포기한 것이 아닌가? 라고 추궁하여 양자 간에 논쟁이 벌어지고 있었던 것이다.

그래서 본서에서는 3부로 구성하여 제1부는 〈샌프란시스코 평화조약 시기의 일본국회의 공방〉, 제2부는 〈한일협정 시기의 일본국회의 공방〉, 제3부는 〈한일협정 직후 시기의 일본국회의 공방〉으로 나누었다. 그 이유는 독도문제가 한일 양국 간에 논란이 된 시기가 바로 〈대일평화조약〉과 〈한일협정〉이었기 때문이다.

일본 국회에서도 이 시기에 독도문제를 둘러싸고 여야간에 논쟁이 격렬하게 대립되었다.

주된 논점은 야당 전문위원들이 일본정부의 주장에 대해 〈대일평화조약에서 '죽도'가 정말 일본영토로서 처리된 것이 확실한가?〉, 〈이승만라인은 정말 불법적인 것이 맞는가?〉, 〈미일행정협정에서 '죽도'가 정말 일본영토로서 처리된 것은 맞는가?〉, 〈한일협정에서 '죽도' 영유권을 정말 포기하지 않았나?〉라고 추궁하는 것이었다.

이들 양자 간의 논쟁 속에는 주목할 의미심장한 내용들이 많이 포함되어 있다. 심지어 일본정부가 독도의 영유권을 포기하지 않았을까? 하는 의심마저 드는 부분도 많다. 따라서 본서의 집필 의도는 국회에서의 일본정부와 야당전문위원 간의 논쟁을 분석하여 일본정부의 영유권 인식을 검토함과 동시에 독도문제의 본질을 고찰하는 것이다.

일본정부의 독도정책에 의해 한일 양국 간에 사안이 대두될 때마다 일본의회에서는 야당 전문위원들이 그 진위여부에 대해 정부를 추궁했다. 그때마다 일본정부는 대체로 일본국민들이 원하는 국익을 관철시키지 못해 실제의 내용과는 달리 형식적인 변명으로 '죽도를 일본영토로서 철저히 관리하고 있다.'라는 식의 답변으로 일관하면서 진땀을 흘리며 곤혹스러워하는 태도를 취했다.

그 내용을 정리하면 대체로 다음과 같다. 〈대일평화조약〉에 대해, 일본정부는 '죽도'가 일본영토로서 결정되었다고 주장했다. 그러나 야당 전문위원은 일본정부가 제시한 〈대일평화조약참고도〉를 지적하면서 정부의 주장을 비난했다.

〈이승만라인〉에 대해, 일본정부는 이승만 대통령이 불법적으로 선언한 경계선이라고 주장했다. 그러나 야당전문위원은 '일본의 영토를 이웃나라가 불법적으로 점거를 하고 있음에도 불구하고 일본정부가 방관하고 있는 것은 주권국가라고 할 수 없다'라고 일본정부의 소극적인 독도정책을 비난했다.

〈미일행정협정〉에 대해, 일본정부는 미일행정협정에 의해 '죽도'가 일본영토임을 미국이 인정했다고 주장했다. 그러나 야당 전문위원은 미국이 폭격사건으로 독도에서 조업 중이던 한국인이 사망한 사건에 대해 한국의 항의를 받고 폭격훈련을 중지한 것은 미국이 '죽도'를 한국영토로 인정하고 있기 때문이 아닌가? 라고 비난했다.

〈한일협정〉에 대해, 일본정부는 한일 양국이 〈분쟁해결에 관한 교환공문〉에 의해 '조속한 시일 내에 죽도문제를 외교적으로 해결하기로 했고 만일 그것이 이루어지지 않을 경우에는 제3국의 중재로 해결한다'고 합의했다고 주장했다. 그러나 야당전문위원은 일본의 영토에 한국인이 불법으로 점령하고 있음에도 불구하고도 한 번도 한국정부에 대해 독도문제 해결을 위한 외교교섭을 요구하지는 않고, 단지 '아직 외교적 해결을 위한 시기가 아니다' 라고 일관적으로 변명하는 것은 '죽도'를 영토로서 포기한 것이 아닌가? 라고 비난했다.

위와 같이 사실상 일본정부는 '죽도' 영유권에 대해 표면적인 주장과는 달리, 제2차 세계대전 종전직후, 연합군의 SCAPIN 677호 조치로 한국이 독도를 실효적으로 점유하게 된 상황에서 대일평화조약이 체결되어 독도가 일본영토로서 결정되지 않았다는 사실을 잘 알고 있었다. 그리고 대일평화조약 체결 직후, 한국 대통령 이승만이 평화선을 선언하여 8해리 영해를 확보하고, 일본어선의 출입을 금지하여 배타적으로 관리한 것은 연합국의 정책의 연장선상에 있었기 때문에 일본이 이를 물리적으로 제거할 수 있는 상황이 아니었다는 사실도 잘 알고 있었다. 게다가 사실상 한국 실효적 관리를 묵인할 수밖에 없었던 일본정부는 한일협정에서 한국정부가 독도영토문제가 존재하지 않는다고 하는 입장을 저지하지 못하고 한일협정을 체결했다는 사실에 대해서도 잘 알고 있었다. 그래서 사실상 한일협정 이후, 일본정부는 점유에 의한 한국의 실효적 독도 관리를 묵인할 수밖에 없었던 것이다. 이러한 이유 때문에 일본정부는 1999년 1월 신 한일어업협정이 체결될 때까지 '죽도' 영유권 주장에 아주 소극적으로 대응했던 것이다.

그런데 오늘날 일본정부가 '죽도' 영유권을 강하게 주장하는 것은 후속세대들의 우경화된 편협한 내셔널리즘에 의해 이러한 역사적 배경을 제대로 이해하지 못하여 발생한 것이다. 게다가 현재의 일본사회가 천황제를 바탕으로 우경화되어 있기 때문에 천황제가 존속하는 한 일본정부는 '죽도'의 영유권을 포기하는 것은 불가능하다.

그렇다면 한국정부는 어떻게 대응해야 하는가? 우선 현재의 일본정부가 전 정권들의 독도정책에 대한 역사적인 배경을 제대로 이해하도록 하여 독도가 한국영토임을 인정하도록 하는 것이다. 또한 한일관계에 있어서 한국이 더 이상 독도의 영토주권에 관련되는 어떠한 양보도 있어서는 안 되며, 일본의 어떠한 도발에도 묵인하는 일이 없어야 할 것이다.

필자는 본서를 통해 한일 양국국민은 물론이고, 국제사회가 독도의 본질에 대해 제대로 이해하도록 하여 미력하나마 독도문제 해결에 도움이 되기를 간절히 바란다.

마지막으로 대구대학교 독도영토학연구소의 독도연구 시리즈인 본 서출간을 기꺼이 허락해주신 제이앤씨 윤석현 사장님께 진심으로 사의를 표하고자 한다.

2013년 12월 20일
독도영토학연구소에서 저자씀

# 제3부
## 한일협정 직후 시기의 일본국회의 공방

# 제1부
# 샌프란시스코
# 평화조약 시기의
# 일본국회의 공방

일본정부의
대일평화조약에서
'죽도'영토 확립의
제1장 억측 주장

## 1. 들어가면서

대일평화조약이 1951년 9월 연합국과 일본 사이에 체결되었다. 조약 원안에는 독도의 지위가 명확히 규정되지 않았으며 이승만대통령이 평화선을 선언하여 독도에 일본인의 상륙을 막았다. 일본은 한국정부의 조치를 인정할 수 없다고 하여 '죽도'[1] 영유권을 주장해왔다. 이로 인해 독도를 둘러싸고 한일 간에 독도분쟁이 일어났으며 양국 간에는 대일 평화조약에서의 독도지위를 둘러싸고 공방이 시작되었다. 일본은 일본 영토에서 제외되는 섬으로서 「제주도, 거문도, 울릉도」로 한정되었기 때문에 독도가 일본영토로서 처리되었다는 주장이다. 한국은 독도가

---

1) 본 연구에서는 한국의 입장에서 언급할 때는 '독도'라고 표기했고, 일본의 입장에서 언급할 때는 '죽도'라고 표기한다.

울릉도의 부속도서이기 때문에 규정되지 않았다고 주장했다. 한편 한국정부는 평화선을 넘어오는 일본어선을 나포한다는 경고와 더불어 실제로 일본선박을 나포했고, 독도에 접근하는 일본선박에 대해서는 접근을 막기 위해 총격을 가했다.

일본정부는 한국의 독도 실효적 점유에 대해 강력히 대응하지 않았다. 단지 일본의 고유영토라는 주장만 반복했다. 일본국회는 이러한 일본정부의 대응에 대해 유약한 외교자세라고 비난하자 헌법상 무력으로 분쟁해결을 할 수 없다는 조항을 내세워 평화적 해결을 해야한다고 주장했다. 이에 대해 일본국회의 야당 전문위원들은 한국의 총격행위는 일본의 고유영토에 대한 침략행위이며 일본의 영토주권에 대한 도전이라고 하여 정부의 강력대응을 주문했다. 여기서 한국이 독도를 점유하여 일본순시선에 대해 포격을 가했음에도 불구하고 왜 일본정부가 강력히 대응하지 않았을까? 여기서 일본정부가 강력히 대응할 수 없었던 이유가 있음에 분명하다. 그것은 표면적으로는 대일평화조약에서 죽도가 일본영토로 결정되었다고 주장하지만, 실제로 연합국 측이 오히려 한국의 실효적 점유를 인정했다는 것이다.

대일평화조약의 비준국회에서 '죽도' 영유권문제를 처리하는 과정에서 일본정부가 어떠한 자세로 임하였는가를 살펴보면서 영유권의 향방을 대략적으로 유추할 수 있다. 당시 야당 전문위원 가와카미는 1953년 11월 4일 국회에서 다음과 같이 회상하고 있다.

즉,「이런 문제를 둘러대서 애매한 상태로 두어서는 안 된다고 생각합니다.」[2]라고 전제한 후,「이 [미일행정협정에서 독도에 관해] 훈련지

---

2) 가와카미 위원의 발언,「중의원-외무위원회-5호, 1953년 11월 4일」, 동북아역사재단 편『일본국회 독도관련 기록 모음집』제1부 1948~1976년, 동북아역사재단, 2009, p.191.

지정과 제외의 문제는 죽도가 미군의 훈련지로 지정된 것에 대해 한국이 항의했고, 그 와중에 한국어민이 폭격 때문에 죽었고, 이런 사태까지 발생하자 한국은 미국당국에 더 거세게 항의를 했기 때문에 미국 공군사령관은 일본의 리스트에 들어가 있는 죽도를 훈련지에서 제외한 후에 이 사실을 한국에 통고한 것입니다. 이런 점은 분명히 하지 않으면 안 됩니다. 이런 일련의 과정을 생각해볼 때 확실히 애매한 부분이 있습니다. 도대체 미국의 의중은 어떤 것일까요? 이승만은 미국의 이런 태도를 보며 죽도가 한국의 영토라는 것을 미국 측이 인정하고 있는 것이라고 주장하고 있습니다. 일본은 죽도가 점령구역에서 제외되었을 당시에도 전혀 문제를 삼지 않았습니다. 또 한국으로부터 폭격에 항의가 있었기 때문에 제외했다고 하지만, 일본의 영토라면 일본영토에 한국이 제멋대로 들어와서 폭격의 피해를 입은 것으로 이것은 어쩔 수 없는 이야기입니다. 일본의 영토라고 한다면 거기서 물고기를 잡다가 훈련 때문에 죽었을 경우에 저쪽에서 불법조업을 하다가 죽은 것이기 때문에 항의 같은 게 성립할 리가 없는 것입니다. 그런데 항의를 받고 이 죽도를 리스트에서 제외한 것은 미국이 죽도를 한국영토로 생각했다는 해석이 성립되는 것이다. 이러한 상당한 의문을 남겨두고 단호한 조치를 한다거나 혹은 경우에 따라서는 무력도 사용할 수 있다는 말도 하고 있습니다만 .......처음부터 이것은 애매한 형태로 남아있었습니다. 이런 상태에서 평화조약이 비준된 것입니다. 첫째 이 평화조약이 비준하던 당시에 제출한 그 지도, 그 뒤에 정부가 서둘러 취소했습니다만, 그 지도에는 일본영역참고도(日本領域參考圖)라고 쓰여 있습니다. 영역(領域)이라고 쓰여 있는 이 지도 안에는 분명하게 죽도는 제외되어 있습니다. 그런데 이것은 참의원 위원회에는 제출되지 않았고, 중의원에게는 제출되었습니다. 왜 제출을 하다가 중단한 것일까요? 이는 미국의 태도를 분명히 보여주고 있지 않다는 것의 반증입니다. 그렇기 때문에 오가타(緒方) 부총리께서 노농당(勞農黨)의 질문에 대해 평화조약에 의해 죽도는 우리 영토라고 대답하지 못하고 국제법에 따라 우리영토라고 대답하셨던 것입니다. 평화조약에서 확실히 정해져 있었다면 그렇다고 답변해도 되지 않았을까요? ... 이렇게 된 것은 정부의 책임이 아닐까요? 정부가 이 문제를 확실하게 처리하지 못해서 이승만정부가 거세게 항의를 했고 미국은 이점을 계기로 아시아인들이 서로 다투게 만들고 있습니다. 그리고 요시다(吉田)정부는 이를 활용해서 재군비의 열기를 부추기고 있다는 소리를 듣는 것입니다....... 미국이 확실한 것을 한마디도 말한 적이 없다고 말해둡니다... 또한 일본정부는 평화조약 상에서 죽도가 일본의 영토임을 증명한 자료를 (국회에) 제시해야함에도 불구하고 아직 제출을 하지 않고 있습니다.」[3]라고 했다.

당시 일본정부는 한국이 실효적으로 관리하고 있는 상황에서 미국의 도움으로 일본이 실효적으로 관리하는 상황으로 변경하려고 했다. 그러나 결국 일본정부는 한국이 실효적으로 관리하는 상황을 변경하지 못한 채, 독도 영유권문제에 관해 대일평화조약에서 다루지 않고 향후 한일 양국간에 처리할 것을 미국으로부터 주문받았을 가능성이 크다.

본 연구는 이처럼 미국을 비롯한 연합국이 대일평화조약에서 죽도가 일본영토라고 인정하지 않았음에도 불구하고, 일본정부는 그 이후 줄곧 평화조약에서 죽도가 일본영토로서 결정되었다고 주장했는데, 일본의 논리가 어디에 있는지에 관해 대일평화조약 직후의 국회의사록을 분석하여 고찰하는 것이다. 이처럼 국회의사록을 분석하여 대일평화조약에서 독도의 법적 지위에 관해 고찰한 연구는 없다.

---

3) 가와카미 위원의 발언, 「중의원-외무위원회-5호, 1953년 11월 4일」, 『일본국회 독도관련 기록 모음집』제1부, p.192.

## 2. 한국정부의 독도영유권 선언과 실효적 관리

### 2.1 영유권 확립에 대한 대일 성명과 독도에서의 조업 개시

일본이 제2차 대전에서 패전함으로써 연합국의 포츠담선언에 의거하여 한국은 독립되었고, SCAPIN 677호에 의거하여 독도를 실효적으로 점유하게 되었다. 대일평화조약의 초안을 작성하는 과정에서도 제1-5차 초안까지 독도를 한국영토로 처리했다.[4] 그런데 도중에 독도에 대한 영유권을 강탈하려는 일본은 미국에 접근하여 「독도와 한국영토와는 전혀 무관하고 오히려 일본영토로서 권원이 있다.」[5]는 식으로 거짓정보를 흘려 일본영토화를 시도했다. 일본의 침략적인 행동은 다소 미국을 움직이긴 했지만, 연합국의 핵심국가였던 영국을 비롯한 영연방국가까지 설득하는 데에는 실패했다. 1951년 9월 8일 대일평화조약이 체결되었다. 그런데 한국정부는 한국이 실효적으로 지배하고 있는 독도에 대해 1차-5차 초안(6차 초안에서 일본영토로 명시)에서 한국영토로서 명시되어있었던 것이 원안에서는 사라지고 없었던 것이다. 그리고 한일 양국 간의 어업에 관한 경계도 규정되어 있지 않았다. 한국정부는 국제사회의 관례에 의거하여 평화선을 선언했고,[6] 거기에는 연합국정책이었던 SCAPIN 677호에 의한 한일 간의 국경선과 맥아더라인에 의한 어업경계선으로 독도의 실효적 점유와 한국연안의 어업자원을

---

4) 김병렬(1998)「대일강화조약에서 독도가 누락된 전말」, 독도보전협회, 『독도영유권과 영해와 해양주권』독도연구보전협회, pp.165-195.
5) 최장근(1998)『일본영토의 분쟁』백산자료원, pp.33-71.
6) 구보타 간이치로(久保田貫一郎) 설명원의 발언, 「참위원 -수산위원회- 폐10호, 1953년 10월 27일」, 『일본국회 독도관련 기록 모음집』제1부, p.172.

확보했던 것이다. 일본정부는 즉각적으로 반발하여 평화선과 독도영유권을 인정할 수 없다고 주장했다. 한국의 평화선 조치는 연합국의 정책에 의거한 것이었는데, 연합국이 한국정부의 평화선 조치에 의한 죽도의 영토주권확립에 대해 방해하지 않았다. 그래서 일본의 정부공선(公船) 순시선이 독도에 접근하였을 때 총격을 가하여 격퇴했고, 일본어선의 평화선 침범에 대해서도 적극적으로 나포하거나 포로의 감금조치를 취했다. 한국정부의 이러한 조치에 대해 일본은 법적으로 대응할수 있는 수단이 없었고, 단지 한국정부에 대해 외교적인 수단을 통해중지를 요청하는 항의수준에 머물고 있었던 것이다.

## 2.2 한국정부의 일본의 죽도 관리조치에 대해 강력 대응조치

한국은 1945년 독립과 더불어 독도를 실효적으로 점유하여 그곳은 어민들의 어업기지가 되었다. 그런데 1953년 7월 4일 오다카 위원의 지적에 의하면「원래 죽도문제라는 것은 지난 5월 28일 시마네현(島根縣)의 죽도에 한국어선 10척과 어민 30명이 상륙하여 패류와 해조류를 어획하고 있는 것을 동현(同縣)소속 수산시험선 시마네마루(島根丸)가 확인한 후 바로 수산청에 보고한 지 1개월 정도가 지났습니다.」[7]라고 하는 것처럼, 일본은 1953년 5월 28일 일본순시선을 독도에 파견하여 독도에 상륙한 한국인 30명과 한국어선 10척을 확인했던 것이다. 이처럼 평화선 선언 이후 일본순시선은 독도에 한국인의 실효적 점유상황을 확인하고 있었던 것이다.

오카자키(岡崎) 국무대신의 1953년 7월 8일 발언에 의하면,「맨 처음 죽도에 한국어민이 있다는 것을 발견했던 것은 5월 28일입니다. 이

---

7) 오다카 위원의 발언,「수산위원회-9호, 1953년 7월4일」,『일본국회 독도관련 기록 모음집』제1부, p.85.

것은 시마네현(島根縣)의 시험선이 발견한 것이고, 그 후 6월 20일쯤에 해상보안청의 순시선이 죽도에 다시 갔지만 이때는 파도가 심해서 상륙하지 못했습니다. 그리고 6월 27일에 한 번 더 갔을 때 한국어민 6명이 있었기 때문에 퇴거를 요구했다고 합니다. 그러나 어민들은 날씨가 회복되어 자신들을 데리러 오는 배가 올 때까지 더 있게 해달라고 해서 이를 허락했고, 시마네현(島根縣) 오치군(隱地郡) 고카무라(五箇村)라는 푯말과 불법어업을 금지한다고 하는 푯말을 세워두고 왔습니다. 그리고 7월 1일 순시선이 다시 한 번 죽도에 가보니 이미 6명의 한국인은 없었으며, 세워두었던 푯말에도 아무런 이상이 없었다고 합니다. 외무성은 6월 22일에 한국대표부에게 이 죽도에 한국어민이 불법 상륙하여 불법어업을 하고 있었던 점을 지적하고 이의제기를 했습니다. 이에 대해 6월 26일 한국대표부로부터 죽도는 한국영토의 일부이며 따라서 일본 측으로부터의 항의를 받을 이유가 없다고 하는 답변을 보내왔습니다. 우리 측에서 한국의 주장에 대해 죽도가 당연히 일본의 영토라는 점에 대해서는 아무런 문제가 없기 때문에 재차 반박서면을 제출할 생각으로 지금 준비 중에 있습니다만, 한국 측도 군함을 파견한다든가 어쩐다 하여 상황을 복잡하게 만드는 일은 고려하고 있지 않는 것 같습니다.」[8] 또한 「6월 20일」[9]에 순시선을 그쪽에 보내본 결과 신문에 보도된 바와 같이 경관이 추가되었고, 그리고 그쪽에서 어업을 하고 있다는 사실을 알게 되었습니다. 이에 외무성은 각 부처와 연락을 취하여 30일에 우선 첫째로 일본의 영유권을 주장하는 구술서와

---

8) 오카자키 가쓰오(岡崎勝男) 국무대신의 발언, 「중의원 예산위원회 18, 1953년 7월 8일」호, 『일본국회 독도관련 기록 모음집』제1부, p.87.
9) 번역서에는 「7월 20일」「7월 30일」로 되어 있는데 이는 6월20일은 6월 30일의 오류라고 본다.

발포와 같은 부당한 행위에 대해 항의서를 한국대표부에 보냈습니다. 이 '6월 30일' 구술서에는 지금까지의 역사와 상대방이 오해하고 있는 점을 일일이 기재하여 죽도는 어디까지나 일본의 영토라는 주장을 반복한 것입니다. 또 한편 구술서에는 이 한국관민의 불법행위에 대해서 아주 엄중하게 항의하는 동시에 한국어민이 즉시 철거할 것을 요구하고, 또한 동시에 앞으로 이런 종류의 불법행위가 재발하지 않도록 한국정부에서 유효적절한 조치를 긴급히 취해줄 것을 기재한 것입니다.」[10] 라고 하여 일본은 한국의 독도점유상황을 확인했고, 또한 일본영토로서의 표식을 설치함과 동시에 한국정부에 대해 불법점유에 항의하였던 것이다.

한국 측은 일본순시선이 독도에 접근한 것에 대해 강력대응을 선언했다. 1953년 7월 16일 오다카 위원이 「어제(7월3일) 아사히신문에 의하면 한국이 죽도에 함정을 파견했다고 하는 제목의 기사가 실렸고, 2일자 로이터통신에도 한국 외무부 대변인이 2일 한국정부는 죽도에 해군함정을 파견하기로 결정했다고 발표했다는 소식이 있었습니다. 한국 측 주장에 따르면 이것은 최근 일본 측이 이 섬에서 한국의 어선 및 어민을 나포했기 때문에 이를 보호하기 위해서 라고 말했다고 합니다.」[11]라고 지적한 것처럼, 1953년 7월 2일 한국 해군선을 독도에 파견하기로 결정했던 것이다. 그러나 실제로는 파견되지 않았다고 한다.

한국관헌이 독도를 실효적으로 점유하고 있었는데, 1953년 7월 12일 독도에 접근하는 일본선박에 대해 발포하는 사건이 발생했던 것이다.

---

10) 고다키(小滝) 정부위원의 발언, 「중의원 수산위원회 12호, 1953년 7월 16일」, 『일본국회 독도관련 기록 모음집』제1부, p.100.
11) 오다카 위원의 발언, 「수산위원회-9호, 1953년 7월 4일」, 『일본국회 독도관련 기록 모음집』제1부, p.85.

국무대신 이시이 미쓰지로(石井光次郎)의 1953년 7월 15일 발언에 의하면, 일본선박발포사건의 진위에 관해서는 「이번에 문제가 된 7월 11일에 순시선 '헤쿠라'를 파견해서 12일 아침 5시 20분 동 섬에 도착해 본 결과가 한국어선 및 어부 다수가 섬에 들어와 있는 것을 확인할 수 있었기 때문에 감찰대를 상륙시키려고 준비하고 있던 때인 6시 15분 한국관헌 4명과 울릉도 경찰국 사람이 배로 다가와서 죽도를 한국영토라고 주장했습니다. 이에 우리는 죽도는 일본영토라는 것을 강조하고, 퇴거를 요청했습니다만, 물러서지 않고 마침내 8시에 본선은 앞서 얘기한 4명을 귀선 시킨 후 동 섬을 한 바퀴 돌아본 후 사카이 미나토(境港)쪽으로 돌아가려고 하고 있었습니다만, 갑자기 열 발의 총격을 받았습니다. 하지만 인명피해는 없었고, 본선에 2발의 탄흔이 남아 있는 것을 발견했습니다. 그 때 조사에 의하면 지난번 일본 측이 세웠던 푯말은 철거된 상태였고, 섬에 들어온 자는 약 14명이었는데, 그 안에 경찰관이 7명 있었던 것으로 추정되고 있습니다. 선박은 어선 3척, 전마선(傳馬船) 한척이 있었으며, 무기는 어선 1척에 자동소총 2개를 장착하고 있었고, 경찰관은 권총을 휴대하고 있었던 것으로 판단됩니다. 우리 배는 20일 17시 30분 사카이 미나토(境港)로 돌아왔다. 방금 상대의 배로부터 사격이 있었다고 했지만 사실 사격은 섬 중턱에서 행해졌으며 거리는 약 700미터 정도였다고 합니다. 또 진위여부는 알 수 없습니다만 이것은 위협사격이었던 것 같다는 이야기도 들었습니다.」[12]라는 것이었다.

이처럼 한국측의 관헌이 독도를 실효적으로 점유하여 일본이 독도에 세운 푯말을 제거하고 다시 한국영토로서 푯말을 세우고, 일본순시

---

12) 이시이 미쓰지로의 발언, 「참의원 본회의 22호, 1953년 7월 15일」, 『일본국회 독도관련 기록 모음집』제1부, p.93

선의 접근을 막기 위해 총격을 가하면서까지 독도를 영토로서 수호했
던 것이다.[13]

## 3. 일본정부의 평화선 선언에 대응한 일본영토론 주장

우선 평화조약에서 독도가 일본영토로 결정되었다고 하는 일본정부
의 주장과 이에 반박하는 전문위원들의 주장을 고찰해보기로 한다.

야마모토 위원은 1951년 2월 6일 대일평화조약이 체결되기 이전에
일본영토처리에 관해 「영토문제에 대해서는 현재 민감한 사안이기 때
문에 이렇다 저렇다 하지 않는 편이 좋겠다고 하는 외무당국의 이야기
도 있었고, 이 점에 대해서는 저도 같은 생각이지만, 단 여기서 염려되
는 것은 크게 유구(琉球)열도나 지시마(千島)열도 문제에 앞서 가고시
마현 오시마군이었던 사쓰난(薩南)제도, 아마미오시마(奄美大島)를 포
함한 사쓰난제도, 또는 지시마열도에 가까운 하보마이(歯舞), 시코탄
(色丹)과 같은 곳이 단지 위도문제 등으로 점령군의 관할하에 놓여 있
다는 점입니다. 시마네현(島根県)의 죽도와 같은 곳도 그런 곳입니다.
.... 만에 하나 그들 중 큰 곳이 일본으로부터 떨어져 나가는 경우에 있
어서도 ...... 이전부터 도도부현(都道府県)의 관할하에 있었던 곳은 일
본의 영토로 반환되어야 합니다.」[14]라고 하여 대일평화조약에서 일본

---

13) 「울릉도/독도연표」, 『독도박물관』, http://dokdomuseum.ulleung.go.kr/ board/
history/list.php, 최장근(2009) 「현대 일본의 독도 영토화를 위한 정치적
행위」, 『일어일문학연구』제68권 제2호, p.346-362.
14) 야마모토 위원의 발언, 「중의원-외무위원회-3호, 1951년 2월 6일」, 『일본

영토로서 규정되도록 해야한다는 제안을 행한 적이 있었던 것이다.

야마모토위은 대일평화조약이 체결되고 난 이후 1951년 10월 22일 일본국회에서 독도문제에 대해 「제3조와 관련되는 아주 구체적인 문제입니다만, 이번에 저희가 참고자료로 받은 '일본영역참고도(日本領域參考圖)'를 보면, 일본영역을 표시하는 선 안에 죽도가 정확히 포함되어 있습니다. 울릉도는 조선에 속하는 것이라고 해도 죽도는 원래부터 시마네현의 관할이었고 또한 중요한 어장을 이루고 있습니다.」15) 「이번 기회에 죽도가 우리 영토인지 혹은 울릉도에 부속되어 조선 등에 이전되어야 할 것인지에 대한 확실한 답변을 부탁드립니다.」16)라고 하여 일본정부가 배포한 일본영역참고도(日本領域參考圖)에는 '죽도'가 일본영토라고 포함되어 있었다는 것이고, 또한 죽도가 중요한 어장이기 때문에 죽도가 일본영토로서 처리되었는지에 대해 명확한 답변을 요구했다. 즉 다시 말하면 일본정부가 평화조약의 비준국회에서 사전에 돌린 일본영역도에 죽도를 일본영토에 포함시켜 회람시켰을 가능성이 크다. 이에 대해 정부위원 구사바(草葉)는 「현재의 행정구획에

국회 독도관련 기록 모음집』제1부, p.41.
15) 야마모토 위원의 발언, 「중의원-평화조약 및 미일안전보장....-6호, 1951년 10월 22일」, p.43. 그러나 일본국회에 배부된 '일본영역참고도(日本領域參考圖)'는 일본영역에서 제외되는 것과 일본영역에 포함되는 것 2종류가 배포되었던 것이다. 이와 관련하여 1953년 11월 4일 가와카미(川上)위원은 「평화조약을 비준할 때 국회에 제출된 부속지도라는 것이 있습니다. 그 부속지도를 봐도 죽도는 분명히 제외되어 있었습니다. 다른 라인이 그어져 있었습니다. 맥아더라인이 아닙니다. 별도의 선이 붙어 있었습니다. 이 선은 다른 곳의 행정구역을 나눈 선과 같은 선입니다. 이 문제에 대해서 정부는 모르는 척하고 있었습니다만, 이미 다 알고 있다고 생각합니다.」라고 하여 평화조약 비준국회에 제출된 「부속지도」에 이미 죽도가 일본영토에서 제외되어 있었다는 것을 주장했다.
16) 야마모토 위원의 발언, 「중의원-평화조약 및 미일안전보장....-6호, 1951년 10월 22일」, 『일본국회 독도관련 기록 모음집』제1부, p.43.

죽도는 제외되어 있습니다만, 이번 평화조약에서 죽도는 일본영토라는 점이 분명히 확인된 것으로 생각합니다.」[17]라고 하여 현재의 행정구역에는 죽도가 없지만, 평회조약에 의해 일본영토로 확정되었다고 주장했다. 이는 일본정부가 독도의 사실과 다른 내용을 국회에 보고한 것이다.

일본정부 측의 다케우치 하루미는 1953년 8월 3일 맥아더라인에 대해서는 「이 해당구역 또는 기타의 다른 어떤 구역의 국가통치권, 국경선 또는 어업권에 관한 최종결정에 대해 연합국의 정책을 표명한 것이 아니다.」라는 지령이 있는데 종전직전에 철폐되었고, 평화조약규정에서도 죽도가 한국령 안에 들어 있지 않기 때문에 이 평화조약의 규정만 보더라도 죽도가 우리 측의 영토인 점은 명백하다고 생각합니다.」[18]라고 하였지만, 사실상 맥아더라인은 최종적인 결정이 아니라고 하더라도 일본의 영토주권을 제한한 것임에 틀림없다. 연합국의 최종적인 영토권 결정은 대일평화조약에서 처리하게 되어 있었다. 그런데 대일평화조약에서는 사실상 한국이 독도를 실효적으로 점유하고 있는 상황을 제한하지도 않았고, 그렇다고 일본영토라고 적극적으로 해석되는 규정도 두지 않고 조약이 체결되었다. 이처럼 한국의 실효적 점유를 제한하지 않았다고 하는 것은 독도가 한국영토라는 것을 의미한다.

따라서 일본정부가 국회에 정확히 보고하려면 「연합국이 애매하게 처리하여 대일평화조약에서는 결론이 나지 않았다」[19]라고 하는 것이

---

17) 정부위원, 구사바(草葉)의 발언, 「중의원-평화조약 및 미일안전보장....-6호, 1951년 10월 22일」, 『일본국회 독도관련 기록 모음집』제1부, p.44.
18) 다케우치 하루미(竹内春海) 설명원의 발언, 「참의원-수산위원회-17호, 1953년 8월 3일」, 『일본국회 독도관련 기록 모음집』제1부, p.119.
19) 최장근(2008) 『독도문제의 본질과 일본의 영토분쟁 정치학』제이앤씨, pp.123-128. 최장근(2008) 『독도영토학』대구대학교 출판부, pp.83-90. 최

올바른 보고였을 것이다.

이시하라(石原幹) 정부위원은 1952년 2월 20일 죽도가 일본영토라는 것을 전제로 죽도문제가 해결되지 않을 경우에는 「죽도의 영토문제에 대해 아무리해도 의견이 맞지 않을 경우, 상대방도 이쪽도 충분한 반성과 이해를 구해야할 것이지만, 이른바 평화조약의 규정에 따라 해결책을 모색해 나가야 할 문제라고 생각하고 있습니다.」[20]라고 하여 평화조약의 규정에 따라 해결하면 된다는 것이다. 즉 일본정부측은 거듭 평화조약이 일본영토로 확정되었다는 주장이다. 일본정부가 이러한 인식을 국회에서 반복적으로 주장함으로써 일본의회에서도 일본정부의 주장을 아무런 반성 없이 수용하는 경향이 있었다.

국무총리 오카자키 가쓰오는 1953년 3월 5일 평화조약의 해석에 관해 「평화조약에는 일본이 권리, 권한 등을 포기해야하는 지역은 정해져 있습니다. 그 이외의 원래의 일본영토는 당연히 일본에 귀속되어야 마땅한 것입니다. 일일이 열거해 놓지는 않았습니다만 이것은 당연한 해석이라고 생각합니다.」[21]라고 하여 일본영토로서 포기해야 할 지역에 포함되어 있지 않은 '죽도'는 일본영토라는 주장이다. 또한 한국국방부가 "웨이란드 사령관이 1952년 2월 27일 독도가 한국영토라는 사실을 인정했다"는 발표에 대해서도 「죽도의 귀속은 명백한 일이기 때문에 의심할 여지가 없다고 생각합니다. 따라서 (한국 측이) 이런 저런 성명을 내도 이것은 결국 문제가 말끔히 해소될 것으로 생각하기 때문

---

장근(1998)『일본영토의 분쟁』백산자료원, pp.33-71.

20) 이시하라 정부위원의 발언, 「중의원-외무위원회-5호, 1952년 2월 20일」, p.46.

21) 오카자키 가쓰오(岡崎勝男) 국무대신의 발언, 「참의원- 외무·법무위원회 연합심의..........-1호, 1953년 3월 5일」, 『일본국회 독도관련 기록 모음집』 제1부, p.63

에 불필요하게 말꼬리를 잡고 논쟁하는 것은 상대방에게도 반 정도의 권리가 있는 듯한 인상을 줄 수 있기 때문에 특별히 어떤 것도 할 필요가 없다고 생각하고 있습니다.」22)라고 하여 죽도가 당연히 일본영토인 이상 무대응이 상책이라는 입장이었다. 사실 한국이 실효적으로 관리하고 있는 상황에서 일본총리의 이러한 발언은 업무태만이거나 아니면 독도에 대한 영토 주권 의식이 결여되었다고 볼 수 있다. 이에 대해 다테 겐이치로는 「한쪽에서 그런 성명을 발표했는데, 아무것도 하지 않고 방치해 두었다가 그 성명이 효력을 갖게 될 걱정은 없습니까?」23) 라고 하여 영유권을 주장하는 상대방을 묵인한다는 것을 영유권을 인정한다는 것이 아닌가라는 비판이었다.

야당위원의 죽도영유권에 대한 강력한 대응조치요구에 대해 1953년 7월 8일 국무대신 오카자키는 「평화조약에서 일본이 포기했던 영토 등은 명기되어 있습니다만, 어떤 섬이나 토지에 대해서는 권리나 권원을 포기한다고 하는 것은 명기하고 있지 않습니다. 이 죽도는 사람이 살수 없는 바위입니다만, 쓰시마(対馬)나 사도가시마(佐渡島)와 마찬가지로 일본의 영토라는 점에는 문제가 없습니다. 한국 측에도 충분히 이 점을 인식시키려고 애를 쓰고 상대방의 반성을 촉구하고 있습니다만, 동시에 평화조약의 조인국에 대해서도 죽도가 일본의 영토라는 점에 대한 확인을 구해야한다고 생각하고 있습니다.」24)라고 하여 영토

---

22) 오카자키 가쓰오(岡崎勝男) 국무대신의 발언, 「참의원- 외무·법무위원회 연합심의..........-1호, 1953년 3월 5일」, 『일본국회 독도관련 기록 모음집』 제1부, p.62.
23) 다테 겐이치로의 발언, 「참의원- 외무·법무위원회연합심의..........-1호, 1953년 3월 5일」, 『일본국회 독도관련 기록 모음집』제1부, p.63.
24) 오카자키 가쓰오(岡崎勝男) 국무대신의 발언, 「중의원 예산위원회 18호, 1953년 7월 8일」, 『일본국회 독도관련 기록 모음집』제1부, p.88.

분쟁의 소지가 있는 독도의 성격을 쓰시마(対馬)나 사도가시마(佐渡島)와 같은 일본 국내의 다른 섬과 동등한 성격으로 변경하여 죽도도 일본영토임을 강조했다. 또한「조인국」즉 미국과 영국 등의 연합국에 대해서도 죽도가 일본영토라는 사실에 동조하도록 노력하고 있다고 주장했다.

사실 쓰시마(対馬)나 사도가시마(佐渡島)와 같은 섬은 전후 연합국 측이 결정한 SCAPIN 677호나 그 이외의 조치에 의해 한국이나 다른 제3국이 영유권을 주장하는 섬이 아니다. 이처럼 독도는 이들 국내의 여러 무명의 섬들과는 달리, 일본이 영유권을 주장하여 한국과 첨예하게 대립되는 섬임에도 불구하고 평화조약에서 그 지위를 명확히 하지 않았다는 것은 연합국이 지위결정을 회피했다고 보는 것이 타당하다. 쓰시마(対馬)나 사도가시마(佐渡島)와 동일한 성격으로 보는 것은 잘못이다.

정부위원 시모다 다케소는 1953년 3월 5일 평화조약을 더 구체적으로 해석하여「우선 평화조약 제2조에는 조선영토를 규정하고 있습니다. 다른 조항에서는 보코제도(澎湖諸島), 지시마열도(千島列島), 신난군도(新南群島), 세이샤군도(西沙群島) 등에 관해 애매한 표현을 사용하고 있습니다만, 조선에 관해서는 어디가 조선인지를 확실히 써놓고 있습니다.「제주도(濟州道), 거문도(巨文島) 및 울릉도를 포함하는 조선에 대해서....」,「그러므로 조선 본토와 이 세 섬을 한정적으로 거론한 점은 더욱더 일본의 논거를 강화하는 규정이 아닌가 생각합니다.」[25]라고 하여 조선영토의 규정에 죽도가 포함되어 있지 않기 때문에 평화조약상의 죽도는 일본영토로 해석된다는 것이다.

---

25) 시모다 다케소 정부의원의 발언,「참의원- 외무·법무위원회연합심의..........-1호, 1953년 3월 5일」,『일본국회 독도관련 기록 모음집』제1부, p.66.

사실은 평화조약은 한국이 독도를 실효적으로 점유하고 있는 상황
에서 연합국측이 독도지위에 대한 언급을 회피했던 것이다. 따라서 다
케소의 주장은 죽도가 일본영토라는 것을 전제로 해석하고 있기 때문
에 그것은 사실과 다른 내셔널리즘적인 발상에 의한 영유권 주장이라
고 하겠다.[26]

## 4. 일본정부의 한국에 대응한
## 일본영토로서의 논리계발

한국정부는 평화조약에 의해 일본영토가 되었다고 주장하는 일본정
부의 논리에 한국영토로서의 권원을 제시했다. 이에 대해 일본정부는
한국의 논거에 반박함과 동시에 일본영토로서의 근거를 제시했다.

1952년 1월 18일 이승만 대통령이 평화선을 선언했고, 일본정부는
한국대표부에 1월 28일 구술서로 항의했다. 이로 인해 한일 간에 독도
문제가 분쟁으로 표면화되었다. 한국 측은 이승만라인에 대한 일본 측
의 항의를 받고 12월 12일 구술서를 통해 독도가 한국영토라고 반박했
다. 내용인즉,「그 구술서에 따르면 한국정부는 수세기동안 조선에서
독도(獨島)라고 알려져 있는 리앙쿠르암의 영유에 관해 여기서 자세히

---

26) 高野雄一(1962)『日本の領土』東京大学出版会, pp.347-349. 毎日新聞社編
(1952)『対日平和条約』毎日新聞社, pp.3-21. 川上健三(1966)『竹島の歴史
地理学的研究』古今書院, pp.281-282. 太寿堂鼎(1966)「竹島紛争」,『国際
法外交雑誌』第64巻 4-5合併号, p.130. 塚本学(1996)「竹島領有権問題の経
緯」,『調査と情報』第289号, p.3. 塚本学(2002.6)「竹島領有権をめぐる日
韓両政府の見解」,『レフアレンス』2002年6月号, p 53. 下條正男(2004)『竹
島日韓どちらのものか』文春親書377, 文藝春秋, pp.1-188.

논의할 생각은 아닙니다만, 1946년 1월 19일자 연합국 최고 사령부 훈령(SCAPIN) 제677호[27])에 따르면 연합국최고사령부(SCAP)가 이 섬을 일본 영유로부터 명확하게 배제했다는 점, 그리고 더 나아가 이 섬에는 맥아더라인의 한국 편에 놓여 있다는 것, 이 두 가지 사실이 죽도에 대한 한국 측의 입장을 확인시켜주는 것으로 다른 의견에 대해서는 논의할 여지도 없다는 것을 일본정부에 상기시키고 싶다.」[28])라고 하는 것이었다.

이에 대해 일본정부는 「때마침 한일회담이 진행되는 중이어서 적당한 시기를 기다리고 있었습니다. 그리하여 1952년 4월말에 이르러 한일회담이 정리되는 한편 강화조약의 발표도 가까워 왔기 때문에 그 이전에 이 건에 관해서 우리 측의 주장을 한국 측에 표명해두는 것이 좋겠다는 판단 하에 4월 25일자 한국대표부에 구술서를 제출하여」[29]) 한국의 입장을 반박하면서 일본영토임을 주장했다. 일본정부는 한국의 논리에 반박하기 위해 4개월 동안 준비를 하여 '죽도' 영유권에 대한 일본적 논리를 만들었다. 그 내용은 다음과 같았다.[30])

즉, 「제1. 죽도는 현재 시마네현(島根縣) 오치군(隱地郡) 고카무라

---

27) 독도가 한국영토라고 677호가 명백히 한 것은 연합국의 조사에 의한 것임을 알 수 있다. 최장근(2009.11)「총리부령24호'와 '대장성령4호'의 의미 분석-일본의 영토문제와 독도지위에 관한 고찰-」,『日語日文學硏究』제71집 제2권, pp.505-521.
28) 나카무라 고하치로의 발언,「참의원- 외무 · 법무위원회연합심의..........-1호, 1953년 3월 5일」,『일본국회 독도관련 기록 모음집』제1부, p.61.
29) 나카무라 고하치로의 발언,「참의원- 외무 · 법무위원회연합심의..........-1호, 1953년 3월 5일」,『일본국회 독도관련 기록 모음집』제1부, p.61.
30) 나카무라 고하치로의 발언,「참의원- 외무 · 법무위원회연합심의..........-1호, 1953년 3월 5일」,『일본국회 독도관련 기록 모음집』제1부, p.61-62. 이상의 주장이 죽도가 일본영토라는 최초의 주장이다. 이는 가와카미의 연구에 의한 것이다. 가와카미「죽도의 영유」참조.

(五箇村)의 일본이다.

제2. 연합국 최고사령부 훈련(SCAPIN) 제677호는 일본정부가 죽도에 대해 정치상, 행정상의 권한 행사를 정지한 것일 뿐 죽도를 일본정부의 영역에서 배제한 것은 아니다. 실제로 그 각서 자체에는 일본의 정의(the definition of Japan)가 포츠담선언의 제8항에 서술된 모든 소도의 최종적인 결정에 관한 연합국의 정책으로 해석되어서는 안 된다는 점이 명기되어 있다.

제3. 맥아더라인을 규정한 각서에도 맥아더라인은 국가통치권, 국제적 환경 또한 어업권의 최종적인 결정에 관한 연합국의 정책을 표명하는 것이 아니라는 점이 명기되어 있기 때문에 죽도가 맥아더라인의 한국 편에 놓여 있다는 것을 논거로 제시한 한국 측의 주장은 근거가 되지 않는다. 또 한편으로 맥아더라인은 이미 철폐되었으므로 이런 유형의 논의는 전혀 언급할 필요가 없다.

제4. 일본국 정부의 조사에 따르면, 죽도가 수세기 동안 독도(獨島)라고 하는 한국의 영유 하에 있었던 사실은 없다.」[31]는 것이었다.

일본정부의 이러한 역사적 권원의 인식에 의거하여 야당의 야마모토(山本利) 위원도 1952년 5월 23일 역사적 권원에 대해 「죽도는 에도시대 초기부터 일본과 밀접한 관계에 있었으며 더욱이 일본영토로서 선언된 것은 1905년(明治38년) 2월의 일이므로 한일합병(1910) 보다 이전의 일로, 바로 이 점 때문에 죽도가 우리의 영토라는 것은 조금도 의심할 여지가 없습니다.」[32]라고 하여 죽도는 1910년 일본이 조선식민

---

31) 나카무라 고하치로의 발언, 「참의원- 외무·법무위원회연합심의..........-1호, 1953년 3월 5일」, 『일본국회 독도관련 기록 모음집』제1부, p.61-62.
32) 야마모토(山本利) 위원의 발언, 「중의원-외무위원회-26호」, 1952년 5월 23일」, 『일본국회 독도관련 기록 모음집』제1부, pp.46-47.

지와 무관하게 그 이전인 1905년 시마네현 고시40호로 무주지 선점에 의해 영토조치된 것으로 죽도는 포츠담선언의 「폭력으로 인한 도취」와 는 무관한 일본영토라는 것이었다.

대일강화조약이 체결된 직후 일본국회에서는 여야를 막론하고 죽도 가 일본영토라고 주장했다. 포츠담선언에 의해 일본제국주의가 침략한 영토의 대부분을 몰수당하고 있는 상황이었기에 한 치의 영토라도 일 본영토에서 분리되는 것을 아쉬워하는 입장이었다. 그것은 법의 정의 에 의한 정당한 주장이 아니었다. 특히 독도에 대한 영유권 주장은 영 토내셔널리즘에 의한 것이었다.

일본이 제시하는 역사적 권원은 죽도영토의 정당성을 주장하기 위 한 것이다. 그러나 이미 대한제국은 역사적 권원에 의거하여 1900년에 칙령 41호로 울도군을 설치하여 그 관할구역에 독도(석도라는 명칭으 로)를 한국영토로서 관리하고 있었다. 이처럼 한국이 관리하고 있는 독 도를 일방적으로 일본영토라고 편입 조치했다는 것 또한 침략행위로서 포츠담선언의 「폭력으로 도취」한 것에 해당된다.

일본정부측의 나카무라 고하치로는 종래의 역사적 권원에 대한 인 식에 의거하여 1953년 3월 5일 「죽도는 1926년(大正15년)에 오치군(隱 地郡) 고카무라(五箇村)의 일부가 되었습니다만, 그보다 훨씬 이전인 1905년(明治38) 2월 22일에 시마네현 고시40호로 시마네현의 오키도 서(隱岐島嶼)의 소관으로 편입되었으며, 그 이전에도 다른 어느 나라 로부터도 이 섬의 영유 문제에 관해 이의가 있었던 적은 없었습니다. 그런 의미에서 죽도가 일본의 고유영토라는 것은 명백합니다. 더 나아 가 방금 지적하신 광업권의 시굴권(試掘権)문제에 대해서 말씀드립니 다. 만약 이 시굴권을 침해당하면 조금 전 대신께서 답변해 주신 것처 럼 가능한 모든 방법을 통해 광업권의 침해가 일어나지 않도록 조치할 것입니다.」[33] 또한 「그 광업권 이외에 특별한 권리라고 하면 오키도 (隱岐島) 사이고쿄(西郷町)의 나카이 요사부로(中井養三郎)라고 하는 사람이 이 섬에서 '강치'포획사업을 한 적이 있습니다. 이전에는 이 섬에 다니는 사람이 거의 없었습니다만 이 포획이 시작된 이래 매년 여름이 되면 어부들이 강치잡이를 하거나 어패류를 채취하기 위해 이 섬에 들어가서 임시 가옥을 지어 생활한 적이 있습니다.」[34] 「한국 측 주장은 다음 서술한 사유에 의해 죽도가 이전부터 일본영토라는 사실에 아무런 변경을 가할 수 없다.」[35]라고 하여 일본정부는 일본국회에서 죽도의 영유권에 대해 한국 측에는 역사적 권원이 전혀 없으나, 일본 측에는 충분한 역사적 권원을 가지고 있는 일본의 고유영토라고 주장했다. 즉 일본측의 권원에 대해, 죽도는 일본의 고유영토로서 종래 강치조업을 한 적이 있고, 「조선총독부 관리구역이었던 적이 없었습니다.」[36]는 것이었다. 그리고 일본영토로서의 관리를 위해 광업시굴권의 침해가 없도록 실효적 관리를 철저히 하겠다고 언급하고 있으나, 사실상 한국이 실효적으로 점유하고 있어서 독도에 상륙할 수 없는 상황이다. 따라서 일본정부의 이러한 주장은 소극적인 대응을 비판하는 야당위원의 비난을 피하기 위한 변명에 불과했다.

이와 같이 일본정부는 대일평화조약에서 죽도가 일본영토로서 결정되었다는 입장을 정당화하기 위해 일본의 논리만 주장했던 것이다. 독

---

33) 나카무라 고하치로의 발언, 「참의원- 외무·법무위원회연합심의..........-1호, 1953년 3월 5일」, 『일본국회 독도관련 기록 모음집』제1부, p.68.
34) 나카무라 고하치로의 발언, 「참의원- 외무·법무위원회연합심의..........-1호, 1953년 3월 5일」, 『일본국회 독도관련 기록 모음집』제1부, p.68.
35) 나카무라 고하치로의 발언, 「참의원- 외무·법무위원회연합심의..........-1호, 1953년 3월 5일」, 『일본국회 독도관련 기록 모음집』제1부, p.61-62.
36) 나카무라 고하치로의 발언, 「참의원- 외무·법무위원회연합심의..........-1호, 1953년 3월 5일」, 『일본국회 독도관련 기록 모음집』제1부, p.70.

도문제의 본질에 해당하는 한국 측의 논거에 대해서는 전혀 언급하지 않았다. 이번에 처음으로 일본국회의 야당위원들은 일본영토로서의 권원을 듣게 되었고, 또한 이를 반박할 수 있을 정도의 독도문제의 본질에 대해 알지 못했기 때문에 일본정부의 주장을 사실이라고 믿을 수밖에 없었다. 그러나 일본의 주장은 한국 측이 제시한 한국영토로서의 역사적 권원을 전적으로 무시한 상태로 일본적 논리를 만들었기 때문에 본질적으로 보면 독도의 영유권을 조작한 행위에 해당된다.

또한 국무대신 오카자키 가쓰오(岡崎勝男)는 1953년 7월 15일 「죽도가 일본영토라는 증거를 말씀드리면 이것은 이미 말씀드린바와 같이 역사적 사실로도 분명히 알 수 있는 것이고, 또 그 후 여러 사령부 등의 조치를 보더라도 이점에 대해 어떠한 의혹도 가질만한 점이 없습니다. 원래 총사령부의 지령은 영토의 변경 등을 다룰 수 없는 것으로 점령 중의 일시적인 조치를 정해 놓은 것에 지나지 않습니다. 또 평화조약 안에서 일본의 권리와 권원을 포기한다고 한 지역은 명료하게 쓰여 있는 것으로 그 이외의 것은 당연히 일본의 영토인 것이며, 또한 이른바 맥아더라인 등도 영토의 변경과 같은 근본적인 문제를 처리하는 것은 불가능하기 때문에 사실(史實)로 말해도 국제법적으로 말해도 일본영토라고 하는 것에는 문제가 없는 것입니다.」[37]라고 하여 한국 측이 제시한 역사적 사실, 총사령부의 조치, 평화조약안, 맥아더라인 등은 한국영토로서의 근거가 될 수 없기에 역사적으로나 국제법적으로 보더라도 일본영토라는 주장을 거듭했다.

그러나 사실은 다르다. 한국 측이 내세운 근거 중에 대일평화조약 이전에 연합국 조치가 최종적인 죽도의 영유권을 결정한 것은 아니지

---

37) 오카자키 가쓰오(岡崎勝男) 국무대신의 발언, 「참의원 본회의 22호, 1953년 7월 15일」, 『일본국회 독도관련 기록 모음집』제1부, p.93.

만, 한국영토로서 처리되었다는 것은 부정할 수 없다.[38] 그리고 최종적인 결정이 이루어져야할 대일평화조약에서는 이전까지 일본영토로서의 권리를 제외하여 한국영토로서의 권리를 인정했던 사실에 입각하여 조약을 체결하여 한국의 실효적 점유상태를 부정하지 않았기 때문에 한국의 실효적 지배를 불법적인 것이라고 주장할 수 없다.[39] 그럼에도 불구하고 일본정부는 오히려 대일평화조약에서 연합국이 독도를 일본영토로서 인정했다고 주장하는 것은 모순이다. 그럼에도 불구하고 일본정부는 국회에서 야당위원들에게 평화조약에 의해 죽도가 일본영토가 되었다고 거듭 주장하고 있다. 과연 평화조약에서 죽도가 일본영토로서 지위가 결정되었는지 계속해서 살펴보기로 한다.

## 5. 한국의 독도점유에 대응한 일본정부의 죽도관리조치 단행

연합국이 SCAPIN 677와 맥아더라인 등으로 죽도를 한국영토로 취급하게 되자, 일본정부는 연합국의 중심국가인 미국을 설득하여 대일평화조약에서 죽도가 일본영토로 규정되기를 전 방위적으로 노력했다.

---

38) 신용하(1996) 『독도의 민족영토사 연구』지식산업사, p.260. 송병기편 (2004.) 『독도영유권자료선집』자료총서34, 한림대학교아시아문화선집, pp.1-278. 이한기(1969) 『한국의 영토』서울대학교출판부, pp.1-299.
39) 김병렬(1998) 「대일강화조약에서 독도가 누락된 전말」, 독도연구보전협회 편, 『獨島領有權과 領海와 海洋主權』독도연구보전협회, pp. 165-195. 나이토 세이추 저, 곽진오/김현수 역 『한일간독도·죽도논쟁의 실체-죽도·독도문제입문/일본외무성 '죽도'(竹島)비판-』책사랑, pp.57-59. 內藤正中·金柄烈(2007) 『歷史的檢証独島·竹島』岩波書店, pp.199-222.

하나는 초안에 연합국이 조치한 한국영토로서의 독도를 일본영토의 죽도로 변경하는 것이었고, 다른 하나는 미일행정협정을 체결하여 재일미공군의 폭격훈련지에 독도를 포함시킴으로서 미일합의에 의해 미 공군의 연습장이 되었기 때문에 '죽도'가 일본영토라는 주장을 하기 위한 것이었다. 전자는 미국무성 정치고문 시볼트에 접근하여 1차-5차 초안까지 한국영토로서 규정하고 있었던 것을 제6차 초안에서 일본영토로 변경하는 것에 성공했고, 후자는 미일행정협정을 체결하여 재일미공군의 폭격훈련지로 독도를 포함하는데 성공했던 것이다. 그러나 이런 일련의 조치들이 일본이 원하는 대로 진행되지는 못했다. 전자는 미국의 동조를 얻어내었지만은 영연방국가의 이의제기로 최종적으로는 대일평화조약에서 일본영토로서 규정되는 것에는 실패했다. 후자는 재일미공군의 폭격훈련지로는 지정되었지만, 한국이 독도를 실효적으로 점유하고 있는 상황이었기에 한국정부의 항의를 받고 일본정부와 아무런 상의도 없이 미국이 폭격훈련지 지정을 철회했던 것이다.

이러한 상황에 대해 기요이 다다시(清井正) 정부위원은 1953년 8월 3일 「강화조약 발효 후에도 훈련지역이 되어 있었기 때문에 얼마간 일본어선이나 조사선이 갈 기회가 없었습니다. 그리고 훈련지역으로부터 해제된 후 신속히 시마네현의 순시선이 갔는데 이런 지경에 이른 것입니다. 최근에 있었던 해상보안청의 순시선이 총격을 받는 사태가 일어났을 때에는 외무성에서 7월 13일 한국에 엄중히 항의를 했습니다. 시마네현청에서는 '바다사자' 어업의 허가와 공동어업권의 면허 등을 내고 있는 것 같습니다만, 아직 실제로 어업권의 설정까지는 이루지 않고 있습니다.」[40]라고 하여 일본이 전후 독도에 접근할 수 없었던 이유는

---

40) 기요이 다다시(清井正) 정부위원의 발언, 「참의원-수산위원회-17호, 1953년 8월 3일」, 『일본국회 독도관련 기록 모음집』제1부, p.117.

미일행정협정에 의한 미 공군의 폭격훈련지였기 때문이었으나, 폭격훈련지로서 해제되고 난 후에는 신속히 시마네현이 돌고래조업을 허가하고, 또한 공동어업권의 면허도 허가했다. 이처럼 일본영토로서 관리하고 있는데 한국 측이 불법적으로 독도에 상륙하여 일본순시선에 대해 총격을 가했다는 것이었다.

독도에 접근하는 일본순시선에 대해 한국이 총격을 가한 사건에 대해 야당 전문위원 오다카 위원은 1953년 7월 4일「이 죽도는 1905년(明治38) 2월 우리 일본의 영토로서 처음으로 시마네현(島根県)의 지적(地籍)에 편입되었습니다만, 종전 후 주둔군의 폭격훈련지로 사용되었고, 얼마 전 해제되어 일본정부에 반환된 것으로, 이번과 같은 한국국민의 행동은 분명하게 영토를 침해하고 있으며 불법입국이라고 저는 단정하고 있습니다.」[41]라고 하여 일본정부의 정책을 비판하는 입장에 있는 야당위원들도 아무런 비판없이 일본정부 측의 주장을 그대로 수용하여 한국이 일본영토를 침해했다는 것이었다.

그러나 사실과 다르다. 한국독립과 더불어 독도는 역사적 권원에 의거하여 연합국에 의해 한국에 반환되었던 것이고,[42] 한국의 실효적 점유상황에서 주일 미 공군이 일방적으로 폭격훈련지로 지정했으나, 한국정부가 강력히 항의하여 제외되었던 것이다.[43] 이러한 과정을 통해 한국이 독도를 온전하게 실효적으로 관리하게 된 한국영토인 것이다.

---

41) 오다카 위원의 발언, 「수산위원회-9호, 1953년 7월 4일」, 『일본국회 독도 관련 기록 모음집』제1부, p.86.

42) 최장근(2009.11) 「'총리부령24호'와 '대장성령4호'의 의미 분석-일본의 영토문제와 독도지위에 관한 고찰-」, 『日語日文學硏究』제71집 제2권, pp.505-521.

43) 나이토 세이추 저, 곽진오/김현수 역(2010) 『한일간독도·죽도논쟁의 실체-죽도·독도문제입문/일본외무성 '죽도'(竹島)비판-』책사랑, pp.57-59.

# 6. 맺으면서

이상에서 살펴보았듯이 대일평화조약에서의 독도의 법적 지위는 한국이 실효적으로 점유하고 있는 상황에서 미국을 비롯한 연합국이 이러한 한국의 입장을 부정하지 않았던 것이다. 즉 다시 말하면 연합국이 평화조약에서 죽도를 일본영토로서 인정하지 않았다는 것이다. 그럼에도 불구하고 일본정부는 일본국회를 통해 일본국민에게 대일평화조약에서 '죽도'가 일본영토로서 결정되었다고 주장했다. 이러한 것이 부당함을 대일평화조약 직후에 일본국회에서 논란이 되었던 속기록을 통해서 논증했다. 본 연구에서 논증된 사실을 정리하면 다음과 같다.

첫째로, 한국정부는 해방과 더불어 SCAPIN 677호에 의해 독도의 실효적 관리를 시작했다. 한국정부는 대일평화조약이 체결되고 난 후 일본의 독도침입을 우려하여 평화선을 선언하여 한국연안어업의 보호와 동시에 독도가 한국영토라는 것을 대내외에 선언했다. 이에 대해 일본은 '죽도'가 일본영토라고 주장함과 동시에 독도점유를 시도했지만, 한국관민의 노력으로 일본순시선에 총격을 가하는 등 강경조치로 대응했다. 한국이 이처럼 강경하게 독도를 관리할 수 있었던 것은 미국이 암묵적으로 독도가 한국영토임을 인정했기 때문일 것이다.

둘째로, 일본정부는 한국의 독도 실효적 점유에 대해 대일평화조약에서 죽도가 일본영토로서 확정되었다고 주장했다. 한국정부는 일본의 영유권주장에 대해 부당성을 지적하기 위해 한국영토로서의 역사적 권원을 제시하여 한국영토임을 주장했다. 이에 대해 일본정부는 일방적으로 시마네현 어업조합에 조업권을 허가하고 동시에 미일행정협정으로 미국이 일본영토임을 인정했다고 주장했으나, 사실상 미일행정협정으로 재일미공군의 독도폭격훈련지로 지정된 것은 바로 평화조약에서 미비한 영토적 권원을 보완하기 위한 일본의 로비에 의한 것이었다. 그러나 미일행정협정이 한국영토 독도로서 연합국이 조치한 내용을 변경시킬 수 있는 것은 되지 못했다.

셋째로, 한국이 독도를 실효적을 점유하고 있는 상황에서 일본순시선이 정기적으로 독도를 관찰하고, 몰래 독도에 상륙하여 일본영토의 표지판을 세우기도 하고, 또한 한국어민을 독도에서 철수를 강요하는 등의 독도도발에 대해 한국측은 총격 등의 물리력으로 일본순시선의 독도접근에 강력하게 대응하였다. 일본정부가 평화조약에서 '죽도'가 일본영토로 결정되었다고 주장하면서도 한국정부의 물리력에 의한 독도점유에 대해 조약체결의 당사자였던 미국 영국 등의 연합국측 국가들의 도움을 요청하지 못하고, 단지 한일 간의 외교문제로서 당사간의 해결방침을 내세웠다. 일본정부가 야당전문위원들의 비난에도 불구하고 이처럼 소극적인 자세로 대응할 수밖에 없었던 이유는 대일평화조약에서 독도가 일본영토로서 결정되지 못했다는 사실을 스스로 잘 알고 있었다는 것을 반증한다.

제2장 | 일본정부의
대일평화조약 시기의
'죽도' 영유권 인식

# 1. 들어가면서

현재 한국이 독도를 실효적으로 점유하고 있다. 그런데 일본정부는 독도에 대한 영유권을 주장하고 있다.[1] 한국이 독도를 실효적으로 점유한 경위와 일본이 영유권을 주장하게 된 경위는 어떨까? 일본의 패전과 더불어 한국이 독립과 더불어 독도를 실효적으로 점유하기 시작했다. 1951년 9월 5일 대일평화조약이 체결되었다. 연합국은 대일평화조약에서 포츠담선언에 입각하여 일본이 침략한 영토를 일본영토의 범위에서 분리시켰다. 그렇다면 대일평화조약에서 독도는 어떻게 처리되었을까? 이에 관해서는 선행연구에서 이미 규명된 바 있다.[2] 그 성과로서

---

1) 下條正男(2006)『竹島は日韓どちらのものか』文藝春秋, 109. 「竹島問題」
   일본외무성(검색일: 2009.5.10), http://www.mofa.go.jp/mofaj/area/takeshima/.

연합국은 분쟁지역 중에서 무인도의 경우는 지위결정에 관여하지 않기로 했고, 유인도의 경우는 신탁통치하기로 결정했던 것이다.[3] 독도의 경우는 연합국이 평화조약에서 무인도로 취급하여 영토지위를 규정하지 않고 회피했다.

또한 한국정부는 대일평화조약이 체결되고 발효되기 직전에 평화선을 선언했다. 당시 일본정부는 과연 독도에 대한 영유권을 어떻게 인식했을까? 본 연구는 이러한 물음에 답하기 위해 선행연구[4]에서 활용한 바 없는 최근 공개된 일본국회 의사록을 분석하여 일본정부의 독도에 대한 영유권 인식의 추이를 고찰하려고 한다.[5]

연구방법으로서는 대일평화조약 체결이전, 대일평화조약, 한국정부의 평화선 선언과 일본어선 나포, 일본순시선에 대해 포격을 가했을 때 각각 일본정부의 독도 영유권에 대한 인식변화의 추이를 고찰한다.

## 2. 대일평화조약 체결 이전의 독도 영유권 인식

1951년 9월 8일 체결된 대일평화조약 제2조에서 연합국은 전후 일본의 영토범위를 결정했다. 대일평화조약이 체결되기 이전 독도에 대해 일본정부의 인식은 어떠했을까? 1951년 2월 6일의 중의원 외무위원

---

2) 김병렬(1998) 「대일강화조약에서 독도가 누락된 전말」, 독도보전협회, 『독도영유권과 영해와 해양주권』독도연구보전협회, pp.165-195.
3) 최장근(2005) 『일본영토의 분쟁』백산자료원, pp.33-71.
4) 정미애(2010.5) 「일본의 국회의사록을 통해서 본 독도에 대한 일본의 대응」, 『일본공간』vol.7, pp.206-221.
5) 동북아역사재단편(2009) 『일본국회독도관련기록모음집』1부(1948~1976년), pp.41-137.

회에서 야마모토(山本利) 위원이 종전 후 독도를 포함한 일본영토의 영역처리에 관해 다음과 같은 기준을 제시하고 있다.

즉 「영토문제에 대해서는 현재 민감한 사안이기 때문에 이렇다 저렇다 하지 않는 편이 좋겠다는 외무당국의 이야기도 있었고 이점에 대해서는 저도 같은 생각이지만 단 여기서 염려하는 것은 크게 유구(琉球)열도나 지시마(千島)열도 문제에 앞서 가고시마현 오시마군에 소속되었던 사쓰난(薩南)제도의 아마미오시마(奄美大島)를 포함한 사츠난제도, 또는 지시마열도에 가까운 하보마이, 시코탄과 같은 곳이 단지 위도문제 등으로 점령군의 관할 하에 놓여있다는 점입니다. 시마네현의 죽도와 같은 곳도 그렇습니다. 이것은 본토나 그 땅에 살고 있는 사람들과 외국인의 관계를 행정적으로 나타내고 있기 때문에 매우 곤혹스러운 문제입니다. 이점에 대해서는 방금 전에 말씀드렸던 유구열도나 지시마열도와는 별도로 특별한 수단을 강구하지 않으면 안 된다고 생각합니다. 만에 하나 그들 중 큰 곳이 일본으로부터 떨어져나가게 되는 경우에 있어서도 방금 제가 말씀드렸듯이 이전부터 도도부현(都道府縣)의 관할 하에 있었던 곳은 일본의 영토로 반환되어야한다고 생각하다.」[6]고 하는 것이었다.

야마모토 위원이 대일강화조약을 준비하는 단계에서 제시한 일본영토의 범위는 다음과 같이 정리할 수 있다.

①위도문제 등으로 점령군이 관할하고 있는 지역을 일본영토에서 분리되어서는 안 된다. ②종전 이전에 일본의 도도부현에 소속되었던 지역은 일본영토에서 분리되어서는 안 된다. 따라서 아래에 지적된 지

---

6) 「1951년 2월 6일, [007/189] 10-중의원-외무위원회-3호」, p.41.이하에서는 『『일본국회독도관련기록모음집』1부 1948~1976, 동북아역사재단편」을 생략함.

역은 일본영토로 처리되도록 특단의 조치를 강구해야한다. ③점령군의 관할 하에 있어서 문제가 되는 지역은 아마미오시마를 포함한 사츠난 제도, 지시마열도에 가까운 하보마이와 시코탄, 죽도 등이다. ④이들 지역에 사는 사람들은 행정적으로 외국인으로 취급되고 있는 것이 문제라는 것이다.

더불어 야마모도 위원은 일본정부가 「이 점에 대해서 특별한 수단을 강구하고 있는지, 수단이라는 것은 나쁜 의미가 아니라, 점령 당국 혹은 연합국 당국을 상대로 이러한 특수한 사정을 감안하여 어떠한 일들을 하고 있는지, 그냥 대충 대충 일본의 손을 떠나게 되는 것은 매우 곤란한 일이라고 생각된다.」[7]라고 하여 연합국을 상대로 일본영토로 반환되도록 정부의 노력을 재촉하고 있다.

당시의 독도의 경우는 사람이 살고 있는 지역은 아니지만 SCAPIN 677호에 의해 행정적으로 한국관할 하에 있었다.[8] 그럼에도 불구하고 당시 일본은 독도를 종전이전에 일본의 도도부현 즉 시마네현에 소속된 지역이라고 단정하여 점령군 관할 하에 있는 독도가 한국영토가 되지 못하도록 일본정부가 노력할 것을 촉구하고 있다. 사실상 죽도를 영토적으로 편입 조치했다고 하는 '시마네현고시 40호'는 러일전쟁 중에 일본 측의 일방적인 조치로서 일본제국주의가 침략한 영토에 해당된다.[9] 이러한 영토문제의 본질에 입각한 주장이 아니고 일본의 국익

---

7) 「1951년 2월 6일, [007/189] 10-중의원-외무위원회-3호」, p.41.
8) 신용하(1996) 『독도의 민족영토사 연구』지식산업사, pp256-262, 신용하 (1996), 『독도, 보배로운 한국영토 -일본의 영유권 주장에 대한 총비판』지식산업사, pp.185-193. 최장근, 「총리부령24호와 대장성령4호의 의미 분석-일본의 영토문제와 독도지위에 관한 고찰」, 『일어일문학연구』제71집2권, 2009, pp.505-521.
9) 山辺健太郎, 梶村秀樹, 堀和生, 內藤正中 등 일본인 역사학자들의 연구 성과임.

을 최대한 확보하기 위한 내셔널리즘적인 측면이 강하다. 독도에 대한 일본정부 측의 인식은 한국 측의 입장을 전적으로 무시한 일방적인 것이었다.

단 이노(団伊能) 참의원의 외무위원은 '죽도'(독도)[10])에 대해 다음과 같은 인식을 갖고 있었다.

즉 「실은 이 문제에서 맥아더라인 바깥에 있기 때문에 일본으로부터 떨어져나갔다고 하는 경우, 예를 들어 그다지 알려지지 않았지만, 울릉도 남쪽의 '죽도', 리앙쿠르암이라고 하는 곳은 어업 면에서도 아주 소중한 곳이며, '일본해' 한 가운데 있기 때문에 이것을 어디로 귀속시킬 것인가가 대단히 중요합니다. 이는 일본에서 떨어져 있는데다, 단 하나의 외딴 낙도이기 때문에 이곳을 어느 나라에 귀속시킬 것인가 하는 문제가 생기는 것이라 생각합니다.」라고 하여 「어떤 방법이라도 강구해」 일본영토로서 지위가 결정되도록 할 것을 권유했다. 시마네현 오치군(隠地郡) 사키어업협동조합장(崎漁業共同組合長) 다카노 칸타로(高野勘太郎) 외 13명(제65호)도 「'죽도'어장의 조업제한 해제에 관한 진정서를 1951년 10월 18일 중의원 수산위원회, 11월 27일 중의원 수산위원회에 2번에 걸쳐 제출」하여 [11]) 맥아더라인이 해제되도록 일본정부의 노력을 촉구했다.

이상의 1951년 2월 6일 외무위원회에서 단 이노(団伊能) 참의원과의 논의를 통해 최소한 독도와 일본정부와의 관계에 대해 다음과 같은 사실을 알 수 있다.

---

10) 본고에서는 일본정부의 '죽도' 인식을 고찰하는 연구이므로 한국입장의 경우는 독도, 일본입장의 경우는 '죽도'라고 표기하기로 함.
11) 「1951년 10월 20일, [013/189] 10-중의원-수산위원회-4호」, p.43. 「1951년 11월 27일, [020/189] 12-중의원-수산위원회-19호」, p.43.

① 독도가 맥아더라인에서 일본영토에서 분리되어 한국의 행정관할 구역에 있었다는 사실, ②어업적 측면의 중요성에서 일본의 관할이 되어야한다는 사실, ③맥아더라인은 영토문제와 관련이 전혀 없지는 않지만, 최종적인 영토조치가 아니라는 것, ④독도는 문제의 본질과 상관없이 지리적으로 일본해 한가운데 있기 때문에 일본영토로 귀속시키는 것이 좋겠다는 인식, ⑤역사적으로나 국제법적으로 독도가 일본영토라는 인식이 결여되어 반드시 일본영토에 복귀되어야한다고는 생각하지 않았다는 것, ⑥단 이노(団伊能) 참의원이 일본정부에 대해 '죽도'를 일본영토에 편입시키도록 노력해야 한다고 제안했다는 것이다.

이상으로 볼 때 일본정부는 대일평화조약이전에 독도가 당연히 일본영토로 처리될 것이라는 충분한 인식을 갖고 있지 않았다는 사실이 확인된다.


## 3. 대일평화조약에서의 독도 영유권 인식

1951년 9월 8일 대일평화조약이 체결되었다. 연합국은 포츠담선언에 의거하여 일본제국주의가 확장한 영토 중 일부를 제외하고 대부분의 지역은 일본영토에서 분리되었다. 독도의 영유권에 대해서는 대일평화조약에서 그 지위를 명확히 하지 않았다.

대일평화조약이 체결된 이후 1951년 10월 22일 중의원 국회에서 「평화조약」에 관한 질의응답이 있었다. 이때에 야마모토(山本利) 위원이 독도의 영유권에 관해 정부에 질문했다. 즉 「제3조(조약문)에 관련되는 아주 구체적인 문제입니다만, 이번에 저희가 참고자료로 받은 '일본영역참고도(日本領域參考圖)'를 보면 일본영역을 표시하는 선 안에

'죽도'가 정확하게 포함되어 있습니다. 울릉도는 조선에 속하는 것이
라고 해도 죽도는 원래부터 시마네현의 관할이었고 중요한 어장을 이
루고 있었습니다. 이번 기회에 '죽도'가 우리 영토인지 울릉도에 부속
되어 조선 등에 이전되어야할 것인지에 대한 확실한 답변을 부탁드립
니다.」12)라는 것이었다.

위의 내용은 1951년 10월 22일 대일평화조약 체결의 결과를 일본국
회의 중의원에서 「평화조약 및 미일안전보장...」에 관해 논의하는 자리
였다. 중의원은 「일본영역참고도」를 만들어 독도를 일본영토에 포함시
키고 있었지만, 「이번 기회에 '죽도'가 우리 영토인지 울릉도에 부속되
어 조선 등에 이전되어야할 것인지」라고 문의하는 것으로 보아 평화조
약에서 독도의 지위가 명확하게 결정되어 있지 않다는 사실을 알고 있
었던 것이다.

이에 대해 정부위원 구사바(草葉)는 「현재의 행정구역에 '죽도'는 제
외되어 있습니다만, 이번 평화조약에서 '죽도'는 일본영토라는 점이 분
명히 확인된 것으로 생각합니다.」13)라고 하여 추측성의 발언으로 답변
했다.14)

연합국이 SCAPIN 677호로 한국이 독도를 통치하도록 하여 행정관
할권이 한국에 있는 상황에서 평화조약의 영국과 미국의 초안 1차~5차
에서는 독도를 한국영토로 분명히 그 지위를 결정하고 있었다.15) 그런

12) 「1951년 10월 22일, [015/189] 10-중의원-평화조약 및 미일안전보장....-6호」,
    p.43.
13) 구사바(草葉) 정부위원, 「1951년 10월 22일, [015/189] 10-중의원-평화조약
    및 미일안전보장....-6호」, p.43.
14) 高野雄一(1962) 『日本の領土』東京大学出版会, pp.347-349.
15) 송병기편(2004) 『독도영유권자료선집』자료총서34, 한림대학교아시아문화
    선집, pp.1-278. 이한기(1969) 『한국의 영토』서울대학교출판부, pp.227-208.

데 일본이 로비한 결과 미국은 6차 초안에서 독도를 일본령으로 표기하게 되었고, 이에 대해 영국을 비롯한 뉴질랜드와 호주 등의 영연방국가들이 이의를 제기하여 결국 연합국은 대일평화조약에서 독도의 지위를 회피하게 되었던 것이다.16) 이를 가지고 일본정부가 '죽도'가 일본영토로 분명히 처리되었다고 주장하는 것은 사실을 왜곡하는 행위이다. 이처럼 일본정부가 중의원에서 독도를 일본영토에 포함시키는 「일본영역참고도」를 배포하여 왜곡된 발언을 하면서부터 일본 측에서 독도영유권이 왜곡되기 시작했던 것이다.17) 물론 독도지위는 연합국이 SCAPIN 677호 이후 대일강화조약에서 그 지위를 규정하지 않았기 때문에 SCAPIN 677호의 결정이 유효하여 본질적으로 일본영토가 될 수 없다.18)

## 4. 한국의 평화선선언에 대한 합법성 인식

### 4.1 독도의 공군 폭격훈련지 지정과 '죽도'에 대한 영유권 인식

이승만대통령은 1952년 4월 대일평화조약의 비준으로 맥아더라인이 철폐되면 일본어선이 울릉도 및 독도근해에 침범하는 것을 우려하여 1952년 1월 18일 대한민국 대통령의 주권선언이라는 이름으로 「평화

---

16) 김병렬(1998) 「대일강화조약에서 독도가 누락된 전말」, 독도보전협회, 『독도영유권과 영해와 해양주권』독도연구보전협회, pp.165-195.
17) 每日新聞社編(1952) 『対日平和条約』每日新聞社, pp.3-21.
18) 대장성령, 총리부령, 독도는 한일 간의 타협이 아니고 일본이 일방적으로 시마네현고시 40호로 침략하려했던 것이고 한국이 동의한 적이 없기 때문에 한국의 고유영토로서 한일 간의 타협의 문제가 아니다. 대일평화조약에 2국간의 조약으로 해결해야할 사안에 포함되지 않는다.

선」을 선언했다. 이에 대해 일본정부는 1952년 1월 28일 한국이 주장
하는 평화선 내에 일본의 '죽도'가 포함되어 있는 것으로 알고 있는데
평화선을 인정할 수 없다고 하여 이를 부정했다.

그 후 일본국회에서는 평화선을 둘러싸고 그 합법성과 '죽도'의 영유
권에 대해 본격적으로 논의되었다. 야마모토 위원은 1952년 5월 23일
죽도의 영유권에 관해「연합국의 점령 하에 있을 때 그어진 맥아더라
인에 걸쳐 있던 일본해의 죽도에 대해 한국이 영유권을 주장하고 있다
고 생각합니다만 이미 이점에 대해서는 죽도가 일본의 영토임을 상대
측도 동의하지 않았습니까」[19]라고 하여 한국이 죽도가 일본영토임을
인정했다고 주장하고 있지만 인정한 적이 없었다. 일본 측은 전문위원
조차도 독도의 본질에 대해서 제대로 알지 못하고 있었다.

평화선의 선언으로 일본 어선들의 독도 접근이 금지된 상황에서
1952년 7월 26일「미군용시설 토지에 관한 협정」으로 독도가 공군폭격
훈련지로 지정되었다.[20] 일본정부는 이번 폭격훈련지지정은 일본영토
라는 것을 방증하는 것이라고 주장했다. 이런 주장의 타당성여부에 대
해 검토해보기로 한다.

1952년 5월 23일 야마모토 위원은 폭격지 지정(1952년 7월 26일)과
독도영유권에 대해「죽도는 에도시대 초기부터 일본과 밀접한 관계가
있었으며 더욱이 일본영토로서 선언된 것은 1905년 2월의 일이므로 한
일합병(1910)보다 이전의 일로 바로 이점 때문에 죽도가 우리의 영토
라는 것은 조금도 의심할 여지가 없습니다. 그런데 이번 일본에 주둔군
의 훈련 장소를 정하는데 있어 죽도 부근지역을 훈련지로 지정된다면

---

19) 야마모토 위원,「1952년 5월 23일, [024/189] 13-중의원-외무위원회-26호」,
    p.46
20) 신용하(1996)『독도의 민족영토사 연구』지식산업사, p.268.

이 영유권이 일본의 것이라고 쉽게 확인 될 것이라는 관점에서 이곳이 훈련지로 지정되는 것을 외무성에서 바라고 계신다거나 하는 점이 있는지?」[21]라고 질문했다. 독도의 역사적 사실에 관해서 정확하지 않다. 이는 일본의 입장에 국한된 정보로서 한국 측의 논리를 전혀 숙지하지 못하고 있었다. 게다가 독도의 훈련지 지정에 대해 정부 측의 이토 해설위원은 1952년 7월 26일 「훈련지를 먼 바다로 이동하도록 요청하고 있습니다. (중략) 일본해의 죽도에서도 폭격과 대지 사격이 이루어지고 있습니다.」[22]라고 하는 것으로 보아 외무성이 미국 측에 로비한 흔적을 볼 수 있다. 또한 야마모토 위원은 「훈련지로 지정이 되면 강치 등이 서식할 수 없게 됩니다. 우리는 일본주민의 권익에 대해서 충분히 고려해야하지 않으면 안 됩니다」[23]라고 하여 독도에 이미 강치가 멸종된 지 오래되었고 주민조차도 거주하지 않는 섬임에 불구하고 그런 주장을 하는 것은 독도지견(知見)[24]에 대한 무지로서 그것이야말로 독도가 일본영토가 될 수 없는 이유이기도 하다.

이상에서 보는 바와 같이 대일평화조약체결 직후의 일본 측 특히 일본정부위원 조차도 독도에 대한 지리적 지형적 역사적 외교적 지견은 물론이고 한국 측이 주장하는 논리를 전혀 이해하지 못하고 내셔널리즘적 측면에서 영유권을 주장하고 있음을 알 수 있다.

---

21) 야마모토 위원, 「1952년 5월 23일, [024/189] 13-중의원-외무위원회-26호」, p.47.
22) 이토(伊東)해설위원, 「1952년 7월 26일, [027/189] 13-중의원-수산위원회-50호」, p.49
23) 야마모토 위원, 「1952년 5월 23일, [024/189] 13-중의원-외무위원회-26호」, p.47.
24) 田村淸三郎(1965.10) 『島根県竹島の新研究』島根県総務部総務課, pp.116-142.

## 4.2 '이승만라인'의 합법성에 대한 인식

일본정부는 평화선을 한국정부가 일방적으로 선언한 불법 경계선이라고 하여 '이승만라인'이라고 부른다. 이승만라인에 대해 1952년 1월 30일 사사키 모리(佐々木盛) 외무위원회 위원이 일본정부위원에 대해 평화선의 성격과 대응책을 제시했다. ①평화선은 영해 이외의 공해지역에 선박의 자유 항해를 인정하지만, 국방상, 자원보호를 위한 경계이므로 영해가 아닌 배타적 경제수역임을 확인할 수 있다. 아메리카대륙의 선례를 따라 선언한 국가주권선이라는 주장이다. ②일본은 평화선을 "해양자유의 원칙을 파괴하는 것일 뿐만 아니라 국제 어업협력의 기본개념과도 서로 맞지 않은 것이며, 국제사회의 통념으로도 인정할 수 없다고 하여 불법이라고 주장한다. ③사사키 모리(佐々木盛) 외무위원은 일본에서도 맞불을 놓는 식으로 동일한 성격의 경계선을 선언해야한다고 주장했다.

평화선에 대한 성격과 일본정부의 인식에 대해 좀 더 구체적으로 살펴보면 다음과 같다.

야마모토 위원은 1951년 1월 30일 '이승만라인'의 합법성에 관해 「니시무라 조약국장으로부터 죽도는 우리나라영토라는 점을 분명히 들었습니다. (중략) 이번 조약상의 여러 문제에 대해서 총사령부의 의향도 충분히 참작된 조약이었다고 생각합니다. 또한 한국정부도 현재는 미국을 중심으로 한 국제연합군의 지휘 하에 있기 때문에 이승만 대통령이 이러한 선언을 발표한 것 역시 미국 측의 양해를 얻은 결과 일 것이라는 것이 제 생각입니다」25)라고 하여 한국이 미국 측의 동의를 얻은 선언이 아닌가라고 질문했다. 이에 대해 니시하라 정부위원은 「우리

---

25) 야마모토 위원, 「1951년 1월 30일, [021/189] 13-중의원-외무위원회-2호」, pp.44-45.

측으로서도 이승만 선언에 대해서 절대로 인정할 수 없다고 하는 점을 한국정부에 명확하게 알렸으며 죽도는 일본영토라는 점 또한 강조해두었습니다. 이 문제는 향후의 한일회담 등에서 충분히 논의하여 절충될 것으로 생각합니다.」26)라고 하여 미국의 의중에 대한 답신을 피하고 일본정부의 입장만 반복했다. 또한 평화선이 완전한 불법이라고 인정하기 보다는 한일회담에서 논의해야할 한일 양국 사이의 향후과제로 삼고 있었다. 또한 정부의원 나카무라 고하치도 「이 문제에 있어서는 한일회담에서 쌍방의 어족보호의 차원에서 어업협정을 반드시 체결할 필요가 있지 않나 하고 생각하고 있으며 업무적으로도 관계당국에 있어서 각각 절충하고 있는 상황입니다.」27)라고 하여 한일회담에서 다룬다는 방침을 정하고 있는 듯했다.

또한 야당 전문위원께서 니시무라 조약국장으로부터 죽도가 일본영토라는 것을 분명히 들었다고 하는 발언은 국회의원조차도 제대로 알이지 못할 정도로 당시 죽도가 일본영토라는 국민여론이 형성되어 있지 않았다는 것이다.28)

위에서 보는 것처럼 일본정부의 입장은 대일평화조약에서 독도가 일본영토로 규정되었다는 것을 전제로 하여 독도를 포함하고 있는 이승만라인은 불법이라는 것이다. 사실 일본정부도 대일평화조약에서 독도가 일본영토로 결정되었다는 것을 잘 알고 있고, SCAPIN 677호에 독도가 한국영토로 분류되어 있다는 사실을 잘 알고 있었다. 이를 볼

---

26) 니시하라 정부위원, 「1951년 1월 30일, [021/189] 13-중의원-외무위원회-2호」, pp.44-45.
27) 나카무라 고하치 정부위원,「1953년 2월 23일, [032/189] 15-참의원-수산, 법무, 외무위원회..-1호」, p.57
28) 総務省(검색일: 2009.5.10)「法令データ提供システム」, http://law.e-gov.go.jp/htmldata/S26/S26F03401000004.html.

때 내셔널리즘에 입각한 일방적인 주장에 불과하다고 하겠다.

일본정부가 이러한 독도의 본질에 대해 명확히 야당위원들에게 설명하지 않고 있기 때문에 야당위원들은 독도가 전적으로 일본영토라고 오해하고 있는 것이다.

정부위원 나카무라 고하치(中村幸八)는 이승만라인이 불법인 이유에 대해서 「죽도가 이승만라인 안에 들어가 있으며 그렇기 때문에 이승만라인이 불법이라는 것을 한층 더 강조하고 있습니다.」29)라고 하여 일본영토인 죽도가 이승만라인 안에 들어있기 때문이라는 것이다. 이러한 일본정부의 논리는 평화조약에서도 죽도가 일본영토로 결정되어 있지 않기 때문에 왜곡된 논리가 된다.


## 5. 독도의 폭격훈련장 해제에 대한 영유권 인식

미국은 1953년 2월 27일 독도를 폭격훈련장에서 제외하고 한국정부에 대해 정식으로 폭격훈련장에서 제외되었음을 통보했다.30) 한국 국방부가 1953년 2월 27일 웨이란드 미극동군 사령관으로부터 독도가 한국영토라는 것을 연합국사령관이 인정하여 미공군의 독도 폭격훈련을 중단한다고 공식적으로 알려왔다고 발표했다.31) 이에 대해 일본정부는 미일합동위원회가 행정협정으로 독도를 폭격훈련장으로 지정했던

---

29) 나카무라 고하치 정부위원, 「1953년 2월 23일, [032/189] 15-참의원-수산, 법무, 외무위원회..-1호」, p.57

30) 신용하(1996) 『독도의 민족영토사 연구』지식산업사, p.273.

31) 나카무라 고하치(中村幸八) 정부위원, 「1953년 3월 5일, [037/189] 15-참의원-외무.법무위원회연합심의..1호」, p.62.

것은 일본영토이기 때문에 한국정부의 주장을 신뢰할 수 없다고 했다.[32]

일본국회는 미국이 독도를 한국영토로 인정했다는 보도로 인하여 외무와 법무 위원회를 개최하여 공동심의를 했다. 위원장 도쿠가와 요리사다(德川賴貞)는 1953년 3월 5일 「죽도에 관해서는 평화조약에 의해 일본의 영토임이 명백하다고 생각되어 왔습니다만」[33], 「죽도문제는 평화회담 때 이미 일본의 영토라는 점이 확실하게 결정되어있을 터입니다. 제(伊達源一郎)가 그 당시 니시무라 조약국장께 여쮜봤습니다만, 그것은 이미 확실하게 결정되어 있기 때문에 문제가 없을 거라고 답변하셨습니다.」[34]라고 하여 평화조약에서 '죽도'가 일본영토로 확정되었는데 미국이 한국영토로 인정한 것은 유감이라는 것이다. 그러나 사실 평화조약에서는 독도가 한일 어느 국가의 영토라고 그 지위가 결정되어 있지 않았다. 그런데 일본정부의 이러한 주장은 독도에 대한 본질을 왜곡하는 행위이다. 일본 외무성은 평화조약에서 독도가 일본영토로 결정되었다고 거짓으로 공표했던 것이다.

국무총리가 「(독도문제는) 평화조약의 해석문제가 된다면 조약의 규정에 따르거나 혹은 국제사법재판소에 상정하는 것을 생각할 수 있겠습니다만 이는 조약해석의 문제가 아니라고 생각합니다.」[35]라고 하여 평화조약상으로는 '죽도'가 일본영토임에 분명하다고 해석한다면 국무

--------

32) 「竹島問題」일본외무성(검색일: 2009. 5. 10), http://www.mofa.go.jp/mofaj/area/takeshima/.
33) 도쿠가와 요리사다(德川賴貞) 위원장, 「1953년 3월 5일, [037/189] 15-참의원-외무.법무위원회연합심의..1호」, p.60.
34) 나카무라 고하치(中村幸八) 정부위원, 「1953년 3월 5일, [037/189] 15-참의원-외무.법무위원회연합심의..1호」, p.60.
35) 오카자키 가쓰오(岡崎勝男) 국무총리, 「1953년 3월 5일, [037/189] 15-참의원-외무.법무위원회연합심의..1호」, p.64.

총리가 독도의 본질을 왜곡하고 있다.

단 이노 위원이「만약 한국이 실력을 행사하여 이 섬에 가는 어부에게 위해를 가한다거나 그 섬의 영유를 주장한다거나 혹은 이 섬을 점령하여 일본인이 들어가지 못하게 하는 사실이 일어날 경우」의 대응에 관해서 질문하였다. 이에 대해 국무총리는「갑자기 무력으로 싸우지 않을 것」이라는 전제하에「평화적 해결을 위해 얼마간의 시간이 필요하다」36)는 입장이었다. 즉 한국이 자신의 영토를 점령한다고 하더라도 협상을 통해 평화적으로 해결하겠다는 것이었다. 이는 독도가 전적으로 일본영토임을 부정하는 발언이 된다.

이러한 정부주장에 대해 소네 에키 위원은「저도 이 섬이 일본의 주권 하에 있다는 점에 대해서는 한 점의 의심도 가지고 있지 않습니다.」37) 라는 전제 하에 다음과 같이 일본정부 주장의 문제점을 지적했다.

첫째는「이른바 미국의 훈련지로 사용되었다는 것이 오히려 근거를 흐리는 것이 아닌지, 예를 들어 어떤 사정으로 훈련지로부터 제외될 경우, 역으로 한국 측의 주장을 뒷받침하는 논거를 이쪽에서 제공하는 일이 될 위험이 있습니다. 두 번째는 평화조약의 해석으로 과연 이 죽도는 일본주권에서 분리되는 지역이나 혹은 잠자고 있는 주권이라고 불리고 있는 오키나와(沖縄)나 오가사와라(小笠原)와 같은 특수한 주권지역과는 다르겠습니다만, 다른 한편에서 보면 독립하는 조선의 판도에 이것이 들어가 있지 않다는 것이 명확하지 않습니다. 그리고 일본과 한국 사이의 조약이 맺어지지 않는 한 평화조약의 조항이 적어도

---

36) 오카자키 가쓰오(岡崎勝男) 국무총리,「1953년 3월 5일, [037/189] 15-참의
원-외무.법무위원회연합심의..1호」, p.64-65.
37) 소네 에키,「1953년 3월 5일, [037/189] 15-참의원-외무.법무위원회연합심
의..1호」, p.65.

한국 측을 적극적으로 구속하는 이유에 대해 한국 측은 인정할 수 없다고 말할 지도 모릅니다. 그렇게 되면 지금까지 설명한 사실만으로는 부족함이 있습니다.」[38]라고 하여 독도가 일본영토라고 주장할 수 없는 점을 지적했다.

단 의원도 1953년 3월 5일 행정협정에 관해서 정부해석을 비판하여 「원래 행정협정 혹은 지금의 군사령관의 발표는 영토문제를 해결할 수 있게 해주는 근거가 되어 주는 것이 아니라 작전상 기타 편의상 나온 것으로 미국군이 영토 등에 관해 외교적으로 적합성 여부를 인정했다고 하지만 전문적인 지식을 가지고 성립된 것이 아니라고 생각한다.」[39]라고 했고, 평화조약에 관해서 「사람이 살지 않기 때문에 이런 주장도 성립되겠지만…. 원래 일본영토가 아니었기 때문에 일본영토로부터 분리된다는 것을 규정 내에 언급되지 않았다고 하는 주장도 있을 수 있다.」[40]라고 지적했다.

이처럼 일본정부가 평화조약에 의거하여 '죽도'가 일본영토이고, 미일행정협정에 의해 '죽도'가 일본영토임이 확인된다고 하는 주장에 문제가 많음을 알 수 있다. 이처럼 이러한 문제들은 당시 일본정부도 알고 있었다는 것이다.

또 단 이노 위원이 부속도서 취급에 관해 「이 죽도는 울릉도 남쪽에 있는 도서로 제주도나 다른 두 섬을 규정할 때 주변의 암초를 포함하고 있는 것으로 해석되기 때문에 죽도가 울릉도의 부속 암초라는 식으로

---

38) 소네 에키, 「1953년 3월 5일, [037/189] 15-참의원-외무.법무위원회연합심의..1호」, p.65.
39) 단 이노(團伊能), 「1953년 3월 5일, [037/189] 15-참의원-외무.법무위원회 연합심의..1호」, p.67.
40) 단 이노, 「1953년 3월 5일, [037/189] 15-참의원-외무.법무위원회연합심의..1호」, p.67.

해석될까 우려됩니다.」[41]라고 하는 질문에 대해서도 나카무라 고하치 정부위원은 「울릉도와 죽도는 꽤 거리가 떨어져 있기 때문에 그 부속 섬이라고 생각하기에는 상식적으로 요인이 되지 않는 문제라고 생각합니다.」[42]라고 하여 아무런 근거를 제시하지 않고 「아니다」라고 단정하는 것은 주관적인 해석에 지나지 않는다.

나카무라(中村幸八) 정부위원은 1953년 3월 5일 미국이 독도를 한국영토로 인정했다는 한국 측 주장의 진위에 대해 「어제(3월 4일) 단지 군에서 폭격훈련을 정지하겠다는 것일 뿐이라는 답변이 있었으므로 미국대사관을 통해 미국정부의 공식견해를 받은 것으로 생각합니다.」[43]라고 하여 미국정부가 직접적으로 전달한 공식견해가 아니라는 주장이었다. 따라서 「죽도는 시마네현 오치군 고카무라의 일부로서 오랜 전부터 일본의 영토였다는 점을 확실히 해두고 있습니다. 조선총독부의 관리구역이었던 적은 없다.」[44]라고 하여 일본의 고유영토라고 거듭 주장했다.[45]

시마가미 위원은 1953년 6월 26일 현재의 '죽도'상황에 대해 「현재 일본의 시마네현 소속의 죽도라고 하는 섬을 한국이 불법 점거했습니다.」 「이에 대해 해상경비대는 어떤 조치를 취했으며, 앞으로 어떤 조치를 취할 생각입니까?」[46]라고 지적했고, 이에 대해 기무라(보안청장관)

---

41) 단 이노 위원, 「1953년 3월 5일, [037/189] 15-참의원-외무.법무위원회연합심의..1호」, p.70.
42) 나카무라 정부위원, 「1953년 3월 5일, [037/189] 15-참의원-외무.법무위원회연합심의..1호」, p.70.
43) 시모다 다케조 정부위원, 「1953년 3월 5일, [037/189] 15-참의원-외무.법무위원회연합심의..1호」, p.74.
44) 나카무라 정부위원, 「1953년 3월 5일, [037/189] 15-참의원-외무.법무위원회연합심의..1호」, p.70.
45) 최장근(2009)『독도문제의 본질과 일본의 영토분쟁 정치학』제이앤씨, pp.97-139.

국무대신은 「우리 측의 경비대가 출동하는 것은 최종수단입니다. 그때까지 가능한 평화적인 해결 수단을 강구할 생각이며 현재 그 방침을 논의하는 중입니다.」⁴⁷⁾라고 하여 대안을 찾고 있는 상황이라는 것이다. 만일 죽도가 일본영토라면 미일안보조약을 체결하고 있기 때문에 미국이 이를 방관하지 않았을 것이다. 이는 일본이 죽도의 영유권을 주장할 법적인 근거가 전혀 없다는 것을 의미한다.

국무대신 오카자키 가쓰오(岡崎勝男)는 「이번 조치는 (일본)정부가 미국정부와 협의해서 얻은 조치입니다. 따라서 합동위원회를 통하지 않았습니다. 또한 미일안전보장조약은 일본의 안전을 보장하기 위한 조약으로 죽도의 귀속은 설령 이것이 큰 문제라고 하더라도 일본의 안전을 위협하는 성질의 것이라고는 생각하지 않습니다. 이승만라인, 다이마루사건은 영공침범 등의 문제와 이것은 성질이 다릅니다.」⁴⁸⁾라고 하여 한국 측이 이승만라인을 넘어오는 일본어선에 대해 총포를 가하는 신변의 위협이 존재함에도 불구하고 일본의 안전을 위협하는 것이 아니기 때문에 미일합동위원에서 다룰 문제가 아니라는 주장은 설득력이 없다. 이는 미국이 '이승만라인'을 부정할 수 있는 근거를 갖고 있지 않기 때문에 관여할 수 없었던 것이다.

---

46) 시마가미(島上) 위원, 「1953년 6월 26일, [042/189] 16-중의원-내각위원회-4호」, p.84.
47) 기무라(木村) 국무대신, 「1953년 6월 26일, [042/189] 16-중의원-내각위원회-4호」, p.85
48) 오자키 가쓰오 국무대신, 「1953년 3월 6일, [039/189] 15-참의원-예산위원회-30호」, pp.74-75

## 6. 한국의 '죽도' 점유에 대한
   '죽도' 영유권 인식

시마네현의 수산시험선 시마네마루(島根丸)가 1953년 5월 28일 한
국어선 10척과 어민 30여명이 상륙해서 패류 및 해조류를 어획하는 것
을 확인하여 수산청에 보고했다. 그 후 6월 20일쯤에 해상보안청의 순
시선이 죽도에 다시 갔지만, 이때는 파도가 심해서 상륙하지 못했습니
다. 그리고 6월 27일 한 번 더 갔을 때 한국어민 6명이 있었기 때문에
퇴거를 요구했다고 합니다. 그러나 어민들은 날씨가 회복되어 자신들
을 데리러 오는 배가 올 때까지 더 있게 해달라고 해서 이를 허락했고,
시마네현(島根県) 오치군(隠地郡) 고카무라(五箇村)라는 푯말과 불법
어업을 금한다고 하는 푯말을 세워두고 왔습니다. 그리고 7월1일에 순
시선이 다시 한 번 죽도에 가보니 이미 6명의 한국인은 없었으며 세워
두었던 푯말에도 아무런 이상이 없었다고 합니다. 외무성은 6월 22일
에 한국대표부에게 이 죽도는 한국어민이 불법 상륙하여 불법 어업을
하고 있었던 점을 지적하고 이의제기를 했습니다. 이에 대해 한국대표
부로부터 죽도는 한국영토의 일부이며 따라서 일본 측으로부터의 항의
를 받을 이유가 없다고 하는 답변을 받았습니다.」[49]이런 과정을 거쳐
한국 측이 독도를 점유하게 되었던 것이다.

로이터통신에서 7월 2일자로 「최근 일본 측이 이 섬에서 한국의 어
선 및 어민을 나포했기 때문에 이를 보호하기 위해서」라는 것처럼 한
국외무부 대변인이 2일 '한국정부는 죽도에 해군함정을 파견하기로 결

---

49) 오자키 가쓰오 국무대신, 「1953년 7월 8일, [044/189] 16-중의원-예산위원
회-18호」, p.87.

정했다'고 발표했고, 「어제(1953년 7월 3일) 아사히신문에 의하면 한국이 죽도에 함정을 파견했다는 기사가 실렸다.」

이런 사건이 있은 후, 오카자키 국무대신은 1953년 7월 8일 죽도의 영유권에 대해 「이 죽도문제는 한국만의 문제가 아닙니다. 평화조약에서 일본이 포기했던 영토 등을 명기하고 있습니다만 어떤 섬이나 토지에 대해서는 권리나 권원을 포기한다고 하는 것을 명기하고 있지 않습니다.」50)라고 하여 외무대신이 직접 평화조약에도 독도영유권의 문제가 남아있다는 입장을 밝혔다. 이는 일본정부가 지금까지 일본영토임에 분명하다는 주장과는 차이가 있다. 따라서 일본의 영유권 주장은 시마네현고시에 의존하고 있음을 알 수 있다.

국무대신 오카자키는 한국의 실효적 점유 상태에 대응하는 방법으로서, 「이 죽도는 사람이 살기가 불가능한 섬입니다. (중략) 다만 우리로서는 우선 순시선이라든가 감시선을 될 수 있는 대로 빈번하게 보내서 한국 측이 실제로 미역을 따러오는 것을 막고 가능한 우리어민들을 그쪽에 보내서 어업에 종사하도록 해야 한다고 생각합니다.」51)라고 하여 일본의 실효적 지배를 실현해야한다는 것이었다.

이처럼 일본정부는 한국이 독도를 실효적으로 점유를 하게 되자, 평화조약의 문제점을 인정하고 분쟁지역으로서 일본이 한국보다도 더 적극적으로 독도에 대한 실효적 점유를 강화해야한다는 것이었다.

---

50) 오자키 가쓰오 국무대신, 「1953년 7월 8일, [044/189] 16-중의원-예산위원회-18호」, p.88.
51) 오자키 가쓰오 국무대신, 「1953년 7월 8일, [044/189] 16-중의원-예산위원회-18호」, p.88.

# 7. 일본순시선에 대한 발포사건과 '죽도' 영유권문제

## 7.1 '이승만라인'의 합법성에 대한 인식

1953년 7월 12일 일본순시선이 독도주변에 접근하였을 때 포격을 가한 사건이 발생했다. 이는 마쓰우라 세이치(松浦清一)가 「이번 달 12일(1953년 7월) 오전 8시경 해상보안청의 순시선 헤쿠라가 죽도 주변 해역을 순시하던 중에 한국국기를 게양한 무장경관이 승선한 10톤 정도 되는 흰색어선 2척과 5톤 정도의 청색어선이 1척이 헤쿠라에 접근해 와서 어떤 경고도 없이 사격을 해왔다는 것입니다. 하지만 이쪽에는 어떤 저항도 하지 못하고 도망쳐 돌아왔다고 합니다만」52)이라는 것으로 한일 간의 독도에 있어서의 실효적 지배상황을 알 수 있다.

이러한 상황에 처해 있는 독도에 대해 '이승만라인'의 합법성 여부에 관한 일본정부의 견해를 검토해보기로 한다.

한국의 포격사건에 대해 나카무라 정부위원은 「이승만라인은 결코 국제법상으로 인정받고 있는 것은 아닙니다. 이승만라인 안으로 들어온 일본어선을 나포한다든가 그 외의 기타 행위를 하는 것은 불법행위로 우리 측으로서는 도저히 용인할 수 없는 문제입니다. 따라서 우리 측에서는 이승만라인 안에서의 어선 나포사건이 일어날 때마다 항의를 하고 또 어선의 반환과 손해 배상 등을 요구하고 있는 것입니다. 일전의 제1, 제2의 다이호마루(大邦丸) 사건 때에는 특히 살인사건마저 일어났기 때문에 특별히 엄중하게 항의했다는 것은 알고 계시는 바와 같습니다. 우리 측으로서는 그 사건에 대한 한국 측이 성의 있는 회답을

---

52) 기무라 토쿠타로(木村篤太郞) 국무대신, 「1953년 7월 14일, [046/189] 16-참의원-내각위원회-13호」, p.89.

기다리고 있으며 앞으로 머지않아 회답이 올 것으로 생각됩니다만 그 회답을 받아 본 다음 어떻게 해야 할 지의 태도를 결정하려고 생각하고 있습니다. 어떤 회답을 받게 될지 현재로서는 앞으로의 일이 짐작되지 않습니다.」53)라고 하여 한국정부는 평화선이 불법이라고 하는 일본정부의 반박을 전적으로 부정했고, 이에 대해 일본정부는 항의 이외의 대응 조치를 찾지 못했던 것이다. 국제사회는 이러한 일본주장의 법적 정당성을 인정하지 않았다.

마쓰우라 세이치(松浦淸一)는 '이승만라인'과 어장과의 관계성에 대해 「일본정부의 주장이 약해서 이승만라인이 해제되지 않는 경우 천 몇 백척의 어선에 종사하고 있는 3만 수천 명의 선원이 생업을 잃게 되고 연 어획량 22만 톤, 75억 엔이 날아가 버리므로 일본 식량과 경제에 미치는 영향이 상당히 큽니다. 농림대신은 조선 해역에서 일본어선의 조업이 언제 받아들여질 것으로 예상하고 계신지?」라고 하여 이승만라인의 철폐를 요구했다.

이에 대해 국무위원 호리 시게루(堀利茂)는 「이승만라인을 둘러싼 지역은 말씀드릴 것도 없이 우리나라 어업에 아주 중요한 곳입니다. 그러나 이 문제는 한일회담의 어업부문을 담당할 외교기관에 요청하고 있습니다만, 어장을 위해서 어떻게 해서라도 이 문제만은 빨리 해결하고 싶다는 점을 외교당국에 강하게 요구하여 그 원만한 해결을 기대하고 있습니다.」54)라고 하여 외교적으로 해결해야할 사안이라는 점을 인정한 것으로 보아 표면적인 주장과 달리 내면적으로는 양국 간의 의견

---

53) 나카무라 고하치 정부위원, 「1953년 2월 27일, [033/189] 15-중의원-수산위원회-22호」, p.58
54) 호리 시게루(堀利茂) 국무위원, 「1953년 7월 15일, [048/189] 16-참의원-본회의-22호」, p.94.

차이에 의한 것임을 인정하고 있다.

다이호마루사건의 대책에 대해서도 국무위원 이시이 미쓰지로(石井光次郎)는 「다이호마루나 죽도문제는 한국 측의 역사적 사실에 대한 오해, 국제법에 대한 견해가 달라서 나온 것이므로 특별한 정부의 외교가 유익하기 때문이라거나 강경하기 때문이라거나 하는 문제가 아니라고 생각하며 우리로서는 앞으로도 한국 측의 오해를 바로잡는 가능한 모든 노력을 다할 생각입니다.」55)라고 하여 한국 측의 일방적인 잘못이라는 차원을 넘어 외교적 사안임을 시인한 것으로 볼 때 이승만라인이 전적으로 불법이라는 인식에서는 벗어났다.

## 7.2 사법재판소 기탁안의 대두

시모다 조약국장은 죽도문제 해결방안에 대해 「경찰의 불법 입국자에 대한 단속이라는 측면에서 강제조치를 취하는 것이 허용되는 것입니다만, 죽도문제라는 국제분쟁을 해결하기 위해 무력을 사용하는 것은 헌법이 금지하고 있습니다.」 「죽도가 일본영토라는 것에 대해서는 법률적으로 보아도 문제의 여지가 없습니다. (중략) 영토분쟁의 경우, 국제재판소에 해결을 의뢰할 수 있기 때문에 한일 간의 교섭에서 결말이 나지 않는 경우에는 평화적인 해결방법의 하나로서 국제재판 같은 것도 내심 생각하고 있습니다.」56)라고 하여 죽도문제를 국제분쟁으로 생각하고 있었다.

또한 오하시(大橋忠) 위원은 「정부는 교섭이나 제3국의 조정을 통해

---

55) 이시이 미쓰지로 국무대신, 「1953년 7월 15일, [048/189] 16-참의원-본회의-22호」, pp.92-93.
56) 시모다 정부위원, 「1953년 7월 28일, [051/189] 16-중의원-수산위원회-19호」, pp.104-105.

평화적으로 해결하려는 것 같습니다만 아주 지당한 것입니다. (중략)
이대로 이 사건을 유야무야로 처리하여 그들이 죽도를 자신의 지배하
에 넣는데 성공했다는 느낌을 주게 되면 그들의 태도로부터 생각해볼
때 쓰시마도 내놓으라는 식의 말을 입에 올리고 나아가 잇키(壱岐)까
지 내놓으라고 하는 것은 아닐까 걱정됩니다.」라고 하여 죽도문제를
잇키와 쓰시마 섬과 같이 국제사법재판소에서 해결하기를 기대했다.
또한 오다카(小高) 위원은 「죽도문제와 같은 확실한 사건에 대해서는
국제재판의 결정을 기다릴 필요도 없다.」[57] 「일본헌법에 뭐라 되어 있
든지 안보조약에 있는 대로 일본은 기본적인 자위권을 갖고 있고 이것
이 경찰이든 보안대이든 군대가 되든, 적이 침범해 오는 경우에는 이것
은 막지 않으면 안 됩니다.」[58]라고 하는 것처럼, 야당의 일본국회의원
은 모두 죽도가 일본영토인데 한국이 불법으로 점령하고 있다는 식으로
인식하기 시작했다. 이러한 이유 때문에 독도문제를 무력을 사용해서라
도 적극적으로 영토주권을 지켜야한다는 주장도 나온 것이다. 사실은
이러한 주장은 죽도문제의 본질을 제대로 알지 못한 결과라고 하겠다.
　한편 마쓰다 위원은 잇키와 쓰시마에 대해 외무성이 「그러한 불법적
인 조치는 신속하게 단속하지 않으면 안 된다.」[59]라는 것에 대해 「잇
키와 쓰시마와 죽도는 같은 일본의 영토입니다. 그런데 이점에 대해
지금 답변을 듣고 보니 한심한 노릇이 아닐 수 없습니다.」[60]라고 하여

---

57) 오다카(小高) 위원, 「1953년 7월 29일, [052/189] 16-중의원-수산위원회-20
　　호」, p.107.
58) 오하시(大橋忠) 위원, 「1953년 7월 18일, [048/189] 16-중의원-외무위원회
　　-16호」, pp.102-103.
59) 시모다 정부위원, 「1953년 7월 28일, [051/189] 16-중의원-수산위원회-19
　　호」, p.106.
60) 마쓰다(松田鐵) 위원, 「1953년 7월 28일, [051/189] 16-중의원-수산위원회
　　-19호」, pp.106-107.

잇키와 쓰시마처럼 죽도에 있어서도 그렇게 하지 않고 일본정부가 죽도문제를 국제사법재판소에서 해결하려는 것을 비판했다.

아시다(芦田) 위원은 일본정부의 죽도문제에 대한 태도를 비난했다. 「해상보안청의 순시선이 7월 12일에 죽도 해안에 접근하였을 때에 37,8명의 조선인이 죽도에 상륙해 있었고 해안에는 무장한 조선의 배가 1척 정박하고 있었습니다. 우리 순시선은 사격을 받고 퇴각했습니다. 이것은 해안보안청의 보고이기 때문에 정부도 물론 알고 계시는 것이겠습니다. 그러한 보고를 읽고 우리들은 이를 악물고 인내하고 있습니다만, 정부가 위축되어있기 때문에 마침내는 그것이 비굴한 체념이 되어 국민을 의기소침하게 하고 있습니다. 정부는 대체 이런 상황을 언제까지 방치해 두려고 하는지 부디 총리대신의 답변을 바랍니다.」[61] 라고 총리의 답변을 요구했고, 또한 「총리는 죽도의 문제에 대해 답변이 없었습니다. 진심으로 유감입니다만, 결국 정부는 아무것도 하지 않았고, 앞으로도 아무것도 하지 않는다는 방침이라고 이해하겠습니다.」[62]라고 할 정도로 일본정부는 죽도문제에 적극적인 대응을 할 수 없었다. 그 이유는 잇키섬과 쓰시마섬과 지위가 다르기 때문일 것이다.

아키자키 국무위원(외무대신)은 독도문제에 대한 방안으로서 「이번 사건에 대해서는 2가지 문제가 있습니다. 한 가지는 이 죽도가 일본영토라는 것은 믿어 의심치 않기 때문에 이 영토에 침입해 오는 것을 자위의 힘으로 쫓아내어도 됩니다만 한국 측은 이 죽도가 자신의 영토라고 말하고 있습니다. 그런데 여기서 우리가 이들의 주장에 대해 강력하게 대응하면 그것은 일종의 국제분쟁이 됩니다. 이러한 분쟁은 우리의

---

61) 아시다(芦田) 위원, 「1953년 7월 30일, [055/189] 16-예산위원회-26호」, pp.110-111.
62) 아시다 위원, 「1953년 7월 30일, [055/189] 16-예산위원회-26호」, pp.110-111.

힘으로 해결해야할 성질이 아니며 헌법에도 국제분쟁의 해결수단으로 무력을 사용하지 않는 것으로 되어 있습니다. 이것은 충분히 지켜지지 않으면 안 됩니다. 그래서 정리를 다해서 지금 한국 측에 이야기를 하고 있습니다. 죽도의 영유권에 대해서는 우리들은 우리의 주장에 어떤 결점도 없다는 것을 확신하고 있기 때문에 어떻게 해도 결론이 나지 않으면 이것은 국제분쟁으로 제소해야하는 경우도 있을 것으로 생각됩니다만 지금은 한국을 상대로 충분히 대화를 통해 해결해보려고 노력하고 있습니다.」63)라고 하여 죽도문제가 국제분쟁임을 인정하여 우선적으로 대화를 통해 노력하고, 그것이 안 되면 국제사법재판소에서 해결하는 방법밖에 없다는 것이었다.

## 7.3 '죽도'문제의 한일회담 의제화 의도

당시는 한일회담을 시작하고 있었기 때문에 일본정부는 독도문제를 한일회담에서 평화적으로 다루려고 했던 것이다. 「한일회담에서 다루어지고 있는 문제는 크게 5가지로 첫째는 한일 간의 기본관계 확립의 문제, 둘째는 전쟁 청구권 처리에 관한 문제, 그리고 셋째는 선박의 문제, 네 번째는 어업문제, 다섯 번째가 국적처우문제입니다.」64)라고 하여 어업문제에서 독도문제를 다루려고 하고 있었다.

시모다 정부위원은 「영토분쟁을 해결하기 위해 무력을 행사한다는 것은 헌법 제9조에 저촉되기 때문에 불가능하다.」 하지만 「죽도문제에 관련해서 실력행사를 할 수 있는 경우는」 「죽도는 일본영토이기 때문

---

63) 오카쟈키(岡崎) 국무대신,「1953년 8월 1일, [057/189] 16-중의원-외무위원회-25호」, pp.114-115.
64) 시모다 정부위원, 「1953년 8월 5일, [060/189] 16-중의원-외무위원회-27호」, p.132.

에 일본영토에 불법으로 입국한 사람을 단속하는 것으로 이것은 경찰권의 문제이다.」[65]라고 하여 경찰권을 발동할 수 있다는 법적인 해석을 했다. 또한 우에무라 관방장관도 나미키(並木) 야당위원으로 하여금 질문을 받고 「보안청법이 인정하지 않기 때문에」「죽도에는 일본보안청의 해상경비대 소속의 선박은 파견하지 않을 것이고, 「해상경비대소속의 선박은 군함이 아니기 때문에」「상대 군함에는 대항하지 않는다.」[66]라고 하여 독도문제가 분쟁지역임을 인정하고 한일회담에서해결하려고 했던 것이다.[67]

## 8. 맺으면서

이상에서 일본국회의 의회기록을 통해 대일평화조약 체결로부터 그후에 독도영유권을 둘러싼 한일 양국의 공방에서 일본정부의 독도영유권 인식에 관해서 고찰하였다. 이를 요약정리하면 다음과 같다.

첫째는 대일평화조약을 체결하였는데 일본정부는 독도가 평화조약에서 일본영토에서 제외되는 지역에 언급되지 않았다고 하여 '죽도'가일본영토로서 법적 지위가 결정되었다고 주장했다.

둘째는 이승만대통령은 대일평화조약이 체결되고 독도를 한국영역에 포함하는 평화선을 선언했다. 이는 대일평화조약에서 독도가 일본

---

65) 시모다 정부위원, 「1953년 8월 7일, [063/189] 16-중의원-외무위원회-28호」, p.139.
66) 나미키 위원, 「1953년 8월 7일, [063/189] 16-중의원-외무위원회-28호」, p.138.
67) 최희식(2009) 「한일회담에서 독도영유권문제-한국외교문서의 분석과 그 현대적 의미-」, 『국가전략』제15권 4호, pp.117-138.

영토로 취급되지 않았다는 확신을 갖고 있었기 때문이다. 그런데 일본은 독도를 포함하고 있는 평화선을 인정할 수 없다고 항의했다. 이렇게 해서 한국이 실효적으로 점유하고 있는 독도는 일본에 의해 분쟁지역화 되어갔던 것이다. 평화선 선언에 대응하면서 대일평화조약에서 '죽도'가 일본영토로 처리되었다고 하는 일본의 주장은 후퇴하기 시작했다.

셋째는 한국정부는 평화선을 넘어오는 일본어선에 대해 총격을 가했다. 한국은 평화선이 맥아더라인을 바탕으로 한 합법적인 주권선이라는 것이다. 이 평화선 안에는 독도가 포함되어 있다. 이에 대해 일본은 평화선이 불법이라고 주장하지만 이를 입증할 법적 근거를 제시하지 못했다.

넷째는 일본순시선이 한국영토인 독도에 접근하다가 독도수비대로부터 경고사격을 받았다. 일본정부는 죽도가 일본영토인데 한국이 불법으로 점령하고 있다고 한국에 항의했다. 일본은 한국의 독도점유를 막을 법적 근거를 갖고 있지 못하여 연합국의 일원이었던 국제사회의 동조를 얻지 못했던 것이다.

다섯째, 일본이 독도영유권을 주장하고 있는 것은 단지 1905년 시마네현에 편입한 사실에만 초점을 두고 있다. 한국이 주장하는 법적 근거에는 관심이 전혀 없었다. 이는 바로 내셔널리즘에 입각한 영유권 주장이라는 것이다.

여섯째, 각 시기의 사건별 독도영유권의 인식의 변화를 살펴보았다. 1952년 평화선 선언 시에는 대일평화조약에 의거하여 전적으로 일본영토라고 주장하던 것이 한국이 독도를 점유하여 평화선을 침범한 일본 순시선에 총격을 가하는 일이 생겼을 때에는 분쟁지역임을 인정했던 것이다. 이처럼 일본의 영유권 주장에는 일관성이 결여되어 있었다.

# 일본정부의 '이승만라인' 불법성 주장의 부당성

제3장

## 1. 들어가면서

연합국은 제2차 세계대전 종전 직후, SCAPIN 677호를 발령하여 일본으로부터 침해가 우려되는 한국의 독도 영유권을 보장했으며, 맥아더라인을 선포하여 일본으로부터 침해가 우려되는 한국의 근해어업을 보장했다.[1] 연합국이 조치한 SCAPIN 677호와 맥아더라인은 최종적으로 대일평화조약에 의해 대치하게 되어있었다.[2] 그런데 연합국은 대일평화조약을 체결했지만, 미국이 일본에 로비되어 연합국은 한국이 실

---

1) 송병기편(2004)『독도영유권자료선』한림대학교아시아문화연구소, 신용하 (1996)『독도의 민족영토사 연구』지식산업사, pp.242-322.
2) 최장근(2008)『독도영토학』대구대학교 출판부, pp.69-112. 최장근(2005) 『일본의 영토분쟁』백산자료원, pp.31-71.

효적으로 지배하고 있는 독도의 지위를 명확하게 하지 않았다.[3] 한국 정부 입장에서 볼 때 기존에 SCAPIN 677호와 맥아더 라인에 의해 보장 되었던 근해어업과 독도영유권문제가 위기상황에 놓이게 되었다. 한국 정부는 스스로 기득권을 확보하기 위해 1952년 1월 18일 대통령 주권 선언이라는 이름으로 평화선을 선언했던 것이다.

평화선 선언에는 2가지 의미를 내포하고 있다. 하나는 한국 근해의 연안어업을 보호하는 것이고, 다른 하나는 독도의 영유권을 확보하는 것이었다. 다시 말하면, 독도주변에 대한 평화선 조치는 독도영유권을 확보한 것이고. 독도근해를 제외한 타 지역의 평화선은 어업자원을 보호하게 위한 것이었다. 일본정부는 한국정부가 선언한 평화선에 대해 일본영토인 죽도의 영유권을 훼손하는 것이며, 또한 공해자유의 원칙을 어기는 불법조치라고 하여 인정할 수 없다고 항의했다.

본 연구에서는 일본이 주장하는 「이승만라인」이 정말로 불법적인 것이었는지에 대해 일본의 국회의사록을 통해 고찰하려고 한다. 본 연구의 특징은 일본의 국회의사록에서 일본정부 요인 및 국회의원들이 스스로 「이승만라인」을 불법적인 것이라고만 할 수 없다는 인식을 갖게 된 과정에 대해 검토한 것이다. 선행연구에서는 평화선의 정당성에 관한 연구는 있지만,[4] 일본의 국회의사록을 분석하여 평화선에 대한

---

3) 김병렬(1998)「대일강화조약에서 독도가 누락된 전말」, 독도보전협회, 『독도영유권과 영해와 해양주권』독도연구보전협회, pp.165-195.
4) 최장근(2004.2)「샌프란시스코조약의 영토조항에 관한 고찰-영토처리의 정치성에 관해서-」,『일어일문학』제21호, 대한일어일문학회, pp.245-270. 최장근(2004.5)「전후 일본영토 처리의 특수성과 국경분쟁의 발생요인-로컬리즘・내셔널리즘・리져널리즘의 카테고리에서 분석-」,『일어일문학』제22호, 대한일어일문학회, pp.1-19. 崔長根(2010.8)「한일협정에서 확인된 일본의 독도 영유권 주장의 한계성」,『일어일문학』제47호, 대한일어일문학회, pp.269-286.

일본정부 요인과 국회의원들의 인식, 평화선의 본질을 규명한 논고는
없었다.

## 2. 한국의 평화선 선언에 대한
   일본정부의 항의

이승만대통령은 1953년 1월 18일 대통령 주권선언이라는 이름으로
「평화선」을 선언했다. 이승만 대통령의 평화선 선언에는 사실상 어업
자원확보와 독도영유권을 확보한다는 2가지 의미를 갖고 있었다. 일본
정부는 즉각적으로 1월 28일 일본영토인 죽도5)를 포함하고 있는 이승
만라인은 인정할 수 없다고 항의했던 것이다.6) 여기서는 일본국회의
의사록을 통해 일본정부의 항의내용에 대해 검토해보기로 한다.

시마네현(島根県) 오치군(隠地郡) 사키(崎)어업협동조합장(漁業共同
組合長) 다카노 칸타로(高野勘太郎 외 13명)는 1951년 10월 18일 「죽
도어장의 조업제한 해제에 관한 진정서」(제65호)를 수산위원회에 제출
했다. 이승만라인이 설치되기 전에 시마네현의 사키(崎)어업협동조합
에서는 독도근해에 대한 조업을 가능하게 하는 법을 제정할 것을 국회
에 진정하고 있었던 것이다.7) 이것은 일본정부가 평화조약에 의해 독
도가 일본영토로 결정되었다고 억지로 해석하려고 하고 있음을 알 수

---

5) 일본영토로서는 「죽도」, 한국영토로서는 「독도」라고 표기한다.
6) 신용하(1996)『독도의 민족영토사 연구』지식산업사, pp.253-322.
7) 「중의원-수산위원회-4호, 1951년 12월 20일」, 동북아역사재단편(2009)
   『일본국회 독도관련 기록 모음집』제1부 1948~1976년, 동북아역사재단,
   pp.43-44. 「진정서」가 1951년 10월 20일, 동년 11월 27일 국회의 「중의원-
   수산위원회-4호」에 제출되었다.

있다.[8] 평화선은 일본정부도 인정했듯이 연합국측이 일본을 의식해서 독도가 한국영토라는 것을 명확히 규정하는 것을 피해서 애매하게 처리한 것이다.[9]

야마모토(山本利)위원은 1952년 1월 30일 일본정부의 죽도 영유권 인식에 대해 「일본해의 죽도 영유권문제와도 관련이 되는 것인데, 그때 니시무라(西村) 조약국장으로부터 죽도는 우리나라의 영토라는 점을 분명하게 들었습니다.」[10]라고 하여 일본영토의 입장을 확인했다. 이에 대해 이시하라(石原幹) 정부위원, 1952년 1월 30일 「우리 측으로서도 이승만 선언에 대해서 절대로 인정할 수 없다고 하는 점을 한국정부에 명확하게 알렸으며, 죽도는 일본의 영토라는 점 또한 강조해 두었습니다.」[11]라고 하여 죽도가 일본영토이기 때문에 독도를 포함하고 있는 이승만라인은 불법이라는 입장을 한국에 밝혔다는 것이다.

야마모토(山本利) 위원은 1952년 1월 30일 일본국회의 죽도영유권에 대한 인식에 대해 「한국의 이승만 대통령이 조선영역(領域)에서의 어업권 확보라는 의미에서 그런 선언을 했는데, 우리들은 맥아더라인에 너무 얽매여 있는 것 같습니다. 일본해 안에 있는 죽도가 맥아더라인에서 떨어져 있다는 의미에서 이것이 한국의 영토라고 발표된 것으로 생각되었습니다만, 지금의 답변을 듣고 보니, 한국의 주장이라는 것

---

8) 高野雄一(1962)『日本の領土』東京大学出版会, pp.347-349. 毎日新聞社編 (1952)『対日平和条約』毎日新聞社, pp.3-21.
9) 최장근(2011) 「일본정부의 '이승만라인 철폐'의 본질규명 -일본의 한일협 정 비준국회의사록 분석-」, 『일어일문학연구』76집, 한국일어일문학회, 2011.02.28, p.331.
10) 야마모토(山本利) 위원의 발언, 「중의원-외무위원회-2호, 1952년 1월 30일」, 『일본국회 독도관련 기록 모음집』제1부, p.45.
11) 이시하라(石原幹) 정부위원의 발언, 「중의원-외무위원회-2호, 1952년 1월 30일」, 『일본국회 독도관련 기록 모음집』제1부, p.45.

이 전혀 의미 없는 것이고, 강화조약 및 안보조약에 대해서 우리들이 심의해왔던 때부터 자세하게 논의해 왔듯이 죽도는 완전히 일본영토라는 점을 승인해도 괜찮은 게 아닌가요?」12)라고 했다. 즉 평화조약에서 죽도의 지위가 애매하게 처리되어 있기 때문에 한국의 평화선에 대응적으로 일본정부가 일본영토라는 것을 선언할 것을 제안했다. 그 이유로서, ①죽도가 일본해 내에 있다. ②맥아더라인은 영토주권선이 아닌데 한국이 영토 주권선으로 오인하고 이승만라인을 선언했다. 그래서 이승만라인은 불법이다. ③맥아더라인은 영토주권선이 아니므로 일본도 죽도영유권을 선언하는 특별한 조치를 취해야한다. ④강화조약과 안보조약에서 독도가 일본영토로 처리되어왔다. 그러므로 죽도가 일본영토임을 단호한 조치를 취해야한다고 제안했던 것이다.

사사키 모리(佐々木盛) 위원은 1952년 1월 30일 정부위원에게 평화선에 대해 문의하면서 다음과 같은 견해를 갖고 있었다. 즉「지난번 한국정부 대통령인 이승만씨의 선언에 관한 질문을 드리고 싶습니다. 이승만 대통령은 한국국방상의 필요에 따라 한국영해 외 공해(公海)의 광대한 수역에 국가주권을 행사한다는 취지의 선언을 했습니다. 지리적으로 보면 동쪽으로는 시마네현(島根県)의 죽도부터, 서쪽은 황해(黃海)의 중앙, 남쪽으로는 맥아더라인보다 한층 일본에 가까운 수역에 걸친 광범위한 지역에 경계선을 만들어 이 수역 내에서는 선박의 자유 항해는 인정하지만, 자원보호에 대한 주권을 행사하겠다는 성명을 발표했습니다. 이것에 대해서 외무성 당국은 담화를 발표하여 해당 선언은 해양 자유의 원칙을 파괴하는 것일 뿐만 아니라 국제 어업협력의 기본개념과도 서로 맞지 않는 것이며, 국제사회의 통념으로도 인정

---

12) 야마모토(山本利) 위원의 발언, 「중의원-외무위원회-5호, 1952년 1월 30일」, 『일본국회 독도관련 기록 모음집』제1부, p.45.

할 수 없다고 하는 성명을 내었습니다. 그러자 이에 대해서 한국의 외무당국은 다시 선언을 내어 이승만 선언은 항구적(恒久的)인 것으로 한국의 국가 주권이 다른 나라에 의해 침해되는 것을 막기 위한 것이며. 우리 외무성의 반론을 오히려 일본의 침략의도를 나타낸 것이라고 하고 있습니다. 또한 이 선언의 선례로 아메리카 대륙 여러 나라들을 거론하고 있습니다만, 대체 이러한 선례가 있었는지 의문스럽고, 이와 같은 독선적이고 배타적인 선언이 한국에 일방적으로 행해지고 있든 것이라면 같은 입장에서 일본도 동일한 일을 할 수 있다고 봅니다.」13)라고 했다.

즉 일본국회에서는 평화선에 대해 다음과 같은 견해를 갖고 있었다. ①한국대통령 이승만씨 개인이 선언한 불법적인 '이승만라인'이라는 것, ②자원에 대한 주권선언이므로 배타적 경제수역에 해당된다는 것, ③평화선에 일본영토 죽도를 포함하고 있다는 것, ④일본정부도 대응적으로 동일한 조치를 취해야한다는 것, ⑤'이승만라인'에 대한 일본외무성의 항의를 내정간섭으로 받아들여 오히려 이것을 일본의 침략행위로 간주하고 있다는 것, ⑥국제사회에서 유례없는 불법적인 행위라는 것이다.

이상이 일본국회에서 보는 평화선 선언에 대한 인식이었다. 이것은 독도가 일본영토라는 것을 전제로 한 것으로 독도가 한국영토라면 해석상 정반대의 의미가 될 수 있다. 평화선에 대한 일본국회의 이러한 인식14)은 일본정부가 내셔널리즘적인 측면에서 죽도가 일본영토라고

---

13) 사사키 모리(佐々木盛) 위원의 발언, 「중의원·외무위원회-2호, 1952년 1월 30일」, 『일본국회 독도관련 기록 모음집』제1부, p.44.
14) 나이토 세이추(内藤正中)저·곽진오·김현수역(2008)『한일간 독도·죽도 논쟁의 실체』책사랑. 日本外務省ホームページ、「パンフレット '竹島問題を理解するための10のポイント'」, http://www.mofa.go.jp/region/asia -paci/takeshima/pamphlet_k.pdf(검색일: 2011.8.30).

주장하여 생긴 인식으로서 일본국회가 평화선에 대한 왜곡된 인식을 갖게 되는 계기가 되었던 것이다.

일본의 국회의원 중에는 독도에 대해 제대로 알지 못하는 의원들도 있었다. 단 이노(団伊能)는 1952년 12월 22일「저도 분명히 아는 것은 아닙니다만, 이 방위수역에 대해서 신문 등의 발표에 따르면 울릉도의 남쪽에 위치한 일본 령인 죽도가 종래의 맥아더라인에서는 일본 내에 있었습니다만, 이번에 선이 조금 남쪽으로 내려가서 방위수역 안에 들어간 것으로 인정되었다고 하는데 그렇습니까?」[15]라고 질문을 하여 맥아더라인에 의해 일본영토 밖에 있었는데 사실을 잘 알지 못하고 있었다. 또한「죽도 주변에는 현재 이렇다 할 섬이 없습니다. 어민으로부터 들으니 그 동안 죽도가 피항지가 되거나 바람을 막아주는 역할을 하고, 또 선박 대피소가 되기도 하고, 다소 어획량도 있으며 러일전쟁 당시에는 이곳에 망루를 설치하고 해군이 머문 적도 있었다고 합니다. 오늘날 아주 협소한 일본영토를 생각할 때 하나의 어업기지로 생각해볼 수 있지만 그 주변은 어찌되었든 방위수역과 상당히 근접해 있다고 생각되며」,「만약 죽도가 방위수역 안에 있다고 한다면 이는 일본영토의 일부가 이미 국제연합군의 방위수역 안에 있다는 이야기가 됩니다. 이에 대해서는 일본의 주권행사라는 차원에서도 고려되어야할 문제라고 생각합니다. 이는 제가 가진 지도에서도 그러합니다만, 신문에 이러한 식으로 기재되어 있기 때문에 질문 드립니다.」[16]라고 하여 죽도가 방위수역(클라크라인) 안에 포함되어 있어서 일본이 주권행사를 할 수 없

15) 단 이노(団伊能) 위원의 발언,「참의원-외무위원회-10호, 1952년 12월 22일」,『일본국회 독도관련 기록 모음집』제1부, p.50.
16) 단 이노 위원의 발언,「참의원-외무위원회-10호, 1952년 12월 22일」,『일본국회 독도관련 기록 모음집』제1부, p.51

는 지역이라고 지적했다. 이에 대해 국무대신 오카자키도 1952년 12월 22일「제가 볼 때 그것은 사실과 다르다고 생각합니다만 좀 더 자세히 지도를 확인한 후 답변 드리겠습니다.」[17]라고 했다. 즉 일본국회의 전문위원은 물론이고, 정부위원조차도 독도에 관해서 정확한 정보와 지식을 갖고 있지 않았던 것이다.

## 3. 한국의 일본어선 나포에 대한 일본정부의 항의

한국정부는 평화선을 침범하는 일본선박은 물론이고, 승무원을 감금 조치했다. 이처럼 한국정부는 평화선을 선언하고 이를 침범하는 일본선박에 대해 강력히 조치했다. 이에 대해 일본정부가 항의하게 되는데, 그 내용에 대해 검토해보기로 한다.

1952년 12월 10일 안도(安東) 위원은 「이승만라인은」「일본 측에서 승인할 근거는 전혀 없습니다. 특히 대마도 북쪽의 죽도까지 이승만라인이 뻗어 있는데, 죽도는 분명히 일본의 영토입니다. 해양경비대를 출동시켜서라도 반드시 죽도를 지켜야 하고, 처음부터 그 쪽에는 출동시키지 않는다는 그런 패기 없는 자세는 일축해야 합니다.」[18]라고 하여 해양경비대를 출동시켜 강력하게 대응해야 한다고 주문했다.

한국정부는 평화선을 넘어온 일본어선에 대해 강력하게 대응하도록

---

17) 국무대신 오카자키 카쓰오의 발언, 「참의원-외무위원회-10호, 1952년 12월 22일」, 『일본국회 독도관련 기록 모음집』제1부, p.50.
18) 안도(安東) 위원의 발언, 「중의원-외무위원회-8호, 1952년 12월 10일」, 『일본국회 독도관련 기록 모음집』제1부, pp.49-50

조치하여 제1, 제2의 다이호마루(大邦丸)사건이라고 불리는 일본어민 사망사건이 일어났다.

나카무라 정부위원은 1953년 2월 27일 어선나포사건에 대해「우리 측에서는 이승만라인 안에서의 어선나포사건이 일어날 때마다 항의를 하고 또 어선의 반환과 손해배상 등을 요구하고 있는 것입니다. 일전의 제1, 제2의 다이호마루(大邦丸)사건 때에는 특히 살인사건마저 일어났 기 때문에 특별히 엄중하게 항의했다는 것은 알고 계시는 바입니다.」[19] 라고 하여 일본정부는 한국에 대해 불법행위임을 강력히 항의하고, 동 시에 어선의 반환과 손해배상을 요구한다는 방침을 세웠던 것이다.

이러한 상황에 대해 1953년 10월 31일 개진당을 대표한 스마 아키치 로(須磨弥吉郎)는「(이승만라인은) 국제법을 무시한 폭거라는 점은 두말할 것도 없거니와 일방적으로 설정한 그 이승만라인을 넘었다는 이유로 42척의 어선이 나포되었고, 4백74명[20]에 이르는 승무원이 감 금되어 있습니다. 이들은 재판에 회부되어도 변호사의 입회가 불가능 합니다.」[21]라고 하여 한국이 불법적으로 조치한 이승만라인을 넘은 일본어선과 승무원을 나포했다고 하여 일본국회에서 한국정부를 비 난했다.

19) 나카무라 정부위원의 발언,「중의원-수산위원회-22호, 1953년 2월 27일」, 『일본국회 독도관련 기록 모음집』제1부, p.58.
20) 아키야마 슌이치로(秋山俊一郎)의 발언, 참의원-본회의-6호, 1953년 11월 7일」,『일본국회 독도관련 기록 모음집』제1부, p.204. 아키야마 슌이치로 (秋山俊一郎)는「올해 9월 이래 이른바 이승만라인의 침범을 이유로 정부 공선을 포함해서 어선 42척을 나포, 승무원 516명을 납치해 국내법에 의 해 가혹한 처벌을 부가하고 있는 폭력상황에 이제 우리는 묵과할 수 없다.」 라고 하여 나포상황을 지적하고 있는데, 나포인원의 차이가 약간 보인다.
21) 스마 아키치로(須磨弥吉郎)의 발언,「중의원 -본회의-3호, 1953년 10월 31 일」,『일본국회 독도관련 기록 모음집』제1부, pp.182-183.

일본정부는 한국에 대해 평화선이 불법적인 조치라고 항의하면서도 현실적으로는 사실상 이를 인정하고 있었던 것이다.

오다카(小高) 위원이 1953년 7월 16일 한국에 나포된 일본어선 상황의 발표를 보면, 「종전 이래 오늘날에 이르기까지 한국에 나포 압류된 일본어선은 실제로 145척에 이릅니다.」[22] 또한 「중국에 나포, 억류되어 있는 우리나라의 어선은 합이 114척에 이르고, 억류된 선원은 371명으로 어선, 어구의 직간접적인 손해만 해도 약 40억이라고 들었습니다.」[23] 라고 지적하고 있는 것처럼 일본어선이 한국뿐만 아니라 중국에도 어선이 나포되었다는 사실이다. 이를 보더라도 일본어선이 불법조업을 일삼던 시절이었다고 하겠다. 한국 측의 입장은 「지금까지 조선 측에 나포되거나 억류된 어선이 상당수 있습니다. 이런 사건의 생길때마다 우리 측에서 엄중히 항의했으나 상대방은 영해를 침범했기 때문에 그럴 수밖에 없었다고 이야기 하고 있습니다.」[24] 그러나 중국 측에 대해서는 「중공과는 유감스럽게도 직접 방법이 없기 때문에 우리로서는 가능한 한 이런 사건이 일어나지 않도록 경계하고 있습니다. ... 상대방 측에서는 (일반중공귀환자와 달리[25]) 전범이거나 범죄관계가 없는 사람만 돌려보낸다는 방침을 고수하고 있어서 이것을 실행하는 것은 곤란하지 않을까?」[26]라고 하여 일본어선이 불법조업을 했음을 지

---

22) 오다카(小高) 위원의 발언, 「중의원 수산위원회 12호, 1953년 7월 16일」, 『일본국회 독도관련 기록 모음집』제1부, p.95.
23) 오다카(小高) 위원의 발언, 「중의원 수산위원회 12호, 1953년 7월 16일」, 『일본국회 독도관련 기록 모음집』제1부, p.95.
24) 고다키(小滝)정부위원의 발언, 「중의원 수산위원회 12호, 1953년 7월 16일」, 『일본국회 독도관련 기록 모음집』제1부, p.97.
25) 오다카(小高) 위원의 발언, 「중의원 수산위원회 12호, 1953년 7월 16일」, 『일본국회 독도관련 기록 모음집』제1부, p.98.
26) 고다키(小滝) 정부위원의 발언, 「중의원 수산위원회 12호, 1953년 7월 16

적했다.

쓰지(辻政) 위원은 1953년 11월 6일 일본 국회의원의 독도 현지방문에 대해 「제가 16일 저녁 돗토리현(鳥取県)에서 270톤의 순시정을 타고 죽도를 갈 때 항해한지 2시간쯤 지나 현해(玄海)의 파도로 배가 흔들리고 있을 때 대신으로부터 전보가 왔습니다. 쓰지(辻) 국회의원을 하선시키라는 내용이었습니다. 저는 매우 의외라고 생각했습니다. 저는 당시 내열(内閲) 위원장으로부터 공문을 받아 조사를 위해 파견된 것이었습니다. 그런데 해상보안청장관이 하선을 하라고 하시니 일본의 국회의원이 일본영토를 보는 것이 무슨 문제가 되는 것인지 생각하여 바로 거기서 대신에게 전보를 쳤습니다. 저는 국회의원의 국정조사 행위를 거절할 생각인지를 물었고, 곧 그렇지 않다는 답신을 받았습니다. 그런데 그 답신에서도 죽도에는 절대로 상륙하지 말 것이며 필요 이상으로 접근하지 말 것이며, 상대의 배가 나타나면 도망쳐라, 고 하는 내용이 담겨 있었습니다. 그 전보를 대신이 직접 보낸 것인지 알 수 없지만, 일본의 영토를 일본국회의원이 직접 보러 가는데 그런 내용의 전보를 보내시다니 그런 기백으로 도대체 영토를 어떻게 지킬 수 있겠습니까? 그때 저는 배를 물가까지 접근시켜 상륙했습니다. 그랬더니 연안에 화강암으로 만든 조난 어민 위령비가 서 있었습니다. 이것을 눈앞에 보고 왔습니다.」[27]라고 하여 일본정부가 독도의 현장 접근을 못하게 하는 것은 평화조약에서 이미 한국영토의 점령상태를 국제법적으로 차단할 수 없다는 사실을 잘 알고 있었기 때문이다.[28]

일」, 『일본국회 독도관련 기록 모음집』제1부, p.97.
27) 쓰지(辻政) 위원의 발언, 「중의원-내각위원회-3호, 1953년 11월 6일」, 『일본국회 독도관련 기록 모음집』제1부, p.199.
28) 최장근(2005) 『일본의 영토분쟁』백산자료원, pp.31-71.

또한 쓰지(辻政) 위원은 순시선의 규모와 실제 이승만라인에 대응하는 상황에 대해 「국가의 경계선인 이승만라인을 감시하는데 순시선 20척이 배치된 것으로 알고 있습니다. 그러나 현제 보안청 소속으로 되어 있는 순시선은 94척입니다......게다가 (44척의 신조선 가운데) 7백 톤 이상의 신조선(新造船)을 2척이나 가지고 계십니다만, 이것은 어디에 사용하고 있습니까? 현장에서 사용하고 있는 것은 구사가키[배이름]급 450톤급(전부 22척)이 2척, 나머지는 270톤급(전부 20척)의 작은 배입니다..........현재 20척으로 3교대, 매일 6척으로 순시하고 있습니다. (94척 가운데 이 44척의 신조선이 이번 업무의 중심적인 역할을 하고 있습니다)29)」30)라고 하여 순시선을 대규모로 동원하여 적극적으로 대응할 것을 주문했다.

아키야마 슌이치로(秋山俊一郎)는 1953년 11월 7일 「더욱이 올해 (1953년) 8월 조선의 휴전에 따라 클라크 사령관이 조선방위수역을 발표하자 한국정부는 이에 대해 불만의 뜻을 표명하는 동시에 이승만라인의 단속강화를 발표했습니다. 그 이후 동수역에 출어하는 일본어선에 대해서는 무력으로 라인 밖으로 퇴거를 강요하는 것만이 아니라 해군함정으로 어떠한 방어방법도 없는 무고한 어선을 원하는 대로 임검, 나포, 억류하고, 심할 때는 임검 시에 어획물 및 선원의 사물까지도 약탈하는 등 포학한 해적행위를 저지르고 마침내는 일본 관선(官船)까지도 나포억류하기에 이르렀습니다.」31)라고 하여 한국정부가 클라크라

---

29) 괄호는 쓰지 위원의 지적에 대한 야마구치 정부의원의 답변에서 한 내용이다. 야마구치 정부위원의 발언, 「중의원-내각위원회-3호, 1953년 11월 6일」, 『일본국회 독도관련 기록 모음집』제1부, p.200.

30) 쓰지(辻政) 위원의 발언, 「중의원-내각위원회-3호, 1953년 11월 6일」, 『일본국회 독도관련 기록 모음집』제1부, p.200.

31) 아키야마 슌이치로(秋山俊一郎)의 발언, 「참의원-본회의-6호, 1953년 11월

인의 설정으로 인해 평화선을 강화하여 일본어선의 단속을 더욱 강화했다고 주장했다.

한편, 기무라 위원은 1953년 10월 28일 한국이 평화선을 선언한 이후의 독도상황에 대해 「죽도문제입니다. 이승만라인을 선언하고부터 일본의 어선은 단 한척도 그 안에 들어가지 못하고 있습니다. 따라서 그곳에서 나오는 어획도 없습니다. 게다가 그 이승만라인 안에 있는 죽도는 사실상 한국의 영토인 것처럼 되어 있습니다. 표식을 뽑거나 세우거나하고 있습니다만, 사실상 한국의 영토인 것처럼 되어있습니다. 일본이 영토를 잃은 것입니다. 그렇지 않아도 적은 영토를, 게다가 오래 전부터 일본의 영토인 것이 확실한 이 죽도가 사실상 한국에 의해 점령되어 있는 것이라면 이것은 나라의 수치라고 생각합니다.」[32] 「이것은 1811년 발표된 것으로 지금으로부터 144년 전의 지도입니다만 여기에도 죽도가 명료하게 일본의 영토로 되어 있습니다.」[33]라고 하여 고지도에 일본영토임에 분명함에도 불구하고 한국에게 죽도영토를 완전히 점령당한 상태인데, 한일 양국이 영토표식을 서로가 세우고 제거하고 있는 상황이라고 일본정부의 소극적인 대응을 비난했다.

이처럼 한국의 평화선을 선언하여 이를 넘어오는 일본어선의 나포와 승무원 감금, 그리고 한국이 독도를 전적으로 점령했다. 일본정부는 이와 관련하여 한국의 평화선에 대해 「이승만라인」이라고 하여 불법이라고 주장하지만, 사실상 아무런 적극적인 조치를 취하지 못했다. 즉 다시 말하면 한국의 평화선 선언은 맥아더라인을 기반으로 설치한 것

7일」, 『일본국회 독도관련 기록 모음집』제1부, p.205

32) 기무라 위원의 발언, 「중의원-외무위원회-32호, 1953년 10월 28일」, 『일본국회 독도관련 기록 모음집』제1부, p.174.

33) 기무라 위원의 발언, 「중의원-외무위원회-32호, 1953년 10월 28일」, 『일본국회 독도관련 기록 모음집』제1부, p.174.

이고, SCAPIN 677호에 의해 독도의 영토주권을 확보한 것이므로 일본
의 주장처럼 공해상에 일방적으로 취한 불법적인 것이 아니라, 후술하
는 것처럼 국제관례에 의거한 것임을 알 수 있다.

## 4. 일본정부의 평화선문제 해결을 위한 대응방안

한국정부는 대일평화조약에서 연합국의 SCAPIN 677호 조치에 의거
하여 평화선을 선언하여 실효적으로 점유하고 있는 독도에 일본의 접
근을 막았다. 일본정부는 불법적 조치라고 강력히 항의했지만,[34] 적극
적인 강력한 대응조치를 취하지 못했다. 그 이유는 무엇일까? 이에 관
해 검토해 보기로 한다.

나미키 위원은 1952년 12월 10일 일본정부의 소극적인 애매한 태도
에 대해「정부의 방침이 무엇입니까? 이승만라인 안으로 (일본어선이)
들어가서는 안 된다는 것인지, 아니면 일본은 이를 인정할 수 없으므로
여기서 일본의 어선이 나포된다든가, 혹은 해상치안을 위해 문제가 생
겼을 때에는 정당방위로서 행동해도 된다는 정책을 취할 것인지에 대
해 확실하게 해두지 않으면 안 된다고 생각합니다.」[35]라고 정부를 비
난했다. 이에 대해 정부위원 나카무라(中村幸)는「우리나라의 영해를
잘 지키는 것은 우리의 당연한 임무입니다. 그것이 우연히 이승만라인

---

34) 가와카미 겐조저·권오엽역(2010)『일본의 독도논리 -竹島의 歷史地理學
的研究-』백산자료원, pp.277-301
35) 나미키 위원의 발언, 「중의원-외무위원회-8호, 1952년 12월 10일」, 『일본
국회 독도관련 기록 모음집』제1부, p.50

과 구역적으로 일치하기 때문에 여러 가지 분쟁이 예상됩니다만, 우리 측으로서는 어디까지나 이승만라인을 인정하지 않는 선에서 적절한 조처를 해나갈 생각입니다」36)라고 하여 이승만라인을 인정하지 않는 조치를 취해나갈 방침이라고 강조했다.

가이나카 위원은 1953년 2월 21일 이승만라인에 대해 「외무성당국의 유약한 외교에 대해서도 여러 측면에서 논의하고 있습니다만,」37) 그것도 중요하지만, 우선적으로 그것보다는 「이러한 굴욕적인 사건이 일어나는 근본적인 원인은 일본해군이 없기 때문입니다. 저는 만약 강력한 해군이 있다면 조선은 그런 짓을 하지 못했을 것이라고, 해군이 없으니까 저지른 것이라 생각합니다.」38) 「조선정부 및 조선의 해군이 하고 있는 행동은 전 세계의 독립국정부가 할 수 있는 일반적인 행동이라고는 생각되지 않습니다. 독립국이라면 국제법을 지켜야할 의무가 있습니다. 그 국제법을 무시하고 일본해 한가운데에 이승만라인이라는 제멋대로의 자기만의 라인을 만들었습니다. 게다가 일본영토인 시마네현의 죽도도 그 라인 안에 포함시키고, 그 안으로 들어온 일부의 선량한 어선을 나포하고 약탈하고 살해하는 짓을 하고 있는 것을 볼 때 이는 정부가 아닌 해적이 하는 짓입니다. 그런 해적과 정부를 착각하여 아무리 품위 있는 외교교섭을 한다 해도 해결된 전망이 없다고 생각합니다. 그러므로 일본이 현 단계에서 해결할 수 있는 방법은 해상보안청의 실력을 최대한으로 발휘하는 동시에 현장에 있는 어민도 목숨을 걸

---

36) 나카무라(中村幸) 정부위원의 발언, 「중의원-외무위원회-8호, 1952년 12월 10일」, 『일본국회 독도관련 기록 모음집』제1부, p.50
37) 가이나카(甲斐中) 위원의 발언, 「중의원-수산 · 법무위원회 연합심의... -1호, 1953년 2월 21일」, 『일본국회 독도관련 기록 모음집』제1부, p.52.
38) 가이나카(甲斐中) 위원의 발언, 「중의원-수산 · 법무위원회 연합심의... -1호, 1953년 2월 21일」, 『일본국회 독도관련 기록 모음집』제1부, p.52.

고 자신을 지키는 것 이외는 다른 방법이 없습니다. 도둑이 횡행할 때는 정당방위를 위해 단검이나 총을 소지하는 것도 일정한 절차를 밟으면 허가해야합니다. 그렇게 되면 일본근해에 해적이 횡행하고 있는 지금의 상황에서 해상보안청으로서는 전력을 다해서 목숨을 걸고 어민을 보호하게 되고 다른 한편 어민에게는 무기를 지급하여 만일의 경우 스스로가 자신을 지킬 수 있도록 하는 방법을 강구해야 합니다. 이 두 가지 방법 이외에 이 문제를 빨리 해결할 수 있는 방법은 없다고 확신하고 있습니다.」[39]라고 하여 조선을 해적으로 간주하여 해상보안청의 방위력을 증강시키고 어선에게 무기소지를 허가해야한다고 주장했다.

단 이노 위원은 1953년 2월 23일 한국 측이 평화선을 침범한 일본어선을 나포한 것에 대해 「작년 1월에 이승만 대통령이 발표한 이승만라인이 한국 측에 있어서는 성립하고 있다. 즉 합법적인 것이라는 인식이 한국 관헌, 그와 말단에 이르기까지 반영되어 있기 때문에 이것이 국제적으로는 조금도 합리적이지 않더라도 한국 측에서는 어느 정도 인정하고 있다는 점에 본 나포사건이 일어난 하나의 원인이 있지 않은가 생각됩니다. 작년 봄 이승만라인에 대해서 우리 외무성은 이것을 인정하지 않는다든가. 상대하지 않겠다, 라는 식의 의견이 있었습니다. 실제로 이승만라인은 맥아더라인의 뒤를 이어 성명이 발표되었기 때문에 어느 정도 이를 신뢰하는 사람들이 많은 것으로 생각됩니다. 그래서 일본 외무성도 이전처럼 상대하지 않는다는 태도가 아니라 오히려 이것이 비합리적인 것임을 우리 측에서 적극적으로 얘기해서 이승만 대통령과 한국정부에 이것의 철회를 요구하는 것이 마땅하다고 생각합니

---

39) 가이나카(甲斐中) 위원의 발언, 「중의원-수산·법무위원회 연합심의... -1 호, 1953년 2월 21일」, 『일본국회 독도관련 기록 모음집』제1부, p.52.

다.」[40] 「현재 우리나라 영토인 울릉도 남쪽의 죽도까지도 이승만라인 안에 들어가게 되어 우리나라의 국토주권을 분명하게 침해하고 있는 것처럼 생각되어지기 때문에 비록 하나의 가설로 나온 것이라 할지라도 이런 불합리한 라인의 존재를 일본이 항의하지 않고 두는 것이 하나의 화근이 되고 있지 않나 생각합니다.」[41]라고 하여 한국정부에 대해 평화선이 불법적인 것이므로 철회를 요구해야 한다고 주장했다.

단 이노 위원은 평화선에 대응방법으로서 「하나의 안으로 우리정부가 좀 더 분명하게 한국정부를 향해 이승만라인의 철회를 요구하고 혹은 조선 연안의 어초(魚礁)에 관해서도 우리나라가 이미 연구에 힘쓰고 있으며 어초 보호를 위해 출입금지나 어업금지구역과 같은 것을, 이전 일본이 한반도에 대해 책임을 지고 있었던 때부터도 이미 어느 정도 실시하고 있던 문제이기 때문에 결코 일본이 모르고 있는 일이 아니라는 것 그리고 보다 적극적으로 요시다 라인이라는 것을 만들어서 양국이 어초보호를 위해 충분히 과학적인 연구에 입각해서 하나의 선을 만들고 이것을 한국에 알리는 것도 한 가지 방법이라 생각합니다.」[42]라고 이승만라인에 대응하여 어초보호라는 명목으로 요시다 라인을 설정할 것을 제안했다.

이에 대해 정부위원 나카무라 고하치(中村幸八)는 1953년 2월 23일 「요시다 라인이라는 선을 긋는 것이 좋은지 어떤지에 관해서는 충분한 검토가 필요합니다. 이들 문제에 있어서는 한일회담에서 쌍방의 어족

40) 단 이노의 발언, 「참의원-수산/법무위원회...-1호, 1953년 2월 23일」, 『일본국회 독도관련 기록 모음집』제1부, pp.56-57.
41) 단 이노의 발언, 「참의원-수산/법무위원회...-1호, 1953년 2월 23일」, 『일본국회 독도관련 기록 모음집』제1부, pp.56-57.
42) 단 이노의 발언, 「참의원-수산/법무위원회...-1호, 1953년 2월 23일」, 『일본국회 독도관련 기록 모음집』제1부, p.57.

보호의 차원에서 어업협정을 반드시 체결할 필요가 있지 않나 하고 생
각하고 있으며」[43]라고 하여 한일 간에 어업협정을 체결하여 평화선을
무력화하려는 의도를 갖고 있었다. 또한 「죽도가 이승만라인 안에 들
어가 있으며 그렇기 때문에 이승만라인이 불법이라는 것을 한층 더 강
조하고 있는 것입니다.」[44]라고 하여 이승만라인은 일본영토인 죽도를
포함하고 있기 때문에 불법이라는 것이었다.

　요컨대 한일협정에서 어업협정을 체결하는 것은 결국 일본영토인
죽도가 이승만라인 안에 포함되어 있기 때문이라는 것이었다. 한국이
일방적으로 선언한 이승만라인을 인정할 수 없다는 것이다.[45]

　가이나카 위원은 1953년 2월 27일 「조선부근의 해상에서 발생하는
일본어민 사살사건」에 대해 한국이 「국제법과 관례를 무시하고 자유공
해에 멋대로 이승만라인을 설정하고 게다가 그 구역 안에 일본영토인
시마네현의 죽도를 포함시켜서 그 구역 내로 들어간 어선에 대한 나포,
약탈하고 어민을 살해해도 모른다고 하는 것은 완전한 침략행위인 동
시에 해적행위이며 따라서 이 해적행위를 정당화 시키려하는 한국정부
의 성명은 도저히 문명국가의 정부의 성명이라고는 생각되지 않습니
다. 이러한 한국정부를 상대로 문명국 정부를 대하듯 신사적인 외교교
섭을 한다고 해서 과연 이 문제를 해결할 전망이 있을 것인지?」[46]라고

43) 나카무라 고하치(中村幸八) 정부위원의 발언, 「참의원-수산/법무위원회...-1
　　호, 1953년 2월 23일」, 『일본국회 독도관련 기록 모음집』제1부, p.57.
44) 나카무라 고하치(中村幸八) 정부위원의 발언, 「참의원-수산/법무위원회...-1
　　호, 1953년 2월 23일」, 『일본국회 독도관련 기록 모음집』제1부, p.57.
45) 최장근(2011.2) 「일본정부의 '이승만라인 철폐'의 본질규명 -일본의 한일협
　　정 비준국회의사록 분석-」, 『일어일문학연구』76집, 한국일어일문학회, 2011.
　　02.28, p.331.
46) 가이나카(甲斐中) 위원의 발언, 「중의원-수산위원회-22호, 1953년 2월 27
　　일」, 『일본국회 독도관련 기록 모음집』제1부, p.58.

하여 이승만라인은 불법적인 것이므로 신사적인 외교적 교섭으로 대응해서는 안 된다고 정부를 비난했다.

한국 국방부가 미 극동군사령관이 한국영토임을 인정했다는 성명에 대해 국무총리 오카자키 가쓰오는 1953년 3월 5일 「지금까지 공문서 등으로 우리는 우리의 태도를 명확히 했습니다. 이 이상 더 명확히 할 방법은 없다는 것입니다. 따라서 예를 들어 상대방으로부터 정식으로 제의가 들어오는 경우는 당연히 대응하지 않으면 안 될 것입니다만, 그렇지 않고 애드벌룬 띄우듯 하는 성명에 대해서 일일이 상대해 다투는 것은 오히려 이상하지 않은가하고 현재는 생각하고 있습니다만 이 또한 정도가 심해지면 대응하지 않으면 안 되겠지요.」[47]라고 하여 한국의 독도영유권 주장에 대해 다른 방법으로 대응할 만한 상황이 아니기에 공문서를 통해 항의했다는 주장이다.

단 이노 위원은 국무총리가 공문서로 항의하고 있다는 소극적인 대응에 대해, 「한국 측이 이승만라인의 안쪽에서의 어업에 관해 추가로 제한을 두어 그냥 일본어선이 여기에 들어오는 것을 허가하지 않는다는 성명을 내고 실제로 나포된 일본어선에 대해서 이승만라인 안으로 침입했기 때문에 나포했다는 식으로 성명을 내고 있습니다. 이처럼 이 승만라인이라고 하는 것은 일방적인 선언입니다만, 그러는 사이 한국은 이미 이 라인을 기정사실로 여기고 행동으로 옮기고 있는 것입니다. 그렇게 해서 이 시마네현(島根県)에 속한 리앙쿠르암이라 불리는 죽도가 일본의 영유임에도 불구하고 이것이 이승만라인 내에 위치해 있고 게다가 일본어선의 자유로운 항해를 막는 행위가 현실적으로 존재할

---

47) 국무총리 오카자키 가쓰오의 발언, 「참의원- 외무·법무위원회연합심의..........-1호, 1953년 3월 5일)」, 『일본국회 독도관련 기록 모음집』제1부, p.63

때 이것은 일본의 주권이 가진 영토에 제약을 가하는 것이며, 일본영유권 혹은 주권을 침해하는 것이라고 생각됩니다. 그 점에 대해 지금 외무대신께서는 단지 하나의 성명에 불과하니까 이것을 문제 삼지 않겠다고 하셨습니다.」48)라고 하여 성명만으로 대응하는 것을 영토주권을 침해당하고 있는 상황에서의 대응방법이 아니라고 비난했다.

국무총리 오카자키는 1953년 3월 5일 「죽도로 가는 배가 방해를 받았다는 얘기를 듣지 못했습니다만 그런 일이 있다면 물론 그에 대한 조치를 하겠습니다.」49) 「만약 한국정부가 실력을 행사하여 이 섬에 가는 어부에 위해를 가한다거나 그 섬의 영유를 주장한다거나 혹은 이 섬을 점령하여 일본인이 들어가지 못하게 하는 사실이 일어날 경우」50)에는 「이것은 실제적인 문제이기 때문에 가능한 한 선처하는 방향으로 할 생각입니다. 예를 들어 하보마이(歯舞), 시코탄(色丹)도 일본영토라고 주장하고 있습니다만. 지금 여기에 무력을 쓴다든가, 기타 힘을 사용하는 데까지는 생각하고 있지 않습니다. 이것과 그것은 전혀 성질이 다릅니다만, 문제를 평화적으로 해결하기 위해서는 얼마간의 시간을 요하는 경우도 있다고 생각합니다. 갑자기 무력으로 싸운다거나 하지는 않을 것이라 생각합니다만, 여러 가지 방법이 있을 것이라 생각합니다.」51)라고 하여 한국이 죽도도항을 반대한다면 우선적으로 필요한 조치를 취하겠지만, 한국이 죽도도항을 반대하지 않고 있기 때문에 이런

---

48) 단 이노의 발언, 「참의원- 외무 · 법무위원회연합심의..........-1호, 1953년 3월 5일」, 『일본국회 독도관련 기록 모음집』제1부, p.63-64
49) 국무총리 오카자키의 발언, 「참의원- 외무 · 법무위원회연합심의..........-1호, 1953년 3월 5일」, 『일본국회 독도관련 기록 모음집』제1부, p.64
50) 단 이노의 발언, 「참의원- 외무 · 법무위원회연합심의..........-1호, 1953년 3월 5일」, 『일본국회 독도관련 기록 모음집』제1부, p.64,
51) 국무총리 오카자키의 발언, 「참의원- 외무 · 법무위원회연합심의..........-1호, 1953년 3월 5일」, 『일본국회 독도관련 기록 모음집』제1부, pp.64-65.

상황에서는 외교를 통한 평화적인 해결방법 이외에는 없다는 것이었다. 사실 일본어선이 원하는 어장이 독도근해가 아니었기에 나포사건이 없었지만, 한국정부는 독도에 접근하는 순시선에 대해서도 강력히 대응했던 것이다.

# 5. 일본정부의 평화선 '불법조치'라는 기존입장의 후퇴

## 5.1 평화선에 대한 합법성 여부와 미국의 입장

일본정부는 당초 한국정부가 선언한 평화선을 불법조치라고 주장했지만, 일본 국회에서 야당의 전문위원들의 추궁을 받고 평화선이 사실상 불법적인 것이라고만 할 수 없다는 입장으로 후퇴했다. 그 과정을 검토해보기로 한다.

평화선이 불법이라는 일본정부의 주장에 대해 야마모토 위원은 1952년 1월 30일「한국대통령 이승만씨의 한반도 주변 해역의 어업권 주장에 관한 선언」은「일본해의 죽도 영유권문제와도 관련이 되는 것인데, 그때 니시무라(西村) 조약국장으로부터 죽도는 우리나라의 영토라는 점을 분명하게 들었습니다. 이런 일은 분규를 초래하기 쉬운 문제라고 생각합니다만 이번 조약상의 여러 문제에 대해서 총사령부의 의향도 충분히 참작된 조약이었다고 생각합니다. 또한 한국정부도 현재는 미국을 중심으로 한 국제연합국의 지휘 하에 있었기 때문에 이승만 대통령이 이러한 선언을 발표한 것 역시 미국 측의 양해를 얻은 결과일 것이라는 것이 제 생각입니다.」[52]라고 하여 이승만대통령이 선언한 평화선 조치는 연합국의 통치하에 있는 한국정부가 연합국의 동의 없이는 불가능한것이기에 연합국이 한국영토로 인정한 것이라고 했다.

또한 1952년 12월 10일 안도(安東) 위원은 「이승만라인에 대해서는 더욱 적극적인 자세로 미국 측과 논의하고, 한국 측의 반성을 촉구하도록 노력을 기울여야할 것이다.」[53]라고 하여 미국 측을 설득할 것을 주문했다. 이에 대해 정부위원은 1952년 12월 10일 「지금 안도위원의 발언에 전적으로 동의하는 바입니다.」라고 하여 「정부도 이승만라인 해결에 충분한 노력을 기울이겠습니다.」[54]라고 답변했다.

모리 야소이치(森八三一)는 1953년 8월 3일 「당연히 저는 일본영토가 침범을 당했을 경우에는 미일조약의 조목에 근거하여 일본국토의 방위를 미국에 적극적으로 요청해야 한다고 생각합니다. 그러한 태도를 왜 취하지 않는 것인지,」[55]라고 하여 미일안보조약에 의해 미국이 적극적으로 개입하여 죽도가 일본영토임을 명확히 해야한다고 주장했다. 아키야마 슌이치로(秋山俊一郎) 이사도 1953년 8월 3일 「불법입국이라는 것은 밀항자 등이 들어오는 것을 말하는데, 일본이 함선을 격퇴시키고 일본이 영토에 상륙하는 것은 불법입국정도가 아닙니다. 저는 점령이라고 생각합니다.」[56]「저는 일의 크고 작음에 관계없이 일본이 영토에 침략해오는 것은 외적이라고 보아도 문제가 없는 것으로 생각

---

52) 야마모토(山本) 위원의 발언, 「중의원-외무위원회-2호, 1952년 1월 30일」, 『일본국회 독도관련 기록 모음집』제1부, p.45.
53) 안도(安東)위원의 발언, 「중의원-외무위원회-8호, 1952년 12월 10일」, 『일본국회 독도관련 기록 모음집』제1부, pp.49-50
54) 정부위원 나카무라(中村幸)의 발언, 「중의원-외무위원회-8호, 1952년 12월 10일」, 『일본국회 독도관련 기록 모음집』제1부, p.50
55) 모리 야소이치(森八三一)의 발언. 120
56) 아키야마 슌이치로(秋山俊一郎) 이사의 발언, 「참의원-수산위원회-17호, 1953년 8월 3일」, 『일본국회 독도관련 기록 모음집』제1부, p.120.

하고 있고. 또한 미군과의 행정협정에서도 미국군이 일본을 방위하게 되어있다고 생각합니다.」57)라고 하여 일본정부가 「좀 더 강경하고 신속하게 해결」을 촉구했다.

모리사키 다카시(森崎隆) 위원장은 1953년 8월 3일 일본정부가 강력히 대응하지 않는 이유에 대해 「죽도는 그런 식을 대처하기에는 섬도 적고 나무도 없고 삶도 없기 때문이라고 하며 그런 정도로 경중의 차를 둔다고 하면..........(작은 침략이 합쳐지면 큰 침략이 되는 것입니다. 이런 짓을 소련이나 중공군대가 저질렀다고 생각해 보십시오. 그랬으면 눈에 쌍심지를 켜고 철저하게 할 것이라고 저는 상상합니다만, 이렇게 양쪽을 비교했을 경우에 상당히 의아해집니다. 이런 자세의 원인을 더 깊이 파헤쳐 보면.........저는 이 안전보장조약이라는 것이 혹시 일본의 재군비를 위한 것이어서 상대가 온다, 오지 않는다 하는 것이 별개라고, 적어도 미국 측이 생각하고 있는 것은 아닐까」58)라고 하여 미국이 한국의 평화선을 인정하는 것은 일본의 재군비를 막기 위한 미국 측의 생각이라고 지적했다.

이에 대해 다케우치 하루미(竹内春海) 설명원은 1953년 8월 3일 「현 단계는 한국과 서로 논의하는 단계입니다. 그 다음 단계로는 미국에 이 죽도문제에 대해 순차적으로 통보해서 장래의 포석을 확보해나갈 생각입니다.」59)라고 하여 현 단계는 한국과 논의하는 단계이기에 소극적인 대응으로 보일 수밖에 없고, 그 다음 단계에서 미국과 동조할 단

---

57) 아키야마 슌이치로(秋山俊一郎) 이사의 발언, 「참의원-수산위원회-17호, 1953년 8월 3일」, 『일본국회 독도관련 기록 모음집』제1부, p.118.
58) 모리사키 다카시(森崎隆) 위원장의 발언, 「참의원-수산위원회-17호, 1953년 8월 3일」, 『일본국회 독도관련 기록 모음집』제1부, p.121.
59) 설명원 다케우치 하루미(竹内春海)의 발언, 「참의원-수산위원회-17호, 1953년 8월3일」, 『일본국회 독도관련 기록 모음집』제1부, p.119.

계라고 변명했다. 사실 미국은 전후 영토처리는 물론이고 평화조약에서도 독도를 일본영토로 인정한 적이 없었기 때문에 미국의 개입은 불가능했다.

일본정부 나카무라 고하치로는 1953년 3월 5일 이승만라인에 대한 미국과 연합국의 인식에 대해 「이승만라인에 대해서는 외무성으로서는 절대로 용인할 수 없다는 점을 거듭 말씀드린 바이며, 또한 미국측도, 국제연합측도 이승만라인이라는 것과 클라크라인(해상방위수역)은 전혀 관계가 없다는 점을 확실히 이야기 하고 있습니다. 단지 한국측에서는 국방수역과 이승만라인을 연결 지어 한국에 유리한 방향으로 유도하려는 의도가 있는 듯합니다만, 연합국이나 미국은 그런 생각을 전혀 하지 않는 것으로 알고 있습니다.」[60]라고 하여 이승만라인은 한국이 독단적으로 선언한 것이므로 미국과 연합국이 이승만라인을 인정하지 않고 있다고 주장했다.

수산위원회 전문위원인 오다카 위원은 1953년 7월 28일 「이 항목에 있어서 국제연합군의 의사도 있는 것입니다. 이것은 방금 전 답변 중에도 있었습니다만, 적극적으로 본문제를 일본에서 국제연합군으로 가져가서 그들로부터 이해를 얻으면 좋겠습니다. 왜냐하면 그곳은 수십억 엔의 가치가 있는 좋은 고등어 어장이라고 말해지고 있습니다. 지금 조선해협에서 수백 척의 일본어선이 대기하고 있다는 사실을 앞에 두고 우리는 한시라도 빨리 이 부분이 희망되기를 희망하고 있습니다. 그래서 외무성 당국이 국제연합군에게 이런 의견을 개진해 줄 것을 강하게 주장하는 바입니다.」[61]라고 하여 이승만라인을 철폐하기 위해 연

---

60) 나카무라 고하치로의 발언, 「참의원- 외무·법무위원회연합심의..........-1
호, 1953년 3월 5일」, 『일본국회 독도관련 기록 모음집』제1부, p.70
61) 시모다 정부위원의 발언, 「중의원 수산위원회 19호, 1953년 7월 28일」,

합군을 활용할 것을 강력히 주장했다.

히라바야시 다이치는 1953년 3월 5일 이승만라인 문제의 해결에 대해 「이승만라인이라고 하는 것이 일단 상대방의 모종의 우월감에서 비롯된 것 같은데 그렇기 때문에 이승만라인에 대한 미국과 한국과의 관계를 볼 때 미국과의 신의 확립이라는 것은 매우 애매한 상황입니다. 그래서 모든 문제는 미국과 일본 사이의 문제는 한일 간의 조약에 대한 것은 한일 간의 조약에서 해결한다는 전제하에 한일조약에 제대로 체결되게 하기 위해서는 상호간의 우호적인 제휴가 선행되어야 하지 않나 생각합니다.」[62]라고 하여 이승만라인 문제를 한일협정에서 해결하려면 한국과 우호적인 관계를 만들 필요가 있다고 역설적으로 제안했다.

일본정부 측은 지금까지 평화선을 이승만이 불법적으로 선언한 불법적인 조치라고 하여 「이승만라인」이라고 해왔다. 그럼에도 불구하고 한국정부는 평화선을 지속적으로 유지하여 이를 침범하는 일본어선을 나포했고, 불법조치로서 철폐를 요구하는 일본의 비난에도 불구하고 변화의 조짐이 없고, 미국에 대해서도 전혀 동요하지 않았다. 게다가 일본국회의 야당위원들은 정부의 소극적인 대응에 대해 강력히 비난했다. 이러한 상황에서 구보타 간이치로(久保田貫一郎) 설명원은 1953년 10월 27일 한국 측의 「이승만라인의 근거」에 대해 「이른바 트루먼 선언을 흉내 냈던 것 같으며, 남미 근처의 선은 200해리 정도까지의 장소를 영해로 확장하는 제한이 있습니다. 그런 것을 아마 조선이 선례로 생각하고 있는 것 같습니다. 그리고 클라크라인도 맥아더라인과 같

---

『일본국회 독도관련 기록 모음집』제1부, p.104
62) 히라바야시 다이치의 발언, 「참의원- 외무·법무위원회연합심의..........-1호, 1953년 3월 5일」, 『일본국회 독도관련 기록 모음집』제1부, pp.70-71.

이 선례로 작용한 것 같습니다.」[63]라고 하여 사실상 영해의 범위가 국제적으로 다양하게 적용되고 있는 국제관례와 맥아더라인이 철폐된 이후 클라크라인 등을 바탕으로 선언한 것이라고 인정했던 것으로 인식하고 있는 것으로 보아서, 일본정부 측에서도 다테마에적인 논리와 달리 실질적으로 평화선을 불법적인 것이라고 말할 수 없다는 것이었다.

## 5.2 평화조약에 의한 죽도 일본영토론에 대한 불확실성

일본정부는 한국의 평화선 선언에 대해 일본영토인 죽도를 포함하고 있기 때문에 불법 조치하는 입장을 갖고 있었다. 일본정부는 당초 평화조약에 의해 죽도가 일본영토임이 명백해졌다는 주장을 해왔다. 그런데 이러한 일본의 주장이 거짓임이 밝혀졌다. 이에 대해 1953년 11월 4일「중의원-외무위원회」에서 가와카미 위원의 발언을 통해 검토해보겠다. 즉「이 훈련지 지정과 제외문제는 죽도가 미군의 훈련지로 지정된 것에 대해 한국이 항의했고, 그 와중에 한국어민이 폭격 때문에 죽었고, 이런 사태까지 발생하자 한국은 미국 당국에 더 거세게 항의를 했기 때문에 미국 공군사령관은 일본이 리스트에 들어가 있는 죽도를 훈련지에서 제외한 후에 이 사실을 한국에 통고한 것이다. 이런 점은 분명히 하지 않으면 안 됩니다. 이런 일련의 과정을 생각해볼 때 확실히 애매한 부분이 있습니다. 도대체 미국의 의중은 어떤 것일까요? 이승만은 미국의 이런 태도를 보며 죽도가 한국의 영토라는 것을 미국 측이 인정하고 있는 것이라고 주장하고 있습니다. 일본은 죽도가 점령구역에서 제외되었을 당시에도 전혀 문제를 삼지 않았습니다. 또 한국으로부터 폭격에 항의가 있었기 때문에 제외했다고 하지만, 일본의 영

---

63) 구보타 간이치로(久保田貫一郎) 설명원의 발언, 「참위원 -수산위원회- 폐10호, 1953년 10월 27일」, 『일본국회 독도관련 기록 모음집』제1부,

토라면 일본영토에 한국이 제멋대로 들어와서 폭격의 피해를 입은 것으로 이것은 어쩔수 없는 이야기입니다. 일본의 영토라고 한다면 거기서 물고기를 잡다가 훈련 때문에 죽었을 경우에 저쪽에서 불법조업을 하다가 죽은 것이기 때문에 항의 같은 것이 성립할 리가 없는 것입니다. 그런데 항의를 받고 이 죽도를 리스트에서 제외한 것은 미국이 죽도를 한국영토로 생각했다는 해석이 성립되는 것이다. 이러한 상당한 의문을 남겨두고 단호한 조치를 한다거나 혹은 경우에 따라서는 무력도 사용할 수 있다는 말도 하고 있습니다만 .......처음부터 이것은 애매한 형태로 남아있었습니다. 이런 상태에서 평화조약이 비준된 것입니다. 첫째 이 평화조약이 비준하던 당시에 제출한 그 지도 , 그 뒤에 정부가 서둘러 취소했습니다만, 그 지도에는 일본영역참고도(日本領域参考圖)라고 쓰여 있습니다. 영역(領域)이라고 쓰여 있는 이 지도안에는 분명하게 죽도는 제외되어 있습니다. 그런데 이것은 참의원 위원회에는 제출되지 않았었고, 중의원에게는 제출되었습니다. 왜 제출을 하다가 중단한 것일까요? 이는 미국의 태도를 분명히 보여주고 있지 않다는 것의 반증입니다. 그렇게 때문에 오가타(緒方) 부총리께서 노농당(勞農黨)의 질문에 대해 평화조약에 의해서 죽도는 우리 영토라고 대답하지 못하고 국제법에 따라 우리영토라고 대답하셨던 것입니다. 평화조약에서 확실히 정해져 있었다면 그렇다고 답변해도 되지 않았을까요? ......... 이렇게 된 것은 정부의 책임이 아닐까요? 정부가 이 문제를 확실하게 처리하지 못해서 이승만정부가 거세게 항의를 했고 미국은 이점을 계기로 아시아인들이 서로 다투게 만들고 있습니다. 그리고 요시다(吉田)정부는 이를 활용해서 재군비의 열기를 부추기고 있다는 소리를 듣는 것입니다....... 미국이 확실한 것을 한마디도 말한 적이 없다고 말해둡니다... 또한 일본정부는 평화조약 상에서 죽도가 일본의 영토임을 증명한 자료를 (국회에) 제시해야함에도 불구하고 아직 제출을 하지 않고 있습니다.」[64]라고 했던 것이다.

즉 미공군의 폭격훈련지에서 제외되었던 것은 죽도가 한국영토였기 때문이고, 미국이 한국영토라는 입장을 명확하게 하지 않고 애매한 입장을 취했기 때문에 영토분쟁을 야기한 것이다. 따라서 평화조약에서 죽도가 일본영토로 결정된 것이 아니라는 주장이었다.

국무대신 오카자키 가쓰오(岡崎勝男)는 가와카미로부터 죽도가 평화조약에 의해 한국영토가 된 것이 아닌가? 라는 거센 항의를 받고나서는 「(죽도문제는) 평화조약의 내용에 일본에서 벗어나는 영토가 명시되어 있습니다. 여기에 명시되어 있지 않은 영토는 일본 고유영토로 그대로 일본에 귀속되는 것으로 저는 해석하고 있습니다. 따라서 죽도는 당연히 일본영토인 것입니다. 그러나 이 조약에 대해 연합국 측의 해석이 다를 수도 있기 때문에 이 문제 역시 국제여론에 호소하여 일본의 영유를 확실히 하는 것은 필요하지 않다고 생각합니다.」[65]라고 하여 국무대신 자신의 생각은 평화조약 안을 해석해볼 때 일본영토라고 생각하지만, 조약안을 만든 연합국 측에서는 한국영토로 해석했을 수도 있다는 입장을 밝혔던 것이다.

## 5.3 일본정부의 외교수단에 의한 평화적 해결 원칙

당초 일본정부 측의 이시하라(石原幹) 정부위원은 1952년 1월 30일 평화선에 대해 「이승만의 성명에 대해서는 본 위원회에서도 여러 번

---

64) 가와카미 위원의 발언, 「중의원-외무위원회-5호, 1953년 11월 4일」, 『일본국회 독도관련 기록 모음집』제1부, p.192.
65) 국무대신 오카자키 가스오(岡崎勝男)의 발언, 「지방행정위원회-4호, 1953년 11월 5일」, 『일본국회 독도관련 기록 모음집』제1부, p.196.

말씀드렸듯이 이는 상대방의 일방적인 성명으로 우리 측으로서는 이런 것에 승복할 수 없다는 점은 이미 말씀드린 대로입니다. 죽도가 우리나라의 영토라는 점은 확고한 사실입니다.」[66]라고 하여 죽도가 일본영토임에 분명한 사실이기에 죽도를 포함하는 이승만라인은 인정할 수 없다는 것이다. 이러한 인식아래 평화선의 해결방안에 대해서는 「이 문제(이승만 선언과 독도영유권문제)는 향후 한일회담 등에서 충분히 논의하여 절충될 것으로 생각합니다.」[67]라고 하여 당장 한국에 대해 대응조치를 취하기보다는 한국 측의 조치를 수용하는 것을 전제로 한일협상에서 해결한다는 방침이었다. 일본정부는 죽도가 평화조약에 의해 일본영토가 되었다는 것이 명확한 사실이 아님을 잘 알고 있었기 때문에 한국의 평화선조치에 대해 불법이라고만 해서 적극적으로 강력한 대응을 할 수 없다는 사실을 처음부터 인식하고 있었던 것이다.

이시하라 정부위원 1952년 2월 20일은 향후 평화선에 대한 대응방안으로 「맥아더라인은 없어질 것입니다. 그리고 사실상 이승만 성명에 대해 우리 측으로서도 승복할 수 없다는 것을 정부의 성명을 통해 발표했습니다. 자세한 문제는 이제부터 시작되는 한일협정에서 어업부문을 논의할 때 여러 가지 문제에 대해 절충하고 협의가 이루어져야할 것으로 생각됩니다.」[68]라고 하여 맥아더라인이 없어지면 일본의 조업범위가 넓어짐에도 불구하고 한국이 일방적으로 선언하였기에 한일협정에서 양국이 절충하여 해결하겠다는 입장을 갖고 있었다.

---

66) 이시하라(石原幹) 정부위원의 발언, 「중의원-외무위원회-2호, 1952년 1월 30일」, 『일본국회 독도관련 기록 모음집』제1부, p.45.
67) 이시하라(石原幹) 정부위원의 발언, 「중의원-외무위원회-2호, 1952년 1월 30일」, 『일본국회 독도관련 기록 모음집』제1부, p.45.
68) 이시하라 정부위원의 발언, 「중의원-외무위원회-5호, 1952년 2월 20일」, 『일본국회 독도관련 기록 모음집』제1부, p.46.

이러한 일본정부의 방침은 1년이 지난 후에도 변함이 없었다. 즉 국무대신 호리 시게루(保利茂)는 1953년 7월 15일 「이승만라인의 문제는 한일협정에서 어업분야를 담당하는 외교기관이 지금까지 절충을 위해 애를 쓰고 있으며 저희로서는 신속한 타결점을 얻을 수 있도록 외교기관에 요청하고 있습니다.」[69]라고 하여 한일회담에서 외교수단에 의한 해결을 위해 노력하고 있다고 했다.

고다키(小滝) 정부위원 1953년 7월 16일 「한국 측은 6월 26일자 서면으로 지금까지와 마찬가지의 주장을 바꾸지 않고 죽도는 한국영토의 일부이며 따라서 한국어민이 자국영토 내에서 어업에 종사하는데 일본 측으로부터 어떤 항의를 받아야할 이유가 없다고 하며 우리 측의 항의를 거부해 왔습니다. 그래서 그에 대해서 바로 반박서를 내야 마땅하지만, 이 문제는 앞으로 꽤 복잡하게 얽힐 것이기 때문에 지금까지의 역사적 사실 등을 토대로 충분한 준비를 해두지 않으면 오히려 역이용을 당할 수 있기 때문에 기회를 보고 있던 터였는데 7월 8일에 함정파견 보도가 나온 것입니다.」[70]라고 하여 한국은 한국 나름의 논리가 있기 때문에 일본정부도 일본적 논리계발을 하고 있다는 것을 암시했다.[71] 이처럼 일본정부 측은 지금처럼 일방적인 주장이 올바른 해결방법이 아니라는 것을 인정한 것이다. 그래서 고다키(小滝) 정부위원은 1953년 7월 16일 「한일협상이 마무리되면 모두 잘 해결될 것이라고 기대하고 있다.」[72]라고 했던 것이다.

---

69) 국무대신 호리 시게루(保利茂)의 발언, 「참의원 본회의 22호, 참의원-본회의- 23호, 1953년 7월 15일」, 『일본국회 독도관련 기록 모음집』제1부, p.94.
70) 고다키(小滝) 정부위원의 발언, 「중의원 수산위원회 12호, 1953년 7월 16일」, 『일본국회 독도관련 기록 모음집』제1부, p.100.
71) 이것이 바로 가와카미 겐조(죽도의 영유」의 죽도논리조작에 해당하다.

　고다키(小滝) 정부위원은 1953년 12월 2일 국제사법재판소에서의 해결에 대해서도「국제사법재판소에 제소할 것인가 하는 점은 우리도 상당히 오랫동안 검토한 문제입니다만, 아라푸라해에 있어서는 호주가 이를 받아들인 것입니다. 현재의 한국정부의 태도를 보면 한국은 제소에 응할 의무를 가지고 있지 않기 때문에 즉 국제사법재판소의 규정에 가입하고 있지 않기 때문에 만약 한국이 이것에 응소하지 않는다면 신청해도 결국 국제사법재판소에 부탁할 수 없는 것이 됩니다. 게다가 국제사법재판소에 부탁하게 되면, 아무리 빨라도 1년이든지 2년이 경과됩니다. 이 이승만라인의 문제는 화급을 요하는 문제로서 그 점에서 생각해도 국제사법재판소에 호소하는 것은 혹시 죽도문제와 같은 것이라면 적당할지도 모릅니다만, 이승만라인에 한해서는 반드시 타당한 것이 아니지 않나 라고 생각하여 저희들은 가능한 한 직접 교섭한다는 방침입니다. 또 필요가 있으면 제3국의 알선을 얻고 가능한 한 신속하게 해결하고 싶다는 생각으로부터 지금의 현재 국제사법재판소에 부탁하는 문제 혹은 중재재판에 부탁하는 문제도 여러 가지로 생각하고 있습니다만, 이것은 하나의 연구과제이고 우선은 교섭에 의한 해결을 취하고자 합니다.」[73]라고 하여 이승만라인문제는 현재로서는 국제사법재판소의 대상이 될 수 없거나 부적절하다는 생각이고, 직접 교섭을 통한 정치적 타협으로 해결한다는 방침을 정했던 것이다.

　이처럼 일본정부는 미국을 비롯한 국제사회의 동조를 얻을 수 없다는 것을 확인하고 국제사법재판소에서 해결할 사안이 아니므로 한일협

---

72) 고다키(小滝) 정부위원의 발언,「중의원 수산위원회 12호, 1953년 7월 16일」,『일본국회 독도관련 기록 모음집』제1부, p.97.
73) 고다키(小滝) 정부위원의 발언,「중의원 -대장위원회-2호, 1953년 12월 2일」,『일본국회 독도관련 기록 모음집』제1부, p.209.

정에서 외교적으로 해결한다는 입장을 갖고 있었던 것이다. 즉 다시말하면 이는 일본정부가 국제법을 무시한 공해상에 한국이 일방적으로 취한 불법조치였다고 주장했던 기존의 입장에서 후퇴한 것이라 하겠다.

## 6. 맺으면서

이상에서 일본정부는 이승만대통령이 선언한 평화선에 대해 이승만대통령이 공해상에 불법으로 선언한 것이라고 하여 '이승만라인'이라고 하지만 사실은 일본이 주장하는 것처럼 불법이 아님을 평화선선언 직후 일본의회의속기록을 통해 논증했다. 본 연구에서 논증된 내용을 정리하면 다음과 같다.

첫째로, 한국정부는 대일평화조약의 발효에 의해 맥아더라인이 없어지지만, 동해의 어업질서의 혼란을 초래하여 일본어선이 한국 연안에 침범할 것을 우려하여 어업자원의 보호와 독도영토주권을 명확히 했다. 이에 대해 일본은 죽도영유권을 주장하면서 평화선에 대해 국제법을 무시한 이승만대통령이 일방적으로 선언한 '이승만라인'이라고 명명하여 불법조치라고 주장했다.

둘째로, 한국정부는 평화선을 위반하는 일본어선에 대해서는 강력히 대응하여 일본어선과 승무원을 나포하여 감금했다. 이에 대해 일본정부는 야당위원들의 강력한 조치의 주문에도 불구하고 문서로서 한국정부에 소극적으로 항의하는 데에 그쳤다. 이것은 바로 불법조치라고 하는 일본의 주장이 반드시 정당하지 않다는 것을 의미한다.

셋째로, 일본정부가 한국정부에 대해 평화선이 불법조치라고 항의했음에도 불구하고 한국의 평화선 조치는 변경 없이 지속되었다. 일본정부 입장에서는 무력에 의한 강력한 대응보다는 한일협정에서 외교적 수단을 통해 평화적으로 해결한다는 방침을 정했다. 그 이유는 평화선이 불법조치가 아니라. 평화선은 국제관례에 의한 것이고, 한국의 독도 영토적 지위에 의한 것임을 일본정부가 인정한 결과에 의한 것이다.

넷째로, 일본정부는 평화선이 '불법조치'라는 기존의 입장에서 후퇴했다. 그 이유는 미국이 일본의 입장에 동조하지 않았다는 것이고, 평화조약에서 죽도가 일본영토로서 지위가 결정된 것이 아니라는 것이고, 한국의 조치가 국제법에 의거한 것으로서 국제사법재판소에서 해결할 수 있는 사안도 아니므로, 결국 외교적 수단에 의한 평화적 해결 이외에는 방법이 없었기 때문이었다.

여섯째, 지금까지 일본정부는 평화선 선언이 불법이라고 주장해왔다. 그럼에도 불구하고 한일협정에서 일괄 타결하는 방법으로 평화선을 인정하면서 한일협정을 체결했던 것이다. 이번 연구에 의해 일본정부가 표면적으로는 평화선이 불법이라고 주장하지만 사실상 불법이 아님을 인정했던 것이다.

# 미일행정협정과 '죽도' 영유권과의 무관성

제4장

## 1. 들어가면서

일본은 독도를 역사적으로나 국제법적으로 일본영토라고 주장하고 있다.[1] 일본이 내세우고 있는 근거는 모두 사실을 왜곡하여 일본적인 논리를 조작하고 있다.[2] 그 중에서 하나가 종전이후 미군이 독도를 폭

---

1) 高野雄一(1962)『日本の領土』東京大学出版会, pp.347-349. 川上健三(1966)『竹島の歴史地理学的研究』古今書院, pp.143-189. 外務省条約局(1953.8)『竹島の領有』外務省条約局, pp.8-58.
2) 内藤正中(2000)『竹島(欝陵島)をめぐる日朝関係史』多賀出版, pp.68-134. 송병기편(2004.)『독도영유권자료선집』자료총서34, 한림대학교아시아문화선집, pp.1-278. 신용하(1996)『독도, 보배로운 한국영토 -일본의 영유권 주장에 대한 총비판』지식산업사, p.188. 신용하(1996)『독도의 민족영토사 연구』지식산업사, p.260. 이한기(1969)『한국의 영토』서울대학교출판부, p.299. 山辺健太郎(1964)「竹島問題の歴史的考察」, 民族問題研究所,

격훈련지로 지정한 것은 일본영토라는 증거라고 주장한다. 일본 외무성 홈페이지에는 「7. 미군의 폭격훈련구역으로서의 竹島」[3]라는 제목으로 「죽도는 1952년 주일미군의 폭격훈련시설로서 지정되어 있어 일본의 영토로 취급되는 것은 명백하다」고 하여 '죽도'가 일본영토일 수밖에 없는 증거로서 제시하고 있다. 그러나 사실은 한국이 독도를 실효적으로 지배하고 있는 상황에서 대일평화조약이 체결되었고, 게다가 한국이 평화선을 선언하여 일본어선의 접근을 막고 관리하고 있는 상황이다. 미 공군의 폭격훈련으로 한국어민의 사상자를 내었다. 한국정부는 폭격훈련을 중지할 것을 요청했다. 미 공군은 폭격훈련을 중지하겠다고 한국의 요청을 받아들였다. 즉 이는 평화조약에서 독도를 일본영토로 처리되지 않았다는 것을 의미한다.[4] 그런데 일본은 미일행정협정에 의해 독도가 주일미군의 공군훈련장이 되었으므로 대일평화조약에서 연합국이 죽도를 일본영토로 인정한 것이라는 주장이다. 이와 같은 일본의 주장은 독도가 일본영토라는 것을 전제로 논리를 조작하고 있음을 알 수 있다.[5]

본연구의 목적은 일본국회 속기록에서 일본정부와 야당의원 간에 공방하는 내용을 토대로 「미일행정협정」과 독도영유권과의 관계성을

『コリア評論』, pp.4-14. 梶村秀樹(1978) 「独島問題=日本国家」, 『朝鮮研究』第182号, 32-35. 堀和生(1987. 3) 「1905年日本の竹島領土編入」, 朝鮮史研究會編, 『朝鮮史研究會論文集』제24호, 緑蔭書房. pp. 97-125. 内藤正中・朴炳渉(2007), 『竹島=独島論争, 歴史資料から考える』新幹社, pp.29-50.

3) 「죽도문제」, 일본외무성홈페이지(확인), 「미군훈련장에 대한 지정(관보)」(PDF): http://www.mofa.go.jp/mofaj/area/takeshima/g_beigun.html. Web竹島問題研究所(2010.3), http://www.pref.shimane.lg.jp/soumu/.

4) 나이토 세이추(内藤正中)저・곽진오・김현수역(2008) 『한일간 독도・죽도 논쟁의 실체』책사랑 참조.

5) 최장근(2011) 《《일본의 독도영유권 조작의 계보》》제이앤씨, pp.17-328.

분명히 하려고 한다. 이를 통해 미국이 행정협정에서 독도영유권을 어떻게 보고 있었는가에 대해 분석하여 미국이 독도를 일본영토라고 인정하지 않았다는 것을 조명하여 일본의 왜곡되고 조작된 논리를 비판하여 일본의 독도영유권 주장의 모순성을 지적할 수 있다.

연구방법으로서는 다음 순으로 분석한다. 현재 일본정부는 미일행정협정 내용을 독도가 일본영토라는 근거라고 주장한다. 일본정부가 주장하는 논리의 문제점을 분석한다. 그다음으로는 일본국회의사록에 당시 일본정부와 야당 전문위원 간에 논쟁이 수록되어 있다. 이 내용을 분석하여 당시 일본정부가 미일행정협정과 독도 영유권과 관계를 어떻게 인식하고 있었는가를 분석한다. 마지막으로 미일 협정에서 일본의 인식과 미국 측의 인식에 차이가 존재한다는 것을 가정하여 미국의 인식을 분석하려고 한다.

선행연구에 대해서는 일본에서는 미일행정협정에서 미국 측이 독도를 일본영토로 인정했다고 주장을 하고 있지만, 이를 논리적으로 분석한 논문은 없다. 한국에서도 미일행정협정에 관한 체계적인 선행연구는 없다.

## 2. 일본의 '죽도' 미 공군 훈련장 지정의 전말

연합국이 1947년 9월 16일 SCAPIN(연합국총사령부각서) 1778호에서 독도를 폭격훈련지로 지정했다. SCAPIN 677호로 관할권을 일본에서 제외하고 한국의 관할권이 되었다. 이를 보더라도 폭격훈련지정과 일본영토와는 무관하다는 것을 알 수 있다. 또한 한국정부는 1948년 6월 30일 출어중인 한국어민 30여명이 독도에서 폭격연습에 희생되는 사고로 인해 1950년 4월 25일 항의하여 미군은 잘못을 인정하여 배상금을 지불했다.

연합군은 1950년 7월 6일 SCAPIN 2160호로 죽도를 미군해상폭격훈련구역으로서 지정했다. 이 시점은 미국이 시볼트의 로비를 통해 독도를 일본영토로 인정하려고 했던 시기이다. 그러나 이는 미국의 견해이고 영국과 뉴질랜드, 호주 등을 포함한 연합국 전체의 견해가 아니었다. 그럼에도 불구하고 일본은 이 시기에 진행된 미일합동위원회에서 일본과 미국 사이에 행정협정을 정하여 미국이 독도를 일본영토로 인정하였기에 오늘날의 독도가 일본영토라는 주장이다. 그러나 이는 옳지 않다. 그 후 미국을 제외한 영국과 호주, 뉴질랜드 등의 영연방국가들이 미국의 방침에 이의를 제기하여 결국 대일평화조약에서는 독도를 분쟁지역으로 간주하여 무인도에 대해서는 관여하지 않는다는 방침을 결정했다. 그래서 평화조약에는 〈독도〉에 관한 명칭을 삽입하지 않고, 1951년 9월 5일 대일평화조약이 체결되었다.

대일평화조약에는 한국과 일본의 영토범위에 대해 「제주도, 거문도, 울릉도」라고 결정하면서 독도의 소속에 대해서는 구체적으로 언급하지 않았다. 하지만 1946년의 SCAPIN 677호에서는 한국과 일본의 영토범위에 관해 「통치상, 행정상의 범위로서 제주도, 울릉도, 독도」라고 했다. 이 두개의 법령과 조약을 비교해보면, SCAPIN 677호는 문제의 섬의 소속을 명확히 한 것임을 확인할 수 있다.[6]

SCAPIN 677호에서는 최종적인 영토처리를 하기 이전 단계에서 분쟁가능성이 있는 지역과 없는 지역으로 구분하여 일본영토의 범위를 정했다. 독도는 분쟁지역으로 구분되어 일단 일본영토에서 제외되었

---

6) 최장근(2009) 〈'총리부령 24호'와 '대장성령 4호'의 의미분석〉, 《〈일어일문학연구〉》제71집, 2009년 11월 40일, p.505.

다. 다만 이 조치는 연합국의 최종적인 영토처리가 아니라는 단서를 달고 있다. 최종적인 조치는 연합국이 대일평화조약에서 처리할 것으로 기대하고 있었다.

그런데 대일평화조약에서는 국경을 선으로 표시하여 SCAPIN 677호에서 분쟁지역으로 처리되었던 독도의 지위를 명확히 하지 않았다. 하보마이, 시코탄에 관해서도 SCAPIN 677호에서 분쟁지역으로 처리되었는데, 대일평화조약에서 그 지위를 분명히 하지 않았다. 이 두 섬은 한국과 러시아가 각각 실효적으로 점유하고 있는 상태에 있었다.

SCAPIN 677호와 평화조약에서 한국과 일본의 영토범위를 정하면서 다른 기준으로 정하고 있음을 알 수 있다. 그렇다면 독도에 대한 영유권 인식은 어떠했는가? 무인도라서 그 소속을 명확히 하지 않았는지? 아니면 일본의 섬으로 인정한 것인지? 아니면 분쟁지역이므로 한일 양국 간의 해결을 원한 것인지? 3가지 경우가 있을 수 있다. 일본은 일본영토로 인정한 것이라는 주장이다. 한국은 무인도이기 때문에 울릉도의 부속도서로 생각하여 한국영토로 인정한 것이라는 주장이다. 양쪽의 주장 모두 일단 근거 없는 주장이라고 할 수 있다. 그렇다면 양국이 영유권을 주장하고 있는 분쟁지역이므로 한일 양국이 평화적으로 해결하기를 원했다는 것이 된다. 미국은 제3국이므로 관여하지 않는다는 입장을 분명히 한 것이다. 결국 독도가 일본영토이기 때문에 한국영토에서 독도의 명칭이 제외된 것이 아니라는 것은 이미 선행연구에서 밝혀진 바 있다.[7]

이러한 상황이기 때문에 일본은 대일평화조약 체결 이후, SCAPIN 677호에 「최종적인 영토조치가 아니라」는 단서를 활용해서 독도(한

---

7) 김병렬(1998) 「대일강화조약에서 독도가 누락된 전말」, 독도연구보전협회 편, 『獨島領有權과 領海와 海洋主權』독도연구보전협회, pp.165-195.

국)는 물론이고 하보마이-시코탄(러시아)에 대해 영유권 주장을 계속
했다.

일본은 사실상 영유권을 주장했지만 실제로 일본영토로서 근거가
미약했던 것이다. 그래서 독도에 대해서는 대일평화조약에서 독도가
일본영토로 결정되었다는 증거를 만들기 위해 「미일행정협정」을 체결
하여 독도가 미군의 폭격훈련지로 지정되도록 로비했다.[8] 일본은 이를
증거로 연합국이 대일평화조약에서 독도의 지위를 일본영토에 포함시
켰다는 주장을 하기 시작했다.

미군은 연합국총사령부각서(SCAPIN) 제2160호로서 1950년 7월부터
죽도를 해상폭격훈련구역으로 사용하고 있었지만, 샌프란시스코평화
조약 발효 직후의 1952년 7월 미국이 계속해서 사용을 희망하여 미일
행정협정[9]에 의거하여 동협정의 실시에 관한 미일간의 협의기관으로
서 설립된 합동위원회는 1952년 7월 26일 다시 지정했다. 동시에 외무
성은 그 취지를 고시했다.

미일행정협정에서 독도에 대해 미 공군의 폭격훈련지로 다시 지정
되었다가 중지된 경위는 다음과 같다.[10]

1952년 9월 한국산악회가 주한미군의 허가를 받아 독도조사단을 파
견했는데 폭격연습에 조우하여 한국정부가 11월 10일 주한미국대사에
항의했고, 12월 24일 미 극동군사령부는 독도주변에서 폭격연습을 하
지 않겠다고 한국정부에 통보해왔다. 미군이 그해 겨울부터 죽도의 폭
격훈련구역으로서의 사용을 중지하였고, 1953년 3월 합동위원회에서

8) 최장근(2011) 〈일본정부의 대일평화조약 시기의 '죽도' 영유권 인식-일본
의 국회의사록을 중심으로-〉, 《《일본문화학보》》제48집, pp.353-372.
9) 구 〈일미안보조약〉에 의거한 결정은 현재의 「일미지위협정」으로 이어진다.
10) 나이토 세이추(內藤正中)저 · 곽진오 · 김현수역(2008) 『한일간 독도 · 죽도
논쟁의 실체』책사랑 참조.

이 섬을 폭격훈련구역에서 삭제하기로 결정되었다.

미국은 미일행정협정을 체결할 때 단순히 일본의 요청을 받아들여 독도를 폭격훈련지로 지정했지만, 일본의 의도는 달랐다. 미일행정협정을 통해 미국이 인정한 것을 보면 대일평화조약에서 독도가 일본영토로서 법적 지위가 결정된 증거로 삼으려고 했다. 하지만 미군은 영유권문제와 상관없이 실효적 지배 상황에 있는 독도에 대해 한국의 요청을 받아들여 미 공군의 폭격훈련지에서 제외했던 것이다.

## 3. 미일행정협정의 '죽도' 미 공군훈련장 지정과 일본의 의도

일본정부는 대일평화조약에서 연합국에 의해 〈죽도〉 영유권이 명확하게 규정되지 않게 되자, 미일행정협정을 통해 일본영토로서의 논리를 만들어 대일평화조약에서의 독도 지위를 조작하는 증거로 삼으려고 했다. 이러한 일본정부의 의도를 검토해보기로 한다.

야마모토 위원은 1952년 5월 23일 죽도영유권을 확고히 하는 차원에서 미 공군훈련지에 포함시킬 것을 외무성에 대해 제안했다. 「이번 일본에 주둔군의 훈련장소를 지정하는데 있어 죽도 부근이 훈련지로 지정된다면 이 영유권이 일본의 것이라고 쉽게 확인될 것이라는 관점에서 이것이 훈련지로 지정되는 것을 외무성에서 바라고 계신다거나 하는 점이 있는지?」[11]라고 하여 외무성에 대해 훈련지지정은 일본이

---

11) 야마모토(山本利) 위원의 발언, 〈중의원-외무위원회-26호, 1952년 5월 23일〉, 동북아역사재단편『일본국회 독도관련 기록 모음집』제1부 1948~1976년, 동북아역사재단, 2009, pp.46-47.

원하는 것인지를 확인하려했다.

실제로 1952년 7월 26일 미일합동위원회에 의해 독도를 미 공군의 폭격훈련지로 다시 지정되었던 것이다. 미일합동위원회에서 지정하였으므로 일본의 입장도 반영되었던 것이다. 일본은 한국이 죽도를 실효적으로 점령하고 있는 상황이기 때문에 한국의 점령상황을 미 공군을 동원하여 한국의 점령을 막으려는 의도를 갖고 있었던 것이다.

야마모토 위원은 미 공군을 독도훈련지 지정 통보에 대해 「이 섬은 대단한 어장으로 특히 강치의 군서 지역입니다. 그런데 이 지역이 말씀하신 대로 훈련지로 지정되어 폭격 훈련 등이 행해지는 경우에는 강치 등이 서식할 수 없게 됩니다. 우리는 일본주민의 권익에 대해 충분히 고려하지 않으면 안 됩니다. 훈련장소를 지정할 때 상대편이 여기라고 한다고 해서 바로 예스맨이 되어야하는 것인지?」「이러한 훈련지지정에 대해서 그 지역 주민의 이익들을 충분히 고려하고 또한 이런 우리의 이런 바람이 상대방(미국)에도 전달될 수 있는 것인지?」[12]라고 하여 일본정부는 죽도가 일본영토이기 때문에 일본의 권리행사차원에서 미 공군훈련지 지정에 대해 관여할 여지가 있는지를 질문했다. 야마모토 위원은 사실을 잘 알지 못하여 오히려 강치잡이에 장애가 되기 때문에 일본정부가 관여하여 폭격훈련지 지정을 중지할 것을 요청했다.

야마모토 위원은 1952년 6월 4일 「주둔군의 훈련지 문제에 대해서는 방금 전 나미키(並木) 위원도 말했고, 후지산 기슭의 훈련지 문제나 지난번 일본해의 죽도문제에 대해서도 저도 질문을 드린 적 있습니다만, 지금까지 이 징발된 토지의 문제가 원활히 해결되지 않고 있어서 매우 곤란한 지적에 처해 있는 사람이 많습니다.」[13]라고 하여 죽도를 일본

---

12) 야마모토(山本利) 위원의 발언, 〈중의원-외무위원회-26호, 1952년 5월 23일〉, 동북아역사재단편 『일본국회 독도관련 기록 모음집』제1부, p.47.

영토로 단정하여 일본국내의 다른 주둔군훈련지와 동격으로 처리하여 죽도가 미국에 징발되어 있어서 시마네현 어민들의 어장을 잃고 있다고 지적했다.

일본정부 측의 정부위원 나카무라 고하치(中村幸八) 외무차관은 1953년 3월 5일 미일행정협정에 대해 「여기서 이 기회에 확실히 해두지 않으면 안 되는 점은 죽도가 본래 일본의 영유에 속하는 것이었기 때문에 미일합동위원회의 논의를 거쳐서 처음으로 미군이 사용한 해군 훈련장 리스트에 포함되었다고 하는 점입니다. 따라서 한국 측이 말하는 것처럼 한국정부가 미 극동사령관으로부터 어떤 통지를 얻었다는 것이 설령 사실이라 할지라도, 그러한 폭격훈련이 중지된 것에 관한 것일 뿐, 죽도의 귀속과는 아무런 상관이 없는 것이라 생각합니다.」[14] 라고 하여 일본의 요청에 의해 미 공군의 훈련지로 지정되었다는 것이다. 나카무라 고이치는 죽도가 일본영토이기 때문에 미 공군의 훈련지로 지정하였다고 하지만, 사실은 죽도가 일본영토가 아니기 때문에 미일합동위원회에서 미 공군의 훈련지로 지정하여 한국의 실효적 점유를 막아보겠다는 의도에서 독도를 훈련지에 포함시킬 것을 미 공군에 요청한 것이다. 따라서 미일행정협정과 독도영유권과는 무관한 것이다.

야마모토 위원은 일본정부의 표면적인 주장에 의해 죽도를 일본영토로 인식하는 발언이지만, 사실 일본정부는 표면적으로는 죽도가 일본영토라고 주장하지만, 평화조약에서 명확히 일본영토라고 단정할 수 있는 처지가 아니라는 사실을 이미 잘 알고 있었다.[15]

---

13) 야마모토(山本利) 위원의 발언, 〈중의원-외무위원회-29호, 1952년 6월 4일〉, 동북아역사재단편『일본국회 독도관련 기록 모음집』제1부, p.47.
14) 정부위원 나카무라 고하치(中村幸八)의 발언, 〈참의원- 외무·법무위원회 연합심의..........-1호, 1953년 3월 5일〉, 동북아역사재단편『일본국회 독도 관련 기록 모음집』제1부, pp.60-62

사실 일본정부는 평화조약에서 죽도가 일본영토라는 명확한 규정이 없기 때문에 어떻게 해서라도 일본이 관리하는 구역으로 만들려는 계산을 갖고 있어서 주일미공군의 훈련기지가 되기를 원했던 것이고, 반면 한국의 평화선선언으로 죽도가 한국에 실효적으로 점령당하고 있는 상황이어서 평화조약상 명백히 일본영토라고 주장하는 일본정부의 입장을 그대로 믿고 일본의 어장확보를 위해서라도 미 공군의 훈련기지가 되지 않기를 원했던 것이다.

## 4. 미 공군의 독도 훈련장 철회에 대한 한국의 한국영토론 주장의 부정

일본정부는 미국측에서 독도를 한국영토로 인정하여 미군의 폭격훈련지 지정을 철회한다는 보고를 받았다고 하는 한국국방부의 발표를 부정했다. 그 내용을 검토해보기로 한다.

1952년 9월 한국산악회가 주한미군의 허가를 받아 독도조사단을 파견했는데 폭격연습에 조우하여 한국정부가 11월 10일 주한미국대사에 항의했고, 12월 24일 미극동군 사령부는 독도주변에서 폭격연습을 하지 않겠다고 한국정부에 통보해왔다. 미군이 1953년 2월부터 죽도의 폭격훈련구역으로서의 사용을 중지하였고, 1953년 3월 합동위원회에

---

15) 毎日新聞社編(1952) 《《対日平和条約》》毎日新聞社 참조. 최장근(2012) 〈일본정부의 대일평화조약에서 '죽도'영토 확립의 억측 주장 -대일평화조약 직후의 일본의회속기록을 중심으로-〉, 《《일본문화학보》》53집, 2012년 5월호. 최장근(2011) 《《일본의 독도영유권 조작의 계보》》제이앤씨, 삽입지도 참조.

서 이 섬을 폭격훈련구역에서 삭제하기로 결정되었다.

한국정부는 연합국사령관으로부터 폭격훈련을 중단한다는 사실을 통보받았던 것이다. 이 사실에 대해 일본국회에서 정부위원 나카무라 고하치(中村幸八) 외무차관은 「올해(1953년) 2월 27일 한국정부 국방부가 죽도의 영유에 대해 미국의 확인을 얻었다는 취지의 성명을 발표했다는 보도가 전해졌습니다. 전해지는 소식에 따르면 한국국방부의 발표는 독도의 귀속과 관련하여 독도가 한국영토의 일부라는 점에 대해 한국정부와 연합국사령관과의 의견이 일치했으며, 웨인란드 미극동군 사령관으로부터 이러한 취지의 정식 통보를 받았고, 동시에 미 공군에 의한 폭격 훈련이 중단될 것이라는 내용이었습니다」라는 것이었다. 이에 대해 1953년 3월 5일 일본정부의 입장으로서 나카무라 고하치로는 「과연 미국 측에 그와 같은 내용을 한국정부에 통지를 했는지는 확실하지 않겠습니다만 추측건대 어떤 방식으론가 미군이 폭격훈련 중지 조치를 알게 된 한국 측이 일방적으로 그것을 왜곡해서 자신들에게 유리한 선전 재료로서 사용하고 있는 것이 아닌가 생각됩니다」[16]라고 하여 사실관계를 확인하지도 않고 일방적으로 한국 측이 사실을 왜곡하여 보도했다고 평가했다.

일본정부 측의 정부위원 나카무라 고하치(中村幸八) 외무차관은 1953년 3월 5일 미일행정협정에 대해 「이 죽도는 미일행정협정에 근거한 합동위원회의 논의를 거쳐 작년 7월 26일 해상훈련장으로 시설구역 협정 리스트에 올라 있으며, 미군에서 이곳을 훈련장 리스트에서 삭제하고자 하면, 당연히 합동위원회의 논의를 거쳐야하는 성질의 문제입

---

16) 나카무라 고하치로의 발언, 〈참의원- 외무·법무위원회연합심의..........-1 호, 1953년 3월 5일〉, 동북아역사재단편『일본국회 독도관련 기록 모음집』 제1부, p.62.

니다. 우리 측에서는 폭격훈련이 중단되었다는 상황은 알려졌습니다
만, 훈련장 리스트로부터 삭제된다고 하는 점은 아직 합동위원회에 상
정되지 않았습니다. 여기서 이 기회에 확실히 해두지 않으면 안 되는
점은 죽도가 본래 일본의 영유에 속하는 것이었기 때문에 미일합동위
원회의 논의를 거쳐서 처음으로 미군이 사용한 해군훈련장 리스트에
포함되었다고 하는 점입니다. 따라서 한국 측이 말하는 것처럼 한국정
부가 미 극동사령관으로부터 어떤 통지를 얻었다는 것이 설령 사실이
라 할지라도, 그러한 폭격훈련이 중지된 것에 관한 것일 뿐, 죽도의 귀
속과는 아무런 상관이 없는 것이라 생각합니다.」[17]라는 것이었다.

나카무라 고하치(中村幸八) 외무차관의 발언에 의하면, 일본정부는
①죽도가 원래부터 일본영토였다고 하는 오류를 범하고 있다. ②훈련
중지를 일본정부에는 통보받지 못했다. (2)미일합동위원회의 논의를
거쳐 훈련장으로 지정되었다는 것, ③폭격훈련중지를 한국정부에 통보
했다고 하더라도 영유권과 아무런 상관이 없다고 하는 주장이었다.

한국의 발표에 대해 일본 국무총리 오카자키 가쓰오(岡崎勝男)는
「죽도의 귀속이 명백하기 때문에」「지금까지 공문서 등으로 우리는 우
리의 태도를 명백히 해왔습니다. 이 이상 더 명확히 할 방법은 없다는
것입니다. 따라서 예를 들어 상대방으로부터 정식으로 제의가 들어오
는 경우에는 당연히 대응하지 않으면 안 됩니다.」[18]라고 하여 미국이
독도를 한국영토로 인정했다는 발표에 대해 일일이 한국 측에 대응하

---

17) 정부위원 나카무라 고하치(中村幸八)의 발언, 〈참의원- 외무·법무위원회
   연합심의..........-1호, 1953년 3월 5일〉, 동북아역사재단편『일본국회 독도
   관련 기록 모음집』제1부, pp.60-62
18) 국무총리 오카자키 가쓰오(岡崎勝男)의 발언, 〈참의원- 외무·법무위원회
   연합심의..........-1호, 1953년 3월 5일〉, 동북아역사재단편『일본국회 독도
   관련 기록 모음집』제1부, p.62.

지 않겠다는 것이었다.

국무총리 오카자키는 1953년 3월 5일 독도영유권에 대해 「평화조역 (대일평화조약, 1951.9)에 일본이 권리, 권한 등을 포기해야하는 지역은 정해져 있습니다. 그 이외의 일본영토는 당연히 일본에 귀속되어 마땅한 것입니다. 일일이 열거해 놓지 않았습니다만, 이것은 당연한 해석이라 생각합니다.」[19]라고 하여 평화조약의 사실관계에 대해 정확하게 언급하지 않고 일본국민들에게 독도가 일본영토로 처리되었다고 주장했다.

사실은 평화조약에서 독도가 일본영토로 결정된 것이 아니다. 일본정부의 이러한 태도는 바로 독도영유권의 본질과는 관계없이 영토내셔널리즘에 입각하여 영유권을 주장하는 것임을 알 수 있다.

## 5. 일본의 한국 요청에 의한 독도 훈련장 중단사실의 시인

일본정부는 당초 한국의 요청에 의해 미군이 독도 훈련장 사용을 중단했다는 한국정부의 발표를 부정했다가 다시 한국정부의 발표가 사실이었다고 시인했다. 일본정부가 사실을 시인한 경위에 관해 검토해보기로 한다.

일본정부 측의 이토 해설위원은 1952년 7월 26일 「일본해의 죽도, 미사와(三沢), 미토(水戸)에서도 폭격과 대지사격[20]이 이루어지고  있

---

19) 국무총리 오카자키 가쓰오(岡崎勝男)의 발언, 〈참의원- 외무·법무위원회 연합심의..........-1호, 1953년 3월 5일〉, 동북아역사재단편『일본국회 독도 관련 기록 모음집』제1부, p.63

습니다. 이런 것에 대해서는 원래부터 보상을 하고 있었습니다만, 어업이 상당히 제한될 것으로 생각됩니다.」[21]라고 하여 일본영토라면 보상을 받을 수 있다는 것이다. 그러나 1947년 미 공군의 오폭사고로 한국어민이 피해를 입었을 때 미국은 한국어민에게 피해보상을 했다. 한국어민이 죽도가 일본영토라면 불법으로 들어간 것이 되므로 미국공군은 불법입국에 관한 언급이 있었을 것이다.

히라바야시 다이치는 1953년 3월 5일 「한국이 죽도의 영유권을 주장하며 현 웨인란드 사령관이 이를 입증해준다고 주장하는데 이를 미국정부의 주장이라고 생각할 수 있습니까? 그리고 한국이 이런 주장을 하면 당연한 조치로서 외무성은 미국정부에 대해 먼저 그 진위를 확인해야 하는 것 아닌가요? 그리고 확인 결과 그것이 사실이라고 한다면 어떤 근거를 가지고 우리영토임에 틀림이 없는 죽도에 대해 그런 판단을 내리는가? 라며 항의를 해야 하지 않을까요? 정말로 그렇다면 이것은 이른바 도취이며 영토의 약탈, 혹은 강탈에 해당될 것입니다.」[22]라고 하여 그것이 사실이라면 일본영토에 대한 침략행위인데, 당연히 일본영토 죽도에 대해 미국이 실제로 어떠한 근거로 한국영토라고 인정했는가를 외무성이 따져야 했다는 것이다. 이처럼 일본정부는 일본국회에서 독도문제를 사실대로 진술하지 않고 평화조약에 의해 일본영토라고 규정되었다고 일본의 입장만 강조했기 때문에 일본국민들은 독도

---

20) 「강치가 서식하지 않은 이유가 미공군의 폭격훈련의 탓도 있을 것」, 야마모토(山本利) 위원의 발언, 〈중의원-외무위원회-26호, 1952년 5월 23일〉, 동북아역사재단편 『일본국회 독도관련 기록 모음집』제1부, p.47.
21) 이토 해설위원의 발언, 〈중의원-수산위원회-50호, 1952년 7월 26일〉, 동북아역사재단편 『일본국회 독도관련 기록 모음집』제1부, pp.48-49.
22) 히라바야시 다이치(平林太一)의 발언, 〈참의원-외무, 법무위원회 연합심의...-1호, 1953년 3월 5일〉, 동북아역사재단편 『일본국회 독도관련 기록 모음집』제1부, p.68.

영유권을 주장하는 한국을 침략자로 취급하는 경향이 있었다. 이는 일본정부의 영토 내셔널리즘에 의한 것이라고 하겠다.

이에 대해 일본정부 측의 나카무하라 고하치 외무차관은 1953년 3월 5일「한국 국방부의 발표에 따르면 말씀하신 바와 같이 웨인란드 사령관으로부터 이러한 취지의 정식 통지가 있었다고 합니다. 그래서 비공식적이긴 합니다만 어제 미국대사관에 가서 사실여부와 진위를 확인했습니다. 하지만 미국 대사관에서도 현재 그런 일을 알지 못하며 폭격훈련을 중지했다는 점은 사실이라고 말했습니다. 그래서 사실을 명확히 확인해 줄 것을 부탁해 두었습니다.」[23]라고 하여 미군사령관이 한국에 대해 죽도훈련을 중지했다는 사실을 정식적으로 통지했다는 사실을 확인했다.

히라바야시는 1953년 3월 5일「그 행동이 기민하지 못했다는 것을 이 기회에 강하게 말씀드리고 싶습니다. 어제 대사관에 가서 교섭을 했다고 하는 것은 우리 측에 대해서 뭔가 약점이 있다거나 혹은 왠지 한국 측의 강한 태도에 대해 한 발 물러선 태도를 취한 것처럼 보여 이 문제를 더욱 복잡하게 만들 수가 있다. 지나간 일은 어쩔 수 없겠지만 외교상의 문제는 즉시 처리하지 않으면 주객이 전도되어 상당한 피해를 입을 수 있습니다.」[24]라고 하여 국익을 위해서는 기민하게 대응을 해야 하는 것이지만, 일본 측의 주장이 정당치 않을 수도 있다는 입장을 취했다.

---

23) 나카무하라 고하치 외무차관의 발언. 〈참의원-외무, 법무위원회 연합심의...-1호, 1953년 3월 5일〉, 동북아역사재단편『일본국회 독도관련 기록 모음집』제1부, pp.68-69.
24) 히라바야시 다이치(平林太一)의 발언, 〈15-참의원-외무, 법무위원회 연합심의...-1호, 1953년 3월 5일〉, 동북아역사재단편『일본국회 독도관련 기록 모음집』제1부, p.69.

또한 히라바야시 다이치(平林太一)는 1953년 3월 5일 「미국에 대해서는 미국 자체가 우리의 영토에 대해서 한국정부와 그렇게 처리했다는 것에는 웨인란드 사령관이 그런 발표를 했다고 하기 때문에 이것은 사실이라고 해도 좋을 것입니다만- 차제에 미국에 대한 엄중한 조치를 취하는 것이 당연히 필요하다고 생각합니다. 실제로 이승만라인에 대해서도 미국이 한국의 의도를 인정하지 않고 있다고 깊게 믿고 있었는데, 이번 문제와 같은 일이 발생하고 보니, 이승만라인의 이면에 뭔가 미국의 의도가 숨겨져 있는 게 아닌가 하는 생각이 듭니다. 그렇기 때문에 제 생각은 지금 외무차관의 견해와 다릅니다. 미국에 대해서는 지금 말씀하신 것과 같은 태도가 아니라 이 기회에 엄중한 교섭을 해서 만약 그러한 일이 있다면 사전 우리 측 외무성과 이런 저런 조치나 절차 등에 대해 논의하게 해야 합니다. 우리 측에 전혀 아무런 이야기도 없이 이를테면 조선과의 사이에 속된말로 하면 암거래로, 암거래라고 해도 자기네들의 것이 아닌 남의 것을 암거래하는 것이므로 용서할 수 없는 일이라 생각합니다. 이번 일에 대해 우리는 상당히 강경한 태도로 미국정부를 대해야 한다고 생각합니다.」[25]라고 하여 일본영토 죽도에 대해 한국과 미국이 암거래한 것이기 때문에 미국에 강하게 항의를 해야 한다는 것이다.

사실 미국의 이런 조치는 평화조약에서 일본영토로서 근거가 없고 독도를 한국영토로 처리했기 때문에 가능한 행동이었다. 히라바야시는 평화조약에 의해 죽도가 일본영토가 되었다고 하는 일본정부의 주장을 비판 없이 수용했기 때문에 미국의 조치를 비난하고 있다. 그 이유는

---

25) 히라바야시 다이치(平林太一)의 발언, 〈참의원-외무, 법무위원회 연합심의...-1호, 1953년 3월 5일〉, 동북아역사재단편 『일본국회 독도관련 기록모음집』제1부, p.69-70.

일본정부가 평화조약에서 독도의 지위가 명확하게 결정되어 있지 않다
는 사실[26]을 분명하게 진술하지 않고 내셔널리즘에 입각하여 일본영
토로서 결정되었다고 사실을 조작한 결과이다. 일본국회에서도 독도문
제에 대한 본질을 제대로 이해하지 못하고 있었기 때문이다.

## 6. 일본의 미일행정협정과
## '죽도' 영유권과의 무관성 시인

일본정부는 사실상 일본국회에서 미일행정협정과 '죽도' 영유권과는
무관하다고 시인했던 것이다. 그 사실을 검토해보기로 한다.

일본정부는 평화조약에서 죽도가 일본영토로 결정되었기 때문에 일
본영토라고 주장한다. 그리고 미일행정협정에 의해 독도가 미 공군의
훈련지가 되었다는 것은 미국이 독도를 일본영토로 인정했다는 증거라
는 논리이다. 그런데 한국이 독도를 실효적으로 지배하는 상황에서 평
화조약에 의해 한국영토가 되었다고 하여 일본정부의 주장과 정면으로
배치되는 주장을 하고 있고, 게다가 야당전문위원들로부터 평화조약에
의해 죽도가 일본영토가 되었다고 하는 일본정부의 주장에는 설득력이
약하다는 비판을 받고 있는 상황이다. 일본정부는 이러한 문제점을 보
완하기 위해 독도 폭격훈련지 지정을 가지고 미일행정협정이 죽도일본
영토를 입증하는 증거가 된다고 주장해왔던 것이다.

정부위원 시모다 다케조(下田武三)는 1953년 3월 5일 「행정협정 제

---

26) 김병렬(1998) 「대일강화조약에서 독도가 누락된 전말」, 독도보전협회,
『독도영유권과 영해와 해양주권』독도연구보전협회, pp.165-195.

2조는 시설 및 구역사용에 대한 허가 규정을 담고 있는데, 이 죽도를
훈련장소로 지정한 것은 이 2조의 구역에 해당되기 때문입니다. 여기
에 일본국의 시설이라든가 일본국의 구역이라고 쓰여 있지는 않습니다
만, 미일간의 조약에 따라 구역을 채택했다는 것은 그곳이 일본영토라
는 점을 나타내는 유력한 법률적 근거가 되는 것으로 생각합니다. 그리
고 또한 상대방의 사정으로 구역으로부터 해제하는 일도 있을 수 있을
지 모릅니다만, 만약 정식으로 삭제하려면 미국 측으로부터 죽도가 훈
련장으로 사용할 필요가 없어졌기 때문이라는 점을 미일합동위원회에
제기해서 미일합의에 의해 시설리스트에서 삭제하는 조치가 취해져야
한다고 생각합니다. 그러한 조치를 취한다고 하는 것 또한 죽도가 일본
영유의 섬이라는 점을 명백하게 법률적으로 뒷받침하는 것이라고 생각
합니다. 지적하신 두 가지 점에 있어서 우리 측의 입장은 법률적으로
극히 명확하다고 생각합니다.」[27]라고 했다.

즉 시모다 다케조의 논리는 모순성을 내포하고 있다. 미일합동위원
회에서 정했다면 미일합동위원회에서 취하해야 한다고 하지만, 사실상
미 공군이 일방적으로 취하한 것은 미일합동위원회의 소관과 무관하다
는 것을 의미한다. 따라서 일본은 독도를 미일합동위원회와 관계를 지
워서 일본영토라는 것을 주장하고 싶겠지만, 사실상 시모다 다케조의
주장과 달리 미 공군이 일방적인 조치로 독도를 연습장 지정에서 해제
했기 때문에 미일합동위원회와 독도는 무관한 것이 된다.

이러한 이유에서 인지 소네 에키(曾禰益) 위원은 1951년 2월 6일 정
부위원의 주장에 이의를 제기했다. 즉, 「행정협정 설비에 관한 설명,

---

27) 정부위원 시모다 다케조(下田武三)의 발언, 〈참의원-외무, 법무위원회 연
합심의...-1호, 1953년 3월 5일〉, 동북아역사재단편 『일본국회 독도관련
기록 모음집』제1부, p.66.

감사합니다. 저는 이것이 꼭 강력한 논거라고는 할 수 없으며, 오히려 이용당할 위험을 여전히 느끼는 바입니다.」「저로서는 평화조약에 논거를 두고 있는 지금의 정도만으로는 논의의 여지가 없을 만큼 명확하다고 할 수 없지 않을까 하는 걱정 때문에 재차 여쭤보는 것입니다. 특히 거듭 행정협정과 관련해서 말씀드립니다만, 이것은 한국에 대해 주장할 수 있는 적극적인 근거가 되지 않는 것 같습니다.」[28]라고 하여 평화조약에 의해 일본영토가 되었다고 주장하는 것도 일본영토로서 근거가 명확하지 않다고 생각되는데, 행정협정을 죽도가 일본영토라는 근거라고 주장하는 것은 설득력이 없다고 주장했다. 사실상 평화조약도 일본영토로서 근거가 되지 못하고 있다.[29]

이노(団伊能) 위원도 1953년 3월 5일 「소네씨의 질문에 대해 잠시 여쭤보고 싶습니다. 저는 행정협정관련 논거가 오히려 이 영유 문제를 침해하고, 논거를 약화시킨다는 소네(曽禰)씨의 의견에 전적으로 동의합니다. 따라서 만약 그렇게 된다면 이전에 한국이 발표한 진위는 모르겠습니다만, 웨이란드의 통지라는 것도 동일한 가치를 가지고 오지 않을까 하고 생각합니다. 그래서 원래 행정협정 혹은 지금의 군사령관의 발표는 영토문제를 해결할 수 있게 해주는 근거가 되어 주는 것이 아니라, 작전상 기타 편의상 나온 것으로 미국군이 영토 등에 관해 외교적으로 적합성 여부를 인정했다고 하지만 전문적인 지식을 가지고 성립된 것이 아니라고 생각하기 때문에 이는 저도 소네씨와 마찬가지로 그다지 논거가 되지 않는다고 생각합니다.」[30]라고 하여 일본정부가 주장

28) 소네 에키(曽禰益)의 발언, 〈외무, 법무위원회 연합심의...-1호, 1953년 3월 5일〉, 동북아역사재단편 『일본국회 독도관련 기록 모음집』제1부, p.66.
29) 최장근(2005) 〈〈일본의 영토분쟁〉〉백산자료원, pp.33-71.
30) 이노(団伊能)의 발언, 〈참의원-외무, 법무위원회 연합심의...-1호, 1953년 3월 5일〉, 동북아역사재단편 『일본국회 독도관련 기록 모음집』제1부,

하는 것처럼, 주일 미 공군이 행정협정으로 죽도를 훈련지로 지정하였기에 일본영토라고 한다면, 미 공군이 죽도를 한국의 요청을 받아 해제했다면 이번에는 죽도가 한국영토라고 주장할 수 있다고 하여 미 공군이 죽도를 연습지에서 해제하는 것은 군사전략상의 문제로서 영유권과 무관하다고 보는 것이 타당하다고 하여 일본정부의 주장을 비판했다.

정부위원 나카무라 고하치는 1953년 3월 5일 「이번 문제에 대해서는 방금 전 대신께서 말씀하신 것과 같이 너무나 지나치게 명료한 문제여서 이것을 특별하게 내세워 논의한다고 하는 것이 오히려 우리 쪽에 약점이 있는 것이 아닌가? 라는 식으로 받아들여질 위험이 있기 때문에 지금까지 일부러 묵인하고 모른 척 해온 것입니다.」[31]라고 하여 미일 행정협정은 죽도가 일본영토임을 입증하는 증거가 될 수 없다는 것을 일본정부가 스스로 시인했다. 이미 일찍이 한국정부로부터 통보를 받고 있었음에도 불구하고 대응책을 찾지 못하고 고심하고 있었던 것이다. 그래서 총리대신은 한국의 발표에 일비일희하지 않겠다는 입장을 취했던 것이다.

나카야마 후쿠조가 1953년 3월 5일 「미일합동위원회가 폭격훈련지로 일단 죽도를 포함시켰는데 요즘 왜 제외되었나요?」[32]라고 하는 질문에 대해 정부위원 시모다 타케조는 「이전 국방부가 발표한 직후에 제가 미국대사와 만났습니다만 만약을 위해 물으니, 미 대사관은 일소

---

p.67.

31) 정부위원(나카무라 고하치)의 발언, 〈참의원-외무, 법무위원회 연합심의...-1호, 1953년 3월 5일〉, 동북아역사재단편『일본국회 독도관련 기록 모음집』제1부, p.66.

32) 나카야마 후쿠조(中山福藏)의 발언, 〈참의원-외무, 법무위원회 연합심의...-1호, 1953년 3월 5일〉, 동북아역사재단편『일본국회 독도관련 기록 모음집』제1부, p.72.

에 부쳤습니다. 미국이 대수롭지 않게 여기는 문제를 일본이 지나치게 크게 문제 삼는 것은 균형을 잃은 처사가 아닐까 해서 단순히 조사를 요구하고 그 결과를 기다리고 있습니다. 그런데 어제 (죽도가 훈련지에서 빠진 것은) 단지 군에서 폭격훈련을 정지하겠다는 것일 뿐이라는 답변이 있었으므로 미국 대사관을 통해 미국정부의 공식견해를 받은 것으로 생각합니다.」[33]라고 하여 미국은 단지 군사훈련을 정지한 것에 불과한 것으로 대수롭지 않은 문제로 취급하고 있는데, 일본이 영유권 문제로 비약해서 생각하는 것은 일본에 유리하지 않다는 것이었다. 즉 다시 말하면 미일행정협정에 의해 독도가 포함되고 안 되고는 영유권과 무관하다는 것이라고 하겠다.

시모다 다케조는 행정협정과 죽도 영유권문제와의 관련성에 대해 「행정협정과의 관계에 있어서는 소네(曾禰)씨에게서는 그것을 근거로 채택할 수 없다고 말씀하셨습니다만, 만약 미국이 죽도를 한국영토라고 생각했다면 한국과 계약을 맺고 한국정부의 동의를 얻어 시설을 사용하려고 했을 것입니다. 그러나 그렇게 하지 않고 미일행정협정 규정에 따라 미일합동위원회에 상정하여 빌리는 조치를 취했다는 것은 미일간의 문제이긴 합니다만, 이 또한 미국도 죽도를 일본영토로 생각한다는 반증이 아닐까 생각합니다.」[34]라고 하여 여전히 행정협정과 영유권문제는 관련이 있다는 주장을 하고 있다. 이는 평화조약에서 일본영토가 되었기 때문에 미일행정협정에서도 일본영토로 취급했다는 주장이다. 소네에키는 1953년 3월 5일 「거듭 그 행정협정에 관해서 말씀드

---

33) 시모다 다케소의 발언, 〈참의원-외무, 법무위원회 연합심의...-1호, 1953년 3월 5일〉, 동북아역사재단편『일본국회 독도관련 기록 모음집』제1부, p.74.
34) 시모다 다케소의 발언, 〈참의원-외무, 법무위원회 연합심의...-1호, 1953년 3월 5일〉, 동북아역사재단편『일본국회 독도관련 기록 모음집』제1부, p.67.

립니다만, 이것은 한국에 대해 주장할 수 있는 적극적인 근거가 되지 않는 것 같습니다.」[35]라고 하여 행정협정과 죽도영유권과는 무관하다는 것이었다.

사실 평화조약에서 죽도가 일본영토로 결정된 것이 아니었다. 일본영토가 아닌 것을 행정협정에 취급하였기 때문에 일본영토의 증거라는 것은 영유권 결정에 있어서 행정협정이 평화조약보다 법적 효력이 크다는 주장이 된다. 사실 미국은 한국과 일본 어느 쪽의 편에도 들지 않았다.[36]

가와카미는 1953년 11월 4일 평화조약에 의해 죽도가 일본영토가 되었다는 일본정부의 주장에 대해, 「이 훈련지 지정과 제외문제는 죽도가 미군의 훈련지로 지정된 것에 대해 한국이 항의했고, 그 와중에 한국어민이 폭격 때문에 죽었고, 이런 사태까지 발생하자 한국은 미국당국에 더 거세게 항의를 했기 때문에 미국 공군사령관은 일본이 리스트에 들어가 있는 죽도를 훈련지에서 제외한 후에 이 사실을 한국에 통고한 것이다. 이런 점은 분명히 하지 않으면 안 됩니다. 이런 일련의 과정을 생각해볼 때 확실히 애매한 부분이 있습니다. 도대체 미국의 의중은 어떤 것일까요? 이승만은 미국의 이런 태도를 보며 죽도가 한국의 영토라는 것을 미국측이 인정하고 있는 것이라고 주장하고 있습니다. 일본은 죽도가 점령구역에서 제외되었을 당시에도 전혀 문제를 삼지 않았습니다. 또 한국으로부터 폭격에 항의가 있었기 때문에 제외했다고 하지만, 일본의 영토라면 일본영토에 한국이 제멋대로 들어와서 폭격의 피해를 입은 것으로 이것은 어쩔 수 없는 이야기입니다. 일본의

---

35) 소네 에키의 발언, 〈참의원-외무, 법무위원회 연합심의...-1호, 1953년 3월 5일〉, 동북아역사재단편 『일본국회 독도관련 기록 모음집』제1부, p.66.
36) 최장근(2005) 〈〈일본의 영토분쟁〉〉백산자료원, pp.33-71.

영토라고 한다면 거기서 물고기를 잡다가 훈련 때문에 죽었을 경우에 저쪽에서 불법조업을 하다가 죽은 것이기 때문에 항의 같은 게 성립할 리가 없는 것입니다. 그런데 항의를 받고 이 죽도를 리스트에서 제외한 것은 미국이 죽도를 한국영토로 생각했다는 해석이 성립되는 것이다. 이러한 상당한 의문을 남겨두고 단호한 조치를 한다거나 혹은 경우에 따라서는 무력도 사용할 수 있다는 말도 하고 있습니다만 .......처음부터 이것은 애매한 형태로 남아있었습니다. 이런 상태에서 평화조약이 비준된 것입니다. 첫째 이 평화조약이 비준하던 당시에 제출한 그 지도, 그 뒤에 정부가 서둘러 취소했습니다만, 그 지도에는 일본영역참고도(日本領域參考圖)라고 쓰여 있습니다. 영역(領域)이라고 쓰여 있는 이 지도 안에는 분명하게 죽도는 제외되어 있습니다. 그런데 이것은 참의원 위원회에는 제출되지 않았었고, 중의원에게는 제출되었습니다. 왜 제출을 하다가 중단한 것일까요? 이는 미국의 태도를 분명히 보여주고 있지 않다는 것의 반증입니다. 그렇게 때문에 오가타(緖方) 부총리께서 노농당(勞農黨)의 질문에 대해 평화조약에 의해서 죽도는 우리 영토라고 대답하지 못하고 국제법에 따라 우리영토라고 대답하셨던 것입니다. 평화조약에서 확실히 정해져 있었다면 그렇다고 답변해도 되지 않았을 까요? .... 이렇게 된 것은 정부의 책임이 아닐까요? 정부가 이 문제를 확실하게 처리하지 못해서 이승만정부가 거세게 항의를 했고 미국은 이 점을 계기로 아시아인들을 서로 다투게 만들고 있습니다. 그리고 요시다(吉田)정부는 이를 활용해서 재군비의 열기를 부추기고 있다는 소리를 듣는 것입니다....... 미국이 확실한 것을 한마디도 말한 적이 없다고 말해둡니다... 또한 일본정부는 평화조약 상에서 죽도가 일본의 영토임을 증명한 자료를 (국회에) 제시해야함 에도 불구하고 아직 제출을 하지 않고 있습니다.」37)라고 하여 평화조약에서 죽도가 일본영토로 결정된 것이 아님을 주장했다. 그렇기 때문에 공군연습지의 폭격훈련지에서 제외되었던 것으로 죽도는 한국영토라는 주장이다. 미국이 한국영토라는 입장을 밝히지 않음으로서 한일 간에 영토분쟁을 야기하고 있다는 것이다.

가와카미(川上) 위원은 1953년 11월 4일 행정협정과 죽도문제와의 관련성에 대해 「작년(1952) 7월 26일에 이 죽도가 미군의 훈련지로 일본이 제공한 구역 중의 하나로 추가되었다고 발표한 적이 있습니다. 그런데 이에 대해 한국이 항의를 했다는 이야기도 있었는데, 이 항의 때문인지 미국은 이곳을 리스트에서 제외하였고, 게다가 이 제외 사실을 미국당국이 한국에 통고했다고 합니다. 일본정부는 미국당국에 물어보니 한국에 통고했다는 답변이 왔다고 발표했습니다. 이런 사실을 어째서 한국에 먼저 통고해야하는 것입니까? 또 왜 리스트에서 제외했을 까요? 지금 제가 이런 것을 묻는 이유는 미국이 이 죽도가 어느 쪽의 것인가에 대해 의견을 분명히 밝힌 것이 아닌지, 또 이런 의견을 명시한 문서를 남기지는 않았는지 알고 싶기 때문입니다.」[38]라고 하여 죽도영유권에 대한 미국의 인식은 일본영토라고 하는 죽도에 대해 한국영토로 인정하고 있다는 것이다. 그렇기 때문에 한국의 항의를 받고 행정협정에 의해 주일 미 공군연습장으로 결정되어진 것을 철회하고 이를 한국에 먼저 통보했다는 것으로 알 수 있다는 것이다.

또한 가와카미(川上) 위원은 「미국 측이 죽도가 일본영토임을 인정했기 때문에 훈련지에서 제외되었다는 사실을 알려온 것이라 생각합

---

37) 가와카미 위원의 발언, 〈중의원-외무위원회-5호, 1953년 11월 4일〉, 동북아역사재단편 『일본국회 독도관련 기록 모음집』제1부, p.192.
38) 가와카미(川上) 위원의 발언, 〈중의원-외무위원회- 5호, 1953년 11월4일〉, 동북아역사재단편 『일본국회 독도관련 기록 모음집』제1부, pp.189-190.

니다.」39)라는 일본정부의 주장에 대해「한국으로부터 항의가 있었기 때문에 훈련지에서 제외한 것입니다. 한국으로부터 항의가 있었던 것은 자명합니다. 한국으로부터 항의가 있었기 때문에 미국이 '죽도를 훈련지에서 제외한 것이 아닙니까?」40)라고 하여 일본정부의 거짓을 추궁했다.

국무대신 오카자키 가쓰오(岡崎勝男)는 죽도가 일본영토가 아니라는 가와카미의 주장에 대해,「(죽도문제는) 평화조약의 내용에 일본에서 벗어나는 영토가 명시되어 있습니다. 여기에 명시되어 있지 않은 영토는 일본 고유영토로 그대로 일본에 귀속되는 것으로 저는 해석하고 있습니다. 따라서 죽도는 당연히 일본영토인 것입니다. 그러나 이 조약에 대해 연합국 측의 해석이 다를 수도 있기 때문에 이 문제 역시 국제여론에 호소하여 일본의 영유를 확실히 하는 것은 필요하지 않다고 생각합니다.」41)라고 하여 국무대신 자신의 생각으로는 평화조약에서 일본영토로 해석되지만, 조약안을 만든 연합국 측에서는 한국영토로 해석했을 수도 있다고 언급했다.

요컨대 일본의 주장은 주장에 불과한 것이었다. 그래서 일본정부는 사실 연합국 측에서 죽도를 한국영토로 해석할 수도 있기 때문에 국제사회에 호소하여 일본영토가 되도록 정치적으로 노력해야한다는 것이었다. 즉 다시 말하면 미국이 독도를 한국영토로 인식하고 있을 수도

39) 고다키(小滝) 정부위원의 발언, 〈중의원-외무위원회- 5호, 1953년 11월 4일〉, 동북아역사재단편『일본국회 독도관련 기록 모음집』제1부, pp.190-191.
40) 가와카미(川上) 위원의 발언, 〈중의원-외무위원회- 5호, 1953년 11월4일〉, 동북아역사재단편『일본국회 독도관련 기록 모음집』제1부, pp.191.
41) 국무대신 오카자키 가쓰오(岡崎勝男)의 발언, 〈지방행정위원회-4호, 1953년 11월 5일〉, 동북아역사재단편『일본국회 독도관련 기록 모음집』제1부, pp.196.

있기 때문에 미일행정협정과 죽도영유권과의 관계성에 대해 무관하다는 입장을 스스로 밝힌 것이라 하겠다.

# 7. 맺으면서

이상에서 일본이 미일행정협정에서 독도를 일본영토로 처리했다고 주장하고 있는데 이러한 일본의 주장이 정당하지 못함을 속기록을 통해서 논증했다. 본 연구에서 논증된 내용을 정리하면 다음과 같다.

첫째로, 미일행정협정에 의해 1952년 7월 26일 추가로 독도가 주일 미공군의 해상폭격훈련구역으로 지정되었다. 이 시기는 평화선선언으로 한국이 독도를 실효적으로 점유하여 일본 어선들의 진입이 불가능한 상태였다. 일본정부는 이러한 한국의 독도 실효적 점령상태를 방해하기 위해 미일행정협정을 통해 독도를 추가로 미 공군 연습지로 지정하도록 로비한 것이다. 일본은 이를 통해 평화조약에서 죽도가 일본영토라는 근거의 부족함을 보완하려는 의도를 갖고 있었던 것이다.

둘째로, 일본정부는 미일행정협정을 체결하여 '죽도'를 미 공군의 훈련지로 지정하였다. 그 의도는 한국이 평화선을 선언하여 독도를 실효적으로 점유하여 일본순시선이 접근하면 발포하였기 때문에 독도에 상륙할 수 없는 상태였다. 일본정부가 평화조약에 의해 죽도가 일본영토가 되었다고 주장만 했을 뿐이지, 실제로 영토주권은 한국에 빼앗기고 있었던 것이다. 이를 미국의 힘으로 만회하기 위해 일본의 요청으로 독도를 폭격훈련지로 지정했던 것이다.

셋째로, 한국산악회가 독도에 상륙했는데 마침 미국이 독도에 폭격훈련을 하고 있어서 한국정부가 한국영토 독도에 대한 훈련중지를 요청하였고, 미국은 한국의 요청에 따라 훈련지지정을 철회했던 것이다.

넷째로, 일본정부는 한국정부의 요청에 따라 미 공군이 일본이 말하는 죽도에서 훈련을 중단하고 일본이 아닌 한국에 통보했다는 사실을 미 대사관을 통해 확인했다. 이것은 미국이 독도를 한국영토로 인식하고 있었기 때문이라고 할 수 있는데, 미일행정협정에 의해 죽도가 일본영토였다고 주장하는 일본의 입장과 상반되는 결정이었기 때문에 일본은 난처한 입장에 처하게 되었다.

다섯째로, 일본정부는 대일평화조약에 의해 죽도가 일본영토가 되었고, 죽도가 일본영토이기 때문에 미일행정협정에 의해 '죽도'가 미 공군의 연습지가 되었다고 주장했다. 그런데 미국은 일본의 생각과 달리 죽도를 일본영토로 보지 않았기 때문에 한국에 통보한 것이다. 미국의 이러한 입장을 일본정부가 확인하고 미일행정협정과 죽도영유권이 무관함을 인정했다.

여섯째로, 미국은 1946년 SCAPIN 677호로 독도를 한국의 관할통치구역으로 결정한 이래, 한국이 실효적으로 점유하고 있는 독도에 대해 평화조약을 체결한 뒤에도 줄곧 독도를 한국영토라는 입장을 갖고 있었던 것이다. 일본은 미국의 힘으로 일본영토로 지위를 변경하려고 미국의 입장을 바꾸기 위해 많은 노력을 기울였으나, 최종적으로 한국영토라는 입장을 가진 미국의 생각을 바꾸지는 못했던 것이다.

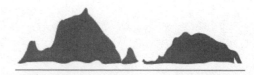

# 제2부
# 한일협정 시기의
# 일본국회의 공방

제5장 | 일본정부의
'이승만라인 철폐'의
본질 규명

## 1. 들어가면서

1965년 6월 22일 한일협정을 체결함에 있어서 한일회담에서 첨예하
게 대립되었던 안건은 관할권의 범위, 이승만라인, 죽도문제이었다. 일
본국회에서는 6월 22일 체결로부터 12월 18일 비준될 때까지 야당의
전문위원이 정부위원에 대해 '이승만라인'[1])이 완전히 철폐되었는가를
추궁했다. 본 연구의 목적은 바로 한일협정에서 합의된 '이승만라인' 철
폐의 진위에 관해서 규명하는 것이다. 한일협정 체결 이후 한국의 이승
만대통령은 1952년 1월 18일 '대한민국 인접해양에 대한 주권 선언'이
라는 이름으로 평화선을 선언하여 평화선을 침범하는 일본 어선들을

---

1) 한국에서는 '평화선'이라고 칭하며 주권선 혹은 준 주권선으로 보고 있으
나, 일본측은 불법조치라고 하여 '이승만라인'이라고 부른다.

나포했고, 독도근해에 접근하는 모든 일본선박을 총격으로 대응했다. 일본은 한국의 「평화선」을 이승만대통령이 불법적으로 선점한 것이라고 하여 이를 인정하지 않고 '이승만라인'이라고 칭해왔다.[2] 평화선선언 이후 한일협정과 신 한일협정을 거치면서 일반적으로 평화선이 철폐되었다는 인식을 갖고 있다. 실제로 한일협정에서 평화선이 철폐되었는가 하는 문제이다.

선행연구[3]에 관해서는 최근 동북아역사재단에서 번역 출간된 「일본국회 독도관련 기록모음집」[4]의 중요성이 인정되어 이 자료를 연구하는 학자가 늘고 있다.[5] 하지만 지금까지 '이승만라인'의 본질을 다룬 연구는 없다. 연구방법으로는 「국회의사록」 중에 1965년 6월 22일 한일협정자료 중에 평화선 관련 자료가 공개된 한일회담 공개문서에서의 '평화선 철폐'의 실체, '이승만라인' 철폐라는 일본논리의 허구성, 평화선 존치라는 한국논리의 정당성, 양국의 '이승만라인' 문제의 해결을 위한 정치적 담판 순으로 검토할 것이다.

---

2) 일본외무성(2010) 「竹島問題」, http://www.mofa.go.jp/mofaj/area/takeshima/.
3) 최장근(2005) 『일본영토의 분쟁』백산자료원, pp.33-71. 최장근(2002) 「어업협정과 독도 및 EEZ와의 관련성 : 일본외교의 정치문화적 특성에서 고찰」, 독도학회편, 『한국의 독도영유권 연구사』독도연구보전협회. pp.315-357.
4) 동북아역사재단편(2009) 『일본국회독도관련기록모음집』1부(1948~1976년), 동북아역사재단, pp.878-1059.
5) 곽진오(2010.11) 「한국의 평화선과 일본의 대응 한계-일본의회 독도관련 속기록을 중심으로(1952-53)」(『일본문화학보』제47집, 한국일본문화학회, pp.175-195), 정미애(2010.5) 「일본의 국회의사록을 통해서 본 독도에 대한 일본의 대응(1957~1965)」(『일본공간』vol.7, 국민대일본학연구소편)이 있으나 1965년 이전을 다루고 있다. 본 연구는 1965년 이후를 다루고 있다.

## 2. 공개된 회담문서에서의
## '평화선 철폐'의 실체

2005년 8월 26일 한일회담 문서가 전면적으로 공개되었다.[6] 공개된 문서 속에서 일본정부가 주장했던 '이승만라인' 철폐에 대해 그 실체가 드러났다. 이를 구체적으로 살펴보기로 한다.

한국정부는 1951년 1월 18일 평화선을 선언했고, 1951년 4월 3일자로 미국에 대해 "대일 평화조약 이후 한일 간의 어업문제에 관한 미국정부의 이해를 구하고자 한다."[7]라고 양해를 구하는 서한을 보냈다. 이를 바탕으로 한일회담이 진행되었던 것이다.

1952년 2월 20일부터 4월 21일 사이의 제1차 한일회담의 어업위원회에서는 「한국은 어업관할권과 관련해 '연안국주의'를 주장한 반면 일본은 어업개발에 대한 '공해자유의 원칙'[8]과 '어업자원에 대한 최대한의 지속적인 생산성 확보'를 강조했다.」[9] 즉 한국은 평화선[10]을 유지

---

6) 「정부의 26일 한일회담 문서 전면공개... 지난 1월 개인청구권과 관련된 5권의 한일협정 문서 공개에 이어 13년 8개월에 걸친 156권, 3만5천354쪽의 한일회담 전 과정의 문서가 모두 공개」, http://www.hani.co.kr/kisa/section(검색일: 2010년 10월 10일).
7) 미국 대통령에게 보낸 한국 외무장관 서한(1951년 4월 3일)
8) 「[한일회담] 문서공개 의미… 새로운 사실은」,
   http://article.joinsmsn.com/news/article/article.asp?total_id=1663776.
   [한일회담문서발췌]-어업문제・평화선[연합],2005.08.26,
   http://article.joins.com/article/article.asp?Total_ID=1663805.
9) 상동, [한일회담문서 발췌]-어업문제・평화선 [연합], 2005.08.26.
10) 평화선은 1952년 4월 평화조약의 발효와 더불어 '맥아더라인'이 철폐되면 일본어선이 한국연안에 대거 출어하는 것을 우려하여 1952년 1월 18일 한국정부가 어업자원 및 한국어민 보호를 위해 제1차 한일회담 직전에 '인접 해양에 관한 주권선언'을 한 것임.

하려는 의도로 연안국주의를 주장했고, 이에 대해 일본은 공해자유를 주장하여 평화선을 불법이라고 인정하지 않겠다는 것이었다.

1953년 5월 6일부터 7월 23일까지의 제2차 한일회담의 어업위원회에서는 「한국은 어업자원 보호를 위한 해양주권 조항의 필요성을 강조하면서 '어업관할수역'을 설치해야 한다고 주장한 반면 일본은 관할수역을 영해 밖에 설정하는데 반대했다. 일본은 양국간 관심이 큰 어업자원에 대해 필요할 경우 규제를 가하는 협정을 체결할 수 있으며 한일간 어족의 공동 개발, 조사, 연구를 제안했다.」 즉 한국은 영해 이외에 어업관할수역 설치를 주장하여 평화선의 정당성을 주장했고, 일본은 어업 관할수역을 영해밖에 설정할 수 없다고 하여 평화선을 불법으로 간주하려고 했다. 그러나 평화선은 여전히 존치되었다.

1953년 10월 8일부터 14일까지 제3차 한일회담의 어업위원회에서는 「일본은 공해자유원칙을 주장하면서 제주도 부근에서 일어난 일본어선 및 수산청 감시어선의 나포에 대해 항의했고, 한국은 일본 측이 '평화선'(이승만라인)을 침범해 생긴 일이라며 일본 측의 출어 자제와 규제를 요청했다. 특히 한국은 평화선은 어족자원의 고갈을 막기 위해 필요하며 국제법에도 저촉되지 않는다고 밝혔다.」[11] 즉 평화선을 침범한 일본어선 나포(다이호마루[大邦丸] 사건)를 둘러싸고 일본은 공해자유원칙을 주장하여 평화선이 불법이라고 주장했고, 한국 측은 평화선이 국제법적 관점에서 보더라도 합법적인 조치라고 주장했다. 한국은 일본의 항의에도 불구하고 일본의 요구를 수용하지 않았다.

제4차 한일회담은 1958년 선박소위원회와 1958년부터 1960년까지 「어업 및 평화선 위원회가 8차례 열렸으나 별 진전은 없었다. 한국은

11) 상동, [한일회담문서 발췌]-어업문제·평화선 [연합], 2005.08.26.

주로 어업 및 평화선 문제에 대한 우리 측의 입장을 수립하는데 주력했
다.」[12] 즉 일본은 평화선을 불법이라고 주장했지만, 한국은 평화선이
국제법적으로 합법적 조치라는 입장을 고수했다. 이는 1959년 8월 24
일 주한 일본공관에 보낸 「어업을 위한 평화선」이라는 이승만대통령의
유시를 보더라도 명백하다.[13] 평화선 존치에 대한 종래의 입장을 바꾸
지 않았다.

　제5차 한일회담 예비회담의 선박위원회 소위원회에서는 「한국은 평
화선을 유지하면서 공동 자원조사를 제의했으나 일본은 난색을 표시했
다.」 일본은 평화선 내를 공해라는 것을 전제로 「일본은 수역문제에
관한 거론 없이 양국이 규제할 수 있는 어종과 어업만을 논의하자는
입장」이었고, 한국은 평화선을 전제로 「한국은 대상수역의 한계, 어구
별 어획강도, 자원량 등」을 제시함과 동시에 「일본이 반환해야 할 선박
(재일 한국 국적 선박 360척) 및 한국 등록 선박(202척)의 명단을 제시
했고, 어업합병회사구상을 제안했다.」 즉 제5차 회담에서도 평화선을
고수했다.

　제6차 한일회담은 1961년부터 시작되었는데, 평화선에 기초하여 40
해리 전관수역을 주장했다.[14] 이는 종래 합법적 조치라고 했던 평화선

---

12) 상동, [한일회담문서 발췌]-어업문제·평화선 [연합], 2005.08.26.
13) "평화선을 선포한 것은 우리나라와 일본이 중간에 선을 그어놓고 일본은
　　선 저쪽에서 우리는 선 이쪽에서 서로 평화롭게 고기를 잡아먹자는 것이
　　다. 일인들은 지난 40년간 우리가 우리 바다에서 고기잡는 것도 못하도록
　　했고 우리를 돕는 우방도 없어서..(이하 중략)..일인이 과거 40년을 혼자
　　해먹었으나 지금부터는 우리가 장차 40년을 혼자서 해먹겠다고 생각했으
　　나 악을 악으로 갚는 것은 좀 심한 것 같기도 하고..우리가 의도하는 것은
　　평화를 유지하자는 것인 만큼 평화선은 우리가 어길 수 없는 원칙이다."
　　상동, [한일회담문서 발췌]-어업문제·평화선 [연합], 2005.08.26.
14) 상동, [한일회담문서 발췌]-어업문제·평화선 [연합], 2005.08.26.

에서 다소 양보한 것이었다. 또 다시 「외무부와 중앙정보부는 농림부와 국방부 등의 반대에도 불구, 박정희 정권의 대선일정 등을 감안해 '12해리 전관수역' 입장으로 물러섰다.」[15) 한국정부가 이처럼 양보하게 된 데는 「이 기간 한국은 일본 측에 1억1천400만 달러의 어업협력금을 정부차관 형식으로 공여기간 3년, 이자 3.5%, 3년 거치 후 7년간 균등상환 조건으로 요구했으며 일본은 민간차관 형식으로 7천만 달러를 고집했다.」[16)라는 것처럼, 한일 양국사이에 일본이 어업협력금을 차관형식으로 제공하는 대신에 한국은 12해리 전관수역을 제외한 부분에 대해 공해로 인정하는 것을 논의하고 있었다. 그렇다고 해서 한국정부에서는 평화선을 철폐한다는 것에는 동의하지 않았다. 형식적으로는 평화선이 존재하고 실질적으로는 평화선 내에서 공해성격을 갖는 공동규제어업을 인정한다는 것이었다. 「특히 일본은 차관 등 청구권 문제[17) 의 대가로 평화선 문제를 정치적으로 해결하려고 했다. 우리 정부는 일본이 청구권 문제에 성의를 표시하면 평화선 문제에 신축성을 보일 수 있다는 입장으로 선회」했던 것이다.

1963년 5월 10일 한국외무부는 「평화선에 관한 공보방안 건의」라는 내용을 작성했다. 즉 「국내 여론은 한일 현안 중 특히 어업.평화선 문제에 반드시 동조적이라 보기 어렵다. 이 기회에 공보방안을 우선 시행해 정부 입장에 대한 국민의 이해 내지 지지를 촉진하는 게 필요하다. 유력 일간지로 하여금 특파원을 평화선 해역 및 남해안 농어촌에 파견해 '평화선의 완벽한 수호는 원래 불가능하며, 경제적인 관점에서 볼 때 평화선의 존치가 반드시 유리한 것은 아니다. 농어촌의 발전은 평화

---

15) 상동, [한일회담문서 발췌]-어업문제 · 평화선 [연합], 2005.08.26.
16) 상동, [한일회담문서 발췌]-어업문제 · 평화선 [연합], 2005.08.26.
17) 한국내의 일본인 재산에 대한 청구권을 말함.

선의 수호가 전제조건이 아니고 농어촌의 근대화 시장개척 등이 기본전제다'와 같은 내용의 결론을 갖거나 그러한 결론으로 유도되는 '기사'를 수회에 걸쳐 쓰게 한다. 적당한 단계에서 학자 저명인사로 하여금 평화선은 국제법상 난점이 많다는 취지의 내용을 발표케 한다.」고 하는 것이었다.

이를 보면 한국정부는 1963년 5월 시점에 정치적 타협으로 일본의 평화선철폐 요구를 받아들이기 위해 국민여론을 유도하려는 시도가 있었다.

일본은 「1963년 6월 7일 어업협력에 따른 청구권은 5억달러 이내로 하되 12해리 전관수역의 합의 또는 평화선 철폐와 어선나포 방지를 전제조건으로 제시」[18]했던 것이다.

그러나 한국 국방부는 1963년 7월 12일 「평화선의 군사적 의의에 대한 국방부 견해」라는 제목으로 「공산주의 간접침략을 분쇄하는 게 5.16혁명의 목적 중의 하나이다. 현 해상경비능력으로는 평화선이 파기되면 국방상 지대한 악영향을 초래할 것이다.」[19]라고 하여 평화선 철폐를 반대했다.

한편 1963년 7월 19일 어업문제에 관해 일본 측에 대해서는 「한국은 직선 기선법을 한반도의 전 연안에 채용하고자 한다. 동해북부의 원산만과 웅기만의 문제도 있기 때문이다. 북한연안에 대해 일본 측이 이견(異見)이 있다고 하나 한국 국내문제로 취급하면 별문제가 없다. 12해리 전관수역으로는 영세어민의 생활근원을 확보할 수 없기 때문에 40해리 전관수역을 확보해야 하겠다. 일본 측 입장대로 한국근해에 출어할 일본어선의 총수만을 규제하고 어선규모, 어구, 어획량 및 조업수역

---

18) 상동, [한일회담문서 발췌]-어업문제·평화선 [연합], 2005.08.26.
19) 상동, [한일회담문서 발췌]-어업문제·평화선 [연합], 2005.08.26.

등을 규제하지 않는다면 자원보호를 위한 효과적인 조치라고 할 수 없다.」20)라고 했다. 즉 1963년 7월 시점의 한국정부의 입장은 일본 측이 한국근해에 출어할 수 있는 일본어선의 총수만을 규제하자는 주장에 대해 한국정부는 이를 반대하면서 전 연안 직선기선 설치와 영세어민을 보호하기 위해서라도 40해리 전관수역을 주장했던 것이다.

이처럼 1963년 7월 시점에서는 정부의 부처 간에 평화선 파기에 대해서는 의견일치를 보지 못하고 있었다. 이런 상황에서 한국정부는 「한일회담에 관한 대책회의」를 개최했다.

1963년 8월 1일 1차 대책회의에서 외무부 정무국장은 「전관수역으로서 40마일 선을 명백히 하지 않고 12마일 외측에 규제방법을 강구한다.」21)고 하여 전관수역이라는 말을 사용하지 않고 12마일22) 내측과 외측을 구분하자는 안을 제안했다. 그 이유는 한국의 경제발전을 위해 경제지원금을 받는 조건으로 일본이 주장하는 일괄타결방안을 수용하여 한일협정을 연내에 체결하겠다는 의지를 갖고 있었기 때문이다.

그런데 농림부 수산국장은 「농림부는 40마일 선을 가지고 어민의 감정을 눌러왔으며 우리 어민의 조업구역(40마일)만을 확보해준다면 어민들의 불만은 없을 것이다.」23)라고 하여 어민들의 불만을 없애기 위해서라도 40마일 조업구역에서 양보를 하면 안 된다고 주장했다.

이에 대해 중앙정보부 2국장은 「전관수역은 40마일로 하되 40마일 내측 28마일 수역에 한해서 (일본의) 어로를 허가한다.」24)라고 했고, 국방부는 「전관수역의 폭과는 관계없이 서해 36도 이북(115마일)과 동

---

20) 상동, [한일회담문서 발췌]-어업문제 · 평화선 [연합], 2005.08.26.
21) 상동, [한일회담문서 발췌]-어업문제 · 평화선 [연합], 2005.08.26.
22) 상동, [한일회담문서 발췌]-어업문제 · 평화선 [연합], 2005.08.26.
23) 상동, [한일회담문서 발췌]-어업문제 · 평화선 [연합], 2005.08.26.
24) 상동, [한일회담문서 발췌]-어업문제 · 평화선 [연합], 2005.08.26.

해 37도 이북의 100마일은 작전구역이므로 어업구역에서 제외되어야 한다.」고 했다.

이에 대해 최고회의에서는 「국민을 납득시키기 위해 전관수역이란 말을 쓰지 말고 예를 들어 12마일 전관수역을 A지역, 외측 규제수역을 B지역으로 할 수도 있다.」[25]고 하여 실질적으로 12마일 전관수역을 수용하기로 했다. 즉 전관수역에 해당되는 12해리 내에서는 일본 어선의 어업을 인정하지 않고 그 이외지역은 규제수역을 둔다고 하여 평화선을 완화하는 방안을 제시했다. 1963년 8월 22일 4차 대책회의에서 외무부는 「농림부가 제시한 안은 일본 측이 도저히 받아들이지 않을 것이다.」[26], 중앙정보부는 「연내타결의 기본원칙에 비춰 농림부 안은 거리가 멀다.」[27]고 하여 농림부가 주장하던 40마일 어장확보를 더 이상 주장할 수 없다는 입장이었다.

1963년 8월 27일 5차 대책회의에서 공보부 문화선전국장은 「국민이 납득할만한 안이 없는 한 (대통령)선거가 끝날 때까지 그대로 끌어갈 생각이다.」[28]고 했다. 1963년 8월 28일 6차 대책회의에서 외무부 정무국장은 「농림부 안으로는 도저히 교섭이 불가능한 만큼 12마일을 받아들일 것을 전제로 새로운 안을 제시해야 한다.」[29]고 했다. 결국 농림부는 1963년 8월 31일 7차 대책회의에서 「총 어획량을 제한하기 위한 어선의 종류와 척수 등 필요한 조치를 협의한다는 조건을 수락하면 직선기선으로부터 12마일과 평화선간에 일본의 어로작업을 인정할 수 있다. 이것이 최종안이다.」[30]라고 하여 평화선과 12마일 사이에 총어획

25) 상동, [한일회담문서 발췌]-어업문제·평화선 [연합], 2005.08.26.
26) 상동, [한일회담문서 발췌]-어업문제·평화선 [연합], 2005.08.26.
27) 상동, [한일회담문서 발췌]-어업문제·평화선 [연합], 2005.08.26.
28) 상동, [한일회담문서 발췌]-어업문제·평화선 [연합], 2005.08.26.
29) 상동, [한일회담문서 발췌]-어업문제·평화선 [연합], 2005.08.26.

장을 제한하는 것을 전제로 12마일 전관수역을 인정했다. 여기서 중요
한 것은 평화선을 존치한다는 입장이라는 것이다. 평화선 존치에 대해
한국정부의 어느 부서에서도 반대하지 않았다.

이렇게 해서 한국정부에서는 일부에서 주장했던 40마일 전관수역
안에서 양보하고 국제사회의 관례로 정착되고 있던 12마일 전관수역
을 받아들여서 평화선과 전관수역 사이를 공동규제수역으로 하기로 결
정했던 것이다. 그런데 중앙정보부는 「(12마일로 한다는 것이) 어느 정
도까지 비밀이 지켜지느냐가 문제다. 야당 측의 공격 자료가 되어서는
안 된다.」31)라고 하여 평화선은 철폐되지 않았지만 12마일에서 평화선
까지 일정량의 일본어선 출어를 허용한 것에 대한 국민여론의 비판을
우려했다.

한국정부는 「신방안(12마일) 제시가 국내외에 미칠 영향(외교부가
작성한 것으로 추정)」이라는 제목으로 대외적인 영향과 대내적인 영향
을 분석하여 시행시기를 결정했다. 먼저 대외적인 영향으로서 「한국이
일본의 요구를 대폭 수락했다는 점에서 한일국교정상화에 대한 한국
측의 성의를 인정받게 될 것이다. 그러나 대륙붕조약을 인준한 미국을
비롯한 세계 21개국은 약간 불만스럽게 생각할 것이다.」32)라고 하여
미국 등의 일부 국가들은 평화선의 존치를 희망할 것이라고 했다. 대내
적으로는 「대선(1963년 10월 15일)을 앞두고 이런 중대 문제를 처리한
다는 것은 야당 측의 공세에 직면해 선거에서 불리해질 것이다.」33)라
고 하여 그 시행시기에 대해 「신방안의 제출 시기는 대선 이후 (국회의

---

30) 상동, [한일회담문서 발췌]-어업문제·평화선 [연합], 2005.08.26.
31) 상동, [한일회담문서 발췌]-어업문제·평화선 [연합], 2005.08.26.
32) 상동, [한일회담문서 발췌]-어업문제·평화선 [연합], 2005.08.26.
33) 상동, [한일회담문서 발췌]-어업문제·평화선 [연합], 2005.08.26.

원 선거이전이라도 무방)로 함이 좋다.」[34]라고 하여 종래의 평화선에서 다소 양보한 것에 대한 국민여론을 우려했다.

　최종적으로 한일 양국 사이에 1964년 12월 3일부터 진행되는 제7차 한일회담과 1965년 4월에 시행된 제2차 어업관계 각료회담에서 「어업수역은 12마일로 하고 공동규제수역을 정하며 일본은 어업협력금액으로 한국에 9천만 달러(영세어민용 4천만 달러는 정부차관 형식. 이자는 5%, 그 외 5천만 달러는 민간차관 형식. 이자는 5.75%)를 공여키로 합의했다. 아울러 양국 간 분쟁이 발생했을 때는 국제사법재판소보다는 양국 간 외교교섭을 통해 해결」[35]한다고 합의했던 것이다. 그러나 한일 양국은 평화선을 철폐한다는 것에 대해서는 합의하지 않았다. 일본은 처음부터 평화선이 불법이라는 것을 전제로 하여 소기의 목적을 달성하기 위해 한국에 대해 일부러 평화선 철폐를 언급하는 것을 회피했고, 한국은 평화선이 존치한다는 것을 전제로 12해리와 평화선 사이를 공동규제구역으로 정한다는 입장이었다. 그러나 양국 측의 대내적 입장으로는 일본은 평화선을 철폐했다고 주장했고, 한국은 평화선을 철폐하지 않았다고 주장했던 것이다.

## 3. '이승만라인 철폐'라는 일본논리의 허구성

### 3.1 '공해자유원칙' 합의 주장

　일본정부는 대내적으로 '공해자유의 원칙'에 한국이 동의하여 합의했다고 주장했다. 공해자유의 원칙에 대해 한국의 동의를 받음으로써

---

34) 상동, [한일회담문서 발췌-어업문제·평화선 [연합], 2005.08.26.
35) 상동, [한일회담문서 발췌-어업문제·평화선 [연합], 2005.08.26.

공해상에 한국이 선포한 '이승만라인'이 불법임을 인정했다는 주장이다. 이러한 주장이 옳은가를 분석해본다.

일본정부는 1965년 11월 22일 어업협정과 '이승만라인'문제 해결에 대해 「협정의 전문에서 공해자유의 원칙 존중이 확인되고」[36]라고 하여 공해상의 자유원칙을 합의한 것처럼 언급하고 있지만, 실질적으로는 평화선 내에는 공동규제수역을 두어 이 수역에 한해서 일본어선에 대해 한국이 통제하지 못하도록 한 것으로 평화선이 철폐되어 공해자유원칙이 적용된 것은 아니다. 이처럼 평화선이 철폐되었다고 단언하지 못하고 있는 이유도 바로 일본정부가 한국정부 사이에서 평화선 철폐를 합의하지 못했다는 것을 방증하는 것이다.

이러한 주장에 대해 시이나 외무대신은 「이승만라인은 없어졌다고 생각하면 될 것입니다. 즉 기본조약 전문에는 …… 공해자유원칙이라는 것은 절대 침범할 수 없다고 쓰여 있습니다. (중략) 그 일정범위를 어업규제구역이라고 해서 주로 한일 어민이 이곳에서 어업을 한다.」[37]라고 하여 이승만라인이 소멸되고 과거 '이승만라인'의 내측에도 일본 어선들이 조업을 할 수 있게 되었다고 주장했다. 그러나 이번 안은 한국 측이 평화선을 유지하기 위한 안을 일본 측이 동의한 것이기 때문에 평화선이 철폐되었다는 진술은 거짓이다.

노하라 위원은 일본정부 측의 허위진술에 대해 「공해자유원칙이 전문에 쓰여 있다고 하시는데 이승만라인 선언 말미에 뭐라고 쓰여 있는가 하면 "공해상의 항행자유원칙을 부정하는 것은 아니다." 이승만라인

---

36) 후지사키 마사토(藤崎万里) 정부위원, [223/254] 50-참의원-한일조약 등 특별위원회-2호, 1965년 11월 22일, p.1016.
37) 시이나 외무대신, [193/254] 49-중의원-예산위원회-2호, 1965년 8월 4일, p.894.

그 자체에 공해자유원칙은 있었습니다.」38)라고 하여 '이승만라인' 말미에도 공해자유원칙을 인정하기 때문에 그것은 별다른 것이 아니므로 '이승만라인' 철폐와 무관하다고 반박했다.

이에 대해 정부 측은 1965년 11월 4일 공해자유원칙과 '이승만라인' 과의 관계에 대해 「처음부터 우리 일본은 이것(이승만라인)을 승인한 적이 없습니다. 우리나라로서 필요한 것은 어업이 안전하게 이루어질 수 있는가 없는가, 이것뿐이라고 생각합니다」39)라고 하여 한국이 공해의 자유원칙을 인정했기 때문에 더 이상 '이승만라인'을 철폐하라고 요구할 수 없다는 것이다. 즉 '이승만라인'이 완전히 철폐되었다면 일본이 독도를 일본영토라고 주장하고 있기 때문에 독도기점 12해리 한국의 전관수역을 인정한 것을 보더라도 평화선이 공해자유의 원칙으로 대체된 것이 아님을 알 수 있다.

그러나 농림대신 사카타 에이치(坂田英一)는 1965년 11월 19일 '이승만라인' 철폐에 대해 「협정의 전문에서도 공해자유의 원칙이 존중되어야한다는 것이 규정됨에 따라 실질적으로 철폐되었고, 그 결과 기존의 이 라인에서 발생한 불법 부당한 검거, 나포 등의 불행한 사건은 향후 일본의 어업 및 어선에 대해 있을 수 없는 일로 일본 어민들도 마음 놓고 어업에 종사할 수 있게 된 것이다.」40)라고 하여 공해자유원칙에 의해 철폐되었다는 것이다.

이러한 주장은 한일어업협정을 체결하기 위한 정부여당이 국민을 호도하기 위한 명분에 지나지 않는다. 실제로는 야당 측의 전문위원

38) 노하라 위원, [193/254] 49-중의원-예산위원회-2호, 1965년 8월 4일, pp.894-895.
39) 미타라이(御手洗) 참고인, [21 8 /254] 50-중의원-일본과 대한민국 간...-9호, 1965년 11월 4일, p.980.
40) 농림대신 사카타 에이치(坂田英一), 구사바(草葉)위원, [222/254] 50-참의원-본회의-8호, 1965년 11월 19일, p.999.

주장이 타당한 부분도 없지 않다. 그렇지만 정부여당은 조약 자체가 정치적 타협의 소산이므로 야당위원들이 우려하는 사안 등은 후속절차로서 향후 외교로서 충분히 일본 측에 유리한 지위를 확보할 수 있다는 자신감을 갖고 있었던 것이다.

### 3.2 '이승만라인' 불법성의 관철주장

한국이 설정한 평화선에 대해 일본은 정부 측은 물론이고 야당의 전문위원들조차도 모두 불법적인 '이승만라인'이라고 단정하고 있었다. 따라서 일본정부는 한일협정에서 '이승만라인'을 인정하지 않았다고 주장했다.

다카쓰지(高辻) 정부위원은 1965년 8월 4일 노하라 위원이 이승만라인이 원래 불법인데 애매하게 처리하여 형식적으로 이승만라인을 인정한 이유를 묻는 질문에 대해, 「이것은 일단 의구심이 가는 것도 당연하다고 생각합니다만, 이승만라인이라는 것은 …. 명문으로 규정해서 철폐할 만한 가치의 것이 아닙니다.」[41]라고 하여 '실질적'라는 표현을 사용함으로써 평화선을 인정한 것처럼 오해를 불렀으나 사실은 이승만라인은 원래부터 존재하지 않기 때문에 철폐할 가치도 없다고 주장했다.

사토 에이사쿠는 1965년 8월 9일 이승만라인 문제는 「한국국내법상의 문제는 차치하더라도 어업협정이 발효되는 때에는 한일 양국의 어업은 이 어업협정만이 기준이 되어 컨트롤할 수 있습니다. 따라서 이승만라인은 적어도 일본의 입장에서는 존재하지 않습니다.」[42]라고 하여

---

41) 다카쓰지(高辻) 정부위원, [193/254] 49-중의원-예산위원회-2호, 1965년 8월 4일, pp.895-896.
42) 사토 에이사쿠, [198/254] 49-참의원-예산위원회-2호, 1965년 8월 9일, p.910.

평화선은 원래 존재하지 않는다고 하여 그에 관한 언급은 피하고, 이제 그 구역에서 일본의 어업이 가능하게 되었다는 주장이다.

일본정부는 이처럼 '이승만라인'이 처음부터 존재하지 않아서 한일협정에서 굳이 철폐할 가치가 없다고 주장했다. 이에 대해 야당위원들의 생각은 달랐다.

야마모토 고이치는 1965년 10월 15일 「한국정부는 이승만라인은 엄연히 존재한다고 언명하고 이승만라인을 넘는 어선에 대해서는 나포하여 체포하는 한국 국내법을 계속해서 견지하겠다는 태도를 전혀 바꾸지 않고 있습니다.」[43]라고 하여 한국은 국내법으로 이승만라인이 존속한다는 입장을 갖고 있기 때문에 정부의 주장은 국민을 속이는 것으로 '이승만라인'은 존재한다고 강조했다.

이마즈미 이사무(今澄勇)는 1965년 10월 16일 「1951년 한국에 의해 일방적으로 이승만라인이 설정된 이후 한국 측에 의한 일본어선 나포는 실로 300척이 넘었으며 4000명에 가까운 어민이 부당하게 억류된 데다 20여명이 목숨[44]을 잃기까지 했습니다.」[45]라고 하여 '이승만라인'의 존재를 강조했다.

이에 대해 시이나 외무대신은 1965년 10월 27일 「한국의 어업자원보호법이라는 것이 기존에 공해에서 우리 일본어선을 나포하는 국내법상의 근거가 되었다고 한다면, 이번 한일어업협정의 체결과 함께 당연히 개폐되는 것이 바람직하다고 생각합니다.」[46]라고 하여 한국 국내법

---

43) 야마모토 고이치, [208/254] 50-중의원-본회의-4호, 1965년 10월 15일, p.922.
44) 한국측 총격으로 목숨을 잃은 사람들도 있다. 이마즈미 이사무(今澄勇), [209/254] 50-중의원-본회의-5호, 1965년 10월 16일, p.938.
45) 이마즈미 이사무(今澄勇), [209/254] 50-중의원-본회의-5호, 1965년 10월 16일, p.934.

은 일본과 무관하다고 발언했다.

결국 일본은 일단 평화선 내측에서 조업을 가능하게 한 다음, 그 6년 후에는 이승만라인을 불법으로 간주하여 평화선을 인정하지 않겠다는 의도를 깔고 있는 것이다.

요컨대 일본정부는 이번 한일협정에 의해 불법적으로 조치된 '이승만라인'은 한국이 스스로 일본의 어업을 인정하여 불법이라는 것을 시인한 것이라는 주장이다.

### 3.3 한국의 전관수역 설정의 부정

일본은 평화선을 기반으로 한국의 40해리 전관수역 주장에서 타협하여 12해리 전관수역을 인정했다. 일본정부는 12해리 전관수역을 인정하지 않았다고 일본국민을 속였다. 그 내용을 검토해보기로 한다.

나가스에(永末) 위원은 1965년 8월 6일 「죽도주변에 전관수역이 있습니까?」라는 질문에 대해 시이나 외무대신은 「없습니다」라고 답변했다.

고사카(小阪) 위원은 1965년 10월 27일 한국의 전관수역 설정에 대해 「죽도 주변 12해리에 한국 측이 전관수역을 설정했다는 보도가 있었다.」[47]라고 하여 한국이 전관수역을 설치하였다면 일본정부가 이를 인정한 것이라는 것인데, 일본정부가 이를 인정했는가를 질의했다.

이에 대해 시이나(椎名) 외무대신은 「전관수역은 국제법상 당연히 인정된 것이 아닙니다.」[48]라고 하여 일본은 죽도영유권을 한국영토로

---

46) 시이나 외무대신, [214/254]50-중의원-일본과 대한민국 간....-7호, 1965년 10월 27일, p.958.

47) 고사카 위원, [214/254] 50-중의원-일본과 대한민국간 ...-3호, 1965년 10월 27일, p.957.

48) 시이나 외무대신, [214/254] 50-중의원-일본과 대한민국간 ...-3호, 1965년

서 인정하지 않았기 때문에 전관수역은 당연히 있을 수 없기에 일본은 한국의 전관수역설정을 인정하지 않았다고 답변했다. 그러나 한국은 독도가 한국영토임에 분명하다는 입장을 갖고 있기 때문에 기존의 평화선을 다소 양보하는 대신에 평화선 내에 12해리의 전관수역과 28해리의 규제수역을 설정하기로 일본과 합의했던 것이다.

요컨대 실질적으로는 한국에 대해 12해리전관수역을 인정하여 평화선의 일부인 40해리 중 12해리를 제외한 28해리를 공동규제수역으로 정했던 것이다.

이상에서 보는 것처럼, 평화선 내부에 일정어획량의 일본조업은 가능해졌지만 평화선이 철폐된 것은 아니었다. 따라서 일본이 대내적으로 평화선이 철폐되었다고 주장해온 것은 사실과 다른 왜곡된 발언임을 알 수 있다.

## 4. 평화선 존치라는 한국논리의 정당성

### 4.1 평화선 존속

한일 양국은 평화선에 대한 입장이 달랐다. 한국은 1952년에 선언하여 준영해선으로서 15년간 고수해왔다. 이는 국제적으로 보편화되었다고 할 수 있다. 반면 일본은 평화선이 불법이라고 주장하지만 한국은 일본 어선들의 침입을 단호하게 조처했다. 결국 양국은 최종적으로 미국이 독촉하는 양국의 정상화를 성사시키기 위해서라도 양보와 타협이라는 정치적 담판으로 해결하게 되었던 것이다. 양국이 타협하기까지

10월 27일, pp.957-958.

한국의 입장을 검토하기로 한다.

일본정부는 평화선은 불법이라고 주장했다. 이에 대해 야당 전문위원은 협정에서 평화선을 인정하는 형식으로 체결되었다고 비난했다.

노하라(野原) 위원은 1965년 8월 4일 평화선을 주장하는 한국의 입장에 대해 「한국 백서에 .... "어업협정에 의해 일본은 평화선 이내의 일정 규제수역에서 일정 척수 어선에 의한 일정량의 어획이 허가되므로 평화선은 그 본래의 목적 취지가 합의된 협정이라는 형태로 엄연히 존속하게 된다."」49)라고 하여 한국이 평화선의 존재를 주장한다고 지적했다.

또한 1965년 8월 4일 「이것은 어업협정의 유효기간이 5년, 통보기한이 1년이기 때문에 6년입니다. 그런데 이 6년이라는 기한이 만료되면 어업협정을 개정할 수 없습니다. 이것은 한쪽이 반드시 응해야만 가능한 것으로 이런 상황이 되면 문제가 발생하게 되는 것입니다. 이것은 자동적으로 이승만라인이 원상회복된다는 뜻입니다. 한국은 이승만라인은 철폐되지 않았다고 하고 있습니다.」50)라고 하여 '이승만라인'은 철폐된 것이 아니고 6년이 지나면 자동적으로 회복되는 것이라고 지적했다.51)

---

49) 노하라(野原) 위원, [193/254] 49-중의원-예산위원회-2호, 1965년 8월 4일, pp.894-895.
50) 노하라(野原) 위원, [193/254] 49-중의원-예산위원회-2호, 1965년 8월 4일, pp.894-895.
51) 사실 한국정부가 협정체결 이후 6년이 지난 1971년 시점에서 법적으로 1965년 협약을 폐기했더라면 평화선은 전적으로 원상복귀가 되는 것이었다. 따라서 1999년 신한일어업협정이 체결되기 이전에는 평화선이 존재했다고 할 수 있다. 이러한 권리를 주장하지 않음으로써 평화선이 무용지물이 되고만 것이다. 한국정부의 무지와 외교역량의 부족을 지적하지 않을 수 없다.

또한 노하라 위원은 「국제법을 위반한 이승만라인을 형식적으로 승인해서 조인했다는 것은 중대한 일입니다.」[52]라고 하여 평화선을 인정하는 형식으로 '이승만라인'문제를 애매하게 조치했다고 비난했다.

이데 이세이(일본사회당) 위원은 1965년 10월 21일 「어업협정의 최대 주안점은 이승만라인의 철폐입니다. 한국 측은 위법인 이승만라인의 존속을 언명하고 있는 이상, 국방상, 또 대륙붕을 보호한다는 이유에서 언제 국내법을 발동할 지 여전히 불안감은 남아있습니다.」[53]라고 하여 한국은 언제든지 국내법으로 평화선을 발동할 가능성을 갖고 있다고 우려했다.

아카지(赤地) 위원은 1965년 11월 10일 「여전히 국내법으로 남아있는 것이고 향후 국방선으로서 또는 평화선이라는 이름하에 한국측의 일방적인 생각에 의해 시행된 위험성이 충분히 있다는 것을 말씀드리고 싶습니다.」[54]라고 하여 '이승만라인'은 평화선 즉 국방선으로서의 의미도 부여하고 있으므로 어업협정으로 완전히 철폐된 것은 아니라는 견해이다.

요컨대 한국에서는 평화선이 존속한다는 주장을 했고, 이에 대해 야당의 전문위원들조차도 한국의 주장을 전적으로 부정할 수 없다는 입장으로서 일본정부의 허위 발언을 비난했던 것이다.

## 4.2 12해리 전관수역 설정

위에서 살펴본 바와 같이 일본은 한국의 12해리 전관수역을 인정했

---

52) 노하라 위원, [193/254] 49-중의원-예산위원회-2호, 1965년 8월 4일, p.895.
53) 이데 이세이(井手以誠), [212/254] 50-중의원-본회의-7호, 1965년 10월 21일, p.951.
54) 아카지(赤地)위원, [221/254] 50-중의원-본회의-10호, 1965년 11월 10일, pp.990.

다. 그런데 일본정부측은 대내적으로는 12해리 한국의 전관수역을 인정하지 않았다고 했다. 이에 대해 야당 전문위원은 정부주장에 반박했다.

우라베 위원은 1965년 8월 6일 한국의 전관수역 설정에 대해 「이것은 수산관계에 아주 커다란 영향을 미치는 것으로 일본어선의 나포되는 상황에서 이제 이승만라인이 없어진다는 것 때문에 큰 폭으로 양보하면서까지 전관수역문제도 일단 해결을 본 것」55)이라고 하여 한국이 요구하는 12해리 전관수역을 전적으로 인정했다고 비난했다. 전관수역에 동의했다고 하는 것은 독도기점 12해리를 인정하는 것으로 평화선을 완전히 철폐한 것은 아니라는 주장이다.

이시바시 위원은 8월 11일 전관수역에 관해 한국의 특별위원회에서 한국 농림부장관의 말을 인용하여 「그 직선기선을 사용하는 것에 관한 교환공문에 없는 해안 또는 우리나라 영토 주변에는 당연히 통상기선에 의해 전관수역이 설정된다는 것을 말씀드리며」56)라고 하여 독도주변에도 전관수역이 설정된다고 언급했다고 지적했다.

마쓰모토 위원은 1965년 10월 27일 「저쪽이 설정하도록 그대로 내버려 둘 것입니까?」57)라고 하여 한국이 전관수역을 일방적으로 설정하고 있는데, 일본은 아무런 조치도 취하지 않았다고 비난했다.

아카지(赤地)위원도 1965년 11월 10일 「이곳은 시마네현 자료를 통해 보면 상당히 좋은 어장으로 선망 15통으로 불과 4월부터 8월까지 5개월 동안 2만 8500톤의 어획량을 기록하고 있습니다.」58)라고 하여

---

55) 우라베 위원, [196/254] 49-중의원-농림수산위원회-3호, 1965년 8월 6일, p.903.
56) 이시바시 위원, [219/254] 50-중의원-일본과 대한민국간...-10호, 1965년 11월 5일, p.985.
57) 마쓰모토 위원의 발언, [214/254] 50-중의원-일본과 대한민국간...-4호, 1965년 10월 27일, p.968.

독도주변이 양호한 어장임에도 불구하고 한국이 선점하여 전과수역을 설정하고 있음에도 불구하고 일본이 아무런 대응 없이 방치하고 있다고 지적했다.

이에 대해 정부 측의 시이나 외무대신은 「그 본체(독도)가 분쟁의 대상이 되고 있기 때문에 전관수역은 단독으로 설정할 수 없을 것입니다.」59)라고 하여 분쟁지역이기 때문에 한국이 전관수역을 설정하는 것은 불가능하다고 주장했다.

## 5. '이승만라인' 문제 해결을 위한 정치적 담판

한국은 평화선문제에서 평화선이 합법이라는 주장을 굽히지 않았고, 일본은 한국의 양보를 받아내어 '죽도'문제는 물론이고 다이호마루사건 등 국민의 불만을 불식시키는 것이었다. 위에서 살펴본 바와 같이 일본정부는 양국 사이에 합의내용과 다르게 대내용으로 평화선이 철폐되었다고 주장했다. 결국 일본은 한일협상을 조기에 체결하기 위해 이를 막고 있는 '이승만라인' 문제를 정치적 담판으로 해결하려했던 것이다. 이를 검토해보면 다음과 같다.

우쓰미(內海) 참고인은 1965년 11월 4일 「저는 이번 8억 달러의 청구권문제에 대해 이런 의미에서--다른 의미도 많이 있겠지만 금일봉으로 이승만라인과 죽도에서 그만 물러가달라는 의미도 겸해서 이해를 했습니다. 이승만라인은 물러달라는 부탁을 들어 준 것 같은데, 죽도는

---

58) 아카지(赤地)위원, [221/254] 50-중의원-본회의-10호, 1965년 11월 10일, p.991.
59) 오카다 쇼지, [226/254]50-참의원-한일조약등 특별위원회5호, 1965년 11월 26일, p.1040.

그렇지 못합니다.」[60]라고 하여 한국이 '이승만라인' 이내에 일본 어업을 인정한 것은 최종적으로 8억 달러 지원이라는 정치적 타협의 소산임을 지적했다.

또한 노하라 위원은 1965년 8월 4일 「무상 3억 달러, 유상2억 달러, 민간경제지원 3억 달러, 이렇게 해서 일본으로부터 총 8억 달러라는 돈도 받고 미국도 계속 뭐라고 하니 그냥 6년만 참고 넣어주자, 6년 후에는 다시 원상태로 된다. 그 증거를 남기기 위해 한국 측은 평화선으로서 엄연히 존재한다는 주장을 일관되게 하고 있지 않습니까! 이 주장을 일관되게 해왔기 때문에 일본의 외무대신은 완전히 철폐 되었는가 라는 제 질문에 머뭇거리는 게 아닙니까! 이것은 정말로 중대한 문제라고 생각합니다.」라고 했다.[61]

즉 한일협정에서는 법적으로 보면 평화선이 완전히 철폐되었던 것이 아니고, 형식적인 평화선은 남게 되었고 6년 후에는 원상복귀되도록 되어 있었던 것이다. 한국이 기존의 평화선 체제에 일본어선의 출입을 인정한 것은 협정체결을 촉구하는 미국의 압력에 의한 것임을 알수 있다. 1951년 한국이 평화선을 선포한 이래 일본이 줄곧 불법조치라고 하여 철폐를 주장해왔다. 이번 한일협정에서 평화선의 존치를 인정했던 것을 알 수 있다.

이러한 야당 전문위원들의 지적에 대해 정부 측은 다음과 같이 사실관계를 은폐하고 합리적인 조치라고 주장하고 있다.

사토 총리는 1965년 10월 15일 「이번 조약은 어쨌든 인내심을 갖고

---

60) 우쓰미 참고인, [21 8 /254] 50-중의원-일본과 대한민국간..-9호, 1965년 11월 4일, p.975.
61) 노하라 위원, [193/254] 49-중의원-예산위원회-2호, 1965년 8월 4일, pp.894-895.

서로 조금씩 양보하는 정신에 입각해서 체결되었습니다.」[62]라고 하는 것으로 보아 알 수 있듯이, 양국의 의견이 팽팽했지만. 최종적으로는 타결한다는 관점에서 서로가 양보할 수 있는 부분은 양보했고, 양보할 수 없는 부분은 애매한 방법으로 서로의 주장을 묵인하는 방법으로 체결되었다는 사실을 알 수 있다. 즉 사토총리의 언급처럼 '이승만라인'이 본질에 의해 규명된 것이 아니고 정치적 타협의 소산임을 알 수 있다.

요컨대 이처럼 일본정부가 이승만라인을 줄곧 불법이라고 주장한 것은 정치적 주장에 불과한 것임을 알 수 있다.

# 6. 맺으면서

이상으로 일본의 한일협정 비준국회의 국회의사록을 분석하여 일본정부가 한일협정에서 '이승만라인'을 철폐했다고 하는 주장의 진위에 관해 고찰하였다. 그 내용을 요약하면 다음과 같다.

첫째로, 최근 공개된 한일회담문서에서 보면 한국이 종래의 평화선의 범위에서 다소 양보하여 독도기점 12해리 전관수역을 확보하고 그 외측 28해리를 공동규제수역으로 결정하여 일정량의 일본 어업을 인정했던 것이다. 평화선 철폐를 합의한 것은 아니었다.

둘째로, 일본국회의 의사록의 분석에 의하면 일본정부가 '이승만라인'이 실질적으로 철폐되었다고 주장한 것은 종래의 평화선 범위에서 한국이 양보하여 평화선 내측에 일본 조업을 가능하게 했다는 것에 불과하다. 평화선이 철폐된 것은 아니었다.

셋째로, 일본국회의 의사록의 분석에 의하면 한국정부가 주장하는

---

62) 사토 에이사쿠, [208/254] 50-중의원-본회의-4호, 1965년 10월 15일, p.931.

평화선 존치는 정당했다. 평화선 내에 일본의 조업을 인정한 것으로 평화선 자체를 철폐하기로 합의한 것은 아니었다.

넷째로, 한국이 평화선을 설치하여 동해의 해양질서를 구축하여 14년 간 지속되었다. 이에 대해 일본이 불법이라고 주장하여 평화선을 무력화하려고 했는데 한국이 물러서지 않자, 결국은 조기체결을 재촉하는 한일협정에서 경제적 지원을 대가로 정치적으로 담판했던 것이다.

# 한일협정에서 확인된 일본의 독도 영유권 주장의 한계성

제6장

## 1. 들어가면서

1965년 6월 22일 한일 양국 사이에 국교회복을 위한 한일 협정이 체결되었다. 이는 미국중심의 자유진영과 소련중심의 공산진영이 대립하는 냉전이라는 국제질서 속에서 자유진영에 편입된 일본이 미국에 의해 한국과 국교정상화가 강요되었던 것이다. 한일 양국은 한일협정을 체결함에 있어서 미국이 관여하고 있었기 때문에 반드시 양국의 입장을 관철하지 못했던 부분도 있었다.

연구목적은 특히 영토주권에 해당되는 독도문제가 한일 양국이 양보할 수 없는 중요한 사안이었는데, 한일협정에서 한일 양국 사이에서 독도문제가 어떻게 해결되었는가를 고찰하는 것이다. 연구방법으로서는 1965년 6월 22일부터 12월 18일 일본국회에서 비준되기까지 관련

정부요인과 국회의원들 사이의 발언을 중심으로 독도문제의 본질을 분석하려고 한다. 특히 비준을 위한 토론과정에 공술인과 참고인들의 견해와 시이나 외무대신과 사토 총리의 정치적 발언을 집중적으로 추적하여 그 진실 관계를 규명하려고 한다. 선행연구에 관해서는 최근 국회의사록을 분석한 연구는 있지만,[1] 본 연구에서 다루고 있는 것과 동일한 방법론에 의한 연구는 없다고 하겠다.

## 2. 한일협정에서 독도의 위상에 대한 공술인의 견해

### 2.1 오히라 젠고(大平善梧) 공술인

1965년 6월 22일 「분쟁해결에 관한 교환공문」이라고 하는 분쟁해결을 위한 내용을 삽입하여 한일협정이 체결되었다. 이 협정에도 독도영토의 지위에 대해 어떻게 처리하였는지, 일본 국회의사록을 중심으로 고찰해 보기로 한다.

오히라 젠고(大平善梧)[2]는 공술인으로서 「정부당국이 해결의 실마

---

1) 정미애(2010.5) 「일본의 국회의사록을 통해서 본 독도에 대한 일본의 대응」, 『일본공간』vol.7, pp.206-221. 최희식(2009) 「한일회담에서 독도영유권문제-한국외교문서의 분석과 그 현대적 의미-」, 『국가전략』제15권 4호, pp.117-138. 김영수(2008) 「한일회담과 독도영유권 -샌프란시스코 강화조약과 한일회담기본관계조약을 중심으로-」, 『한국정치학회보』제42집 4월호. 김영수(2010.4) 「한일회담과 독도영유권(2)-과거사인식과 독도영유권 문제와의 관련을 중심으로-」, 『민족문화논총』제44집, pp.145-181. 이원덕(1996) 「한일회담과 일본의 전후처리 외교」, 『한국과 국제정치』Vol.12, 경남대학교 극동문제연구소. 이원덕(2005) 「한일회담에서 나타난 일본의 식민지지배의 인식」, 『한국사연구』Vol.131, 한국사연구회.

리를 찾았다고 말할 정도로 확실하게 해결될지 여부는 앞으로 해보지 않으면 모릅니다. 하지만 상대편이 승낙해서 해결될 기회가 없다고도 말할 수 없습니다. 죽도문제가 보류되었지만 일본이 영토권을 포기한 것이 아니라 해결될 가능성을 남긴 채 이번 한일 정상화 조약이 체결된 것이라고 생각한다. 만일 이것이 해결될 때까지 연기했다면 도저히 (조약체결-필자주) 불가능하지 않았을까요?」[3]라고 하여 오히라는 국제법학자의 입장에서 한국이 교환공문에 승낙을 하였기 때문에 일본이 독도영토를 포기한 것은 아니었고, 조약체결이 긴급을 요하는 중요한 사안이었기 때문에 영토문제를 정치적으로 보류하는 것이라는 입장이었다. 따라서 분쟁해결을 위한 공문을 삽입한 것은 바로 독도문제 해결의 실마리를 남겼던 것이라는 해석이다.

또한 오히라 공술인은 「일본은 메이지시대 이래 근대화가 이루어지면서 국제법적 지식을 도입했는데 당시 외무성이 일본의 메이지 38년 봄에 죽도를 시마네현에 편입한 것은 매우 훌륭한 일이었다고 생각합니다. 따라서 원래 죽도 영토권을 일본이 갖고 있었다는 사실이 있지만 이를 국제법적인 입장에 서서 일본이 죽도의 편입절차를 완료했다는 것은 국제재판에 회부할 경우 일본에게 매우 유리한 일이라고 생각합니다. 그런데 죽도에는 히비야공원 정도의 바위산, 정말 작은 섬이 있습니다. 큰 것이 2개 남자 섬, 여자 섬이라는 것이 있는데 여기서는 나무도 전혀 자라지 않고 물도 없고 강치가 조금 나는 곳입니다. 이런 바위산 때문에 한일 국교정상화라는 큰 문제를 뒤로 미루는 것은 바람

---

2) 「오히라 젠고(大平 善梧)」, 1905년 출생 1989년 3월 사망. 국제법학자(법학박사)로서 一橋大学, 青山学院大学의 명예교수를 지냄. ja.wikipedia.org/wiki/.

3) 오히라 젠고(大平善梧)의 발언, [228/254] 50-참의원-한일협정 등 특별위원회-1호, 1965년 12월 1일, p.1053.

직하지 않다고 생각합니다.」4)라고 하여 죽도의 가치를 보더라도 죽도 문제 미해결이라는 과제 때문에 한일협정을 미루는 것은 현명한 판단이 아니다. 그리고 1905년 이전의 역사적 권원에 대해서는 정확히 알수 없으나 1905년 편입조치는 국제사법재판소에서 해결할 경우 일본에 유리하다는 지적이었다. 따라서 일본이 독도영유권을 주장할 수 있는 법적 권원은 바로 1905년 영토편입조치라는 것이었다.

오히라 공술인은 「죽도가 편입될 때 강치를 잡고 싶었습니다. 당시 러일전쟁 전 신발가죽이 너무 비싸져 강치잡이를 위한 독점권을 확보하려고 편입신청서를 제출한 것입니다. 당시 이것이 어디 것인지 몰랐습니다. 이른바 강치 가격에 의해 죽도가 편입된 것입니다. 아마도 일본인은 강치가죽의 가격만큼이나 죽도에 대해 관심을 갖고 있는지에 대해서는 의문입니다만, 저는 시마네현에 갔습니다. 시마네현에서는 이에 관심을 가지고 있었고, 죽도연구를 하고 있는 특수한 과가 있었습니다. 팜플렛과 매우 훌륭한 연구서도 보내왔습니다. 일본인에게는 여러 의미에서 하나의 선례가 되기 때문에 정부도 권리를 포기한다고 안했고, 또한 그러지 못한다고 생각합니다. 결국 이는 분쟁을 남긴 것입니다. 따라서 좀 전에 조약에 불합리한 점이 있다고 했는데, 결함이 있다면 그것은 일본정부가 죽도에 관한 분쟁을 말하고 싶었는데 그렇게 기록하지 못했다는 것이 일본 측에서 볼 때 큰 결점이라고 생각합니다. (중략) 일본정부는 역시 죽도문제를 위해 그런 문서(분쟁해결공문-필자 주)를 남긴 것입니다. 저는 일본이 권리를 포기하지 않았기 때문에 해결의 길이 남겨져 있다고 생각합니다.」5)라고 했다.

---

4) 오히라 젠고(大平善梧)의 발언, [228/254] 50-참의원-한일협정 등 특별위원회-1호, 1965년 12월 1일, p.1053.
5) 오히라 젠고(大平善梧)의 발언, [228/254] 50-참의원-한일협정 등 특별위

오히라 공술인은 1905년 일본인이 독도를 편입한 것은 강치가죽을 위한 것으로서 그 이전에 일본의 영토이었는지에 대해서는 알 수 없다고 지적했다. 또한 이번 한일협정에서 분쟁지역임을 명시하지 못했기 때문에 향후 독도문제 해결에 불리하다고 지적했다. 그러나 분쟁해결을 위한 공문을 남겼기 때문에 향후 독도문제를 논의의 여지를 남겼다고 평가했다.[6]

## 2.2 기타 공술인 및 참고인

나카오 요사쿠(中保与作) 공술인은 「(한국국회에서) 나중에 정일권 국무총리가 대화를 할 경우 한국의 것이라는 전제하에 대화를 하겠다는 답변을 분명히 했습니다. 그렇기 때문에 한국도 대화를 하겠다는 생각을 가지고 있고, 분쟁대상으로 해야한다는 것은 당연히 예상하고 있다고 생각합니다.」[7]라고 하여 정일권 총리도 한국의 것이라고 전제하면서도 일본과의 대화의 여지가 있다고 언급한 것을 보더라도 「죽도」를 분쟁의 대상으로 생각하고 있다고 지적했다.

소네 에키(曽禰益)는 「한국이 분쟁이라고 인정한다고 해도 이 교환공문으로 해결한다고 하면 뭔가 자신의 주권 주장에 흠이 생길 것 같은 느낌을 강하게 받고 있다는 점에 문제가 있지 않을까 생각합니다.」라고 하여 한국이 분쟁지역이라고 인정하고 싶어도 교환공문으로 인한 손해를 보지 않기 위해 부정하고 있다고 지적했다.

1965년 8월 15일 아사히신문 조간에서는 「이동원 외무부장관이 8월

---

원회-1호, 1965년 12월 1일, p.1054-1055.
6) 오히라 공술인의 주장에는 합당한 견해도 있지만 한 국제법학자의 개인적 견해로 보는 것이 타당할 것임.
7) 나카오 요사쿠(中保与作)공술인 발언, [228/254] 50-참의원-한일협정 등 특별위원회-1호, 1965년 12월 1일, p.1057.

14일 한국국회 본회의에서 죽도문제에 대해 "죽도문제는 분쟁처리 대상이 될 수 있다. 단 합의방식이 아직 정해지지 않았기 때문에 한국 측이 응하지 않으면 국제사법재판소나 제3국 조정은 불가능하다."[8]라고 했다. 이를 보면 이동원 외무부장관도 애써 부정해 왔지만 내심으로는 '분쟁의 평화처리에 관한 교환공문' 속에 독도도 포함될 수 있다는 생각을 갖고 있었던 것이다. 그렇지만 제3국의 조정에 동의하지 않았기 때문에 조약의 교환공문에 독도가 포함되어있다는 사실에는 동의하지 않았던 것이다.

여기서 시이나 외무대신은 「한국은 어떤 조정에도 응하지 않겠다고 말을 했다고 하나 일단 조정에 의해 해결한다고 합의한 이상은 어떤 조정도 인정하지 않겠다는 것은 조약을 위반하는 것으로 이 한일조약의 효력이 유효해지면 적당한 기회를 봐서 문제해결을 위해 절충을 시도할 생각입니다.」[9]라고 하여 한국이 조약상에 합의를 했기 때문에 「조정」을 거부할 수는 없을 것이라는 주장이다. 그러나 한국이 「조정」에 동의하지 않았기 때문에 일본이 교환공문을 내세워 독도문제의 절충을 요구하더라도 한국이 응하지 않아도 되는 것이다.

나카무라 히데오(中村英男)는 「죽도」를 양보할 수 없는 이유에 대해 「국민들 중에는 작은 섬이니까 가치가 없지 않을까 이런 생각을 갖고 있습니다. 이에 대해서는 매우 잘못된 생각이라고 생각합니다. 거기에는 강치나 전복, 소라, 고등어만 있는 게 아닙니다. 그곳은 전쟁이나 고등어의 좋은 어장입니다. 어장적인 가치가 매우 큽니다. 이번 어업협

---

8) 가스가(春日) 민사당 위원, [216/254] 50-중의원-일본과 대한민국 간...-6호, 1965년 10월 29일, p.972.
9) 시이나외무대신의 발언, [216/254] 50-중의원-일본과 대한민국 간...-6호, 1965년 10월 29일, pp.973-974.

정에서 15만 톤이라는 틀을 만들었는데 거기에서 4월부터 8월까지 20톤의 선망으로 조업을 하면 대체로 3만2천 톤 정도 잡을 수 있습니다. 그러니까 이를 합산해보면 10만 톤의 물고기를 잡을 수 있다는 추산을 할 수 있습니다.」10)라고 하여 독도의 가치가 크기 때문에 영유권을 포기할 수 없다고 하여 죽도문제에서 양보한 일본정부를 비난했다.11)

하지만 마쓰모토 위원은 「한일 간의 향후 우호를 위해 실제로 이 문제(독도문제)가 영구적으로 보류되는 한이 있어도 한일 우호를 위해서 한일협정을 체결하는 것은 어쩔 수 없었다.」12)라고 하여 결국 한일협정은 불가피한 것이었으므로 독도문제를 분쟁지역으로 규정하려고 했던 일본의 입장이 관철되지 못했지만 어쩔 수 없었다고 일본정부에 동조했다.

나카무라 히데오(中村英男)는 「저는 이번 8억 달러의 청구권문제에 대해 이런 의미에서 다른 의미도 많이 있겠지만 금일봉으로 이승만라인과 죽도에서 그만 물러가달라는 의미도 겸해서 이해를 했습니다. 이승만라인은 물러달라는 부탁을 들어 준 것 같은데, 죽도는 그렇지 못합니다.」13)라고 하여 일본이 최종적으로 일괄타결방식으로 경제지원 형식으로 8억 달러를 한국에 제공하였지만, 이것이 독도문제 해결을 위한 것임을 암시하고 있다.

다무라 참고인은 「정확히 9년 전에 영토문제를 남기고 일러 간에 국

---

10) 나카무라 히데오(中村英男)의 발언, [228/254] 50-참의원-한일협정 등 특별위원회-1호, 1965년 12월 1일, p.1055.
11) 현재 일본이 독도영유권 주장을 강화하고 있는 것에는 메탄가스가 매장되어있다는 것도 주요한 요인이 될 수 있음.
12) 마쓰모토 위원의 발언, [214/254] 50-중의원-일본과 대한민국 간...-4호, 1965년 10월 27일, p.966.
13) 우쓰미(內海) 참고인, [21 8/254] 50-중의원-일본과 대한민국 간...-9호, 1965년 11월 4일, pp.975.

교를 재개한 것과 똑같습니다.」[14]라고 하여 일본이 독도문제를 분쟁지역으로 동의를 받아내지 못한 것은 1956년의 러일 공동선언과 같은 것이라고 하여 '죽도문제'와 북방영토문제를 같은 성격으로 처리했다. 그러나 독도와 북방영토는 역사적 권원을 비롯해 전혀 성격이 다른 문제이다. 러일 공동선언에서는 최종적인 평화조약 체결을 전제로 영토문제의 존재를 인정하였지만, 한일협정에서는 평화조약의 성격을 띠고 있어서 한국정부가 더 이상 영토문제는 존재하지 않는다는 입장을 관철했던 것이다.[15)]

미타라이 참고인은 「과연 죽도는 어느 쪽의 소유일까요? 이것은 제가 야인이라 제 말에 아무런 책임이 없기 때문에 할 수 있는 말입니다만, 일본 측은 여러 증거물건, 증거고지도 등을 제출하는데 이런 유형의 것은 한국에도 많이 있습니다. 따라서 이것은 상당히 어려운 문제입니다. 결국 이 문제도 어쩔 수 없다고 할 수 있겠습니다. 서울신문 10월 28일자를 보면 죽도라는 것은 한국에서 옛 이름이 우산도라고 합니다. 저도 처음 알았습니다. 400년 전 지도가 나왔습니다. 250년 지도가 나왔습니다. (중략) 7월 28일(1965년) 니가타 일본에서는 일본의 옛 지리학자로 하야시 시헤이(林子平)라는 분이 쓴 고지도, 약 200년 전 지도인데 이 지도를 보면 분명히 한국령이라고 쓰여져 있습니다. (중략) 일본영토라고 주장해도 의심이 간다는 것입니다. (중략) 공평하게 봤을

---

14) 다무라(田村) 참고인, [21 8 /254] 50-중의원-일본과 대한민국 간...-9호, 1965년 11월 4일, pp.976. 다무라 참고인은 제2차 대전 이후에 독립을 쟁취한 나라가 59개국이고, 1965년 시점에서 지배국과 국교를 회복하지 않은 나라는 한국과 일본뿐이라고 하여 영토문제를 유보하는 한이 있더라도 한일협정체결은 바람직하다고 평가하고 있다.
15) 한일협정은 국교를 완전히 회복한다는 측면에서 평화조약의 성격을 갖고 있지만, 평화조약은 전쟁당사국간에 맺는 것이다.

때 이런 자료가 있으니 그리 쉽게는 정리되지 않을 것이라고 말하는 것입니다.」16)라고 하여 일본영토로서 해결될 수 있는 영토적 권원이 없기 때문에 일본영토로서 해결되기가 어렵다고 지적했다.

이상에서 살펴본 바와 같이 죽도는 풍부한 어장으로서 포기할 수 없는 지역이지만, 역사적 권원으로 볼 때 한국과 비교해서 일본이 턱없이 부족하다. 그러나 1905년 국제법에 의거한 영토편입조치는 일본에게 유리하다는 인식이다. 또한 이번에 일괄타결방식으로 해결하려고 8억 달러를 한국에 제공하여 이승만라인(평화선)은 철폐했지만 죽도문제는 해결하지 못했다. 그러나 국교회복이라는 중대한 취지를 내포하고 있는 한일협정을 성사시키기 위해서는 사소한 독도문제에만 집착할 수는 없었다. 이처럼 북방영토와 같이 영토문제를 해결하지 못하고 국교를 회복했다고 지적했다. 향후 죽도문제 해결에 있어서 이번 협상에서 일본이 한국의 실효적 점유 상황에서 독도의 분쟁지역화를 한국으로부터 동의를 얻어내지 못한 것은 향후 영토문제 해결에 있어서 일본에 매우 불리하게 되었다. 그러나 독도영토를 포기한 것이 아니므로 향후 영토문제를 제기할 수는 있다. 한국정부도 겉으로는 분쟁지역이 아니라고 하지만 내심 한국도 분쟁지역이라는 것을 인정하는 부분도 있기 때문에 일단 한국이 한일협정을 체결한 이상 일본이 조정을 요구하면 응할 수밖에 없을 것이라는 인식을 갖고 있었던 것이다.

---

16) 미타라이(御手洗) 참고인 발언, [218/254] 50-중의원-일본과 대한민국 간...-9호, 1965년 11월 4일, p.982.

## 3. 「죽도문제」에 대한 일본정부의 '양보' 인정

### 3.1 야당위원의 일본정부 비난

일본정부는 1965년 한일기본조약이 체결되고 외무위원으로부터 한일협정을 심의 받는 과정에서 국회 중의원과 참의원에서 야당위원의 추궁을 받고 처음으로 죽도문제에서 양보했음을 시인했다.

1965년 8월 2일 중의원의원 (사회당의원) 사사키 고조(佐々木更三)는 「일본 고유의 권리를 포기하면서까지 8억 달러 이상을 한국에 지불하는 한일조약이 한국민들에 환영을 받기는커녕 비난과 반대 당하면서까지 경제위기에 허덕이는 일본국민의 혈세에서 지불하지 않으면 안될 도리가 도대체 어디에 있습니까?」라고 하여 일본정부가 '일본의 고유의 권리'인 '죽도' 영유권을 포기했다는 인식을 갖고 있었다.[17]

1965년 8월 3일, 아키야마 죠조 참의원 의원은 「죽도귀속문제를 비롯해 많은 문제를 남기고 또 수차례 부당한 양보를 감내하면서까지 협정체결을 왜 서둘렀는지? 국민의 비판을 두려워한 건지 그렇지 않으면 국제적 압력이라도 있었던 것인지? 총리와 외무대신은 이 점을 분명히 밝혀 주시길 바랍니다.」라고 하여[18] 한일협정의 '죽도'문제에서 일본정부가 많은 양보를 했다고 주장했다.

가메다 도쿠지 위원은 「오늘 아침 NHK방송에 따르면 죽도는 한국영토라는 것을 시이나 외무대신도 인정했다는 의미의 발언을 이동원 외무부장관이 한국국회에서 발언했다고 합니다.」라고 하여 정부의 독도 영유권 포기를 비난했다. 이에 대해 시이나 외무대신은 「저희는 죽도는 일본영토라고 하고, 한국 측은 한국영토라고 주장하면서 양측 모

---

17) [192/254]-참의원-본회의-3호, 1965년 8월 2일, p.878.
18) [192/254]-참의원-본회의-3호, 1965년 8월 3일, p.880.

두 한발도 물러나지 않았습니다. 이것만이 사실일 뿐 제가 저쪽 주장에 동의한 적이 없습니다.」19)라고 하여 한국이 독도의 영유권을 주장했지만, 일본이 양보한 적은 없다, 라고 하여 한국정부로부터 분쟁지역화를 끌어내는데 실패했다고 스스로 시인했다.

이마즈미 이사무(今澄勇)는 「물론 조정에 부친다고 쓰여 있지만 꼭 그 방법으로만 해결해야 된다고는 국한하지 않았기 때문에 만약 조정 방법도 여러 장해가 있을 경우에는 다시 처음으로 되돌려 국제사법재판소라든지 혹은 국제적인 중재방법에 의한다든지 해서 해결하도록 하겠습니다.」20)라고 하여 「조정」으로 한다고 명시되어 있지만, 그것이 원만하지 않을 때는 조약내용을 무시하고 국제사법재판소 등을 통해 해결할 수 있다고 하여 독도영유권을 포기한 것이 아니라고 주장했다. 여기서 한국은 「분쟁을 위한 교환공문」자체와 독도가 무관하다고 주장하고 있는 반면 일본 측에서는 독도에 관련되는 공문으로 해석하고 있다.

민주사회당 소네 에키(曽禰益)는 「이번 한일협정 체결에 있어 마침내 죽도문제는 해결하지 못한 채 양국 주장이 평행선을 긋는 것으로 끝났다는 것은 참으로 유감스러운 일입니다. 다만 한국 측의 죽도 영유권 주장이 아무리 강할지언정 한국 역시 본 건이 일본 측과의 분쟁문제라는 것을 인정하고 있는 듯합니다. 따라서 문제는 한국 측이 분쟁해결에 관한 교환공문에 따라 이 문제를 외교적으로 처리하는 것을 인정하는가 여부입니다.」21)라고 하여 조약에 '분쟁해결에 관한 교환공문'을

---

19) [199/254] 49-참의원-예산위원회-3호, 1965년 8월 10일, p.912.
20) 이마즈미 이사무(今澄勇)의 발언, [209/254] 50-중의원-본회의-5호, 1965년 10월 16일, p.940.
21) 소네 에키의 발언, [211/254] 50-참의원-본회의-6호, 1965년 10월 18일, p.947.

통해 현안을 해결한다고 되어있지만, 한국이 독도문제를 현안으로 생각하지 않기 때문에 한국이 응하지 않을 것이라는 인식이다.

오카다 쇼지(岡田宗司)는 「한국의 국회의사록에 의하면 "사토총리가 이동원 외무장관을 만나서 말하기로는 독도문제, 즉 일본인은 이를 독도라고 하지 않고 죽도문제라고 합니다. 어제 참의원선거 연설에서 죽도문제에 대해 이번에 해결되지 않는 한 한일회담을 체결하지 않겠다고 약속했기 때문에 이 문제에 대해 조금이나마 자신의 체면을 세워 달라고 했습니다."22)라고 하여 영유권의 본질을 포기하고 체면을 위해 한국정부에 구걸했다고 비판했다. 또한 처음에 주장하기로는 양국 간의 분쟁을 독도를 포함하는 분쟁이라고 말했지만 이를 시이나 외무대신이 취하했습니다, 라고 기록되어 있어 시이나 외무대신이 스스로 죽도영유권을 포기했다.」23)고 비판했다. 이에 대해 사토총리와 시이나 외무대신은 포기한 적이 없다고 부인했다.24) 사실 시이나 외무대신과 사토 총리는 더 이상 죽도문제가 존재하지 않는다는 한국의 입장을 꺾지 못하고 한국정부에 대해 분쟁해결 교환공문에 「죽도」의 명칭 삽입을 구걸하듯이 한국의 양보를 요구했던 것이다.

이데 이세이(井手以誠)는 「죽도문제는 영토주권에 관한 문제입니다. 이 죽도를 포함한 일괄타결이 한일협정의 기본방침이었다는 것을 벌써 잊지는 않았겠지요. 국교회복에 있어서 영토주권에 관한 것만큼 중요한 것은 없습니다. 총리는 지난번 분쟁을 조문으로 해결하겠다고 언명

---

22) 오카다 쇼지(岡田宗司)의 발언, [226/254] 50-참의원-한일조약 등 특별위원회-5호, 1965년 11월 26일, p.1037
23) 오카다 쇼지(岡田宗司)의 발언, [226/254] 50-참의원-한일조약 등 특별위원회-5호, 1965년 11월 26일, p.1037
24) 사토 에이사쿠 총리, 시이나 에쓰사부로 국무대신의 발언, [226/254] 50-참의원-한일조약 등 특별위원회-5호, 1965년 11월 26일, p.1038

했습니다. 죽도의 '죽'자도 쓰여 있지 않은 교환공문을 해결의 조문이라
고 말할 자신이 있다면 듣고 싶습니다. 여기서 제가 특히 지적하고자
하는 것은 이 분쟁해결을 조정으로 했다는 것입니다. 어업협정과 청구
권에 관한 협정에는 중재위원회를 설치해 한일 양국을 구속하는 것으
로 되어 있습니다. 그런데 이 교환공문에는 구속력이 없는 조정밖에
규정되어 있지 않습니다. 무슨 까닭에 영토문제를 일부러 힘이 없는
조정으로 한 것인지 이해가 되지 않습니다. 이래서야 죽도를 포기한
것이나 다름없다고 하지 않을 수 없습니다.(박수)」[25]라고 하여 죽도문
제를 아무런 구속력이 없는 '조정'으로 해결하겠다고 기술한 것은 '죽도'
를 포기한 것이나 다름없다고 비난했다.

　이처럼 야당위원들은 하나 같이 당초 일본정부가 죽도문제를 일괄
타결 방식으로 해결하겠다고 공개적으로 약속을 했음에도 불구하고,
이를 포기하고 '조정'이라는 구속력 없는 방법으로 해결하기로 했다고
주장하는 것은 '죽도' 영유권을 포기한 것이나 다름이 없다고 생각했던
것이다. 표면적으로는 일본정부를 추궁하기 위한 강한 발언을 하고 있
지만, 실제로는 일본정부가 일방적으로 양보하여 영유권에 있어서 한
국에 유리한 상태에서 독도문제가 유보되었다는 인식을 갖고 있는 듯
하다.

## 3.2 국무위원과 야당위원 간의 논쟁

　한일협정 체결에 있어서 야당위원은 일본정부의 독도문제 해결의
문제점을 집중적으로 추궁했다. 양자 간의 설전을 객관적으로 평가하
여 한일협정에서 독도문제가 어떤 방식으로 결정되었는지를 살펴보기

25) 이데 이세이(井手以誠)의 발언, [212/254] 50-중의원-본회의-7호, 1965년
　　10월 21일, p.950

로 한다.

1965년 8월 4일 노하라(野原) 위원은 「우선 첫 번째 질문은 공표된 조약, 협정, 교환공문, 합의의사록 혹은 왕복서신, 그 밖의 모든 문서를 배견하였습니다. 줄을 그어 가면서 몇 번이나 반복해서 읽었습니다만, 어떻게 된 일인지 조약, 협정 어디에도 '죽도'라는 글자가 없습니다. 이것은 어떻게 된 일입니까?」[26]라고 하여 한일협정 어디에도 '죽도'라는 명칭을 명시하여 독도의 지위를 명확히 한 부분이 없다고 비난했다.

이에 대해 1965년 8월 4일 시이나 국무대신은 「죽도라는 명칭은 일본어입니다. 한국에서는 '독도'라고 부르고 있습니다. 그래서 '죽도'는 명칭을 반드시 이번에 표기해야할 필요는 없었기 때문에 한일 간의 미해결 현안이라는 문구 안에 포함시켜 처리했습니다.」[27]라고 하여 죽도라는 명칭은 없지만 '죽도'문제가 미해결 상태이기 때문에 「미해결 현안」에 포함시켰다고 변명했다.

이에 대해 노하라 위원은 「외무성에서 발간하는 『세계의 동향』No161, 8월호, 이것은 정보문화국에서 만드는 것인데, 여기에 이렇게 쓰여 있습니다. "우리 국민이 많은 관심을 갖고 있는 '죽도'문제와 그 밖의 양국 간의 분쟁은 외교경로를 통해 해결하기로 하고 그것이 불가능하다면 양국 합의의 절차에 따라 조정으로 해결하기로 했다." 맞습니까?」[28]라고 하여 양국이 「조정」이라는 방식으로 합의한 결정이 맞느냐고 추궁했고, 이에 대해 시이나 국무대신은 「네, 그렇습니다.」[29]라고 답변하여 '죽도'문제를 양국의 현안으로 처리한 것이라고 거듭 주장했다.

---

26) [193/254] 49-중의원-예산위원회-2호, 1965년 8월 4일, p.881.
27) [193/254] 49-중의원-예산위원회-2호, 1965년 8월 4일, p.881.
28) [193/254] 49-중의원-예산위원회-2호, 1965년 8월 4일, p.881.
29) 상동

노하라 위원은 「그렇다면 지금 외무성 답변은 이 문제는 분쟁의 해결에 관한 교환공문으로 처리한다는 뜻이 아닙니까? 이것은 한국 측도 양해한 일입니까?」30)라고 묻자, 시이나 국무대신은 「이 교환공문의 글자 하나, 구절 하나에 대해 양측이 완전히 합의했습니다.」31)라고 하여 한국과 합의한 것이라고 답변했다. 그래서 다시 노하라 위원은 「그럼 다시 한 번 묻겠습니다만, '죽도'문제, 독도라도 상관없습니다만, 어쨌든 이 분쟁은 분쟁해결에 관한 교환공문으로 처리하는 것에 대해 양해하겠다고 한국 측이 어떤 식으로 의사표시를 했습니까? 말씀해 주십시오.」32)라고 재차 확인질문을 하자, 이에 대해서도 「어쨌든 적혀 있는 그 문구에 대해서는 완전히 양자 간에 일치를 보았습니다.」33)라고 하여 구체적인 대답을 피했다. 다시 노하라 위원은 「시이나 외무장관의 답변은 언제나 이런 식입니다. 제가 국가조약에 대해 진지하게 묻고 있는데, 지금의 그 태도는 무슨 뜻입니까! '죽도'문제는 이 교환공문으로 처리한다, 이렇게 외무장관이 답변하셨기 때문에 한국 측도 양해를 했는지 물은 것 아닙니까? 양해를 했는지, 하지 않았는지 분명히 대답만 하면 되는 것이 아닙니까? 그런데 도대체 그 태도는 뭡니까?」라고 구체적인 대답을 요구했다.34) 이에 대해 시이나 외무장관은 「저희 생각에는 한국은 충분히 양해했다고 봅니다.」라고 「저희생각」에는 그렇다고 답변했다.35) 이를 보면 이번 조약에서 일본이 독도를 현안문제에 포함시키는데 실패했던 것임에 분명하다. 즉 한국측의 동의를 받아내

---

30) [193/254] 49-중의원-예산위원회-2호, 1965년 8월 4일, p.882.
31) 상동
32) 상동
33) 상동
34) 상동
35) 상동

지 못했던 것이다.

노하라 위원은 외무장관이 명확한 답변을 피하였기 때문에 직접 총리대신에게 다음과 같이 질문했다. 「그런 대답이 어디 있습니까? 총리대신에게 묻겠습니다. '죽도'문제는 중요한 일본의 영토입니다. 한일 양국의 분쟁, 가령 이것이 암초라 한들 영토문제는 영토문제입니다. 이 문제가 해결되지 않으면 한일협정은 체결하지 않겠다고 정부는 줄곧 일관되게 답변해 왔고, 국민에게 그 방침을 분명히 밝혀 왔습니다. 그런데 분쟁해결에 관한 교환공문이라고 하니, 그렇다면 한국 측도 양해를 했는가 물었더니 그 대답이 "그렇게 본다."입니다. 도대체 양해를 했다는 것입니까, 하지 않았다는 것입니까?」라고 추궁하자 총리는 답변을 피하고 시이나 외무대신이 등장하여 「양해한 것으로 저희는 이해하고 있습니다.」36)라고 동일한 답변을 반복했다.

여기서 볼 때, 당초 일본정부는 독도문제를 일본영토로 해결하지 못하면 한일협정을 체결하지 않겠다는 방침으로 독도 영유권문제해결에 임했다고 할 수 있겠다.

노하라 위원은 「양해한 것으로 이해하고 있다면 그 근거가 되는 자료를 보여 주십시오. 어디서 이동원이 양해했다고 말했는지? 그렇지 않으면 당신이 한국 측은 이 교환공문으로 해결하는 것에 양해했다는 근거를 제출해 주십시오.」37)라고 하여 한국이 양해한 증거를 제시하라고 요구했다. 이에 대해 시이나 외무장관은 「외교협상은 아주 복잡하며 다방면에 걸쳐 있습니다. 결국 양자 간의 합의가 이 문헌에 응축되었다, 이렇게 이해해 주십시오.」38)라고 하여 증거자료를 제시하지 못했

---

36) 상동
37) [193/254] 49-중의원-예산위원회-2호, 1965년 8월 4일, pp.882-883.
38) [193/254] 49-중의원-예산위원회-2호, 1965년 8월 4일, p.883.

다. 또한 시이나 외무대신은 「두 나라 사이에 국교정상화를 한다는 것
은 이른바 친척이라는 선언을 하는 것이나 다름없는 것으로 상호간의
신뢰가 토대가 되어 성립된 것이기에 절대로 틀림없다고 말씀드렸습니
다.」39)라고 하여 구체적인 증거자료를 제시하지 않은 채 조약은 신뢰
문제라고 주장했다. 게다가 시이나 국무대신은 「즉 양자가 양해했다는
일치점이 그런 문구로 표현된 것입니다. 그것을 입증할 문서라도 교환
했는가, 교환했다고 하면 또 그 문서의 증거서류는 무엇인가 하고 따질
것이 아닙니까! 그런 일은 하지 않습니다. 아무튼 양자 간에 충분히 협
의해서 결론에 도달한 것입니다.」라고 하여 다른 합의문서가 있을 수
도 있다는 것을 암시하고 있다.40) 실제로 '독도밀약'이 존재했다는 사
실이 최근에 와서 밝혀졌기 때문에 「신뢰운운」은 이를 믿고 언급한 것
일 수도 있다.41)

이에 대해 노하라 위원은 「6월 24일에 이동원 외무부장관이 이런 말
을 했습니다. 모든 신문이 보도한 내용입니다. 죽도문제에 대해서는 절
충할 의향이 없다. 죽도는 분쟁처리의 교환공문서로서 처리될 수 없습
니다.」라고 하여 교환공문에는 독도문제를 포함시키지 않겠다는 입장
을 명확히 했다. 그런데 시이나 국무대신은 「외국대신의 말보다 일본
대신의 말을 더 신용해 달라.」고 하여42) 교환공문서에 독도문제가 포
함되었다고 주장했다. 실제로는 한국정부가 교환문서에 독도가 포함되
지 않았음을 관철시켰던 것이다.

노하라 위원이 「그러니까 이동원 외무부장관이 이 교환공문으로 죽

---

39) [194/254] 49-중의원-외무위원회-2호, 1965년 8월 5일, p.898.
40) [193/254] 49-중의원-예산위원회-2호, 1965년 8월 4일, p.881.
41) 비밀문서내용.
42) [193/254] 49-중의원-예산위원회-2호, 1965년 8월 4일, p.883.

도문제를 처리하겠다고 말했습니까? 말했는지, 안했는지, 이것만 말해 주세요.」[43]라고 반문하자, 이에 대해 시이나 대신은 「물론 서로 다양한 표현을 썼습니다. 그래서 이 문언이 완성되었습니다.」[44]「다양한 표현을 써가면서 쌍방이 이 문제를 적극적으로 토론했고 그리고 이 문언에 이르게 된 것입니다.」[45]라고 하여 토론결과에 의한 것이라고 하면서 즉답을 피하는 것으로 보아 이동원 외무장관이 동의하지 않았음을 알 수 있다. 즉 최종적으로 쌍방이 동의하지 않은 채 자신들에게 유리한 외교적 수사로 애매하게 표현하기로 합의한 것으로 해석된다.

이러한 합의의 사실관계에 대해 양자 간의 논쟁을 살펴보기로 한다.

노하라 위원은 「그렇다면 이동원이 한국에 돌아가 발표한 담화와 당신에게 표명한 의사표시는 다릅니다. 이것은 아주 중요합니다. 분쟁해결에 관한 교환공문으로 처리할 것인지 어떻게 할 것인지 이것은 아주 중요합니다. 당신에게 분명히 이 교환공문으로 처리하겠다고 말했다는 것이지요? 애매하게 말해서는 안 됩니다.」[46]라고 하여 이동원장관이 교환공문으로 처리하자고 약속했느냐고 묻자, 시이나 국무대신은 「말했다 안했다 할 필요 없이 양측이 합의한 문구를 어디까지나 냉정하게 해석하면 결국 죽도문제를 처리했다는 내용입니다. 우리는 그렇게 해석했기 때문에 자신 있게 이 문언을 정했고 그리고 채택했습니다. 그렇기 때문에 한일 간에 이 문제를 냉정히 도마 위에 올려서 토론할 때는 우리의 주장이 틀림없이 받아들여질 것입니다. 그런 자신감을 갖고 이 문언을 양해한 것입니다.」[47]라고 하여 양국 간에 합의한 사항은 아니

---

43) 상동
44) [193/254] 49-중의원-예산위원회-2호, 1965년 8월 4일, p.884.
45) [193/254] 49-중의원-예산위원회-2호, 1965년 8월 4일, p.883.
46) [193/254] 49-중의원-예산위원회-2호, 1965년 8월 4일, p.884.
47) 상동

지만, 일본은 전적으로 독도문제를 처리하는 공문이라고 한국에 강조했기 때문에 향후 독도문제를 분쟁지역으로 합의했다는 증거로 내세울 수 있는 확신 있는 규정이라고 주장했다. 이에 대해 노하라 위원은 다시 「한국은 조약, 협정 어디에도 죽도는 없다고 말하고 있습니다. (중략) 정말로 이 교환공문으로 죽도문제를 처리하겠다고 하는 보장이 어디에 있습니까? 한국이 응하지 않으면 어떻게 할 것입니까?」[48]라고 하자, 시이나 국무장관은 「불신감을 갖는다면 두 나라 간에 무슨 조약이 성립되겠습니까?」라고 하여 양국 간의 신뢰에 의한 것이라고 주장이다. 이에 대해 노하라 위원은 총리대신에 대해 「신뢰관계라고 한다면 조약이 무슨 필요가 있습니까? (중략) 사적인 관계에도 돈을 빌려주면 계약서가 필요합니다. (중략) 당신이 언제까지나 외무대신은 아닙니다. 몇 년 후에 죽도문제가 다시 표면화되었을 때 한국이 죽도가 어디에 있는가, 분쟁해결에 관한 교환공문으로 처리한다고 누가 말했는가, 그런 말은 한적 없다, 이렇게 말하면서 버티면 끝난 것이 아닙니까? 총리대신,」[49]라고 하여 이번 조약에서 한국으로부터 죽도가 분쟁지역임을 한국정부로부터 인정받지 못했음을 질타했다.

계속해서 노하라 위원은 한일회담, 방위백서(3월19일)에 관해 「이것은 박정희의 책임 하에 한국정부가 공식적으로 국민에게 발표한 내용입니다. "일본 측은 독도" 괄호해서 일본에서는 '죽도'라고 부른다고 되어있습니다. "독도의 귀속문제도 어떤 식으로든 해결을 봐야하기 때문에 회담에서 하나의 현안으로 다루어야한다고 주장했지만 한국 측은 우리 영토가 분명하기 때문에 회담에서 현안으로 다룰 수 없다는 것을 분명하게 밝혔다."(라고 하여) 회담에서 현안으로 다룰 수 없다는 것을

---

48) [193/254] 49-중의원-예산위원회-2호, 1965년 8월 4일, pp.884-885.
49) [193/254] 49-중의원-예산위원회-2호, 1965년 8월 4일, p.885.

분명히 밝혔다. 여기에 대한 일본 측의 반론은 없습니다. 그 다음에 이것은 백서의 기본과제 'G결론'이라는 부분에 또 죽도에 대해 언급하고 있습니다. "독도문제에 있어서는 일본 측은 이것을 기본관계조약으로 규정해서 해결하겠다는 입장을 취했지만 한국 측은 이 섬이 한국 고유의 영토이기 때문에 이것을 한일회담 현안 중의 하나로 다룰 수 없다."는 입장이었기 때문에 "제외하기로 했다."고 되어 있습니다. 이 백서는 다름 아닌 한국정부의 공식문서입니다. 당신은 이 백서까지도 부인하는 것입니까? 단순한 담화가 아닙니다. 한국 측은 제외하기로 했다고 말하고 있지 않습니까? 그리고 '죽도'문제는, 조약, 협정 어디에도 없지 않습니까?」50)라고 하여 한국 측이 죽도문제를 한일회담의 의제로 채택하지 않겠다고 명확히 하고 있는데 한국정부의 동의를 받았다고 말하는 것은 어불성설이라고 비난했다.

이에 대해 시이나 외무대신은 「한국 국내문제이기 때문에 나는 비판하는 것을 피하고 싶습니다만 적어도 조금 전의 한일 간의 현안 해결 운운하는 문언은 이것은 이미 모든 논의를 마치고 이 문언에 도달한 결론입니다. 이것은 하늘에 맹세코 거짓이 아닙니다.」51)라고 하여 현안 해결사항은 독도를 염두에 두고 규정한 것이라고 거듭 강조했다.

노하라 위원은 「당신이 이 문제를 외교협상으로 해결하자고 아무리 제안을 해봐도 상대가 응하지 않는다. 그것을 응하도록 만드는 뭔가 근거가 될 만한 것을 갖고 있어야 되지 않습니까? 그렇지 않으면 일본이 불리해지는 게 아닙니까? 만약 그렇다면 일본영토라는 것을 포기한 것이 아닙니까? 어떻게 응하도록 만들 셈입니까?」52)라고 반문했다. 이

---

50) [193/254] 49-중의원-예산위원회-2호, 1965년 8월 4일, pp.885-886.
51) [193/254] 49-중의원-예산위원회-2호, 1965년 8월 4일, p.886.
52) 상동

에 대해 「불신감으로 조약성문을 죄다 의심하기 시작하면 한도 끝도 없습니다. 우리는 성의를 다해 이 문제는 반드시 해결할 수 있다고 확신합니다.」[53]라고 하여 명확한 규정은 없지만 교환공문을 단서로 성의를 가지고 긍정적으로 임할 필요가 있다는 주장이다.

노하라 위원은 사토총리에 대해 「모든 분쟁이라고도 쓰여 있지 않습니다. 단지 분쟁해결에 관한 교환공문이라고 반짝 나와 있어서, 상대는 죽도를 제외한 분쟁이라고 주장하고 있습니다.[54] (중략) 당신은 총리대신으로서 이 한일 간의 조인을 승인하셨는데 근거가 없습니다.」[55]라고 하여 분쟁해결에 죽도가 포함되어 있지 않다고 생각하는데 이에 대한 사토총리의 생각이 어떤지 물었다. 총리의 답변은 없었다. 또한 「그렇다면 죽도문제가 이 교환공문으로 처리하기로 했다는 뭔가가 꼭 있어야만 하겠습니다. 당신은 주고받았다[56]고 하는데 상대는 그런 적이 없다고 합니다. (중략) 여기 발표된 합의의사록에는 아무 것도 없습니다만, 근거가 될 만한 뭔가를 제시해 주었으면 합니다. 그것을 제시하지 않으면 승복할 수 없습니다. 이것은 분명히 죽도 포기나 다름없습니다.」[57]라고 근거제시를 요구했다. 이에 대해 시이나 외무대신은 「합의의사록에는 별도로 쓰지 않았습니다. 다만 이 교환공문에 대해서는 양측 모두 서명을 했습니다. 그러나 그 문언에 대해 의심스럽다고 한다면 그 의문점에 대해서는 충분히 답변해드리도록 하겠습니다.("문언이 없지 않은가"라고 외치는 사람 있었음) 일일이 글자나 문구 하나하나에 대해 합의의사록에 쓰지는 않기 때문에 충분히 구두로 상의해서 교환

---

53) 상동
54) 3월 19일 회담백서
55) [193/254] 49-중의원-예산위원회-2호, 1965년 8월 4일, p.886.
56) 「비밀문서」를 염두에 둔 것일까? 비밀문서의 효력에 대해 논할 필요가 있다.
57) [193/254] 49-중의원-예산위원회-2호, 1965년 8월 4일, p.887.

공문의 문구가 완성된 것입니다.58) 그리고 책임질 수 있는 사람이 거기에 서명을 했습니다. 한일 간의 현안이라고 하면 '죽도'이외 이제 다른 것은 없습니다.」59)라고 하여 한일 간의 현안은 「죽도」문제뿐이기 때문에 「죽도」임에 분명하다고 주장했다. 이에 대해 노하라 위원은 「당신은 앞으로 죽도문제에 대해 분명히 하겠다고 말했는데 그렇다면 지금까지는 애매하게 대응했다는 것을 인정한 것이 아닙니까,」60)라고 하여 시이나 대신이 스스로 죽도문제를 애매하게 했다는 것을 인정한 것이 아닌가, 라고 반문했다. 이에 대해 시이나 외무대신은 「약간 오해가 있는 것 같습니다. 앞으로 분명히 하겠다고는 하지 않았습니다. 머지않아 조약이 발효되면 죽도문제에 대해 양자 간의 문제해결을 위해 협의하겠다.("발효되고 나서하면 늦다. 지금 심의해야만 한다."고 외치는 사람이 있었음) 발효 전에는 심의할 수 없습니다.」라고 변명했다. 총리에 대해서도 「총리! 조약이 발효되고 나면 제가 지금 문제 삼고 있는 죽도문제에 대해서 분명히 하겠다고 하는데, 이것이 정부방침입니까?」61)라고 추궁했다. 총리는 답을 하지 않고 시이나 외무대신이 「한일 간에 지금까지는 청구권문제, 어업문제 등 참으로 많은 분쟁이 있었습니다. 그런데 이번 협정체결로 인해 거의 대부분의 문제가 해결되었습니다. 이제 남아있는 한일 간의 분쟁이라고 하면 죽도문제 이외에는 없습니다. 따라서 한일 간에 남아있는 중대한 분쟁이라고 하면 이것밖에 없다는 것은 누가 봐도 확연합니다.」62)라고 하여 한일 간의 「현안」은 '죽도'밖에 없으므로 죽도문제임에 분명하다고 주장했다.

---

58) 비밀문서의 존재를 의미하는가?
59) [193/254] 49-중의원-예산위원회-2호, 1965년 8월 4일, p.887.
60) [193/254] 49-중의원-예산위원회-2호, 1965년 8월 4일, p.888.
61) 상동
62) [194/254] 49-중의원-외무위원회-2호, 1965년 8월 5일, p.900.

더불어 사토총리도 보완했다. 즉 「이 '죽도'문제에 대한 한국 측의 주장은 아주 분명했습니다. 우리 측 주장은 현재로서는 언급하지 않았습니다. 그리고 시이나 씨는 계속해서 우리나라 외무대신의 말을 믿어 달라, 분쟁해결방법은 교환공문으로 하기로 했다고 말하고 있습니다. 그런데 여기서 제가 묻는 것도 이상합니다만, 이런 식으로 양측(한일)의 의견이 서로 다르기 때문에 분쟁이라고 하는 것이 아닙니까? 이것을 분쟁으로 볼 것인지, 분쟁이 아니라고 볼 것인지 여기에 문제가 있다고 생각합니다. (중략) 지금까지 상대국이 여러 기회에 자신들의 주장을 말하는 것은 당연한 일입니다. 그 주장을 그대로 승인한다면 거기에 분쟁이 있을 이유가 없다고 저는 생각합니다만 핵심은 그것이 아닐까요?」63)라고 하여 사토총리는 양국의 주장이 다르면 분쟁지역이라는 것으로 분쟁지역임을 명시하지 못한 조약상의 문제점을 덮으려 했다.

이에 대해 노하라 위원은 「총리가 하신 말씀도 도통 무슨 뜻인지 모르겠군요. 무슨 말씀을 하는지 모르겠습니다. 외무대신, 이것은 정말 중요합니다. 거기에 앉아주십시오. 중요한 점이기 때문에 당신에게 다시 한 번 확인하겠습니다.64) 이 교환공문에 관한 합의의사록은 없습니까?」라고 묻자, 시이나 국무대신은 「없습니다.」라고 잘라 말했다.65) 노하라 위원은 「합의의사록이 없으면 근거가 될 만한 것이 아무것도 없습니다. 왕복서신도 없습니다. 공문서는 아무것도 없는 셈입니다. 공문서가 전혀 없으면 근거 또한 전혀 없다는 뜻입니다.66) 지금 총리대신이 분쟁이라고 말씀 하셨습니다만 일본은 분쟁이라고 해서 이 교환공

---

63) [193/254] 49-중의원-예산위원회-2호, 1965년 8월 4일, p.889.
64) [193/254] 49-중의원-예산위원회-2호, 1965년 8월 4일, p.889.
65) 상동
66) 공문서만이 법적인 효력이 발생하는 것이라는 의미도 된다.

문을 꺼내들고 있었는데 상대는 분쟁이 아니라고 말하고 있습니다. '죽도'는 제외하기로 했다고 말하고 있습니다. 3월 19일 발표된 한국의 정식문서에서 말입니다. 그런데 여기에 대해 전혀 명확한 답변이 없지 않습니까? 그리고는 저희에게 죽도라는 이렇듯 중요한 현안에 대한 심의를 하라고 해도 저는 한일협정에 대한 심의는 할 수 없습니다.」67)라고 하여 한일협정을 심의하는 자리에서 죽도문제에 대한 일본영토로서 아무런 근거를 남기지 못했기 때문에 심의할 수 없다고 비난했다.

　노하라 위원은 「총리대신에게 비준국회까지 의사록이든 뭐든 근거가 될 만한 서류를 제출할 수 있는지 어떤지 묻고 싶습니다.」라고 사토 총리에게 물었으나, 시이나 외무장관이 「분쟁문제라는 것은 분명한 사실이다. 다만 국내사정이 있어서 그랬는지는 모르지만 한국 측이 그런 설명을 하고 있다는 이야기는 저도 들었습니다. 하지만 조약이 정식으로 발효되었을 때는 한국도 분명히 협상 경과를 상기하게 될 것이다.」68) 라고 하여 한국이 한국 내에서는 독도가 현안에 포함되지 않았다고 언급하고 있지만, 교환공문은 죽도를 위한 것이기 때문에 한국이 응하지 않을 수 없다고 거듭 되풀이했다. 이에 대해 시이나 대신은 「죽도문제에 대한 지금까지의 문제점에 대해서는 비준국회까지 납득 갈만한 설명 자료를 제출하겠습니다.」69)라고 하여 현안 속에 독도를 포함한다고 한국이 인정한 증거가 있는 듯한 발언을 했다. 이것은 「서로의 입장을 존중한다.」70)고 하는 「독도밀약」을 염두에 두고 한 발언일 수도 있다. 이에 대해 노하라 위원은 「죽도문제는 한일회담의 중요한 현안사항이

---

67) [193/254] 49-중의원-예산위원회-2호, 1965년 8월 4일, p.889.
68) 비밀문서
69) [193/254] 49-중의원-예산위원회-2호, 1965년 8월 4일, p.890.
70) 독도밀약

기 때문에 우리는 죽도문제도 한일조약협정을 심의하는데 있어서 당연
히 그 대상이 된다는 관점에서 이것이 분쟁이 되는지 안 되는지 분명한
자료를 제출해줄 것을 요청한 것입니다. 그렇지 않으면 다음 비준국회
에서는 응할 수 없습니다. 그런 식의 애매한 설명만으로는 조약을 심의
할 수 없기 때문입니다. 지금 외무대신이 분명한 자료를 제출한다고
하였으니 이 문제는 일단 접어두고 다음으로 넘어가겠다.」71)라고 하여
외무대신이 분명한 자료를 제출하지 않으면 한일협정을 비준할 수 없
다고 비난했다.

사실 한일협정은 한국이 독도를 실효적으로 지배하고 있는 상황에
서 결정된 것이다. 이런 상태에서 일본이 한국의 입장을 묵인하였다면
독도는 한국영토로 인정된 것이나 다름없다.

노하라 위원은 한국의 실효적 지배 상황에 대해 「실은 한국경비대가
아직까지 철수를 하지 않았습니다. 저는 죽도가 분쟁대상이 되려면 무
인도 상태로 놔둬야한다고 생각합니다. 한국경비대의 철수를 요구한
흔적조차 그 어디에도 없습니다. 여전히 경비대는 죽도를 수비하고 있
는데 조약협정 어디에도 죽도라는 문구가 없으며 분쟁대상이라는 근거
가 될 만한 것도 전혀 없습니다. 이런 상태라면 완전한 포기가 아니고
무엇입니까? 일본의 영토를 외무대신과 외무성에 근무하는 몇몇 사람
이 모여서 포기한 것인지, 아니면 사토내각이 국무회의를 열어 일본국
민의 중요한 영토를 포기한 것인지? 우리는 그런 의구심을 떨칠 수 없
습니다.」72)라고 하여 한국이 독도를 실효적으로 지배하고 있는 상태에
서 조약에 일본영토라는 규정이 없는 것은 '죽도'를 포기한 것이라고
비난했다.

---

71) [193/254] 49-중의원-예산위원회-2호, 1965년 8월 4일, p.890.
72) [193/254] 49-중의원-예산위원회-2호, 1965년 8월 4일, p.890.

이에 대해 시이나 외무대신은 「조약 중에는 현실적인 이해관계에 그다지 저촉되지 않는 범위 내에서는 마음대로 발표하세요, 라는 부분은 없다고는 말 못 합니다.」73)하고 하여 「서로의 입장을 존중한다.」고 하는 「독도밀약」과 동일한 발언을 했다. 「교환공문」이 이러한 관점에서 만들어졌음을 간접적으로 시인하고 있다. 이 대목에서는 일본정부가 독도영토에 대한 주권 인식이 미약함을 알 수 있다.

시이나 외무대신은 「죽도는 일본에서 부르는 명칭으로 한국에서는 독도라고 하고 있습니다. 그래서 그 고유적인 명사를 피해 한일 간의 현안문제, 분쟁문제라는 식으로 부르고 있습니다만, 죽도문제는 아시는 바와 같이 일본 측에서 이미 30여 차례 이상 항의를 한 상태입니다. 그런데 한국 쪽에서는 아무런 반응도 보이지 않고 있습니다.」74)라고 하여 일본의 영유권 주장에 한국이 동조하지 않았다는 것이다. 사실 한국은 20여 차례 독도문제가 존재하지 않는다는 입장을 일본외무성에 전달했다. 그럼에도 불구하고 일본은 「이 문제는 고유명사를 피해 '한일 간의 분쟁'이라고 한 것입니다.」75)라고 하여 양국이 부르는 명칭이 다르기 때문에 독도가 현안이라는 인식을 갖고 있는 것이다. 덧붙여서 「조약이 마침내 양국 간에 비준되어 유효하게 성립되는 단계에 이르면 이 문제에 대해 한국 측과 절충해 반드시 우리 측 주장을 관철시키도록 하겠습니다.」76)라고 하여 일본정부는 국회에서 조약상의 문제는 있지만 비준 후에 적극적으로 한국에 대응하여 영유권을 주장하겠다고 하여 한일협정의 비준을 요구했다.

---

73) [193/254] 49-중의원-외무위원회-2호, 1965년 8월 5일, p.902.
74) [198/254] 49-참의원-예산위원회-2호, 1965년 8월 9일, p.907.
75) [198/254] 49-참의원-예산위원회-2호, 1965년 8월 9일, p.910.
76) [198/254] 49-참의원-예산위원회-2호, 1965년 8월 9일, p.907.

## 3.3 시이나 외무대신의 인식

시이나 국무대신은 「지금 읽으신 (한국 국회)의사록에 쓰여 있는 것처럼 제가 모든 것을 유유낙낙 양해했다고 한다면 이 분쟁에서 죽도문제를 제외한다는 문구를 집어넣어야만 하지 않았을까요? 그런데 쓰여 있지 않습니다. 그것만 보더라도 제가 엄정한 태도로 시종 이 문제에 대처했다는 것은 이해가 되셨으리라 봅니다.」77)라고 하여 죽도문제에 엄정하게 대처하였으며, 쉽게 「죽도」를 양보한 것이 절대로 아니라고 주장했다. 사토총리의 말처럼 「이런 영토문제는 온 나라가 하나가 되어 거국적으로 대응하지 않으면 본래의 주장을 관철하기가 꽤 어렵다고 생각합니다.」78) 라고 하여 독도문제를 일본이 원하는 대로 해결되지 않았음을 시인하고 있다. 「마지막에 시이나 대신이나 제(사토 총리)가 양해(양보)를 해서 조인을 하게 되었다는 부분이 있는데 이것은 사실과 전혀 다릅니다. 본래 조약이라는 것은 쓰여 있는 것, 쓰여 있지 않은 것을 분명히 구별합니다. 쓰여 있는 내용에 의해 각각의 나라가 규율을 받는 것이기 때문에 쓰여 있는 문구로만 판단된다는 것을 분명히 말씀드리겠습니다.」79)라고 하여 「교환공문」이 죽도에 대한 규정이므로 이 규정에 따라 향후 외교적으로 해결하겠다고 약속한 것이기 때문에 「죽도」를 양보한 것은 아니라고 주장했다.

시이나 외무대신은 한일협정으로 인한 「죽도문제」80)의 전망에 대해

---

77) 시이나 외무대신발언, [214/254] 50-중의원-일본과 대한민국 간...-4호, 1965년 10월 27일, p.967.
78) 사토 에이사쿠 발언, [214/254] 50-중의원-일본과 대한민국 간...-4호, 1965년 10월 27일, p.967.
79) 상동
80) 「죽도문제」라고 표현한 것은 일본입장에서의 「죽도문제」의 해결이라는 것은 일본영토화를 의미하기 때문임.

「한일 간에 새롭게 이해관계의 긴밀도가 급속도로 증대할 것이라고 생각합니다. 이를 통해 (중략) 열의를 가지면 가질수록 대화로 해결하자, 혹은 합의로 해결방법을 도출하자는 열의가 생겨나는 것은 당연한 얘기라고 생각합니다.」[81]라고 하여 한일협정으로 양국관계가 정상화 되면 외교적으로 해결될 것이라고 낙관했다.

시이나 외무대신은 한국이 독도영유권을 주장하여 교환공문에 독도가 포함되어 있다는 것에 동의하지 않았지만, 일본의 입장은 독도문제를 포기하지 않았으며 특히 교환공문은 독도문제를 위한 것이므로 조약체결 이후에는 적극적으로 독도영유권문제를 제기하여 분쟁화를 지속적으로 추진하겠다는 주장이었다.

## 3.4 사토 총리의 인식

독도문제에 대한 사토 에이사쿠(佐藤栄作) 총리의 인식은 「저희들 역시 일본영토라는 것을 일관되게 주장했습니다. 그러나 한국 측이 여기에 응하지 않아 한일 간의 분쟁으로 남게 되었습니다. 따라서 교환공문에서 말하는 양국의 분쟁이 죽도문제라는 것은 분명한 사실입니다. 좀 더 보충해서 설명을 드리면, 양자 간에 의견이 다르기 때문에 분쟁이라는 것입니다.」[82]라고 하여 교환공문은 '죽도'를 위한 것으로 '죽도'는 분쟁지역임에 틀림없다고 주장했다.

사토총리는 「죽도문제의 특수성」에 대해 「영토문제는 (국방적, 생산적, 문화적인 문제가 아니고) 민족에 있어서 사명이라고 할까요.., (중략) 왜 영토문제를 두고 이렇게 다투고 있는지 근본으로 돌아가겠습니

---

81) 시이나 외무대신의 발언, [227/254] 50-참의원-한일협정 등 특별위원회-6호, 1965년 11월 27일, p.1050.
82) [198/254] 49-참의원-예산위원회-2호, 1965년 8월 9일, p.910.

다. 대단한 생산물이 나오는 것도 아닙니다. 게다가 먼 곳에 있습니다. 그리고 (한국은-필자 주) 한일협상을 결렬시키더라도 죽도를 자신의 것으로 하지 않으면 물러나지 않겠다고 합니다.」「북방영토문제 혹은 오키나와 문제, 오가사와라 문제를 보더라도 같은 말을 할 수 있습니다. 현재의 죽도문제도 오래전 도쿠가와시대부터 양국 간의 분쟁이었는데 이렇게 반복되고 있습니다. 사람이 살고 있지 않는 만큼 그런 오랜 관계에 있으면서도 이것이 확실하지 않았기 때문에 오늘날까지 왔다고 생각합니다.」라고 하여 독도문제를 해결하는 것은 민족적 사명이지만, 죽도문제도 오가사와라제도, 오키나와 문제 등과 같이 과거부터 존재했던 분쟁지역으로서 쉽게 해결될 수 있는 문제가 아니라고 하여 독도문제 미해결에 대한 책임성을 회피하려 했다.

또한 「죽도문제 협상의 성과」에 대해서는 「한편으로 죽도문제를 포함해서 이른바 일괄적 해결이라는 말을 자주 말씀드렸습니다. 그러나 일괄적 해결을 하지 못하고 죽도문제를 뒤로 넘겼습니다만, 외교노선으로 협상을 하면서 조정방법으로 이행하는 해결방법까지 정했기 때문에 조금이나마 국민에게도 양해를 구할 수 있는 상황이 되었다고 생각합니다.」[83]라고 하여 한국이 너무나 완강하여 경제협력을 위한 지원금 등을 지급하는 조건으로 죽도문제를 일괄 타결하는 방법으로 일본영토로서 해결하려고 했다. 그런데 그것에 실패하여 최종적으로는 제3국의 '조정'이라는 방법으로 일단 해결될 가능성을 남겼다는 인식을 갖고 있었다. 그러나 사토총리의 죽도 영유권 의식이 매우 빈약함을 알 수 있다.

사토 에이사쿠 총리는 「북방영토, 오가사와라, 그 밖의 현안이 여전히 미해결상태에서 정부는 아주 어려운 사태에 직면한 것이라 할 수

---

83) 사토총리의 발언, 227/254] 50-참의원-한일협정 등 특별위원회-6호, 1965년 11월 27일, p.1047.

있습니다. 하지만 일본 민족의 비원 달성을 위해 최선의 노력을 기울일 것을 약속드리니 여러분께서도 협력해주셨으면 합니다.」라고 하여 죽도문제를 북방영토와 오가사와라 문제와 동일한 문제이므로 이번에 해결을 하지 못했지만 향후에 해결을 위해 노력할 것을 약속하면서 국회의 비준을 요청했던 것이다.[84)

또한 사토 수상은 「죽도문제는 지금까지 다른 문제와 함께 일괄 타결하는 방향으로 계속 추진해왔습니다. 그러나 유감스럽게도 죽도문제는 해결을 볼 수 없었습니다. 참으로 안타까운 일이지만 이 분쟁을 어떻게 해결할 것인지 그 방향은 정했기 때문에 전혀 백지상태라거나 혹은 죽도를 포기했다거나 하는 일은 일절 없습니다. 또 여러분의 지원에 힘입어 반드시 우리 고유의 영유권을 확보하고 싶습니다. 다행히 사회당 여러분도 이것은 우리 일본 고유의 영토라고 주장하고 있어 앞으로도 많은 지도와 편달을 부탁드립니다.」[85)라고 하여 일본이 원하는 성과를 올리지 못했지만 죽도 영유권은 포기하지 않았기 때문에 사회당 위원이 많은 협력을 해준다면, 향후에는 적극적으로 독도문제를 해결하도록 노력하겠다고 했다.

요컨대 이번 조약에서 일본은 독도문제가 존재하지 않는다고 하여 「교환공문」에 독도의 명칭삽입을 거부한 한국의 입장을 부정하지 못하고 한일협정을 체결했기 때문에 독도문제에 대한 영유권 혹은 분쟁지역화를 관철하지 못했던 것이다. 그래서 사토수상은 죽도문제를 다른 현안과 일괄타결방법으로 영유권을 확보하려고 노력했지만 한일협정

---

84) 사토 에이사쿠의 발언, [211/254] 50-참의원-본회의-6호, 1965년 10월 18일, p.946.
85) 사토 에이사쿠의 발언, [212/254] 50-중의원-본회의-7호, 1965년 10월 21일, p.956

을 성사시키기 위해서는 죽도문제를 양보할 수밖에 없다는 방침을 정하여 최종적으로는 죽도문제를 분쟁지역으로 규정하는데 실패했음을 스스로 시인했다. 이처럼 사토총리는 죽도가 일본영토라는 적극적인 영유권 의식이 부족했음을 알 수 있다.

## 4. 맺으면서

이상에서 일본의 한일협정 국회비준에서 「죽도문제」를 둘러싼 야당위원과 정부위원 간의 공방을 통해 독도문제의 본질을 고찰했다. 그 내용을 정리하면 다음과 같다.

첫째, 이번 한일협정의 비준국회에서는 공술인과 참고인등을 통해서 죽도는 풍부한 어장으로서 포기할 수 없는 지역이지만, 역사적 권원으로 볼 때 한국과 비교해서 일본이 턱없이 부족하다. 그러나 1905년 국제법에 의거한 영토편입조치는 일본에게 유리하다. 이번에 일괄타결방식으로 해결하려고 8억 달러를 한국에 제공을 했지만, 이승만라인(평화선)은 철폐되었지만 죽도문제는 해결되지 못했다. 그러나 국교회복이라는 중대한 취지를 내포하고 있는 한일협정을 성사시키기 위해서는 사소한 독도문제에만 집착할 수는 없었던 것이다. 이처럼 북방영토와 같이 영토문제를 해결하지 못하고 국교를 회복했다고 지적했다. 향후 죽도문제 해결에 있어서 이번 협상에서 일본이 한국의 실효적 점유 상황에서 한국으로부터 독도가 분쟁지역이라는 것을 동의받지 못함으로써 향후 영토문제 해결에서 일본에 매우 불리하게 되었다. 그러나 독도 영토를 포기한 것이 아니므로 향후 영토문제를 제기할 수 있다. 한국정부도 겉으로는 분쟁지역이 아니라고 하지만 내심 한국도 분쟁지역이라는 것을 인정하는 부분도 있기 때문에 일단 한국이 한일협정을 체결한 이상 일본이 조정을 요구하면 응할 수밖에 없을 것이라고 주장했다.

둘째, 시이나 외무대신과 사토총리도 이번 협정에서 독도의 분쟁화라든가 영토화에 실패했다는 사실을 대체로 인정했다. 그러면서도 이번 협정은 한일 양국이 분쟁해결에 관한 교환공문으로 '조정'에 의한 영토해결이 가능해졌다고 강조하여 한일협정이후 양국관계가 호전되면 적극적으로 독도문제를 추진할 것이라고 강조했다. 이는 이번 협정에서 독도문제에서 양보한 부분을 은폐하기 위한 것이었다.

셋째, 한일협정에 일본정부는 독도문제가 존재하지 않는다는 한국의 주장을 전적으로 부정하지 못했다. 일본은 「교환공문」을 삽입하여 최소한의 체면만 살린 셈이다. 한국은 「교환공문」에 독도가 포함되었다는 부분에 대해 법적 책임을 피하기 위해 동의하지 않았지만, 「교환공문」을 포함한 조약에 날인을 했기 때문에 독도문제가 분쟁지역이라는 일본의 주장을 내심 부정한 것은 아니었던 것이다.

# 제7장 | 한일협정에 있어서 한국의 독도 주권 확립과 일본의 좌절

## 1. 들어가면서

한일협정은 사실상 미소를 중심으로 하는 자유진영과 공산진영과의 대립상황 속에서 공산진영에 대응하기 위한 미국의 극동아시아 전략의 일환으로 한일양국이 국교정상화를 강요당하여 체결된 것이다. 그 결과 이 협정은 부득이 한일 양국 모두가 자신들의 입장을 전적으로 주장하지 못하고 다소 양보하는 차원에서 이루어졌다. 특히 독도문제는 한일 양국의 국교정상화에 있어서 피할 수 없는 주된 과제였다.

한국에 있어서의 독도문제는 양보할 수 없는 주권문제로 인식되고 있었고, 일본은 한국에 대응하는 형태로 영토주권을 주장했다. 이러한 입장 차이에서 독도문제가 최종적으로 어떻게 처리되었는가 하는 것이 과제이다. 최근 한일협정 관련 사료가 공개되면서 사실관계가 다소 소상하게 밝혀진 부분도 있다.

본 연구는 한일협정 체결이후 비준을 위한 일본국회에서 정부안에 대한 전문위원들의 질의, 특히 사회당출신의 전문위원들의 추궁과 정부위원들의 응답내용을 분석하여 한일협정에서 독도문제가 어떻게 처리되었는가를 규명하는 것이 목적이다. 연구방법으로서는 우선 일본국회의원들이 독도현황에 대해 어느 정도로 알고 있었는지 분석하고, 둘째로는 비준국회에서 독도문제의 어떠한 부분이 논쟁점이 되었는가, 그리고 셋째로는 비준국회에서 확인된 한일협정에서의 독도 지위가 어떻게 결정되었는가의 순으로 고찰한다. 이는 선행연구에서의 미흡한 점을 보완함과 동시에 1965년 시점에서 독도영유권에 대한 일본정부의 독도영유권 인식의 본질을 규명하게 될 것이다. 선행연구에 대해서는 한일협정에서의 독도 지위에 관한 연구는 다소 존재했지만,[1] 일본 의회속기록을 통해본 일본정부의 독도영유권 인식의 본질을 소상하게 고찰한 연구는 없다고 하겠다.

## 2. 비준국회에서의 독도 현황 인식

### 2.1 한국인의 독도 상주와 일본인의 접근 불가

1945년 8월 15일 종전과 더불어 포츠담선언에 의거하여 한국이 독립되었고, SCAPIN 677호에 의해 일본인의 독도 접근이 금지되었다.[2]

---

1) 정미애(2010.5) 「일본의 국회의사록을 통해서 본 독도에 대한 일본의 대응」, 『일본공간』vol.7, pp.206-221. 최희식(2009) 「한일회담에서 독도영유권문제-한국외교문서의 분석과 그 현대적 의미-」, 『국가전략』제15권 4호, pp.117-138. 김영수(2008)「한일회담과 독도영유권 -샌프란시스코 강화조약과 한일회담기본관계조약을 중심으로-」, 『한국정치학회보』제42집 4월호.

실질적으로 한국이 자유롭게 독도에 상륙하고 주변해역에서 어업에 종사하게 되었다.3) 따라서 시마네현의 일부 어부들을 제외하면 일본 정치권은 물론이고 일본인들의 독도에 대한 영유권 인식은 거의 전무했다. 이러한 상황은 일본 의회 의사록4)에서도 확인할 수 있다.

마쓰모토 위원이 1965년 10월 27일 죽도현황에 관해서 질문을 했다.5) 이에 대해 시이나 외무대신은 「아주 최근 실정에 대해서는 소상히 알지 못합니다만, 죽도에 대해 저희가 알 수 있는 최근 정보로는 약간의 경관인지 군인인지는 모르지만 어쨌든 무장한 사람들이 20명 정도 죽도를 점거해서 섬에 접근하는 자가 있으면 발포하는 상황입니다. 최근 국회의원 유지들이 죽도 실정을 시찰하고 싶다고 하셔서 심의 관계상 실정을 보시는 것도 타당하다는 생각에서 상황을 알아봤는데 여전히 이런 상태였습니다. 그래서 이곳에 가까이 다가가는 것은 위험한 일로 사료됩니다.」6)라고 하여 한국이 독도를 실효적으로 지배하고 있음을 언급했다. 당시 일본정부는 한국의 군경 혹은 경관이 무장하여 주둔하고 있어서 일본인의 접근이 불가능한 상황이었고, 일본의 국회의원이 독도를 조사하려고 했지만 사실상 한국의 주권행사에 의한 발포 가능성 때문에 접근이 불가능했다는 인식이었다.

---

2) 신용하(1996)『독도의 민족영토사 연구』지식산업사, pp.253-322. 최장근(2005)『일본의 영토분쟁』백산자료원, pp.33-71. 최장근(2009)『독도문제의 본질과 일본의 영토분쟁 정치학』제이앤씨, pp.235-281.
3) 신용하(1996)『독도의 민족영토사 연구』지식산업사, pp.253-322.
4) 동북아역사재단편(2009)『일본국회독도관련기록모음집』1부(1948~1976년), 동북아역사재단.
5) 마쓰모토 위원의 발언, [214/254] 50-중의원-일본과 대한민국 간...-4호, 1965년 10월 27일, pp.958-959.
6) 마쓰모토 위원의 발언, [214/254] 50-중의원-일본과 대한민국 간...-4호, 1965년 10월 27일, p.959.

한국은 한국전쟁 때에 일본인들이 불법으로 독도를 점령하려는 것을 확인하고 1953년 의용수비대를 거쳐 1954년부터 정식으로 경찰관을 배치하고 등대도 설치했다.[7] 일본은 이에 대해 「올해(1965) 2월 13일 해상보안청 경비선이 이 죽도 상에 한국 관헌이 주재한다는 것을 확인했기 때문에 4월 10일자로 정식 항의서를 제출하여 즉시 퇴각시킬 것을 요구했습니다.」[8]라고 하여 일본은 한일협정과정에서도 일본순시선을 파견하여 순시했고, 이를 토대로 일본정부가 외교적 수단으로 한국정부에 대해 한국관헌의 철수를 요구했던 것이다.

당시 일본정부는 한일협정에서 교환공문을 통해 한일 양국이 분쟁지역임을 인정했다고 주장했으나, 실질적으로는 한국의 독도 점유에 대해 그다지 크게 문제시 하지 않았다. 이에 대해 일본사회당의 마쓰모토 위원은 「한국정부 쪽에 죽도 실정에 대해 보고를 요청한 적은 없습니까? 그런 식으로 멀리 일본 경비선상에서 바라보는 것이 아니라 한국정부로부터 죽도 실정에 대한 보고를 받은 적은 없습니까?」「이번 조약의 교환공문에서도 분쟁 대상이 되어 있다고 정부가 말하지 않았습니까? 그리고 한국 역시 분쟁대상으로서 양해하고 있다면 이 문제는 보고서를 요구해 한국 측 정부가 알아보도록 하는 것도 가능할 것이고 일본 국권의 최고기관인 국회가 자신의 영토로서 서로 분쟁이 된 이곳을 조사하러 가고 싶다는데 발포를 한다면 그런 무례가 어디 있습니까?」[9]라

---

7) 최장근(2009)『독도문제의 본질과 일본의 영토분쟁 정치학』제이앤씨, pp.235-281. 1954년 8월, 영토 표지석과 무인등대 설치, 1955년 신등대설치 등.
8) 우시로쿠(後宮) 정부위원의 발언, [214/254] 50-중의원-일본과 대한민국 간...-4호, 1965년 10월 27일, pp.959.
9) 마쓰모토 위원의 발언, [214/254] 50-중의원-일본과 대한민국 간...-4호, 1965년 10월 27일, pp.959.

고 비난했다. 즉 일본정부가 한일협정에서 양국이 독도를 분쟁지역으로 인정하고 평화적으로 해결하기로 합의했다고 한다면, 분쟁지역을 인정한 한국정부가 당연히 독도의 상황을 알려줘야 할 터인데 그렇지 않고 순시선으로 멀리서 독도현황을 살폈다고 하는 정부요인의 발언으로 봐서 일본정부가 거짓말을 하고 있다는 것이다. 이것은 즉 일본정부가 한국정부로부터 독도가 분쟁지역임을 인정받지도 못했을 뿐만 아니라 평화적으로 해결하기로 약속했다고 하는 주장도 거짓말이라는 것을 알 수 있다. 실제로 한국정부는 '독도문제는 존재하지 않는다'는 입장을 최후까지 관철하여 조약을 체결했다.

## 2.2 국회의원의 독도 시찰의 불가

비준국회에서 중의원 외무위원들과 일부 참의원 외무위원이 독도의 실태를 파악하기 위해 독도시찰을 일본정부에 신청했다. 이에 대해 오카다 쇼지(岡田宗司)는 「중의원의 외무위원회가 먼저 외무위원회를 통해 해상보안청에 죽도시찰을 신청했습니다. 그런데 죽도에 다가가면 총격을 받기 때문에 신변의 안전을 보장할 수 없다는 이유로 보류상태입니다. 참의원 외무위원회가 올해 8월에 후쿠오카, 나가사키, 대마도 시찰을 끝낸 다음에 외무위원회 입장에서 나가는 것은 아니지만 제가 해상보안청에게 직접 주도 시찰하겠다고 한 것은 상륙해서 어떻게 하겠다는 뜻이 아니라 죽도주변까지 해상보안청 선박으로 가서 멀리서 바라보겠다고 한 것이다. 이것도 하나의 시찰방법이기 때문에 신청을 했습니다. 그런데 해상보안청 정무과장이 직접 거절을 했는데 아무래도 이 문제는 외무성의 양해가 없으면 배를 태울 수 없다는 것이었습니다. 저희 국회의원은 국정조사권을 갖고 있습니다.」[10]라고 지적하여 일본정부가 신청을 반려했다고 비난했다. 그 이유는 한국이 독도를 실효적으로 점유하고 있고 한국 주둔경관으로부터 발포되어 신변의 위협이 있을 수 있다는 것이었다. 이는 일본정부가 한일협정에서 독도문제 해결에 대한 적극적인 의지가 없었다는 것을 의미한다.

실제로 한일협정에서 일본정부는 독도영유권에 대해 독도가 분쟁지역임을 한국정부로부터 동의를 받아내려고 했던 것이 실패로 끝났다. 한국의 입장은 단호했다. 독도는 엄연한 한국영토이기 때문에 일본인이 접근할 경우 국제법 위반으로 간주하여 발포한다는 입장에는 변함이 없었던 것이다. 일본정부는 한일협정을 성사시키기 위해 이러한 한국의 입장을 존중했던 것이다.[11]

## 2.3 광산 채굴권 및 어업권 행사의 불가

일제시대에 대한제국영토가 일본에 강탈당하였을 때부터 독도는 시마네현 어부들의 어장으로 사용되었다. 일본의 패전으로 조선의 독립과 더불어 일본인의 독도 접근이 금지되자, 직간접적으로 독도에 관련을 갖고 있었던 일본인들 중에는 독도에 대한 관할권을 주장하기도 했다.[12] 그 일환으로 일부 관련자들은 한국이 독도를 실효적으로 점령하고 있음에도 불구하고 일본정부에 대해 광업권 또는 어업권을 신청하여 승인을 받기도 했다.[13] 이러한 상황에 대해 마츠모토 위원은「죽도에는 일본국민 중에 여러 이해관계를 갖고 있는 사람이 있다고 생각합니다. 지금 그곳에는 없다하더라도 정부로서는 당연히 국민의 생명과

---

10) 오카다 쇼지(岡田宗司)의 발언, [226/254] 50-참의원-한일조약 등 특별위원회-5호, 1965년 11월 26일, p.1026.
11) 조약안에「독도」혹은「죽도」라는 명칭이 삽입되지 않았던 것으로도 증명됨.
12) 田村清三郎(1965.10)『島根県竹島の新研究』島根県総務部総務課, pp.116-142.
13) 田村清三郎(1965.10)『島根県竹島の新研究』島根県総務部総務課, pp.66-80, pp.207-215.

재산을 보호할 의무가 있습니다. 몇 년 전에 문제가 되었던 광산채굴권 문제를 비롯해 그런 문제에 대해서는 현재 어떤 보호대책을 강구하고 있습니까?」14)라고 질문했다. 이에 대해 우시로쿠 정부위원은 「죽도 산업권 문제에 대해서는 아시다시피 광업권문제와 어업권문제가 있습니다만, 광업권에 대해서는 그쪽의 광업권을 획득한 일본이 한국의 점유 때문에 광업권을 행사할 수 없다는 것에 대한 손해배상 재판을 한 적이 있다는 것은 여러분도 아실 것입니다. 그때 당시는 일단 일본정부로서는 보상책임이 없다고 판결이 내려졌으며 이후 그 상태로 계속 남아 있습니다.」15) 또한 어업에 대해서는 「죽도의 어업은 전쟁 전에는 강치가 주로 잡혔습니다. 그 후에는 미역, 돌김, 우뭇가사리, 전복, 소라, 해삼, 성게, 문어와 같은 암초 생산물 위주로 조업을 했습니다. 전쟁이 끝나기 전에는 일종의 공동어업권이 허가되었는데 전쟁 후에는 이것을 행사할 수 없게 되어 1953년에 일단 제1종 어업권 갱신을 한 상태입니다만, 실제 문제는 잡으러 갈 수 없다는 것입니다.」16)라고 하여 '죽도' 산업으로서 광산채굴권과 어업권이 있다고 지적했고, 이는 한국의 점유로 인해 권리행사를 할 수 없게 되었다는 것이고, 그 책임은 일본정부에 없다는 것이었다. 즉 비준국회에서 실제로 한국이 독도를 실효적으로 지배하고 있는 반면, 일본의 실효적 지배는 전적으로 중단되어있었음을 확인했던 것이다.

---

14) 마쓰모토 위원의 발언, [214/254] 50-중의원-일본과 대한민국 간...-4호, 1965년 10월 27일, pp.959.
15) 우시로쿠(後宮) 정부위원의 발언, [214/254] 50-중의원-일본과 대한민국 간...-4호, 1965년 10월 27일, pp.959.
16) 나와 정부위원의 발언, [214/254] 50-중의원-일본과 대한민국 간...-4호, 1965년 10월 27일, p.960.

## 3.「교환공문」에 대한 양국의 인식

### 3.1 일본정부의 주장

한일협정에서 한일양국은「분쟁해결에 관한 교환공문」17)을 교환했다. 그런데 이 공문 안에는「죽도」혹은「독도」라는 명칭이 없다. 비준 국회에서 사실관계를 둘러싸고 정부위원과 전문위원 간에 논쟁이 벌어졌다.

일본정부는「교환공문」의 성격에 대해「국교정상화에 앞둔 양국 간의 제반현안을 전면적 해결의 일환으로서 죽도의 영유권을 둘러싼 분쟁문제를 해결하는 것이 목적입니다.」18)라고 하여 교환공문이 죽도문제를 해결하기 위한 것이라고 주장했다.

시이나 외무대신은 이번 한일협정에서 일본정부의 죽도문제에 대한 입장에 대해,「정부는 죽도가 역사적 사실에 비추어 또 영토귀속에 관한 근대 국제법상의 원칙에서 보더라도 일본 고유의 영토라는 것을 확신하고 있습니다. (중략) 죽도문제 그 밖의 양국 간의 분쟁은 별다른 합의가 없는 한 우선 외교 채널을 통해 해결을 도모하고 만약 그것이 불가능해졌을 경우에는 조정에 의해 해결하기로 합의를 보았습니다. 정부로서는 한일 간의 제반 협정이 발효되어 한일관계가 새로운 시대로 접어들면 한일관계도 호전되어 한일 쌍방에게 있어 죽도문제를 거론하기 쉬운 우호적인 분위기가 형성될 것으로 확신하고 있습니다.」19) 라고 하여 일본정부는 한국이 죽도를 분쟁지역으로 인정했고, 그 결과

---

17)「분쟁해결에 관한 교환공문」을 줄여서 표기.
18) 후지사키 마사토(藤崎万里) 정부위원의 발언, [223/254] 50-참의원-한일조약 등 특별위원회-2호, 1965년 11월 22일, p.1018.
19) 시이나 에쓰사부로의 발언, [208/254] 50-중의원-본회의-4호, 1965년 10월 15일, pp.933.

향후에도 죽도문제를 외교적 수단으로 해결하기로 했고, 그것이 불가능할 경우는 「조정」에 의해 평화적으로 해결할 수 있게 되었다. 따라서 이번 협정은 일본에게는 죽도문제 해결을 위한 진일보한 조약이라고 주장했다.

사실 교환공문은 한일 양국 사이의 의견 차이에 의해 애매한 문구로 표현되었다. 양국의 주장을 피해가려고 했던 것이다. 독도라는 명칭을 사용하지 않았던 것은 독도문제가 없다고 하는 한국의 입장이 관철되었던 것이고, 독도를 포함된다고 한국이 인정은 하지 않았지만 한일협정에 「교환공문」이 삽입된 것은 분쟁지역화 하려는 일본의 입장이 반영된 것이었다.

## 3.2 한국정부의 주장

한국의회에서도 야당의원은 독도문제에 대해 한국정부를 추궁했다. 야당위원은 「독도, 평화선, 또 구 조약의 무효시점 등에 대해 일본에 가서 일본외무대신의 각서를 받아오라는 말씀이 있었습니다.」라고 하여 한국정부에 대해 「현안문제를 외교적으로 해결하고 그것이 불가능할 때는 조정으로 해결한다.」고 하는 「분쟁해결에 관한 교환공문」이 독도와 무관한 것인지 여부를 추궁했다.[20]

한국정부의 독도영유권 인식에 대해 이동원 외무부장관은 「독도는 우리영토이며 우리 영유권입니다. 우리 영토이고 우리영유권을 다른 나라인 외국 일본에 가서 일본 외무대신에게 어서 이것이 우리 것이라고 보증해 달라, 각서를 써달라고 말할 수 있습니까? 알기 쉽게 말하면 저랑 동거하는 제 아내를 옆집 다른 남자 집에 가서 이 사람이 내 아내

---

20) 마쓰모토 위원의 발언, [214/254] 50-중의원-일본과 대한민국 간...-4호, 1965년 10월 27일, pp.964-965.

라고 보증해달라고 말하라는 것이 아니고 무엇입니까?」라고 하여 독도가 한국영토임에 분명하다고 답변했다.[21] 이러한 한국정부의 주장에 대해, 김대중 위원이 「이동원 장관 부인이나 내 아내를 (옆집사람이) 집요하게 자기 부인이라고 우기는 것이 아니냐! (중략) 네 부인이 아니니까 돌려 달라, 내가 같이 살 것이다. 라고 하니까 문제인 것이다.」[22] 라고 하여 이동원 장관에게 독도가 한국영토라고 하는 확증을 보여 달라고 요구했던 것이다. 이것을 보면 한국정부도 일본으로부터 독도가 한국영토라고 하는 확증을 받은 것이 아니고 한국정부가 일방적으로 한국영토라고 주장하고 있음을 알 수 있다.

야당의원의 질문에 답하는 형식으로 문주덕 외무부차관은 한일협정에서 독도문제가 「우리 측으로서는 일본이 독도문제에 있어서 요구를 철회하지 않는다면 기본조약에 조인하지 않겠다고 해서 일본이 더 이상 독도문제에 대한 고집을 부리지 않게 되어 조인이 이루어진 것이다.」[23] 라고 하여 한국정부는 기본조약을 체결하지 않는 한이 있더라도 독도문제를 다루지 않겠다는 입장을 명확히 전달했고, 일본이 여기에 동의했다고 주장했다.

즉 다시 말하면 교환공문에서 「독도」혹은 「죽도」라는 명칭이 없는 것은 한국의 의지에 의한 것이고, 또한 교환공문은 독도와 무관하다는 입장을 한국정부가 일본에 관철시켰다는 주장이다.

이는 1965년 8월 5일 이동원 외무부장관의 발언에서도 확인할 수 있

---

21) 마쓰모토 위원의 발언, [214/254] 50-중의원-일본과 대한민국 간...-4호, 1965년 10월 27일, pp.964-965.
22) 마쓰모토 위원의 발언, [214/254] 50-중의원-일본과 대한민국 간...-4호, 1965년 10월 27일, pp.964-965.
23) 마쓰모토 위원의 발언, [214/254] 50-중의원-일본과 대한민국 간...-4호, 1965년 10월 27일, p.966.

다. 즉「독도는 우리나라 것이며 우리나라 것이라고 일본이 양해했으
며 또 일본 사회당이 사토 총리에게 공격한 것처럼 사토 총리가 저에게
독도를 팔아넘긴 적도 없지만 제가 받은 적도 없습니다.」라고 하여 사
토 총리가 독도문제에 대해 언급하지도 않았지만, 그와 상관없이 독도
는 일본도 한국영토라고 양해했는데, 독도를 팔아먹었다고 하는 야당
의원의 주장은 터무니없다고 반박했다.

이동원 외무부장관은 야당 위원 측에서 독도를 팔아먹은 매국외교
라는 비난에 대해 우이동의 '선운각'이라는 요정에서 시이나 외무대신
이 독도문제를 꺼내었을 때「시이나씨, 사람도 살지 않고 개조차도 싫
어서 살지 않는 독도, 우리는 우리영토이기 때문에 어쩔 수 없이 지키
지만 당신은 무엇 때문에 그렇게 열심히 트집을 잡느냐고 했습니다.
그 후 한국에 체재하는 동안 시이나 외무대신이 두 번 다시 독도 문제
에 대해서는 언급하지 않았습니다. 또 제가 일본에 갔을 때 (중략) 시이
나 외상이 제게 독도가 한국 영유권이라는 것을 부정하지 않았다. 그러
나 독도문제를 일종의 한일 간의 분쟁대상으로서 인정하고 제3국 또는
국제사법재판소에 제기해 향후 심의를 받자는 선에서는 합의해 달라고
말했다. 그래서 저는 바로 자리에서 일어나 한일 문제를 타결하려는
것인가 말자는 것인가! 일본에게는 독도문제가 정치문제일지 모르지만
한국에서는 국민감정을 폭발시키는 다이너마이트이다. 그렇기 때문에
독도문제에 대해 두 번 다시 언급할 때에는 나는 보따리를 싸서 바로
한국으로 돌아가겠다고 말했다.」라고 하여 일본이 분쟁대상으로 규정
해달라는 요구에 동의하지 않았다고 주장했다.

이동원 외무부장관은 전관수역에 관해서 이야기 할 때에도「독도의
영유권, 관할권을 현재 대한민국이 행사하고 있습니다.」「10여명이 경
찰이 독도에 가서 지키고 있습니다. 물론 과거 이승만 박사 시대 이래

로 독도문제는 한일 간의 논쟁 대상이 되었던 것은 사실입니다. 이번에 제가 일본에 갔을 때에도 여기에 대한 상세한 경위 설명을 했지만, 일본은 독도문제의 해결방법으로 국제사법재판소에 제소하지 않으면 제3국에 조정을 의뢰하려고 했습니다. 이것이 일본의 입장이고 우리 입장은 어디까지나 독도는 우리의 것이기 때문에 이것은 국제사법재판소가 되든 제3국이 되든 협상의 대상이 되지 않는다는 것이 우리의 입장이었습니다. 만일 이 같은 우리의 입장이 관철되지 않을 때는 한일회담에 조인할 수 없다고 저는 단언했습니다. 그 결과 일본이 우리의 입장을 허용했으며 자신들의 입장을 포기했기 때문에 독도문제를 끝으로 한일회담에 대한 정식조인이 이루어졌습니다. 물론 (중략) 이번에 우리도 일본과 분쟁해결에 관한 교환 공문이 있습니다. 이것은 어디까지나 독도를 포함한 것이 아니라 이번에 조인된 한일회담에 대한 모든 현안에 대해 분쟁이 발생할 경우에는 이것을 어떻게 해결할 것인지에 대한 것이다.」라고 하여 교환공문은 독도문제와 무관하다고 주장했다.

이처럼 한국정부는 「교환공문」과 독도와는 무관하다는 입장을 조약 체결의 최후까지 지켜내었던 것이다.

## 4. 국제사법재판소 제소를 둘러싼 한일 양국의 자세

일본은 1954년 한국정부에 독도문제를 국제사법재판소에서 해결하자고 제안한 적이 있었다. 당연히 한국정부는 엄연한 한국영토를 국제사법재판소에 기탁하는 것은 있을 수 없는 일이라고 거절했던 것이다.

일본정부는 이번 한일협정을 체결함에 있어서 죽도문제를 국제사법재판소에서 해결하자고 한국정부에 제안했던 것이다.

1965년 5월 17일 호즈미(穗積) 위원은「한 가지 한일협정에 대해 질문 드리고 싶은 것은 최근 한국 정계에서 문제가 되고 있는 '죽도'문제에 대한 한국정부의 태도에 관한 것입니다. 일본에서는 일본 측 영토라고 주장하면서 한일협정 석상에서는 이 문제를 국제사법재판소에 회부하자, 개별협상에서 타결되지 않으면 국제사법재판소에 제소해서 문제를 객관적으로 해결했으면 한다는 생각을 갖고 있는 듯한데, 우리는 절대로 받아들일 수 없다. 한국영토라는 것이 너무나도 분명한 사실이기 때문에 국제사법재판소에 제소하는 것에 동의할 생각은 추호도 없으며 언급조차 하지 않았다. 아니 생각해본 적도 없으며 앞으로도 생각하지 않겠다고 딱 잘라 말하고 있습니다. 이것은 앞서 어업문제와 더불어 지금까지 예비 절충한 한일협정의 내용이 차차 양국 국민들에게 알려지면서 한국에서도 야당 및 일반 여론이 굴욕적인 외교이다, 매국적 외교라고 강하게 비판함에 따라 정치적 압력, 밑에서부터 압력이 들어오는 가운데 현재 어업에 대한 수정의견, 또 '죽도'에 대해 강하게 나오는 것이 다시금 확인되었습니다. 우리로서는 지금까지 국민에게 일괄타결을 약속드렸는데 그 점에 대해서도 앞으로 어떻게 해나갈 것인지, 이제 최종단계로 접어들기 직전인데 이 시점에서 외무성의 입장은 어떤 것인지를 꼭 듣고 싶습니다. 이점은 한국국내 논쟁과 비교하는 데 있어서도 아주 중요하기 때문에 폐회 전에 충분히 해주셨으면 합니다.」[24] 라고 하여 국제사법재판소에서의 해결에 대한 한국의 입장은 거기에 응할 생각이 전혀 없음을 지적했다.

그런데 시이나 국무대신은「죽도 영유권문제는 국제사법재판소의

---

24) 호즈미 위원의 발언, [190/25]48-중의원-외무위원회-21호 1965년 5월 17일], p.877.

판정을 일단 기다려본 연후에 결정하고자 합니다.」라고 대답했다.25)
이에 대해 호즈미 위원은 「(국제사법재판소)에서 결정한다고 하시는데
상대(한국)는 전혀 고려의 여지도 없다, 또 그런 이야기는 한 기억도
없고 앞으로도 하지 않을 것이다, 라고 딱 잘라 말하고 있지 않습니까?」
라고 했다.26) 이에 대해 시이나(椎名) 국무대신은 「이 문제는 사무당
국 간에 여러 자료를 토대로 연구조사를 해야 하는 사안이 아닌지라
별도로 다루고 있습니다.」라고 하여 답변을 회피했다.27)

이를 보면 ①일본이 사법재판소에서 해결하자고 한국정부에 제의한
적이 있었다. ②국제사법재판소 제의를 거절한 것을 보면 한국이 독도
영유권에 대해 한국영토라는 입장을 분명히 했다. ③일본이 일괄타결
을 제안하여 한국정부가 이를 받아들여 어업협정(평화선철폐)에서 양
보하였다. 또한 한국의 야당 및 국민여론이 매국외교라고 하는 비판을
보면 어업협정에서 한국이 양보하였다. ④한일 협정안을 조정하는 협
상 장에서 한국정부가 완강하게 독도문제는 존재하지 않는다고 하는
태도였기 때문에 결국 국제사법재판소에서 해결을 요구했던 일본의 주
장이 관철되지 못했다는 사실 등을 알 수 있다.

결국 국제사법재판소의 제소문제도 「죽도문제 하나만 보더라도 분
쟁해결에 관한 교환공문, 이 방대한 한일조약 및 협정 혹은 의정서, 교
환공문 어디를 봐도 결국 이 교환공문에 관해 "이로써 해결할 수 없을
경우에는 양국 정부가 동의하는 절차에 따라 조정에 의해 해결하기로

---

25) 시이나 국무대신의 발언, [190/25]48-중의원-외무위원회-21호 1965년 5월
    17일], p.878.
26) 호즈미 위원의 발언, [190/25]48-중의원-외무위원회-21호 1965년 5월 17
    일], p.878.
27) 시이나 국무대신의 발언, [190/25]48-중의원-외무위원회-21호 1965년 5월
    17일], p.878.

한다고 하는 문구 이외는 아무것도 없다.」「맨 처음에는 '죽도'는 '반환'
이라고 해놓고 그 다음에는 '국제사법재판소'에 재소한다고 하더니 마
지막에는 제3국에 의한 조정, 게다가 이번에는 '죽도'의 '죽'자도 나오지
않았습니다.」[28]라고 하는 것처럼 한국이 이에 동의하지 않아서 무산되
었던 것이다.

## 5. 한일협정을 위한 비밀메모의 존재 여부

한일협정은 14년간의 교섭과정을 거쳐 1965년에 체결하기에 이르렀
는데, 그 마지막 단계에서 일본이 독도문제를 의제로 삼으려고 했다.
한국정부는 실효적으로 점유하고 있는 상황에서 독도문제가 존재하지
않는다는 입장을 관철하려고 했고, 일본은 이를 분쟁지역으로서 조약
문에 명기하려고 했다. 양자의 의견이 팽팽하게 대립되어 해결가능성
이 보이지 않자, 양국 사이에는 그 실마리로서 독도밀약을 교환했던
것이다. 양국정부는 지금까지 밀약서의 존재를 인정하지 않았는데 최
근 한국의 언론에 의해 공개되어 그 실체가 들어났다.[29]

독도밀약의 존재가능성에 대해 국회의사록에서도 다소 엿 볼 수 있
었다. 요코카와 쇼이치(橫川正市) 위원은 다음과 같은 발언을 했다. 즉
「엊그제 저희들이 몇 가지 자료를 요청했는데 그 자료도 제출되지 않
고 있으며 국민들이 납득할 만한 답이 아직 나오고 있지 않다는 것 등

---

28) 하뉴 산시치(羽生三七)의 질의, [198/254] 49-참의원-예산위원회-2호, 1965
년 8월 9일, p.906.
29) 「42년 전 한·일 '독도밀약' 실체는 … [중앙일보」 2007.3.19, [월간중앙]은
19일 발매된 창간 39주년 기념 4월호.
http://article.joins.com/article/article.asp?total_id=2665406

의 문제가 산적해있습니다. 이 조약에 대해 과연 국민들이 당신들이 말하는 것처럼 평화조약이라는 것에 쉽게 동의하려 들지 않을 것입니다. 그리고 자료를 공개하고 있지 않습니다. 예를 들어 중의원 심의를 비밀리에 한다거나 외교상의 문서이니 공개할 수 없다는 등 여러 변명을 하는데 저는 국내에서 문제를 처리할 경우에 공공기관에서 내놓을 수 없다면 공당과 공당 간에는 공개하거나 여러 형태로 본질적인 문제 규명을 해도 되지 않는가 생각합니다. 그러나 그런 것이 이루어지지 않고 있습니다.」30)라고 하여 일본정부는 국회심의과정에서도 「중의원 심의를 비밀리에 한다거나 외교상의 문서이니 공개할 수 없다」라고 하여 국익에 부합되지 않아서 국민에게 공개할 수 없는 합의문서의 존재를 암시했다.

또한 소네 에키(曽禰益)는 「우선 별도의 합의를 한 적은 없다고 생각하지만 '별단의 합의의 경우를 제외하고' 라는 부분, 이 교환공문에 죽도를 넣고 싶었겠지만 넣을 수 없었던 경위 등에 대해 외무대신에게 답변을 부탁드립니다.」31)라고 하여 별단의 합의가 있는지에 대해 질문을 했다. 이에 대해 시이나 외무대신은 「우선 별단의 합의는 없었습니다.」32)라고 잘라 말했다. 그러나 「독도밀약」33)이 실제로 존재함이 밝혀졌으므로 시이나 외무대신의 주장이 거짓임을 알 수 있다.

---

30) 요코카와 쇼이치(横川正市)의 발언, [224/254] 50-참의원-한일조약 등 특별위원회-3호, 1965년 11월 23일, p.1019.
31) 소네 에키(曽禰益) 발언, [228/254] 50-참의원-한일협정 등 특별위원회-1호, 1965년 12월 1일, p.1058.
32) 시이나 발언, [228/254] 50-참의원-한일협정 등 특별위원회-1호, 1965년 12월 1일, p.1059.
33) 「42년 전 한·일 '독도밀약' 실체는 … [중앙일보] 2007.03.19, [월간중앙은 19일 발매된 창간 39주년 기념 4월호, http://article.joins.com/article/article.asp?total_id=2665406.

## 6. 「한일협정」에서 처리된 독도의 위상

결과적으로 일본정부는 한일협정에서 「죽도문제」를 어떻게 처리하였는지 살펴보기로 한다.

마츠모토 위원은 「총리대신, 오랫동안 자민당 정부는 일괄타결을 공약해왔습니다. 한일협정 체결에는 일괄타결이 전제조건이라고 강하게 주장하셨습니다. 그런데 죽도는 해결할 수 없다. 유감의 뜻을 요전 (1965년 10월) 21일 본회의에서 표명했습니다. 일본국민에 대해 총리로서의 책임은 그 정도뿐입니까?」[34]라고 하여 죽도 영유권을 포기하였다고 비난했다. 사토총리는 이에 대해 「일괄타결이라는 방침으로 협상에 임한 것은 사실입니다. (중략) 기대에 부응하지 못했다는 것은 참으로 유감이다. 죄송하다고 말씀드린 것입니다. 그러나 오늘까지 최종적인 해결은 보지 못했지만 이 죽도문제가 평화적인 방법으로 해결될 수 있는 방향은 정해졌습니다. 그래서 그렇게 양해해달라고 말씀드린 것입니다. (중략) 결코 죽도문제를 포기한 것은 아닙니다. 단지 평화적인 해결방법은 정해진 상태에서 한일 간의 조약을 했습니다.」[35]라고 하여 한일협정에서 죽도문제를 포기한 것이 아니라 최종적인 해결은 하지 못했지만, 평화적으로 해결할 방향을 결정하였기 때문에 조약체결 이후에 완전한 해결을 위해 진력하겠다고 주장했다.

또한 마츠모토 위원은 「교환공문을 중심으로 검토하면 할수록 실은 해결의 전망조차 세워져 있지 않습니다. (중략) 일본입장에서 말하면 죽도를 포함한 분쟁이라고 해야 했을 것이고, 한국입장에서 보면 죽도

---

34) 마쓰모토 위원의 발언, [214/254] 50-중의원-일본과 대한민국 간...-4호, 1965년 10월 27일, p.960.
35) 사토 에이사쿠 총리의 발언, [214/254] 50-중의원-일본과 대한민국 간...-4호, 1965년 10월 27일, p.960.

문제를 제외한 분쟁이라고 해석을 하고 있습니다. 그런데도 해결의 전
망이 섰다고 하니 도대체 무엇을 근거로 그런 말을 하는 것입니까」36)
라고 하여 교환공문으로 해결의 방향이 정해졌다고 하는 것은 일본정
부의 일방적인 해석이고, 한국정부는 독도문제가 존재하지 않는 입장
을 포기하지 않았다고 추궁했다.

이에 대해 시이나 외무대신은 「어쨌든 절대로 이것은 (한국이) 자신
의 영토라고 주장하고 국민들에게도 그렇게 말하고 있을 정도로 심각
한 분쟁입니다. 양국의 분쟁으로 주된 것은 다른 조항에서 모두 마무리
했습니다. 이것은 일본이 30여 차례나 항의를 제출한 것이고, 한국은
한국대로 또 20여 차례 항의문을 제출한 상태입니다. 한일 간에 이런
분쟁은 없습니다. 그리고 이 분쟁에서 죽도를 제외한다고는 어디에도
쓰여 있지 않습니다. 따라서 이것은 교환공문에 적힌 분쟁이 분명하며
그 해결방법으로는 양국 국교정상화 후 정상적인 외교채널을 통해 이
문제를 협상하고 만약 그래도 안 될 경우에는 조정에 부치겠다. 조정은
중재에 비교해 구속력이 없고 효력도 약하지 않은가 하는 의문을 갖고
계실지 모르지만 국제분쟁을 판가름할 경우 조정이나 중재를 비롯한
여러 수단이 강구되는 것으로 조정이 반드시 안 좋은 것은 아닙니다.
이 조정을 시작할 경우에는 양국이 합의한 방법에 따라 조정자를 선택
해서 그 결론을 토대로 양국이 선처하는 그런 순서로 되어 있습니다.
따라서 분명해결 전망이 서 있는 것입니다.」37)라고 하여 한일 간의 분
쟁은 독도문제 뿐이기 때문에 「죽도」라는 명칭이 없더라도 죽도문제를
위한 교환문서임을 강조했다.

---

36) 마쓰모토 위원의 발언, [214/254] 50-중의원-일본과 대한민국 간...-4호,
　　1965년 10월 27일, p.960.
37) 시이나 외무대신의 발언, [214/254] 50-중의원-일본과 대한민국 간...-4호,
　　1965년 10월 27일, pp.961.

이에 대해 마쓰모토 위원은 「조인된 교환공문에는 죽도가 포함되어 있지 않다는 해석을 상대인 한국이 지금 하고 있다. 따라서 (중략) 한국이 처음부터 우리는 죽도를 여기에 포함시키지 않았다는 것을 분명히 했다. 이렇게 나오면 국제적인 신의 운운하는 것이 무슨 소용이 있겠습니까? 그런 방법이 버젓이 통할 것이라고 생각하는 것 자체에 저는 사기성이 있다고 보는 것입니다.」[38]라고 하여 일본정부가 국민을 상대로 거짓말을 하고 있다고 비난했다.

또한 나라자키(楢崎) 위원은 「양국의 합의가 이루어지지 않은 하나의 증거로서 지도에 표시되어 있지 않습니다.」「이것은 중요한 문제입니다. 당신들도 강조하고 있는 분쟁사항인 죽도가 지도에 없다는 것은 도대체 어떻게 된 일입니까? 이런 지도가 어디에 있습니까?」[39]라고 하여 「죽도」 표기가 없음을 지적했다. 이에 대해 니와 정부위원은 「울릉도가 여기니까 죽도는 이 부근입니다.」[40]라고 하여 한일협정의 지도에 울릉도만을 표기하고 독도를 표시하지 않았음을 인정했다. 이는 당초 일본정부가 죽도를 한일협상의 의제로 삼을 생각이 없었음을 알 수 있다.

니노미야 분조(二宮文造)는 「좀 전에 총리가 현재 한국이 점거하고 있다고 하셨는데 그 점거하고 있는 상태가 해결될 때까지 이어진다는 말씀입니까」라고 질문을 했다. 이에 대해 시이나 외무대신은 「여러 번 항의를 반복할 뿐입니다. 이른바 병력으로 항의를 할지도 모르겠습니

38) 마쓰모토 위원의 발언, [214/254] 50-중의원-일본과 대한민국 간...-4호, 1965년 10월 27일, p.962.
39) 나라자키 위원의 발언, [214/254] 50-중의원-일본과 대한민국 간...-4호, 1965년 10월 27일, p.969.
40) 니와 정부위원의 발언, [214/254] 50-중의원-일본과 대한민국 간...-4호, 1965년 10월 27일, p.969.

다만, 아무튼 국제분쟁을 무력으로 해결할 수 없고, 하지 않는다는 것이 헌법상의 원칙입니다. 구나시리, 에토로후도 같은 상황입니다.」[41]라고 하여 분쟁의 무력사용을 금지하고 있는 일본국헌법이 개정되지 않는 한 「헌법상의 원칙」에 따라 한국의 실효적 지배를 무력화할 방법이 실제로 없다는 것이다. 일본정부는 이번 협정에서 「죽도 분쟁화」의 실패를 1956년 한소공동성명에 의한 「북방영토문제」와 동일시하는 발언으로 여론의 비난을 피하려고 했다.

요컨대, 일본정부는 한국이 독도를 점유하고 있는 상황에서 분쟁을 무력으로 해결하는 것을 금지하는 일본국 헌법규정상 무력 점령으로 인한 독도문제 해결(일본영토화)이 불가능하다는 것이다. 이 때문에 이번 협정에서 양국의 합의에 의해 독도가 분쟁지역임을 인정하는 교환공문을 교환함으로써 이를 토대로 국교정상화 이후에 양국이 평화적으로 해결할 수 있는 기반을 조성했다고 주장했다. 그러나 실제는 그렇지 않다. 한일협정 지도에도 「죽도」가 표시되어 있지 않은 것처럼 일본정부는 독도문제를 의제로 삼을 생각이 없었다. 그런데 1965년 조약체결 마무리 시점에서 일괄타결방법으로 한국정부로부터 분쟁지역임을 인정받으려고 했다. 그러나 독도문제가 존재하지 않는다고 하는 한국정부의 입장이 너무나 단호했기 때문에 결국 한국의 동의를 받아내지 못했다. 하지만 「현안을 외교적으로 해결하고 이것이 불가능할 경우에는 조정한다.」고 하는 「교환공문」을 만들어 한국의 동의를 요구했다. 그러나 한국은 독도가 포함되지 않는다는 것을 승인했다. 그런데 일본은 이러한 「교환공문」을 일방적으로 해석하여 「평화적으로 해결할 방향을 결정했다」고 거짓으로 일본국민을 속이려고 했던 것이다.

---

41) 니노미야 분조(二宮文造)의 발언, [226/254] 50-참의원-한일조약 등 특별위원회-5호, 1965년 11월 26일, p.1029.

# 7. 맺으면서

이상에서 한일협정 체결을 비준하기 위한 일본의 비준국회에서 「죽도문제」에 대한 야당위원의 추궁과 정부위원의 답변을 통해 독도문제의 본질에 관해 살펴보았다. 그 내용을 정리하면 다음과 같다.

첫째, 이번 비준국회에서 경관이 무력으로 독도에 상주함으로써 한국이 독도를 실효적으로 지배하고 있고, 일본인이 접근할 경우 발포하기 때문에 일본 국회의원들조차도 독도 시찰이 불가능함을 알게 되었다. 또한 일제시대에 이어 전후에도 일부 일본인들이 일본정부로부터 독도의 광산 채굴권과 어업권을 승인받았지만 실질적으로 행사하지 못하고 있다는 사실을 확인했다.

둘째, 이번 한일협정의 비준국회에서 최대 논점은 「교환공문」에 독도가 포함되었는가에 관한 것이었다. 일본정부는 독도문제가 한일간의 유일한 현안이므로 교환공문은 독도문제 해결을 위한 것이라는 주장이었다. 반면 한국의 입장은 독도문제는 존재하지 않는다. 따라서 한일협정의 의제가 될 수 없기 때문에 교환공문에 독도가 포함되지 않았다는 주장이었다.

셋째, 결국 양국은 서로의 입장을 존중한다고 하는 내용의 「독도밀약」으로 교환공문을 작성한 것이었다.

넷째, 그럼에도 불구하고 일본정부는 비준국회에서 줄곧 교환공문에 독도가 포함되었음을 한국정부가 동의했다고 거짓 주장을 했다. 또한 일본은 한국으로부터 분쟁지역화를 유도하기 위해 국재사법재판소에 기소하겠다고 협박을 하기도 했지만 한국은 여기에 끝내 동조하지 않았다.

# 제3부
# 한일협정
# 직후 시기의
# 일본국회의 공방

# 현 일본정부의 '죽도문제' 본질에 대한 오해

제8장

## 1. 들어가면서

전후 동북아시아 국제정세를 보면 소련 중심의 공산진영과 미국 중심의 자유진영이 대립하게 되었고, 특히 미국은 동북아시아에 있어서 소련, 중국, 북한 등의 공산진영에 대응할 수 있도록 한국과 일본의 국교정상화가 시급한 과제였다. 미국의 재촉으로 종전 후 지연되고 있던 한국과 일본 사이에 국교정상화가 15년 만에 합의하게 되었다.

한일협정은 1965년 6월 22일 한일 양국대표가 도쿄에서 기본관계, 어업, 청구권 및 경제협력, 재일한국인의 법적 지위 및 처우, 문화재 및 문화협력, 분쟁해결에 관한 제반 조약[1]에 서명했고 12월 18일 서울

---

1) 후지사키 마사토(藤崎万里) 정부위원의 발언, [223/254] 50-참의원-한일조약 등 특별위원회-2호, 1965년 11월 22일, p.1016.

에서 비준서를 교환했다.

현재 한일 양국 사이에는 한일기본조약이 체결되고 46년이 경과했음에도 불구하고 한일기본조약에 규정된 내용을 둘러싸고 그 진위공방이 계속되고 있다. 특히 그중에서도 좀처럼 합의를 도출해내지 못하고 봉합하는 형태로 애매하게 처리한 3현안이 있었다.[2] 그것이 바로 독도 영유권문제, 평화선의 법적지위, 북한을 합법정부로 인정할 것인가 문제였다.[3] 비준국회에서 일본사회당은 3현안에 대해 한일 양국의 입장 차이가 너무 커서 한국 국회회의록을 제출할 것을 정부여당에 요구했고, 정부 여당은 근린국가의 회의록을 제출할 수 없다고 거부하고 3현안을 그대로 국회에 상정하려고 했고, 이에 대해 사회당은 국회의 권위를 훼손하는 것이라고 하여 상정을 막겠다는 입장이었다.[4]

본 연구는 3현안 중에서 특히 「독도영유권문제」에 대해 양국 간에 어떻게 처리되었는가를 고찰하려고 한다. 비준국회의 의회기록은 독도 영유권문제의 본질을 이해하는데 매우 중요한 자료이다. 독도[5]문제는 현재에도 양국이 대립되고 있는데, 당시 한국정부는 독도문제는 존재하지 않는다는 입장을 관철했다는 주장이고, 일본은 「죽도문제」를 한일협정의 「분쟁해결에 관한 교환공문」에 포함시켰다고 주장하고 있다. 양측의 주장이 이렇게 다른데, 어느 쪽이 진실인가를 분명히 할 필요가 있다. 한일협정이후 45년이 지나면서 「독도밀약설」이라든가, 한일기본

---

2) 야나기다(柳田) 위원의 질의, [204/254] 50-중의원-의원운영위원회-1호, 1965년 10월 5일, p.916.
3) 본고에서 다루지 않은 2현안에 대해서는 다음 연구과제로 함.
4) 가도야 겐지로(角屋堅次郎)위원의 질의, [205/254] 50-중의원-본회의-1호, 1965년 10월 5일, p.918.
5) 본고에 사용하는 독도의 명칭은 일본측의 용어로서 「죽도」·「다케시마」, 한국측의 용어로서 「독도」를 표기한다.

조약이 공개되어 사실관계가 다소 분명해진 부분도 없지 않다.

본 연구의 목적은 한일기본조약에 있어서 「죽도문제」의 본질을 파악하는 것이다. 연구방법으로서는 먼저 한일기본조약에서 독도 관련규정을 살펴보고, 둘째로는 그 이후 45년간 밝혀진 내용을 토대로 한일기본조약의 독도관련규정의 본질을 분석한다. 셋째로는 한일조약을 체결하고 비준절차를 밟는 과정에 정부요인과 국회의원 사이에 일본국회에서 벌어지는 논쟁을 분석하려고 한다. 특히, 1965년 전후의 일본 국회 의사록6)을 중심으로 분석한다.

선행연구에 관해서는 최근 동북아역사재단에서 「일본국회 독도관련 기록모음집」을 번역 출간됨으로써 사료의 중요성에 입각해서 이 사료를 연구하는 학자가 늘고 있다.7) 그러나 본 연구처럼 독도영유권문제의 본질을 규명하기 위해 1965년 6월 22일 협정체결 직후의 비준국회 논쟁과정을 분석하여 「독도밀약설」과 비교분석하는 방법으로 행해진 연구는 없다.

---

6) 국회의사록은 「서로 사태를 분명히 해 일본정부는 어떤 주장을 하고 있고 한국정부는 어떤 주장을 하는지, 일치하는 부분이 어디고 대립하는 것은 무엇인지 이것을 서로 국회를 통해 분명히 밝히고 이해해서 이조약이 조인되고 비준되어야만 저는 장래 화근이 남지 않는다고 생각합니다.」(마쓰모토 위원의 발언, [214/254] 50-중의원-일본과 대한민국 간...-4호, 1965년 10월 27일, p.962.)라고 하는 것처럼 국회 심의를 통해 독도문제의 본질을 알 수 있는 좋은 자료라고 할 수 있다.
7) 정미애(2010.5)「일본의 국회의사록을 통해서 본 독도에 대한 일본의 대응 (1957~1965)」, 『일본공간』vol.7, 국민대 일본학연구소편.

## 2. 독도밀약의 존재가능성
### -비준국회의 '죽도문제' 논쟁 분석-

1945년 일본의 패전으로 한국이 독립된 이후 줄곧 한국은 독도를 실효적으로 점유해왔다.[8] 이는 1965년 10월 27일 마쓰모토 위원이 죽도현황에 관해 질문했을 때,[9] 시이나 외무대신의 발언으로도 알 수 있다. 즉 시이나 외무대신은 「아주 최근 실정에 대해서는 소상히 알지 못합니다만, 죽도에 대해 저희가 알 수 있는 최근 정보로는 약간의 경관인지 군인인지는 모르지만 어쨌든 무장한 사람들이 20명 정도 죽도를 점거해서 섬에 접근하는 자가 있으면 발포하는 상황입니다. 최근 국회의원 유지들이 죽도 실정을 시찰하고 싶다고 하셔서 심의 관계상 실정을 보시는 것도 타당하다는 생각에서 상황을 알아봤는데 여전히 이런 상태였습니다. 그래서 이곳에 가까이 다가가는 것은 위험한 일로 사료됩니다.」[10]라고 대답했다. 또한 「아시아국 집무일보」(1953년 1~12월호)에 의하면 「1965년 7월 12일 제4차 순시를 위해 죽도로 출발한 순시함은 한국어민 약 30명이 한국경찰관 7명의 보호아래 어선 3척을 사용해 어업을 진행하고 있는 것을 발견했다. 이에 죽도가 일본령임을 설명하고 재빨리 철수할 것을 요구했다. 이것에 대한 한국 관헌은 우리 요구에 불응함은 물론 순시함이 섬에서 떨어지는 것을 빨리 갑자기 수십 발의 총격을 가해 왔다. 그 중 2발은 우리 배에 명중했지만 인명피해는

---

8) 최장근(2009) 『독도문제의 본질과 일본의 영토분쟁 정치학』제이앤씨, pp.235-278.
9) 마쓰모토 위원의 발언, [214/254] 50-중의원-일본과 대한민국 간...-4호, 1965년 10월 27일, pp.958-959.
10) 마쓰모토 위원의 발언, [214/254] 50-중의원-일본과 대한민국 간...-4호, 1965년 10월 27일, p.959.

없었다.」[11]라는 상황이었다. 이를 볼 때 일본정부가 '죽도문제'를 일본에 유리하게 해결하는 것은 사실상 불가능함을 인식하여 정책전환이 필요하다는 생각을 하고 있었던 것이다.

일본은 독도문제를 일본에 유리하게 타결한다는 것의 어려움을 인식하고 1962년 2월 22일 고사카 외무대신이 김종필 중앙정보부장과의 외상회담에서 「독도문제를 국제사법재판소에 제소하고 한국측이 이에 응소할 것을 바란다.」라고 하여 국제사법재판소에서 해결할 것을 제안했다.[12] 이에 대해 한국이 응하지 않자, 일본정부는 그 이후 이를 유보해오다가 1965년 시점에서 독도문제를 일괄적으로 타결할 방침을 결정했다. 일본정부는 경제지원을 대가로 한국정부에 대해 독도영유권의 양보를 요구했다. 그러나 한국정부는 독도문제는 존재하지 않을 뿐만 아니라 만일 일본이 이를 의제로 삼을 경우에는 한일협정을 체결하지 않을 수도 있다고 하여 독도영유권에 대한 확고한 입장을 밝혔다.

한일회담에서 일본의 주된 목표는 양국관계를 정상화하는 일이 14년이나 지속되었기 때문에 사토내각에서는 양국관계의 정상화를 위해 한일협정 체결을 지상과제로 삼고 있었다. 독도문제의 해결은 부차적인 것에 지나지 않았다. 그래서 이를 달성하기 위해서라도 독도문제를 어떠한 형태라도 정리를 해야만 했다. 일본은 「독도를 포함하는 여러 현안을 평화적으로 해결한다. 이것이 불가능할 때는 조정에 의한다.」고 하는 교환공문 형태로 현상유지를 위한 확약을 받아두려고 했다. 그런데 한국이 절대로 동의할 수 없다는 입장이었다. 사실 「김 부장은 오히라 외상과 회담에서 "독도 문제를 제3국 조정에 맡기면 어떻겠느

---

11) 2008년 5월 9일에 공개된 32951항목에 이르는 제6차 문서자료 문서번호 1510의 58~60항목, 그리고 63~64항목.
12) [한일회담문서 발췌]-독도 문제 [연합], 2005년 8월 26일.

냐"고 제안했고, 이에 오히라 외상은 "생각해볼만한 안"이라며 제3국으로 미국을 지목했다」[13]라고 하는 것으로 보아 교환공문에 작성된 '조정'은 김종필이 요구한 것이었고 사토 총리가 이를 수용하여 채택된 것이었다.

일본정부로서는 빠른 시일 내에 한일협정을 체결하기 위해서는 양보하는 한이 있더라도 독도문제를 어떠한 형태라도 처리해야 했다. 당시의 이러한 상황에 대해 「한일 간의 향후 우호를 위해 실제로 이 문제(독도문제)를 영구적으로 보류하는 한이 있어도 한일협정을 체결하는 것은 어쩔 수 없었다.」[14]라고 하는 마츠모토 위원의 발언으로 짐작할 수 있다.

그 결과로 도출된 것이 바로 양국의 입장을 서로 방해하지 않는다는 「독도밀약」 때문이었다. '죽도밀약'에 관해서 사토 총리가 「죽도문제는 지금까지 다른 문제와 함께 '일괄타결'하는 방향으로 계속 추진해 왔습니다. 그러나 유감스럽게도 죽도문제는 해결을 볼 수 없었습니다. 참으로 안타까운 일이지만 이 분쟁을 어떻게 해결할 것인지 그 방향은 정했기 때문에 전혀 백지상태라거나 혹은 죽도를 포기했다거나 하는 일은 일절 없습니다. 또 여러분의 지원에 힘입어 반드시 우리 고유의 영유권을 확보하고 싶습니다. 다행히 사회당 여러분도 이것은 우리 일본 교유의 영토라고 주장하고 있어 앞으로도 많은 지도와 편달을 부탁드립니다.」[15]라고 언급한 발언으로도 충분히 짐작할 수 있다. 사토

---

13) 「"독도는 무가치한 섬" 일본서 폭파 제안」, http://www.hani.co.kr/kisa/section-(2010년 6월 4일 검색).
14) 마쓰모토 위원의 발언, [214/254] 50-중의원-일본과 대한민국 간...-4호, 1965년 10월 27일, p.966.
15) 사토 에이사쿠의 발언, [212/254] 50-중의원-본회의-7호, 1965년 10월 21일, p.956.

수상은 한일협정에서 「그 방향만 정했다.」라고 하는 것처럼 한일 양국의 합의를 도출했다는 주장이다. 사실 총리가 「그 방향만 정했다」고 하는 것에는 「교환공문을 중심으로 검토하면 할수록 실은 해결의 전망조차 세워져 있지 않습니다. (중략) 일본입장에서 말하면 죽도를 포함한 분쟁이라고 해야 했을 것이고, 한국입장에서 보면 죽도문제를 제외한 분쟁이라고 해석을 하고 있습니다. 그런데도 해결의 전망이 섰다고 하니 도대체 무엇을 근거로 그런 말을 하는 것입니까」16)라고 하는 마츠모토 위원의 의견처럼, 조약의 해석상으로는 독도가 포함되었다고 말하기 어렵다.

그러나 사토총리는 「분쟁합의공문」에는 '죽도'라는 용어가 포함되어 있지 않지만 죽도가 포함되어있다고 하는 인식을 갖고 있었다. 이를 뒷받침하는 것이 바로 「독도밀약」17)이다. 사토총리는 독도밀약을 승인했다. 이것은 「독도밀약은 합의한 다음날 박정희 대통령의 재가를 받았으며 이 소식을 전해들은 우노 의원은 그간 비밀 유지를 위해 이용하던 용산 미군기지에서 일본의 고노 이치로 건설장관에게 전화로 이 사실을 알렸으며, 고노는 이를 당시 미국을 방문 중이던 사토 총리에게 전했다.」18)라고 하는 것으로 알 수 있다.

독도밀약은 실효적 점유상태에서 독도영유권에 문제가 없다고 하는 한국의 입장을 일본이 존중한다는 것이고, 한국은 독도에 대한 영유권을 주장하고 있는 일본의 입장을 부정하지 않겠다는 내용이었다. 결국

---

16) 마쓰모토 위원의 발언, [214/254] 50-중의원-일본과 대한민국 간...-4호, 1965년 10월 27일, p.960.
17) 「독도밀약」, http://ko.wikipedia.org/wiki(2010년 6월 4일 검색)/.
18) 「42년 전 한·일 '독도밀약' 실체는 … [중앙일보] 2007년 3월 19일, [월간 중앙] 창간 39주년 기념 4월호, http://article.joins.com/article/article.asp?total_id=2665406(2010년 6월 4일 검색).

독도밀약으로는 한국이 한일협정을 조인해야하는 급박한 상황에서 일본의 요구에 의해 독도가 분쟁상태라는 사실을 전적으로 부정하지는 않았다는 것을 의미한다. 그러나 비밀메모이기 때문에 도의적인 문제에 해당될지는 몰라도 법적 효력은 갖지 않는다. 1992년 김영삼정부 시절 독도 접안시설을 준공하였을 때 일본의 항의만 있었을 뿐 독도밀약에 관해서는 언급되지 않았던 점을 지적할 수 있다.

大平善梧[19]는 공술인으로서 국제법학자의 입장에서 「정부당국이 해결의 실마리를 찾았다고 말할 정도로 확실하게 해결될지의 여부는 앞으로 해보지 않으면 모릅니다. 하지만 상대편이 승낙해서 해결될 기회가 없다고도 말할 수 없습니다. 죽도문제가 보류되었지만 일본이 영토권을 포기한 것이 아니라 해결될 가능성을 남긴 채 이번 한일 정상화 조약이 체결된 것이라고 생각한다. 만일 이것이 해결될 때까지 연기했다면 도저히 (한일협정 체결-필자 주) 불가능하지 않았을까요?」[20]라고 하여 교환공문[21]을 독도와 관련된 것이라고 해석하였고, 한일협정에서는 '죽도문제'를 유보했다는 인식을 갖고 있었다. 이런 지적은 일본입장에서 해석한 것이다. 한국입장에서 본다면 독도문제가 존재하지 않는다는 입장을 관철한 것으로 해석된다.

요컨대 일본은 한일협정을 성사시키기 위해 한국에 대해 독도밀약에 동의하도록 했고, 이를 토대로 교환공문이 작성된 것이다. 그러나 한국정부는 교환공문 속에 독도가 포함되지 않는다고 하는 입장을 일

---

19) 「오히라 젠고(大平 善梧)」, 1905년 출생 1989년 3월 사망. 국제법학자(법학박사)로서 一橋大學, 靑山學院大學 명예교수를 지냄.
ja.wikipedia.org/wiki/.
20) 오히라 젠고(大平善梧)의 발언, [228/254] 50-참의원-한일협정 등 특별위원회-1호, 1965년 12월 1일, p.1053.
21) 「분쟁해결에 관한 교환공문」을 「교환공문」으로 줄여서 표기함.

본에게 명확히 했다. 일본은 교환공문 안에 독도가 포함된다는 것을 일방적으로 한국측에 알리는 정도였다. 따라서 교환공문은 독도밀약을 토대로 작성되었지만, 한국정부가 교환공문에 독도를 포함하는 것에 동의하지 않았기 때문에 교환공문과 독도는 무관하다고 할 수 있겠다.

## 3. 「독도밀약」의 진위와 내용

### 3.1 독도밀약설의 대두

한일협정이 체결되고 30년에 지났음에도 불구하고 한일협정자료가 공개되지 않았다. 현재 산적한 한일관계의 문제점을 해결하기 위해서는 한일협정의 내용이 중요하기 때문이다. 이를 위해 일본에서는 「한일협정자료를 공개하는 모임」을 결성하여 법원에 대해 일본정부로부터 한일협정자료와 공개를 요청했고 법원이 이를 인정하여 결국 일본정부는 1999년 한일협정자료를 공개했다. 2007년 11월 16일 세 번째로 자료를 공개했을 때는 먹칠된 부분이 많았다. 특히 그 중에 독도관련 자료는 문서번호 5340번 중 68번에 해당하는 것이었다.[22] 독도관련에 대해서도 한일 양국이 서로 주장이 달라서 일본은 국제사법재판소에 기탁하여 해결하자고 한국을 협박하였고, 한국은 독도 영토문제는 존재하지 않는다는 입장으로 제3국의 중재를 제안하기도 했다. 그 결과 한일협정 체결을 최우선 목표로 삼았던 일본정부는 「분쟁해결에 관한 공문」을 삽입하여 한일조약을 체결하기에 이르렀던 것이다. 그 과정에

---

22) 이는 한일 양국의 의견이 대립되던 시기여서 일본이 불리하게 처리된 부분이다. 국회의사록 참조. http://jpnews.kr/sub_read.html?uid=2883(2010년 6월 4일 검색).

서 한일 양국은 「분쟁해결에 관한 공문」을 위해 일종의 밀약 형태의
약속이 있었던 것으로 짐작된다.

노 대니얼은 2006년 6월 나카소네 총리와의 인터뷰에서 1965년 한
일 국교정상화 타결을 앞둔 5개월 전 독도를 둘러싼 밀약에 합의되었
다는 언급을 듣고 한국과 일본의 생존자 증언과 자료를 근거로 추적하
여 그 내용을 『월간중앙』을 통해 독도밀약의 존재를 발표했다.23) 독도
밀약은 「한일 기본조약에서는 언급하지 않는다.」는 원칙 아래 「앞으로
해결해야한다」는 것으로 일단 해결한 것으로 간주한다는 것이었다.

## 3.2 독도밀약의 등장 배경과 미국의 영향

미국은 자유진영과 공산진영이 대립되는 국제정세상황에서 극동아
시아에서 한국과 일본이 국교를 회복하여 일본자본의 한국유입으로 주
한 미군의 유지비 절감 등을 위해 원활한 양국관계를 요구했던 것이
다.24) 그래서 한일 양국에 대해 한일협정을 신속히 체결할 것을 요구
했다. 특히 독도문제가 원만하게 해결되지 않아서 한일협정이 지연되
자, 미국은 독도문제에 관여했다. 1965년 5월 17일 박정희 대통령이 미
국을 방문했을 때, 당시 미국 국무장관 딘 러스크가 독도문제 해결을

---

23) 최희식(2007)「한일회담에서 독도영유권 문제」, 『국가전략』제15권 제4호,
2009, p.127. 노 대니얼, 「한일협정 5개월 전 독도밀약 있었다」, 『월간중앙』
4월호, pp.107-108.

24) 「美 "독도 한일 공동 소유하라", 박정희 "있을 수 없는 일" 1965년 한-일
수교협상 때 美압력, 비밀 해제된 문서 통해 확인」, 『프레시안』2005년 4월
21일, 「美국무부 문서, "美, 지난 1965년 독도 한-일 공동소유 제안." 한국
일축」, 2005년 4월 21일 SBS에 따르면, 이 같은 사실은 최근 기밀 해제된
미국 국무부 문서 '1964-68 미국의 외교관계 29편' 363호를 통해 드러났음.
미국은 1965년 독도를 한일 양국이 공동 소유하는 방안을 제시한 것임.
http://www.pressian.com/article/article.asp?article_num=30050421091908
&Section=(2010년 6월 4일 검색).

위해 한일 양국이 등대를 설치하여 공동으로 소유하는 방안을 제안했다. 이에 대해 박정희 대통령은 '있을 수 없는 일'이라고 거부했다.[25] 이처럼 미국은 한일협정을 조기에 체결하기 위해 한일 양국이 독도를 공동으로 소유할 것을 제안했던 것이다. 한국이 독도를 실효적으로 지배하고 있는 상황에서 미국이 공동소유를 제안한 것은 분쟁지역화를 시도하고 있던 일본의 입장에 동조한 것이었다.

또한 윈트롭 브라운 주한 미국 대사가 1965년 6월 15일 한일 간 독도문제를 '원만히' 해결하도록 한국에 대해 독도문제를 위한 한일 외교장관 회담개최를 강요했다. 브라운 대사는 미국무부에 대해 박정희 대통령이 "일본이 우리 입장을 받아들인다면 별도 회담 없이도 문제가 해결될 것이고 받아들이지 않는다면 회담이 무의미하다"고 했다고 보고했다. 당시 주일대사를 지내고 있던 김동조 대사가 "한일회담의 전권을 자신이 갖고 있기 때문에 외무장관 회담은 필요 없다."라고 답신하여 결국 장관급회담은 성사되지 않았던 것이다.[26] 이를 보면 미국이 독도문제해결에 직접 개입하고 있었음을 알 수 있다.

이처럼 미국이 독도 문제를 중재하려고 했던 것은 당시 독도 영유권 확보를 위해 지속적으로 미국을 설득하고 있던 일본의 로비에 의한 것이었다.[27]

---

25) 동상, 「美 "독도 한일 공동 소유하라", 박정희 "있을 수 없는 일" 1965년 한-일 수교협상 때 美압력, 비밀 해제된 문서 통해 확인」, 『프레시안』2005년 4월 21일.
26) 동상, 「美 "독도 한일 공동 소유하라", 박정희 "있을 수 없는 일" 1965년 한-일 수교협상 때 美압력, 비밀 해제된 문서 통해 확인」, 『프레시안』2005년 4월 21일.
27) 최장근(2005) 「대일평화조약에 있어서 영토처리의 정치성」, 『일본의 영토분쟁』백산자료원, pp.33-71.

## 3.3 독도밀약을 주도한 일본의 입장

한일회담은 15년간의 협상 끝에 독도문제를 마지막으로 최종적인 합의를 도출하려고 하고 있었다. 한국은 맥아더라인을 토대로 평화선[28]을 설치하여 독도를 실효적으로 점유하고 있는 상황에서 독도의 영토문제는 존재하지 않는다는 것으로 일본이 독도를 의제로 삼는다면 한일협정을 체결하지 않겠다는 단호한 입장이었다. 그러나 일본의 입장에서는 평화조약과 같은 성격을 띠고 있는 한일협정을 체결하면서 '죽도문제'를 해결하지 않을 수 없는 것이었다.[29] 그래서 일본정부는 '죽도문제' 해결의 실마리를 찾지 못하자 타 현안과 함께 일괄 타결하는 방법으로 '죽도문제' 해결을 시도하고 있었다.

일본이 한일회담에서 '죽도문제'를 공식적으로 거론한 것은 1962년 9월 3일 「제6차 한일회담, 제2차 정치회담, 예비절충 제4차회담」이다.[30] 당시 일본측(이세키 유지로 아시아국장)은 「사실상 독도는 무가치한 섬이다. 크기는 히비야공원 정도인데 폭파라도 해서 없애버리면 문제가 없을 것이다.」 이번에 「국교정상화 후에 국제사법재판소에 제소하자는 것을 정하자는 것이다.」 이에 대해 한국측(최영택 참사관)은 「독도문제를 왜 또 꺼내려고 하는가? 고노 이치로씨는 독도는 국교가 정상화되면 피차가 가지라고 하더라도 갖지 않을 섬이라는 재미있는 말을 했다.」 「국교정상화 후에 이 문제를 논의하는 것이 어떻겠는가?」 「중요하지도 않은 섬이고 한일회담의 의제도 아니므로 국교정상화 후

---

28) 평화선은 대일평화조약이 체결되면서 미국을 중심으로 한 연합국이 독도의 지위를 명확히 하지 않게 되자, 한국정부가 기존의 맥아더라인을 토대로 한국의 주권선을 설정한 것임.

29) 김영수(2010.4) 「한일회담과 독도영유권(2)-과거사인식과 독도영유권 문제와의 관련을 중심으로-」, 『민족문화논총』제44집, pp.145-181.

30) 한국외교문서, 1962B, p.25.

에 토의한다는 식으로 별도로 취급함이 어떤가?」라고 했다. 이에 대해
일본측은 「영토문제라는 점에서 여러 가지 사정이 있으므로 그렇게 하
려고 한다.」라고 했다. 일본정부가 이처럼 「죽도문제」를 유보하려는
생각을 갖고 있음에도 불구하고 「죽도문제」를 한일협정에서 해결하려
고 했던 것은 국회비준에서 사회당의 반대를 의식했기 때문이다.[31]
1962년 8월 2일 요시다 수상도 배의환 주일대사와의 면담에서 「국교정
상화를 위한 회담」이라고 하여 「고사카외상이 독도문제를 제기한 것은
몰상식한 일이라고 생각한다.」라고 했다.[32] 오노 자민당 부총재는 독
도 공유론을 제안하기도 했다.[33] 이처럼 일본은 독도에 대한 영토의식
이 그다지 크지 않았다.[34]

　일본정부는 이러한 상황에서 1956년경 '죽도문제' 해결을 위해 「일한
회담의제의 문제점」[35]이라는 내부용 자료를 만들었다.[36] 독도문제와
관련된 내용을 발췌하면 다음과 같다.[37]

---

31) 1963년 1월 11일 회의에서 스기 미치스케 수석대표의 발언, 「독도문제는
　..천천히 토의해도 될 문제이다. 그런데 사회당이 떠들고 있으니..」에서 알
　수 있음. 한국외교문서 1963A, p.24
32) 한국외교문서, 1962B, p.23.
33) 한국외교문서, 1963A, p.8.
34) 최희식(2009) 「한일회담에서 독도영유권 문제」, 『국가전략』제15권 제4호,
　p.123.
35) 일한회담문서·전면공개를 요구하는 모임　공동대표 吉澤文寿는 「第3次開
　示文書について」(2007년 11월 27일 작성)에 의하면 〈文書番号68 「日韓
　会談議題の問題点」(1956年作成か)〉라고 하여 1956년경에 작성된 것으로
　보고 있음. http://jpnews.kr/sub_read.html?uid=2883(2010년 6월 4일 검색).
36) 한일회담문서 전면공개를 요구하는 모임 / JPNews, 「일본이 감추고 싶어
　/ 독도의 비밀(4부)」, 2010년 3월, http://kr.blog.yahoo.com/badasok2004
　/1384937(2010년 6월 4일 검색).
37) 동상. 「일본정부는 3차 공개문서를 공개할 당시 12개문서 26군데에 달하
　는 문서를 부분공개 및 비공개한 이유에 대해 '교섭 상 불이익이 예상되
　기 때문'이라고 말했었다」고 한다. 〈제1 비공개문서 '독도문제에 관한 문

첫째, 「일한 양국의 국민감정도 있기 때문에 본 문제에 대해서 지금 어떤 타협을 하는 것은 양쪽 모두 곤란해 질 수 있다. 따라서 얼마간은 상대의 불법행위에 대한 항의를 거듭하면서 우리 영토권의 보전 및 유보를 꾀하는 종래의 방식을 이어나가 사태의 추이를 지켜볼 수밖에 없다.」

즉, 양측 모두 한일협정에서 독도문제를 타결하기 어려우니까, 협정에서 상대의 입장을 존중하는 방법으로 독도문제를 유보하는 것이 좋다는 것이었다.

둘째, 「다니(谷)-김 대표간의 회담에 있어서도 다케시마 문제 때문에 다른 현안의 해결에 지장을 줘서는 안 된다는 방침이었다. 또 전체적으로 좋아진 분위기를 활용해 쌍방 간의 면목을 세워주는 방식으로 타결하자는 견지에서 다케시마 문제는 한일회담과는 별개로 합의하자는 데 동의하여 다루지 않았다.」

즉, 죽도문제 때문에 15년간 끌어왔던 한일협정 체결에 지장을 주

---

헌자료'(문서 137)〉라는 제목으로 「1. 비공개 정보의 내용 등 : 외무성 아시아국 극동 아시아과(당시) 내 일한국교정상화 교섭사편찬위원회가 작성한 문서이다. 해당문서는 다케시마 문제에 관한 문헌자료(주로 외무성에서 작성된 것)의 리스트 및 그 개요 등이다. 2. 비공개 이유 : 해당 기재 내용은 현재의 일한관계에 있어 최대 현안사항중 하나인 다케시마 문제에 관해 우리나라(일본)의 대응에 관한 당시의 내부 검토 상황 등을 언급한 문서이다. 이 문제는 우리나라의 국회심의에 있어서도 항상 논의되어 왔으며 한국 측에서도 주일대사관에 대한 항의행동이 심심찮게 일어나는 등 일한 양국민이 각각 높은 관심을 가지고 있는 상황이다. 따라서 그 정치적 중요성, 역사적 경위, 국제법상의 논점, 양국국민의 감정, 나아가 국제사회의 인식 등도 포함해, 우리나라의 입장이 불리해지지 않도록 세심한 주의를 기울일 필요가 있다. 그렇기 때문에 이것을 공개함에 따라 우리나라가 앞으로의 교섭에서 불리해질 가능성이 있다고 행정기관이 장(長)이 판단하는 등 정보공개법 5조 3항에 따라 (비공개에 걸 맞는) 상당한 이유가 있다.」라고 하여 비공개의 이유를 밝히고 있다.

어서는 안 되고, 양국관계가 원만한 상황에서 양국이 상대방의 면목을
세워주는 방식으로 한일협정과 별개로 합의하자는데 합의했다는 것
이다.

셋째, 「다케시마는 일본해의 고도(孤島)로 왕년에는 물개 사냥과
얼마 되지도 않는 조개나 해초를 채취했던 ■■■■■■■■■■■■■
■■■■■■■■■■■■■■■■■■■■■■■■■■■■」[38]

즉, 죽도라는 섬은 실제로 일본에 있어서 그다지 중요한 섬이 아니므
로 이번 협정에서 반드시 해결해야할 문제는 아니라는 것이었다.

이상의 내용으로 보면 일본은 이미 1956년 단계에서부터 독도문제
에 집착하면 한일협정에 지장을 준다고 인식하고 있었던 것이다. 일본
이 「죽도문제」를 유보한다는 인식 아래 「교환공문」을 만들었다면 「독
도밀약」이 존재했을 가능성이 매우 높다. 또한 이 독도밀약은 일본의
제안에 의해 이루어졌음을 알 수 있다.

## 3.4 한국의 대응과 독도밀약의 성립

한일협정 체결의 주된 역할을 담당한 인물은 김종필이었고, 일본측
의 주된 인물건설대신 고노 이치로였다. 독도밀약을 위한 정일권-고노
를 연결하는 결정적인 역할을 한 사람은 한국측은 김종필 형인 김종락,
일본측은 고노 이치로의 측근이었던 당시 요미우리신문 서울 특파원
시마모토 겐로였다.

한국정부는 독도영유권 문제가 존재하지 않는다는 입장으로 한일협
정에서 독도문제를 다루는 것을 거부했다. 이에 대해 일본정부는 「죽

---

38) 동상. 문서공개모임의 이양수 사무차장은 「왕년에는 물개 사냥과 얼마
되지도 않는 조개나 해초를 채취했던, 우리에게는 별로 중요하지 않은 그
저 그런 돌섬이다.」라고 추정하고 있다.

도문제」를 별도로 다룬다는 방침을 세웠다.

한국정부 측의 김종락[39]은 '미해결로서 해결한 것으로 간주한다'로 봉합하는 아이디어를 제공했다.[40] 결국 한국정부는 「대한민국과 일본이 독도 문제를 앞으로 해결해야 한다는 것으로 한다.」라는 입장을 결정했다. 1965년 1월 11일 서울 성북동 박건석 범양상선 회장 자택에서 정일권 국무총리와 우노 소스케 자유민주당 의원이 만났다. 그 자리에는 요미우리신문 서울 특파원 시마모토 겐로, 문덕주(당시 외무부 차관) 우노 소스케 의원, 정일권 총리, 박건석 회장 등이 배석했다.[41] 이 자리에서 우노 소스케 의원이 정일권 총리에게 4개의 부속조항으로 된 독도밀약 문건을 건넸다.[42] 「독도밀약은 다음날 박정희 대통령의 재가를 받았고, 우노 의원은 한국으로부터 박정희대통령이 재가했다는 사실을 보고받은 용산 미군기지에서 전화로 일본의 고노 이치로 건설대신에게 알렸다. 그래서 최종적으로 정일권-고노 사이에 '미해결로서 해결한 것으로 간주함'이라는 대원칙 아래 독도밀약에 합의했던 것이다.[43] 고노는 이 사실을 당시 미국을 방문 중이던 사토 총리에게 전했다.」[44]

박정희정부는 독도밀약으로 독도에 대한 한국의 입장을 관철했다. 독도문제는 한일기본조약 체결에 있어서 가장 큰 걸림돌이었던 것이

---

39) 「중앙일보」2007년 3월 19일, 김종필 전 총리의 친형 당시 한일은행 전무.
40) 「중앙일보」2007년 3월 19일, 월간중앙과의 인터뷰에서 김종락씨 본인이 밝혔음.
41) 「42년 전 한·일 '독도밀약' 실체는 … 「중앙일보」2007년 3월 19일, [월간 중앙] 창간 39주년 기념 4월호, http://article.joins.com/article/article.asp?total_id=2665406.
42) 상동.
43) 상동.
44) 상동.

다.45) 이렇게 해서 합의된 독도밀약의 내용은 다음과 같다.46)

첫째, 독도는 앞으로 한일 모두 자국의 영토라고 주장하고, 이에 반론하는 것에 이의를 제기하지 않는다.

둘째, 장래에 어업구역을 설정할 경우 양국이 독도를 자국 영토로 하는 선을 획정하고, 두 선이 중복되는 부분은 공동 수역으로 한다.

셋째, 현재 한국이 점거한 현 상태를 유지한다. 그러나 경비원을 증강하거나 새로운 시설의 건축이나 증축은 하지 않는다.

넷째, 양국은 이 합의를 계속 지켜 나간다. 이 밀약을 비밀로 하기로 합의했다.

이렇게 해서 양국은 '죽도문제'에 관해서는 '미해결을 해결'로서 봉합함으로써 한일협정의 최대 장애물을 제거했던 것이다.

이로 인해 독도문제는 현재 상태를 유지하기로 했으며, 그 대신에 평화선을 철폐하여 독도 주변어장은 공동으로 활용한다고 결정했다. 그리고 이를 비밀로 유지하기로 약속했는데 김영삼정부 시절 독도의 접안시설을 설치하면서 파기되었다고 할 수 있겠다.

## 3.5 「교환공문」의 성립

일본정부는 「독도밀약」을 바탕으로 구체적으로 「죽도문제」를 해결한다고 하는 취지를 밝히면서 「교환공문」을 작성하여 한국에 제의했다. 여기서 요점은 「중재」로 해결한다는 것이다. 이 「중재」안의 성립과정을 보면 다음과 같다.

1962년 11월 8일 박정희 대통령은 일본이 독도문제를 의제로 삼는

---

45) 한일협정에서 일본은 대한민국에 대해 한반도의 유일한 합법정부임을 인정했고, 또한 경제개발기금을 확보했음.
46) 노 대니얼(2007), pp.107-108.

것은「한국민에게 일본의 한국 침략을 상기시키는 것」이라고 훈령했다. 11월 12일 2차 김종필-오히라 회담에서 오히라가 국제사법재판소에서 해결을 요구했다. 김종필은 이에 대응하여 작전상 현재 상태를 유지하기 위해 제3국 조정안을 제안했고 이에 대해 오히라는 미국을 고려하겠다고 했던 것이다.[47]「교환공문」에 채택된 조정안은 바로 김종필이 제안했던 중재안에서 발전된 형태라고 할 수 있겠다. 일본은 1963년 1월 11일「국제사법재판소 소송이 문제가 아니라 최종적으로 결말을 짓는다는 확증을 얻는 것이 문제이다」라고 하여「제3국이 조정한 결정에 순종한다는 조건을 부친다.」라고 하여 구속력 있는 제3국 조정안을 제시했다.[48] 이에 대해 한국은 제3국의 조정이 안 될 경우에는 다른 방법을 모색하면 된다.」라고 하여 강제력이 없는 조정을 요구했다.[49] 영유권 문제가 한일협정 체결에 최대의 걸림돌로 작용하자 우시로쿠 국장은 협정 성사를 위해서라도 개인적인 견해라는 단서로 당분간 영유권 문제를 보류하고 공동으로 이용할 것을 제안하기도 했다.[50]

이런 과정을 거쳐 이동원 외무장관과 사토 총리는 6월 22일 언론에 발표한다고 최종적으로 합의하는 날을 정했다. 1965년 6월 17일 일본 정부는 한국에「분쟁해결에 관한 의정서」를 제시했다. 여기에는 5조 10개 항목으로 구성되어 독도에 관해서는「양 체약국간의 모든 분쟁은 금일 서명한 모든 조약 또는 협정의 해석 또는 실시에 관한 분쟁 및 독도에 대한 주권에 관한 분쟁을 포함하여 우선 외교상의 경로를 통하

---

47) 한국외교문서, 1962C, pp.165-166.
48) 한국외교문서, 1963A, p.25.
49) 최희식(2009)「한일회담에서 독도영유권 문제」,『국가전략』제15권 제4호, p.126.
50) 한국외교문서, 1963B, pp.44-45.

여 해결하도록 한다.」51)라고 하여 독도영유권을 포함하는 제 분쟁을 다루고 있었다. 일본은 「죽도를 포함하는 모든 분쟁」이라고 하여 죽도를 포함시키려고 했다.52) 한국 대표단은 독도문제가 존재하지 않는다는 입장을 굽히지 않았다. 결국 일본정부는 한국의 입장을 수용하여 재차 6월 18일 독도의 명칭을 삭제하여 「교환공문」53)라는 이름으로 한국에 제시했다. 한국 대표단은 「분쟁해결에 관한 교환 공문」의 원안과 거의 동일한 내용을 일본측에 제시했다. 일본정부는 최종방침을 주일 한국대사에게 전달했다. 주일한국대사는 1965년 6월 19일 한국 외교부장관에게 「독도문제 처리에 대한 일본측 공식제안」54)으로 「분쟁해결에 대한 교환공문」이라는 제목은 「한일 간의 제 분쟁은 별도의 규정이 있는 경우를 제외하고는 외교교섭에 의해 해결하도록 한다. 외교교섭에 의해 해결하지 못한 분쟁은 양국이 합의하는 중재절차에 따라 해결하도록 한다.」라는 교환공문 내용을 전달했다. 사토총리는 협정체결을 더 이상 지연할 수 없다고 하여 한국측이 독도관련에서 양보할 기색이 없음을 인식하고 「일본정부는 교환공문에서 말하는 양국간의 분쟁에 독도문제가 포함되지 않고 장래에 있을 분쟁만을 의미하며 우리(한국) 정부가 장래의 문제만을 의미한다고 주장할 경우 이에 대해 반박하거나 이의를 제기하지 않을 것임을 보장했다.」55)이처럼 사토총리가 직접 독도관련 내용을 삭제하도록 지시했던 것이다.56)

---

51) 한국외교문서, 1965A, pp.374-375.
52) 오재희 인터뷰 2008, pp.160-161.
53) 한국외교문서, 1965A, pp.369-370.
54) [문서제목 없음. 65.1.19]에서 1월 19일은 6월 19일의 착오라고 생각됨.
55) 한국외교문서, 1965B, p.401.
56) 「1963년부터 조약과장과 주일대사관 정무과장으로 회담에 참가했던 오재희(吳在熙) 전 외무차관은 지난 1월 연합뉴스와의 인터뷰에서 "일본은 관철시키려 했던 교환공문상의 '독도를 포함한 양국간의 분쟁은'에서 '독도

한국측은 일본이 제시한 교환공문에 대해 「아국의 합의가 없는 한 중재수속은 물론 조정수속도 밟지 못하게 되는 것」[57]이라고 하여 여기에 동의했고, 한일협정은 체결되기에 이르렀다. 일본은 한국이 제시한 안을 최종적으로 수용했던 것이었다.

결국 한일협정에서는 비밀문서에 한해서는 분쟁지역임을 서로 인정하였다고 볼 수 있다. 그렇다면 비밀문서의 법적인 효력이 문제가 된다. 양자가 합의한 비밀문서는 조약문의 진의를 파악하는데 유익할 것이다. 법적 구속력은 없다.[58] 따라서 한일협정에 있어서는 독도문제는 한국의 의지대로 실효적 지배에 의한 영토주권의 방해를 받지 않았다고 할 수 있다.

---

를 포함한'이라는 문구를 서명장에서 삭제했다"며 "이는 우리측의 반발이 심하자 당시 사토 총리가 협정문 초안을 가져오라고 지시, 관련 문구를 직접 펜으로 그어버린 것"이라고 증언한 바 있다.」
「[한일회담문서에 나타난 독도 공방 」, http://www.donga.com/fbin/output?n=200508260273(2010년 6월 4일 검색).
57) 한국외교문서, 1965A, p.390. [한일회담문서 발췌]-독도 문제 [연합], 2005년 8월 26일, http://article.joins.com/article/article.asp?Total_ID=1663802 (2010년 5월 1일 검색).
58) 이는 김영삼정부 시절 접안시설을 설치하였을 때 일본이 항의하였음에도 불구하고 완공되었던 점으로도 알 수 있음.

# 4. 일본정부의 '죽도문제' 처리의 정치성과 본질에 대한 오해

## 4.1 당시 일본정부의 '죽도문제' 처리의 정치성

### ① 교환공문에 「죽도」가 포함되었다고 하는 주장

사실 한일협정의 교환공문에는 독도라는 명칭을 명기하지 않았다. 그런데 일본정부는 비준국회에서 이 교환공문은 독도문제를 위한 것이라고 주장했다. 한국이 동의했다는 것이다. 독도의 명칭을 삽입하지 않은 이유에 대해 시이나 외무대신은 「어쨌든 절대로 이것은 (한국이) 자신의 영토라고 주장하고 국민들에게도 그렇게 말하고 있을 정도로 심각한 분쟁입니다. 양국의 분쟁으로 주된 것은 다른 조항에서 모두 마무리했습니다. 이것은 일본이 30여 차례나 항의를 제출한 것이고, 한국은 한국대로 또 20여 차례 항의문을 제출한 상태입니다. 한일 간에 이런 분쟁은 없습니다. 그리고 이 분쟁에서 죽도를 제외한다고는 어디에도 쓰여 있지 않습니다. 따라서 이것은 교환공문에 적힌 분쟁이 분명하며 그 해결방법으로는 양국 국교정상화 후 정상적인 외교채널을 통해 이 문제를 협상하고 만약 그래도 안 될 경우에는 조정에 부치겠다. 조정은 중재에 비교해 구속력이 없고 효력도 약하지 않은가 하는 의문을 갖고 계실지 모르지만 국제분쟁을 판가름할 경우 조정이나 중재를 비롯한 여러 수단이 강구되는 것으로 조정이 반드시 안 좋은 것은 아닙니다. 이 조정을 시작할 경우에는 양국이 합의한 방법에 따라 조정자를 선택해서 그 결론을 토대로 양국이 선처하는 그런 순서로 되어 있습니다. 따라서 분명해결 전망이 서 있는 것입니다.」[59]라고 하여 죽도문제를

---

59) 시이나 외무대신의 발언, [214/254] 50-중의원-일본과 대한민국 간...-4호,

위한 것이라고 주장했다.[60] 사실 한국정부는 독도가 분쟁지역이라는 것을 인정하지 않았지만 비밀문건으로 양국의 입장을 존중한다고 했다. 그러나 한국은 종전과 같이 동일하게 독도문제가 존재하지 않는다는 입장을 관철했던 것이다. 따라서 교환공문에는 독도를 위한 것이라고 한국이 합의한 것이 아님을 알 수 있다. 일본은 독도를 위한 것이라고 말하지만, 결코 한국이 독도문제에 동의한 것은 아니었다.

이러한 일본정부의 주장은 한일협정을 이해하는데 있어서 독도영토 주권을 왜곡하는 근원이 되고 있다. 일본정부가 협정의 본질과 다르게 일본국민에게 공포했기 때문이다. 그래서 오늘날 일본정부가 독도영유권을 주장하는 것은 한일협정에서 독도영유권을 본질대로 알리지 않고 왜곡하여 발생한 것임을 알아야할 것이다. 이러한 사실은 국회의사록에 남아있는 일본정부요인과 야당의 전문위원간의 논쟁에서 확인할 수 있다.[61]

### ② 「죽도문제」가 평화적으로 해결되었다는 주장

한국은 죽도문제가 존재하지 않는다는 입장을 분쟁지역이라고 하는 일본의 주장에 한 번도 양보한 적이 없었다. 그런데 일본정부(시이나

---

1965년 10월 27일, pp.961.
60) 김영수(2008) 「한일회담과 독도영유권 -샌프란시스코 강화조약과 한일회담기본관계조약을 중심으로-」, 『한국정치학회보』제42집 4월호. 김영수(2010.4) 「한일회담과 독도영유권(2)-과거사인식과 독도영유권 문제와의 관련을 중심으로-」, 『민족문화논총』제44집, pp.145-181. 이원덕(1996) 「한일회담과 일본의 전후처리 외교」, 『한국과 국제정치』Vol.12, 경남대학교 극동문제연구소. 이원덕(2005) 「한일회담에서 나타난 일본의 식민지지배의 인식」, 『한국사연구』Vol.131, 한국사연구회.
61) 동북아역사재단편(2009) 『일본국회 독도관련 기록모음집 (1부)1948~1976년)』, 동북아역사재단 참조.

외무대신)는 일본국민들에게 한일협정에 있어서 「이 교환공문의 글자 하나, 구절 하나에 대해 양측이 완전히 합의했습니다.」[62]라고 하여 죽도문제가 평화적으로 해결되었다고 주장했다. 교환공문은 비밀협약에 의한 '미해결을 해결로 간주한다'고 하는 문건으로 결정된 것이지만, 한국은 교환공문이 독도를 위한 것이라는 것 자체를 인정하지 않았을 뿐만 아니라, 독도밀약에 대해서도 독도문제가 존재하지 않는다고 하는 종래의 입장을 관철했다. 따라서 한일협정에서 독도문제가 평화적으로 해결된 부분은 아무 것도 없다. 이러한 사실은 정부요인과 야당의 전문위원 간에 벌어지는 국회의사록의 '죽도문제' 논쟁에서 확인할 수 있다.[63]

### ③ 「죽도문제」가 평화적으로 해결될 것이라는 주장

일본정부는 한일협정 체결이후에 「죽도문제」가 평화적으로 해결될 것이라고 주장했다. 독도영유권은 한일협정에서 한국이 독도를 실효적으로 지배하고 있는 상황에서 독도문제가 존재하지 않는다고 하는 입장을 포기하지 않았고, 독도밀약에 있어서도 독도문제가 존재하지 않는다는 한국의 입장을 굽히지 않았다. 게다가 한국정부가 교환공문에 서명한 것은 그 교환공문 자체에 독도라는 명칭이 없기 때문에 독도와 무관할 뿐만 아니라 게다가 '조정'에 의한다고 하였기에 그것은 한국이 조정에 응하지 않으면 된다는 것이었다. 그럼에도 불구하고 일본정부는 「교환공문에 의해 죽도문제를 미래에 평화적으로 해결할 수 있는 길이 열렸습니다. 죽도가 우리 일본 고유의 영토라는 것은 두말 할 나

---

62) [193/254] 49-중의원-예산위원회-2호, 1965년 8월 4일, p.882.
63) 동북아역사재단편(2009) 『일본국회 독도관련 기록모음집 (1부)1948~1976년)』, 동북아역사재단 참조.

위가 없습니다. 정부는 앞으로도 죽도 영유권에 대해 강력히 주장할 생각입니다. (박수)」[64]라고 주장한 것은 일본의 입장에서 본다면 사토 총리가 「죽도문제」를 양보한 매국노라 불리는 것을 숨기기 위해 일본 국민을 기만한 행위이다. 1965년 이후 독도문제가 해결되지 않고 있는 것만 보더라도 당시 일본정부의 주장이 얼마나 근거 없는 정치적 발언 이었던 것인가를 알 수 있다.

### 4.2 현 일본정부의 '죽도문제'에 대한 오해

① "한국이 독도를 무력으로 불법 점령하고 있다"고 하는 주장

한국이 독도를 실효적으로 지배하기 시작한 것은 1945년 8월 15일 일본이 패전과 더불어 한국이 포츠담선언에 입각하여 독립되면서부터 이다. 한국이 독도를 실효적으로 지배하게 된 법적 배경은 SCAPIN 677 호와 SCAPIN 1033호의 맥아더라인에 의한 것으로 일본인의 독도접근 이 금지되었다. 전후 연합국이 독도를 한국영토로서 조치하여 한국이 실효적으로 점유하게 되었고, 여기에 대해 연합국측의 공식적인 이의 가 전혀 없었다. 일본정부는 이러한 독도에 대한 한국의 실효적 지배를 묵인해 오다가 1951년 9월 대일평화조약이 체결되어 맥아더라인이 철 폐되는 것을 계기로 돌연 독도에 대한 영유권을 주장하고 독도에 대한 한국의 실효적 지배를 불법점령이라고 주장하기 시작했다. 연합국은 한국이 맥아더 라인에 의해 실효적 지배를 하고 있는 상황을 취했거 나 대일강화조약에서 독도가 한국영토가 아니라고 규정한 것이 없다. 다만 연합국은 한국이 실효적으로 지배하고 있는 상황에 있는 독도에 대해 지위결정을 피했던 것뿐이다. 따라서 맥아더라인에 의한 한국의

---

64) [207/254] 50-참의원-본회의-4호, 1965년 10월 13일, p.921.

독도 실효적 지배는 정당하다. 한국정부는 이러한 정당한 행위를 재확인 하는 차원에서 1952년 1월 28일 평화선을 선언하여 독도가 한국영토임을 대외적으로 선언했다.[65] 그러나 일본은 한일협정에서 경제지원을 대가로 어업자원을 확보하기 위해 평화선을 철회하도록 했다. 이는 독도영유권과는 무관하다. 또한 일본은 한일회담에서 독도가 분쟁지역임을 인정하도록 한국에 강요했다. 그러나 한국은 독도를 분쟁지역으로 규정한다면 한일협정을 체결하지 않겠다는 단호한 입장을 취했다. 결국 일본정부는 독도에는 영토문제가 존재하지 않는다고 하는 한국의 입장을 부정하지 못했고, 독도밀약으로 독도를 분쟁화한다고 하는 자신들의 입장을 관철하려고 했지만 한국은 일본의 입장에 동의하지 않았다. 이를 보더라도 한국이 무력으로 독도를 불법점령하고 있다고 하는 현 일본정부의 주장은 사실을 왜곡하는 오류에서 비롯된 것임을 알 수 있다.

## ② "역사적으로나 국제법적으로 일본영토"라고 하는 주장

일본은 독도문제가 존재하지 않는다고 하는 한국의 주장에 대해 독도밀약으로 간접적으로 한국의 입장에 동조하는 상태로 한일협정을 체결했던 것이다. 이를 보더라도 독도는 역사적으로나 국제법적으로도 일본영토라고 할 수 없다고 하는 것을 일본정부는 더욱 분명하게 잘 알고 있다. 그럼에도 불구하고 현 일본정부는 독도를 역사적으로나 국제법적으로 일본영토라는 주장하고 있다.[66] 이는 모순이다. 영토는 주

---

65) 최장근(2009) 『독도문제의 본질과 일본의 영토분쟁 정치학』제이앤씨, pp.235-281.
66) 「竹島問題」, http://www.mofa.go.jp/mofaj/area/takeshima/(2009년 11월 23일 검색).

권, 국민과 더불어 국가를 형성하는 3대 주요한 요소이다. 그렇다면 「죽도」가 역사적으로나 국제법적으로 일본영토였다고 한다면 일본정부는 평화조약과 흡사한 성격을 가지고 있는 한일협정을 체결할 때 「죽도」문제를 일본영토로서 해결해야만 했을 것이다. 당시 일본정부는 「죽도」는 일본에 있어서 중요하지 않은 지역이며 또한 한일협정 체결에 방해되어서는 안 된다고 하는 입장을 취했을 정도로 영유권 의식이 결여되어 있었다. 이러한 「죽도」에 대해 현 일본정부는 역사적으로 국제법적으로 일본영토라고 주장하여 초등, 중학, 고등학교 교과서에서 「죽도」에 대한 영유권 교육을 본격화하려는 태도는 독도문제의 본질을 왜곡하는 행위이다.

### ③ "한일협정에서 독도문제를 양보하지 않았다"고 하는 주장

현 일본정부는 「죽도」가 역사적으로나 국제법적으로 일본의 고유영토라고 한다. 그렇다면 한일협정에서 일본정부는 「죽도문제」에서 영토적 지위를 양보하면 안 된다. 그럼에도 불구하고 일본은 한일협정에서 「독도밀약」으로 한국의 실효적 지배 상황에 있는 독도에 대해 영유권을 부정하지 않는다고 동의했다. 이를 보더라도 일본은 한일협정에서 독도 영유권에 대해 한국의 주장을 인정했던 것이다. 현 일본정부가 죽도가 역사적으로나 국제법적으로 일본영토라고 주장하면서 한일협정에서 한국의 영유권 주장에 대해 당시 일본정부가 양보한 부분에 대해 언급하지 않는 것은 독도영유권의 본질을 왜곡하는 행위이다. 한일협정에서 한국의 실효적 지배와 일본에 영유권이 존재하지 않는 것을 당시 일본정부가 간접적으로 인정한 것은 독도영유권에 대한 확신을 갖고 있지 않았기 때문이다. 그럼에도 불구하고 현 일본정부가 최근에 들어와서 「죽도」에 대한 영유권주장을 강화하는 것은 독도의 본질을 왜곡하는 것이며 동시에 한국의 영토주권을 침탈하려는 행위로서 한일 관계를 더욱 악화시킬 뿐이다.

사실상 1962년 3월 12일 고사카 일본 외무대신은 외상회담[67])에서 「양국이 제3자인 국제사법재판소에 이 문제를 쌍방 제소하든지 또는 일본이 제소하면 귀국이 응소한다는 형식으로 이 문제를 처리하자는 것이다. 현안이 해결되더라도 영토문제가 해결되지 않으면 국교정상화는 무의미한 것」이라고 말했다. 이처럼 독도가 일본영토였다면 한일협정에서 일본영토로서 해결되어야 했다. 그럼에도 불구하고 「죽도」 명칭은 물론이고 구체적인 아무런 조치가 없었다. 따라서 독도를 실효적으로 지배하고 있었고 동시에 영토문제가 존재하지 않는다고 하는 한국의 주장을 일본은 한일협정에서 조금이라도 넘어서는 조치를 하지 못한 것은 독도영유권을 포기한 것이나 다름없다고 하겠다.

## 5. 맺으면서

본 연구는 독도밀약설과 한일협정 비준국회의 논쟁을 중심으로 한일협정 당시 일본정부의 「죽도문제」 조치의 정치성과 현 일본정부의 「죽도문제」의 본질에 대한 오해에 관해 고찰하였다. 이를 정리하면 다음과 같다.

첫째, 시민단체의 노력에 의해 일본정부가 비공개로 하고 있던 한일협정 관련 자료가 공개되었다. 그 자료 안에는 독도밀약과 관련되는 자료가 포함되어 있었고, 또한 독도밀약에 관한 당시 협정체결 관련자

---

67) 최덕신-고사카 외상회담(제6차 한일회담 제1차 정치회담)= 외상회담 제1차 회의 회의록(62.3.12)

들의 증언을 통해 독도밀약이 구체화되었다. 독도밀약과 관련되는 사항이 당시 한일협정 비준을 위한 국회에서 국무대신과 야당위원 간의 논쟁에서도 엿볼 수 있었다.

둘째, 독도밀약설은 일본이 한일협정을 원만히 체결하기 위해 독도문제가 존재하지 않는다고 하는 한국에 대해「죽도문제」의 존재를 인정하도록 요구한 것이었다. 그런데 한국은 독도밀약에서도 한일협정에서도 독도문제가 존재하지 않는다는 입장을 포기하지 않았다. 그래서 일본은 한국에 대해 독도밀약을 통해 독도문제를 해결하는 방안으로 '미해결이 해결'이라는 취지 아래 한국에 제안하여 합의한 사실이 실제로 있었던 것이다.

셋째, 당시 일본정부는「죽도문제」를 일본에 유리하게 해결할 수 없다는 것을 인식했다. 하지만 일본국민에 대해 일괄타결로 일본에 유리하게 해결한다고 호언장담하였기에 더욱「죽도문제」를 포기할 수 없었다. 일본정부는「죽도문제」가 무난히 해결되었음을 표명하기 위해 한국정부에 대해 분쟁해결을 위한 교환공문에 서명하도록 요구했다. 사실 교환공문은 법적인 해석으로는 독도와 무관한 내용이다. 그런데 일본정부는 일본국민에 대해 교환공문을 통해 한일양국이 공식적으로 '조정'이라는 방식으로 독도문제해결의 실마리를 찾았다고 주장한 것은 일본국민을 기만하는 정치적 발언이었다.

넷째, 현 일본정부는 독도가 역사적으로나 국제법적으로 일본의 고유영토라고 주장하고 있고, 또한 일본국민들에게도 영토교육을 적극적으로 추진한다는 방침을 결정했다. 현 일본정부의 이러한 독도인식은 독도문제의 본질을 제대로 파악하지 못한 오해에서 생긴 것이다. 한일협정에서 일본정부는 독도를 실효적으로 지배하면서 영토문제가 존재하지 않는다고 하는 한국의 주장을 묵인했던 사실을 간과하고 있다.

# 한일협정 직후에 있어서 일본정부의 '죽도' 영토정책의 소멸

제9장

## 1. 들어가면서

한일협정은 냉전의 국제정세 속에서 동북아시아에서 자유진영의 미국은 소련과 중국 중심의 공산진영에 대응하기 위해 한국과 일본을 자유진영에 편입시키기 위해 한국과 일본의 국교회복을 강요했다. 한일 간에 있어서 최종적으로 가장 큰 과제가 독도 영토문제를 해결하는 것이었다. 한국에 있어서는 영토 침탈당한 경험을 갖고 있기 때문에 절대로 독도의 영토주권은 절대로 양보할 수 없다는 단호한 입장이었다. 결국 한국은 많은 불이익을 감수하면서도 독도의 영토주권만을 관철시키며 한일협정을 체결하게 되었다. 여기서 한국의 입장은 독도에 대한 영토문제는 존재하지 않는다는 것이었다.[1] 일본정부는 사실상 한일협정을 체결하여 한국이 독도를 실효적으로 관리하는 상황을 묵인하게 되었다.

그런데 일본정부는 한일협정에서는 "양국이 교환공문에 합의하여 독도문제를 외교적인 방법으로 해결하고 그것이 합의를 보지 못할 때는 조정에 의해 해결한다"고 약속했다고 주장했다.[2] 오늘날의 일본정부는 죽도가 역사적으로나 국제법적으로 일본영토라고 주장한다. 즉 「1905년 이전에 한국이 독도를 영토로서 관리한적 없기 때문에 1905년 무주지 선점으로 일본영토에 편입하여 일본의 신영토가 되었다. 종전 후 대일평화조약에서의 영토처리는 죽도가 일본영토로서 처리되었다. 그런데 한국이 이승만라인을 선언하여 불법적으로 일본의 죽도를 무력으로 점령했다. 그 이후 한국은 일본의 죽도를 무력으로 점령하고 있다」는 것이다.[3]

그렇다면, 과연 일본정부의 그러한 주장은 사실일까? 이를 논증하기 위해 한 일본 의회 의사록을 분석하여 한일협정 이후 일본정부가 독도문제에 대해 어떠한 인식으로 어떻게 대처하였는가를 분석하여 독도영유권에 관해 고찰하려고 한다.

1) 신용하(1996) 『독도의 민족영토사  연구』지식산업사, pp.23-322. 송병기 편(2004.) 『독도영유권자료선집』자료총서34, 한림대학교아시아문화선집, pp.1-278. 이한기(1969) 『한국의 영토』서울대학교출판부, p.299. 요시오카 요시노리(吉岡吉典)(2013) 「다시 '죽도(竹島)문제'에 대하여」, 송휘영 엮음, 『일본학자가 보는 독도의 역사학적 연원』, 도서출판 지성인, pp.41-54.
2) 최장근(2010.8) 「한일협정에서 확인된 일본의 독도 영유권 주장의 한계성」, 『일어일문학』제47집, 대한일어일문학회, pp.429-447.
3) 川上健三(1966) 『竹島の歴史地理学的研究』古今書院, pp.1-291. 下條正男(2004) 『竹島は日韓どちらのものか』, 文芸春秋, p.61. 太寿堂鼎(1966) 「竹島紛争」, 『国際法外交雑誌』第64卷 4-5合併号, p.130. 高野雄一(1962) 『日本の領土』東京大学出版会, pp.347-349. 日本外務省ホームページ、「パンフレット '竹島問題を理解するための10のポイント」, http://www.mofa.go.jp/region/asia-paci/takeshima/pamphlet_k.pdf(검색일: 2013.8.30).

선행연구에 관해서는 한일협정 이후의 시기에 있어서 국회의사록을
분석하여 독도의 영유권에 관해 고찰한 연구는 없었다.


## 2. 전문위원의 대일평화조약의
## 잘못된 '죽도' 처리에 대한 정부 비난

일본정부는 1951년 9월 8일 대일평화조약이 체결되고 난후, 일본국
회에서 죽도는 일본영토로 처리되었다고 설명했다.[4] 그러나 한일협정
에서 일본정부는 한국정부에 독도문제를 분쟁지역화 하려고 시도했으
나 목적을 달성하지 못했다.[5] 이것은 종래 대일평화조약에서 독도가
일본영토로 결정되었다고 하던 일본정부의 주장이 사실이 아님을 스스
로 인정한 결과가 된다.

한일협정이 체결되고 나서 일본국회에서 대일평화조약에서도 죽도
문제가 어떻게 처리되었는가에 대해 정부위원과 야당 전문위원 간에
공방이 있었다. 그 내용을 살펴보면 아래와 같다.

야당 전문위원 야마모토 도시나가(山本利寿)는 1970년 3월 24일 대
일평화조약 이후의 죽도상황에 대해 「니시무라 발언[6]이라는 것이 20

--------------------------------------

4) 나이토 세이추(內藤正中)저·곽진오·김현수역(2008)『한일간 독도·죽도
   논쟁의 실체』책사랑 참조.
   日本外務省ホームページ、「パンフレット'竹島問題を理解するための10
   のポイント」, http://www.mofa.go.jp/region/asia-paci/takeshima/pamphlet_
   k.pdf(검색일: 2013.8.30).
5) 최장근(2010.8)「한일협정에서 확인된 일본의 독도 영유권 주장의 한계성」,
   『일어일문학』제47집, 대한일어일문학회, pp.429-447.
6) 당시의 조약국장 니시무라(西村)

년에 걸쳐 논의되어온 것인데, 현재 사토(佐藤)내각에는 그런 관료는 없다고 생각하는데 매우 경솔한 것 같습니다. 과거 임기응변식으로 그 자리만 잘 피해가면 좋은 관리라고 생각해서 속임수를 사용하는 기풍이 있었다고 생각합니다. 하지만 이것은 훗날 큰 재앙을 불러옵니다. 예를 들어 1951년 10월 22일에 중의원의 평화조약 및 미일안보조약 특별위원회에서 '일본영역참고도(日本領域參考圖)'가 배포되어 잘 보니, 일본해 위에 검은 선이 그려져 있고, 그 선 위에 '죽도'가 있었는데, 이 죽도는 시마네현의 직할 하에 있고, 중요한 어구(漁區)이기도 하여 만일 평화조약이 발효되었을 때 다른 나라(한국-필자 주)로 영유권이 옮겨가는 일이 있어서는 안 되는 것입니다. 그러므로 이때는 미국 또는 그 평화조약에 관여한 국가에 속하는 것으로 나와 있지만, 이는 일본의 영토라는 것을 확실히 이 자리에서 지적해 두는 것이 좋지 않을까 하고 질문한 것입니다. 그러자 그때 정부위원 중의 한 분이 "현재 점령 하의 행정구역에는 죽도는 제외되어 있지만 이번 평화조약에서는 죽도가 일본에 들어온다고 할까요, 일본영토라는 것이 확실히 확인된 것으로 알고 있습니다."라고 답변하셨습니다. 하지만 그 후의 실정은 어떻습니까? 죽도는 실력(實力)으로 한국에 점령된 상태입니다. 다행히 사람이 살고 있지 않는 섬이기 때문에 국민들 사이에서 전쟁을 해서까지 되찾자는 주장은 나오고 있지는 않지만, 저는 중대한 문제라고 생각합니다.」[7] 라고 하여 1951년 대일평화조약에서 일본정부는 죽도가 일본영토로 법적 지위가 결정되었다고 주장하지만, 사실은 국회에 배포된 지도자료「일본영역참고도」에 의하면 죽도가 한국영토에 포함되어 있었던 것으로 보아 반드시 일본영토라고 할 수 없다. 일본정부는 대일평화조약

---

7) 「야마모토 도시나가(山本利寿)」, [015/219]63-참중의원-예산위원회- 6호, 1970년3월24일, 『일본국회독도관련기록모음집』, p.1178.

에서 죽도가 일본영토로 결정되었다고 속임수를 썼다고 비난했다.

또한 야마모토 위원은 「방금 말한 지도(일본영역참고도-필자 주)에
는 하보마이(歯舞), 시코탄(色丹)과 같은 섬이 역시 영역 외로 되어 있
었습니다만, 저는 이 지도에 일본의 영토로서 표시해두는 것이 향후
어떤 경우에라도 유리하지 않을까 하는 뜻에서 발언을 한 것입니다.
그때 저의 생각은 지금의 죽도문제도 이 하보마이(歯舞), 시코탄(色丹)
문제8)도 정부는 주의해서 즉시 이에 대한 수거를 한다거나 향후 지도
에는 그 점을 표기한다는 답변을 해주시길 바랬습니다. 하지만 그때
니시무라(西村) 조약국장은 자리에서 일어나셔서 "주의하겠습니다. 그
것은 맥아더라인이지 영토의 경계가 아닙니다. 질문은 전부 없었던 걸
로 해주시길 바랍니다. 그런 의문을 평화위원회에서 제기한 것, 그 자
체가 문제라고 생각하기 때문에 부탁드립니다."라는 강경한 발언을 하
셨습니다. 이러한 국회의원의 질문, 질문자를 무시하는 것이 정부에 대
한 봉공(奉公)이라고 생각하시는 것 같습니다. 그런 임원이 그후 점점
출세를 해서 프랑스 대사가 되었습니다.」9)라고 지적했다. 즉 당시 니

---

8) 「야마모토 도시나가(山本利寿)」, [015/219]63-참중의원-예산위원회- 6호,
 1970년 3월 24일, 『일본국회독도관련기록모음집』, p.1178. 『일본국회독도
 관련기록모음집』, p.1180. 「위원장 퇴장, 이사 요시타케 에이치(吉武恵市)
 착석」소련 측의 근거는 「1961년 12월 8일 이케다(池田) 내각 당시 총리장
 관 앞으로 전해진 흐루시쵸프 서한이라는 것이 있는데 거기에는 그 쪽이
 주장하는 것은 카이로선언, 얄타선언, 포츠담선언, 그리고 샌프란시스코
 평화조약 제2조와 같은 것을 논거로 둘고 있습니다.」라는 것으로 제국주
 의 국가였던 일본이 고유영토론을 내세워 영유권을 주장하는 것은 국제법
 상 소련 측의 주장을 극복하기 어렵다. 센카쿠제도는 「샌프란시스코 평화
 조약 제3조의 남서제도(南西諸島)의 일부라는 해석은 국제법적으로 확정
 된 것이라 생각합니다.」고 하는 것이 일본 측의 주장이다(「하시모토 다다
 시(橋本怒)」[021/219]63-참의원-결산위원회- 폐7호, 1970년 10월 7일, 『일
 본국회독도관련기록모음집』, p.1186).
9) 「아리타 케이스케(有田桂輪)」[016/219]63-참의원-오키나와 및 북방문제에

시무라 조약국장은 평화조약을 체결하는 과정에서 일본의 국익을 위해 서라도 일본영역을 최대한 넓게 확보해야함에도 불구하고 죽도는 물론 이고 하보마이, 시코탄까지 일본영역에서 제외된 지도를 국회에 배포 하는 실수를 저질렀다는 것이다. 결국 일본정부가 죽도에 대해 영토주 권 의식이 결여되어 죽도가 한국영토가 실효적으로 점유하는 국익의 손실을 초래했다고 비난했다.

여기서 「일본영역참고도」는 당시 일본정부 측에서 보는 죽도의 영 유권을 어떻게 인식하고 있었는가에 대해 그 상황을 잘 보여주고 있다. 실제로 일본정부측은 연합국에 의해 그려진 「일본영역참고도」를 국회 에 배포하였고, 그 지도에는 죽도가 한국영토로 표기되었던 것이다.10) 오늘날 죽도는 한국이 실효적으로 점유하고 있는 상황을 볼 때 당시 조약국장이 '「일본영역참고도」는 맥아더라인에 불과하다'고 말한 것은 사실이 아님을 비난했다. 대일평화조약 체결 직전에 일본국회에 배포 된 「일본영역참고도」에 죽도가 한국영토에 포함되어 있었다는 것으로 볼 때 대일평화조약에서 죽도가 일본영토로 결정될 가능성은 거의 없 었음을 의미했다.

야당 전문위원 아리타 케이스케(有田桂輪)는 1970년 4월 27일 SCAPIN 677호에 관해 「1946년 1월 29일의 최고사령관의 각서인 양해각서에서 일본의 범위에서 제외되는 지역으로서 죽도도 포함시킨 것입니까?」11)라 고 질문했고, 이에 대해 가와무라 세이치(川村清一) 정부위원은 「이는

---

관해서...- 8호, 1970년 4월 27일, 『일본국회독도관련기록모음집』, p.1181.
10) 毎日新聞社編(1952)『対日平和条約』毎日新聞社, pp.3-21. 高野雄一(1962)
   『日本の領土』東京大学出版会, pp.347-349. 太寿堂鼎(1966)「竹島紛争」,
   『国際法外交雑誌』第64巻 4-5合併号, p.130.
11) 「아리타 케이스케(有田桂輪)」[016/219]63-참의원-오키나와 및 북방문제에
   관해서...- 8호, 1970년 4월 27일, 『일본국회독도관련기록모음집』, p.1181.

일본이 항복하여 점령 하에 두고 어떻게 일본에 대해 점령행정을 하는가 하는 편의적인 조치로 이에 따라 일본국의 영역이 결정되었다는 식으로 생각하지 않으며 또 그렇게 이해해야할 성질의 명령이 아닙니다. 따라서 일본의 영역은 샌프란시스코 평화조약에서 결정된다.」12)라고 하여 임시방편의 조치로서 최종적인 영토조치가 아니라고 했다. 사실은 평화조약에서는 독도의 지위에 대한 구체적인 언급이 없었다.13) 그래서 독도가 일본영토로 결정되었다고 하는 일본정부의 주장은 옳지 않다. 그 이후 독도문제에 대한 연합국의 명령이 변경된 적이 없었다.14) 따라서 독도에 대한 연합국의 최종적인 조치는 SCAPIN 677호이었다.15) 연합국의 최고사령부의 각서(SCAPIN 677호)는 지금도 유효하여 독도영유권에 대한 연합국의 입장이 되는 것이다.16)

하지만, 사토 에이사쿠(佐藤栄作) 국무대신은「저는 죽도에 관해서도 일본 고유의 영토라는 점을 강력히 주장해왔습니다. 죽도의 귀속은 역사적으로나 지리적으로나 논의의 여지가 없지만 일본은 국제적인 문제는 모두 논의를 통해 해결하자는 기본적 방침을 고수하고 있기 때문에 향후에도 외교적 루트를 통해서 공정하고 타당하게 해결하고자 합니다.」17)라고 하여 사토 총리는 독도문제를 분쟁지역으로 간주하여 표

12)「가와무라 세이치(川村清一) 정부위원」[016/219]63-참의원-오키나와 및 북방문제에 관해서…- 8호, 1970년4월27일, 『일본국회독도관련기록모음집』, p.1181.
13) 김병렬(1998)「대일강화조약에서 독도가 누락된 전말」, 독도보전협회, 『독도영유권과 영해와 해양주권』독도연구보전협회, pp.165-195.
14) 최장근(2009.11)「'총리부령24호'와 '대장성령4호'의 의미 분석-일본의 영토문제와 독도지위에 관한 고찰
15) 상동
16) 상동
17)「사토 에이사쿠(佐藤栄作) 국무대신」, [023/219]65-참의원-본회의- 3호, 1971년 1월 26일, 『일본국회독도관련기록모음집』, p.1190

면적으로는 죽도가 일본의 고유영토라는 입장과 외교적으로 해결한다는 입장을 표명했다. 그런데 대일평화조약에서 죽도가 일본영토로서 결정되었다는 주장은 사실이 아닌 것이 되었다. 만일 종래의 주장처럼 대일평화조약에서 죽도가 일본영토로 결정되었다면 사토총리가 죽도를 분쟁지역으로 간주해서는 안 될 것이다. 결국 일본정부가 그때마다 대일평화조약에서 죽도가 일본영토로서 결정되었다고 주장해왔지만 그것이 사실이 아니라는 것이 밝혀진 것이다.

## 3. 전문위원의 한일협정의 잘못된 '죽도' 처리에 대한 정부 비난

### 3.1 한일협정에서의 한국의 독도영유권의 관철

종전 후 한일 양국이 국교를 회복했던 한일협정에서 독도에 대해 일본이 영유권 주장을 포기하지는 않았지만, 한국이 독도를 실효적으로 관리하는 섬임을 묵인했던 협정이었다.[18]

이러한 사실은 1965년 12월 26일 일본국회에서 야당의원의 질의를 받고 사토 에이사쿠(佐藤栄作) 총리의 답변 「자세히는 추후에 외무장관이 답변하도록 하겠습니다」[19]라고 대신한 당시 시이나 외무대신의 답변을 통해 더욱 명백하다.

야당 전문위원 다다 쇼고(多田省吾)는 1965년 12월 26일 한일협정

---

18) 최장근(2010.8) 「한일협정에서 확인된 일본의 독도 영유권 주장의 한계성」, 『일어일문학』제47집, 대한일어일문학회, pp.429-447.
19) 「사토 에이사쿠(佐藤栄作) 총리」, [242/254]51-참의원-예산위원회-3호, 1965년 12월 26일, 『일본국회독도관련기록모음집』, p.1150.

에 대해 「한일조약비준은 지난번 정부, 자민당의 강행돌파로 인해 비준되었지만, 저희가 우려했듯이 한국이 죽도에 한발 앞서 전관수역(專管水域)을 설정한 매우 안타까운 사태에 이르렀습니다.」20)라고 한일협정에서 독도문제에서 양보한 것을 비난했다. 이 전관수역의 재판관할권도 연안국이 갖기로 합의21)했던 것이다. 이에 대해 시이나 에쓰사부로(椎名悦三郎) 외무대신은 「일찍이 한국이 이를 자국영토라고 강하게 주장하여 한 치도 양보하지 않는 매우 강경한 태도를 취해 온 이상 저희들은 당연히 전관수역(專管水域)을 설정하게 될 것이라고 예측하고 있었습니다.」22)라고 하여 한일 양국 간에 독도문제 해결을 위한 협상에서 한국이 독도영유권에 대해 명확한 입장을 취했다는 것을 알 수 있다.

하지만 1965년 12월 26일 시이나 에쓰사부로(椎名悦三郎) 외무대신의 말에 의하면 일본 측에서도 「저희들로서는 이는 일본 고유의 영토라는 주장을 굽히지 않을 것입니다. 한국이 전관수역(專管水域)을 설정한다는 정보를 미리 접했기 때문에 저희들로서는 '죽도'라는 이름은 물론 표면에 들어내지는 않았지만, 그럴 필요도 없습니다. 시마네현 소속 도서(島嶼) 전반에 걸쳐 전관수역을 설정하고자 합니다. 양측의 주장이 팽팽히 맞서 양보하지 않은 상황인 것입니다. 영토문제는 물론 전관수역의 문제에 관해서도 양측 모두 자신들의 권익을 주장하고 양보하지 않는 상태입니다. 그래서 확실히 분쟁, 한일 간의 가장 중대한

20) 「다다 쇼고(多田省吾)」, [242/254]51-참의원-예산위원회-3호, 1965년 12월 26일, 『일본국회독도관련기록모음집』, p.1150.
21) 「나라자키(楢崎)위원과 후지사키(藤崎) 정부위원」, [242/254]51-중의원-내각위원회-16호, 1966년 3월 17일, 『일본국회독도관련기록모음집』, p.1152.
22) 「에쓰사부로(椎名悦三郎) 국무대신」, [242/254]51-참의원-예산위원회-3호, 1965년 12월 26일, 『일본국회독도관련기록모음집』, p.1150.

분쟁이라는 것이 확실해진 것입니다. 이러한 양국의 분쟁을 처리하기 위해 교환공문을 작성한 것입니다. 이에 의거하여 적당한 기회에 논의 (독도문제-필자 주)할 것입니다.」23)라고 하여 한국이 독도를 자국영토라고 취급하여 전관수역을 설치하더라도 일본도 죽도를 포기한 것은 아니고 영유권을 계속 주장하고 전관수역도 설치하여 적당한 시기에 양국의 외교를 통해 죽도문제를 해결한다는 주장이었다. 그러나 실제로 시마네현에 설치하겠다던 독도주변 전관수역은 없었고, 한국이 설치한 전관수역만 효력을 발휘하여 이 전관수역에 의해 한국은 독도를 배타적으로 관리하게 되었던 것이다.

요컨대 한일협정에서는 한국정부는 독도가 한국영토임을 일본에 분명히 했고,24) 그것을 바탕으로 독도주변 12리에 전관수역을 설정하여 일본어선의 출입을 막고 배타적으로 관리했던 것이다.25) 이에 대해 일본정부는 표면적으로 죽도의 영유권을 주장하고 항의를 했지만, 실질적으로 한국측의 전관수역 설치 등 실효적인 영유권 강화조치를 막지 못했던 것이다.

### 3.2 일본국회의 '죽도문제' 처리에 관한 진실 공방

1965년 6월 22일 한일협정이 체결되고 나서 일본정부는 죽도문제에 관해 사실대로 언급하지 않고 「양국의 주장이 팽팽히 대립되어 향후 한일 양국이 외교적으로 해결하고 그것이 불가능할 때 제3국이 중재하기로 했다.」26)라고 하여 정부로서 할 수 있는 만큼 모두 했고 영유권문

---

23) 「에쓰사부로(椎名悦三郎) 국무대신」, [242/254]51-참의원-예산위원회-3호, 1965년 12월 26일, 『일본국회독도관련기록모음집』, p.1150.
24) 최장근(2010.8)「한일협정에서 확인된 일본의 독도 영유권 주장의 한계성」, 『일어일문학』제47집, 대한일어일문학회, pp.429-447.
25) 동상

제에 있어서도 양보하지 않았다고 주장했다. 이에 대해 일본국회에서 야당 전문위원들은 많은 의구심을 갖고 있었다.

야당의 나라자키(楢崎)위원은 1966년 3월 17일 이승만라인에 대해 「이승만라인 문제도 그렇습니다. 죽도문제도 마찬가지입니다. 조문 면에서 당신이 어떻게 해석하더라도 상대방의 해석과 어긋납니다. 때문에 이러한 중대한 문제에 관해서는 협상과정에서 합의할 필요가 있습니다. 그런데 왜 그것을 게을리 하는 거죠?」27)라고 하여 이승만라인문제와 죽도영유권 문제를 이번 한일협정에서 명확하게 합의하여 일본영토로서 처리하지 못했다고 비난했다.

하뉴 산시치(羽生三七) 위원28)과 7월 11일, 노하라 사토루(野原覚) 위원은 1966년 3월 23일 한일협정 이후 죽도문제에 대해 「외무대신, '죽도' 말입니다만, 그후 어떻게 되었습니까? 죽도는 지금 어떻습니까?」라고 하여 한일협정 이후 일본이 죽도영유권에 대해 포기하지 않았다면 지금 어떤 상태인가를 질문했다. 이에 대해 외무대신 시이나 에쓰사부로 위원은 「아직 시작한지 얼마 안돼서 양국의 우호적 분위기가 좀 더 성숙해 지는 것을 기다렸다가 문제해결에 나서고자 합니다.」29)라고 하여 한국정부에 대해 일본의 입장을 제기할 시기가 성숙되지 않았다고 변명적으로 답변했다.

야당위원 노하라 사토루(野原覚)는 1966년 7월 11일 국교회복 후 독

---

26) 동상
27) 「나라자키(楢崎)위원」, [242/254]51-중의원-내각위원회-16호, 1966년 3월 17일, 『일본국회독도관련기록모음집』, p.1152.
28) 「하뉴 산시치(羽生三七) 위원」, [243/254]51-참의원-예산위원회-16호, 1966년 3월 23일, 『일본국회독도관련기록모음집』, p.1153.
29) 「노하라 사토루(野原覚)」, [244/254]52-중의원-예산위원회-1호, 1966년 7월 11일, 『일본국회독도관련기록모음집』, p.1153.

도에 대한 영유권을 한국에 주장하지 못하는 것을 지적하여 「국교회복 후, (중략) 아무런 협상을 하지 않았다면, 실제로 죽도에는 군대가 경비를 하고 있지 않습니까. 지금도 그렇습니다. 그렇다면 이는 결국에는 과거 아르헨티나가 포클랜드 섬이었던가요? 이것이 실효적으로 영국에 점유되었던 때와 같은 상태가 죽도에서는 일어나지 않는다고는 보장할 수 없을 것 같습니다. 신속히 협상으로 옮겨야합니다. 외무대신, 당신이 방치하고 있는 것이 아닙니까?」30)라고 하여 일본정부가 적극적으로 한국에 대해 영유권문제를 제기하지 않는다면, 아르헨티나의 포클랜드 섬이 영국에 점유된 것과 같이 독도가 한국에 완전히 점유당할 것이라고 비판했다. 이에 대해서도 시이나 외무대신은 「아니, 방치하고 있지는 않습니다. 적당한 우호적 분위기 조성을 기다렸다가 외교협상을 시작하려하고 있습니다.」31)라고 동일한 답변으로 변명했다.

또한 야당전문위원 세야 히데유키(瀬谷英行)는 1967년 3월 30일 죽도문제에 대해 「예를 들어 죽도는 한국에게 점령당했습니다. 일본의 영토라고 확실히 천명한 것을 한국이 점령하고 있다면 이는 침략으로 간주할 수밖에 없다고 생각합니다.」32)라고 하여 만일 일본정부가 말하는 것처럼 죽도가 일본영토라면 한국이 일본의 영토를 점령했는데도 정부가 죽도문제를 방치하고 있다고 비난했다. 이에 대해 미키 다케오(三木武夫) 국무대신은 「죽도문제는 한일회담에서 합의된 상태로 향후 외교절충을 통해 해결하기로 했기 때문에 침략이라고 생각하지 않

---

30) 「노하라 사토루(野原覚)」, [244/254]52-중의원-예산위원회-1호, 1966년 7월 11일, 『일본국회독도관련기록모음집』, p.1154

31) 「시이나(椎名)국무대신」, [244/254]52-중의원-예산위원회-1호, 1966년 7월 11일, 『일본국회독도관련기록모음집』, p.1154

32) 「세야 히데유키(瀬谷英行)」, [246/254]55-참의원-예산위원회-3호, 1967년 3월 30일, 『일본국회독도관련기록모음집』, p.1154.

습니다.」[33]라고 하여 현재 한국이 실효적으로 점유하고 있는 상태를 침략이 아니라고 했다. 그것은 한일협정에서 일본정부가 독도에 대한 한국의 실효적 점유를 인정했다는 것을 의미한다. 하지만 일본이 일본 영토라는 사실에 대해서는 포기하지 않았다는 것이다. 즉 영유권 문제는 해결되지 않았지만 관할권은 한국에 있다는 주장이다. 그래서 야당 전문위원 세야는 「죽도를 한국에 점령당하게 둔 점에 대해 합의되었다는 것입니까」[34]라고 하여 일본정부가 한국의 독도점령을 인정한 것이라고 비난했다.

야당 전문위원 후지타 스스무(藤田進)는 1967년 3월 30일 「잘 아시다시피 죽도문제는 한일 의회에서 정부 답변이 일치하지 않습니다. 하지만 당연히 (일본 입장에서-필자 주) 죽도는 일본의 고유영토입니다. 이것이 하나, 그러나 국제사법재판소, 기타 방법으로 잘 해결되지 않아서 보류한 채 논의하기로 한 것으로 합의조문에 그 내용이 있습니다. 죽도라고는 되어 있지는 않지만, 그 중에 만약 분쟁이 발생하면 이렇게 (외교적으로-필자 주) 처리하는 것이라고 명시되어 있습니다. 한국 측에서는 죽도문제는 해결되었다. 사토(佐藤)씨에게 약속을 받았다. 총리관저에서 약속했다고 주장하고 있습니다. 하지만 한국은 최근 특히 영해12해리를 선언하는 등 죽도에 대한 일정을 적극적으로 추진하고 있다는 인상을 받았습니다.」[35]라고 하여 사토 총리는 한일 양국에 대해 다른 입장을 취하고 있다는 것이다. 한국의 주장에 의하면 사토총리

---

33) 「미키 다케오(三木武夫) 국무대신」, [246/254]55-참의원-예산위원회-3호, 1967년 3월 30일, 『일본국회독도관련기록모음집』, p.1155.
34) 「세야 히데유키(瀬谷英行) 」, [246/254]55-참의원-예산위원회-3호, 1967년 3월 30일, 『일본국회독도관련기록모음집』, p.1155.
35) 「후지타 스스무(藤田進)」, [246/254]55-참의원-예산위원회-3호, 1967년 3월 30일, 『일본국회독도관련기록모음집』, p.1155.

는 한국에 가서는 죽도를 한국영토로서 인정했다고 지적했다.

이에 대해 사토 에이사쿠(佐藤栄作) 국무대신은 「후지타시의 발언 중에 죽도를 우리(일본-필자 주)가 주었다거나 받았다, 한국에서 말하고 있다, 이런 이야기가 있었기 때문에 잠자코 있으면 그 사실을 승인하는 형국이 되기 때문에 말씀드립니다. 저는 그런 일을 하거나 증여를 한 일이 없다」[36]고 하여 직접적으로 한국영토로 인정한 적은 없다고 언급했다. 하지만 일본영토임을 강력하게 관철했다고는 주장하지도 않았다. 그러나 야당이 강력하게 추궁하는 상황에서 사토 총리는 대놓고 일본국민들 앞에서 일본입장이 독도에 대한 영유권을 주장할 만한 위치가 되지 않는다고 말할 수는 없었던 것이다.

미키 다케오(三木武夫) 국무대신의 말을 빌리면, 일본정부의 표면적인 입장은 「죽도는 일본에 귀속되어 있다는 입장입니다. 한국측은 한국에 귀속되었다고 주장해서 분쟁이 된 것이기 때문에 저희들은 적당한 기회를 봐서 저희의 주장을 관철시키려는 노력을 하고 있다.」[37] 「한일회담의 경우에도 이 죽도문제가 거론되었고, 교환공문에 양국의 분쟁은 우선 외교상 경로를 통해 해결해야 한다고 명시하고 있는데, 이런 점에서 죽도가 분쟁지역이라는 것은 확실합니다. 그러니 언젠가 이를 외교협상의 의제로 삼지 않으면 안 되는 것입니다. 저희들로서는 한일간의 국교가 회복된 지 얼마 되지 않았으니 자연스럽게 이 문제를 제기할 때가 있을 거라 생각합니다.」[38] 「협상이 성립되지 않을 때는 조정

---

36) 「사토 에이사쿠(佐藤栄作) 국무대신」, [246/254]55-참의원-예산위원회-3호, 1967년 3월 30일, 『일본국회독도관련기록모음집』, p.1156

37) 「미키 다케오(三木武夫) 국무대신」, [246/254]55-참의원-예산위원회-3호, 1967년 3월 30일, 『일본국회독도관련기록모음집』, p.1156

38) 「미키 다케오(三木武夫) 국무대신」, [249/254]55-참의원-예산위원회 제2분과회 -2호, 1967년 5월 23일, 『일본국회독도관련기록모음집』, p.1158.

(調停)에 들어간다고 명시까지 하였으니 교환공문의 취지에 따라 해결
하고자 합니다.」39)라고 하고 있다. 그런데 여기서 중요한 사실은 일본
정부는 한일협정의 교환공문에서 양국이 분쟁지역이라고 명시하여 합
의했다고 주장하지만 실제로는 '독도' 혹은 '죽도'에 관한 합의라고 명
확히 하지 않았다는 것이다.40) 그래서 야당 전문위원 세야 히데유키
(瀬谷英行)는 1967년 5월 23일 「한일협상이 타결되기 전 국회 논의에
서는 죽도문제가 해결되지 않는 채 한일문제를 타결하는 일은 없을 것
이라는 취지의 답변을 종종 하셨던 것으로 알고 있는데, 현실적으로
이 국회답변은 거짓말이 되었고, 오늘날 현안문제로서 해결하고 싶다
고 하시면서 의욕적으로 대처하는 자세를 전혀 찾아볼 수 없는 것 또한
일본국민을 기만하는 것입니다. 포기한다면 포기한다고 말해야 합니
다.」41)라고 하여 독도문제를 포기한 것과 마찬가지로 일본정부가 의욕
적으로 독도문제를 취급하지 않는다고 비판했다. 즉 한일협정에서 일
본정부가 국민들과 약속에서 독도문제를 일본영토로서 해결하지 않고
서는 국교정상화를 위한 한일협정을 맺지 않겠다고 천명했으면서도 독
도문제를 한국의 입장을 수용하는 방식으로 한일협정을 체결했다는 것
을 간접적으로 시사하고 있다.42)

그럼에도 불구하고 미키 다케오(三木武夫) 국무대신은 「이런 영토
문제는 매우 민감한 사안이니 세계 어느 나라든 그렇겠지만, 유럽에서

---

39) 「미키 다케오(三木武夫) 국무대신」, [249/254]55-참의원-예산위원회 제2분
   과회 -2호, 1967년 5월 23일, 『일본국회독도관련기록모음집』, p.1159.
40) 최장근(2010.8) 「한일협정에서 확인된 일본의 독도 영유권 주장의 한계성」,
   『일어일문학』제47집, 대한일어일문학회, pp.429-447.
41) 「세야 히데유키(瀬谷英行)」, [249/254]55-참의원-예산위원회 제2분과회 -2
   호, 1967년 5월 23일, 『일본국회독도관련기록모음집』, pp.1158-1159.
42) 최장근(2010.8) 「한일협정에서 확인된 일본의 독도 영유권 주장의 한계성」,
   『일어일문학』제47집, 대한일어일문학회, pp.429-447.

도 좀처럼 해결되지 않고 있습니다. 이렇듯 영토문제는 가장 어려운 문제입니다. 협상시기의 판단이 꼭 필요하다고 생각합니다.」43)라고 하여 지금은 협상시기가 아니라고 변명했다.

야당 전무위원 호즈미(穗積) 위원도 1967년 7월 12일 「우선 금년도의 주요 외교활동으로서 가장 먼저 방문하신 것은 한국, 한국은 행사 참석차 방문하신 것이지만, 총리께서도 말씀하셨듯이 정치회담도 가졌습니다. (중략) 그 한일회담에서 현안이 된 죽도문제, 이는 외교상 관례로 봐서 권리가 잠들고 있다고, 실은 묵인하고 있다고 받아들여져도 객관적으로 어쩔 수 없는 일입니다. 총리는 일전의 박대통령과 두 번이나 회담을 가지셨는데, 그 자리에서 죽도문제에 대해 일본 측의 입장, 권리를 주장하셨는지, 사실대로 말씀해 주십시오.」44)라고 지적한 것에 대해 사토(佐藤)총리는 「지금 말씀하신 점(죽도문제-필자 주)에 관해서는 전혀 말하지 않고 돌아왔습니다.」45)라고 했다.

즉 야당위원은 사토총리가 양국 정상이 여러 번 만나서 그때마다 독도문제를 제기하지 않았다는 것은 한국영토로 묵인하는 것과 같다고 비판했다. 사실상 사토총리는 한일협정에서 한국의 실효적 지배 상황을 묵인하였기 때문에 한국에 대해 적극적으로 죽도 영유권을 주장하여 문제를 해결할 입장이 되지 못했던 것이다.

43) 「미키 다케오(三木武夫) 국무대신」, [249/254]55-참의원-예산위원회 제2분과회 -2호, 1967년 5월 23일, 『일본국회독도관련기록모음집』, pp.1159-1160.
44) 「호즈미(穗積) 위원」, [252/254]55-중의원-외무위원회 -17호, 1967년 7월 12일, 『일본국회독도관련기록모음집』, p.1162.
45) 「사토(佐藤)총리」, [252/254]55-중의원-외무위원회 -17호, 1967년 7월 12일, 『일본국회독도관련기록모음집』, p.1162.

# 4. 전문위원의 소극적 죽도 실효적 관리에 대한 정부 비난

## 4.1 일본정부의 죽도문제 해결을 위한 의지의 실종

사토내각은 한일협정에서 독도에 대해 한국의 실효적 점유를 사실상 인정했다. 그러나 일본정부는 일본국민에 대해서는 한일 양국이 서로 합의한 교환공문서에 의해 양국이 신속하게 외교협상을 통해 평화적으로 죽도문제를 해결하기로 했다고 주장했다.[46]

야당 전문위원 오니키(鬼木) 위원은 1971년 3월 10일 죽도문제해결을 위한 외교협상 진행 상태에 대해 「영토문제 죽도문제에 대해 질문하겠습니다. 최근 국민들의 기억 속에서 잊혀지고 있는 감도 있습니다만 죽도의 영유권에 대해 한국과의 협상, 기타 경위에 관해 현재 어떤 상황인지?」[47]라는 지적에 대해 아이치(愛知) 국무대신은 「죽도와 관련해서는 정부로서는 항상 큰 관심을 갖고 있습니다만 아시다시피 1965년 6월에 한일 국교정상화 당시 나온 교환공문에 따라 외교상의 경로를 통하여 해결하겠다는 취지의 합의가 이루어졌지만, 이 외교상의 경로를 통해 해결한다는 것에 대한 결론이 유감스럽게도 아직 나오지 않았습니다. 한국이 아시다시피 사실상 점거를 하고 있는 상황이 이어지고 있습니다. 저희 쪽으로서는 수시로 한국 측의 태도에 대해 반성을 촉구하고 또 외교상 경로를 통한 논의를 통해 해결하도록 제안해왔습니다. 그와 동시에 이 관심을 표명하는 의미도 포함하여 적어도 매년

---

46) 최장근(2010,8) 「한일협정에서 확인된 일본의 독도 영유권 주장의 한계성」, 『일어일문학』제47집, 대한일어일문학회, pp.429-447.
47) 「아이치(愛知) 국무대신」, [024/219]65-중의원-내각위원회- 6호, 1971년 3월 10일, 『일본국회독도관련기록모음집』, p.1191.

한번은 해상보안청에 요청하여 해상보안청이 죽도주변의 해상 순찰을 실시하고 있습니다. 이는 순찰을 통해 죽도의 상황을 해상에서 포착하는 동시에 형식상으로도 죽도의 영유권에 대해 저희 측이 강한 요청을 갖고 있다는 태도를 표명하는 바입니다.」48) 「가장 최근의 상황을 말씀 드리면 먼저 말씀드렸듯이 작년 9월에 해상보안청의 순찰정(艇)이 해상 순찰을 했습니다. 이것으로 보자면 역시 죽도에 관해서는 예를 들어 등대라든가, 무선안테나라든가, 또는 망을 보는 초소가 여전히 있는 상황이 시찰결과 나타났기 때문에 그 결과를 바탕으로 11월 13일에 한국이 죽도를 불법점거하고 있는 사실에 대해 즉시 철수를 요구하는 구상서(口上書)를 발신해서 교환공문에 의거한 외교적 경로를 통한 논의를 요청한 것입니다. 한국측은 이에 대해 여전히 한국령이라고 주장하며 기존의 주장을 굽히지 않는 상황입니다.」49)라고 하여 사실상 한국이 독도를 점거하여 실효적 조치를 취하고 있다는 것이다. 이에 대해 일본정부는 독도를 해상에서 매년 1회 감시함과 동시에 한국에 대해 구상서를 보내어 실효적 조치에 대해 외교적으로 항의하면서 지속적인 노력을 하고 있다고 주장했다.

야당 전문위원 오니키(鬼木)는 정부측의 이런 주장에 대해 「교환공문서를 교환한지 이미 10년이나 지났으니, 아직 반년이나 일 년간 노력했지만 성과를 올리지 못했다는 것이라면 모르지만 10년이나 이를 방치해 두었다. 지금 장관의 설명으로는 방치하고 있지 않다고 말씀하셨지만 이는 상식적으로 생각하면 그렇지 않겠지만 일반적으로 보면 10

---

48) 「오니키(鬼木) 위원」, [024/219]65-중의원-내각위원회- 6호, 1971년 3월 10일, 『일본국회독도관련기록모음집』, p.1191.
49) 「아이치(愛知) 국무대신」, [024/219]65-중의원-내각위원회- 6호, 1971년 3월 10일, 『일본국회독도관련기록모음집』, p.1192.

년이나 지나면 시효에 걸립니다. 그런 점에서 노력하고 있다고 거듭 말씀하고 계시지만 현실적으로 국민이 납득할 만한 전희들이 납득할 만한 답변을 전혀 듣지 못했습니다. 이래서는 죽도는 일본의 것이다. 한국은 억지주장을 하고 있다고 말씀하셔도 국민들은 받아들일 수 없습니다.」50)라고 하여 사실상 일본정부의 소극적인 태도는 죽도를 한국 영토로서 인정하는 것이나 다름없는 것으로서, 일본정부는 영토를 회복하겠다는 의지가 없으며, 영유권을 주장하는 것은 단지 형식에 불과하다고 비난했다.

## 4.2 일본정부의 죽도 순찰감시 주장의 모순

일본정부는 한일협정 이전 상당히 적극적인 자세로 주기적으로 죽도를 감시하여 한국의 실효적 조치에 대해 구상서를 보내어 한국정부에 항의했다. 그런데 한일협정이 체결된 이후에는 죽도에 대한 감시도 매우 소홀해졌다. 그 이유는 한일협정에서 사토내각이 한국정부에 대해 죽도의 실효적 점유를 묵인했기 때문이다.51)

야당 전문위원 우케다(受田) 위원은 1969년 2월 25일 죽도문제의 방치에 대해「저는 이 자리에서 특히 방치되고 있는 듯한 인상을 지울 수 없는 죽도문제에 대해 질문을 하겠습니다. 1965년 12월 18일 한일조약이 체결되었습니다. (중략) 이 분쟁해결에 관한 교환공문의 내용이 대체로 어떤 것인지 미래 양국 간에 발생할 분쟁은 죽도에 관한 것일 거라는 정부의 확실한 답변이 있었습니다. 조약체결 후 3년이 지났지

---

50) 「오니키(鬼木) 위원」, [024/219]65-중의원-내각위원회- 6호, 1971년 3월 10일, 『일본국회독도관련기록모음집』, p.1191.
51) 최장근(2010.8) 「한일협정에서 확인된 일본의 독도 영유권 주장의 한계성」, 『일어일문학』제47집, 대한일어일문학회, pp.429-447.

만 죽도문제는 여전히 일본은 일본의 영토라고 주장하고 있고 한국 또한 자국의 영토라고 주장하고 있습니다. 오랜 역사적 근거를 전제로 각각 주장해 온 것이지만, 분쟁해결을 외교협상에 맡기겠다고 교환공문에 명확히 기술되어 있습니다. 그럼에도 불구하고 정부가 이 죽도문제에 대해서 일본의 기본적 영토권, 국가의 기본적 권리의 가장 주된 영토라고 국회에서 확실히 답변하면서 3년 이상 무시해온 이유는 무엇입니까? 실제로 죽도에 한국의 군대나 경비대가 전혀 없이 분쟁해결의 대상이 되는 지역이 아닌지?」52)라고 하여 한국이 무력으로 점유하고 있는 상황에서 일본정부가 한일협정이 체결된 지 3년이 지났음에도 불구하고 형식적인 영유권 주장 이외에 아무런 외교적 조치를 취하지 않았다고 비난했다.

아이치(愛知) 국무대신은 1969년 2월 25일 야당의 비난에 대해 「구체적으로 죽도에 관한 회의라고 할지 절차라고 할지, 그런 것을 지금 시작하기에는 때가 되지 않았다는 생각에 과거에는 본 건을 거론하였는데 이르지 않았던 것이 실정이라고 생각합니다. 하지만 정부로서는 지금도 지적하신 바와 같이 영토권이 일본에 있다는 것을 모든 근거를 바탕으로 주장을 강하게 고수하는 것으로 그 후에도 죽도 주변에 해상순찰을 하는 것은 1년에 한번이지만 실제로 실시하고 있고 죽도의 상황에 대해 바깥이긴 하지만 해상순찰로 일면으로는 저의 주장을 형태상으로도 나타내고 있고, 또 상황 등에 대해서도 계속해서 조사하고 있습니다.」53)라고 하여 영유권을 포기하지 않고 형식적이긴 하지만 죽도주변

---

52) 「우케다(受田) 위원」, [001/219]61-중의원-내각위원회 -4호, 1969년 2월 25일, 『일본국회독도관련기록모음집』, p.1165.
53) 「아이치(愛知) 국무대신」, [001/219]61-중의원-내각위원회 -4호, 1969년 2월 25일, 『일본국회독도관련기록모음집』, p.1165.

에서 1년에 1번 순찰하여 죽도의 상황에 대해 조사하여 한국에 항의하는 구상서를 보내고 있다는 것이다. 조사결과, 실제로 「작년 9월 해상 순찰선 쪽에서 현장을 보러갔을 때 섬에는 역시 한국 측의 경비병으로 보이는 사람이 몇 있었습니다. 그리고 건물 등을 보았을 때 그곳에 사람이 살고 있는 것으로 일단 추측된다」54)라고 했다. 일본정부는 「정부로서는 죽도가 일본에 귀속되어야 한다는 주장을 하고 있기 때문에 해안보안청 등에 부탁하여 죽도의 주변에 순찰정을 파견하고 죽도의 상황 등에 대해 관심을 갖고 있다」55)는 것이다.

야당 전문위원 나카무라 나오미(中村波男)는 1969년 3월 20일 일본정부의 죽도정책의 태만에 대해 「한일관계가 정상화되고 몇 년이 지난지 모르실리 없겠지만 아직 우호적인 분위기가 충분히 조성되지 않았기 때문에 협상을 하지 않는다는 답변이 있지만 이는 그저 피하려는 수단이라고 밖에 할 수 없습니다. 따라서 한일조약 당시 이른바 반대를 막는 하나의 구실로 사용했다는 말을 들어도 어쩔 수 없을 것이라 생각합니다」56)라고 하여 표면적으로 일본국민의 비난을 무마하기 위해 형식적으로 영유권을 주장하고 있지만, 사실상 한일협정에서 독도 영유권을 한국에 양보한 것이라고 비난했다.

## 4.3 일본정부의 소극적인 행정적 조치에 대한 비난

일본정부는 죽도가 역사적으로나 국제법적으로 일본영토라는 인식

---

54) 「스노베(須之部)정부위원」, [001/219)61-중의원-내각위원회 -4호, 1969년 2월 25일, 『일본국회독도관련기록모음집』, p.1165.
55) 「아이치 기이치 국무대신」, [004/219)61-참의원-예산위원회 -16호, 1969년 3월 20일, 『일본국회독도관련기록모음집』, p.1167.
56) 「나카무라 나오미(中村波男0」, [004/219)61-참의원-예산위원회 -16호, 1969년 3월 20일, 『일본국회독도관련기록모음집』, pp.1167-1168

을 갖고 있었기 때문에 한국이 현실적으로 죽도를 점유하여 실효적 조치를 취하고 있기 때문에 일본정부도 대항적으로 가능한 행정적 조치를 단행했었다.[57]

야마노(山野) 정부위원은 1969년 3월 22일 '죽도의 행정조치'에 대해 「오키나와(沖繩)의 경우는 잠재주권이 있는 일본영토이고, 북방영토(北方領土)에 관해서는 일본이 실제로 관할권을 행사하고 있지 않습니다만, 고유의 영토이기 때문에 이들 면적은 일본의 전 면적에 포함시키고 있습니다. 그리고 지금 지적했듯이 죽도는 현재도 일본의 면적에 포함시키고 있습니다. 그리고 이는 특별교부세의 대상이 아닌 보통교부세의 대상으로서 일단 면적에 포함시킵니다.[58] 하지만 관할권행사가 실제로 방해받고 있기 때문에 보통 지역과 같이 교부세를 산정하는 것은 부적당하다고 생각하고 지방자치단체에서도 또한 당연히 그렇게 생각할 것입니다. 따라서 어떤 보정을 해서 현실적인 단위비용을 산정할지는 향후 자치성에서 충분히 검토해야 할 문제라고 생각합니다.」[59] 라고 하여 죽도에 대해 일본의 잠정주권을 갖고 있는 「오키나와」와 고유영토론을 갖고 있는 「북방영토」와 같이 일본영토의 면적에 포함시키고, 특히 죽도에 대해 특별교부세가 아니고, 실제로 관할하고 있는 지역과 같이 보통교부세의 대상으로 삼고 있다는 것이다.

---

57) 최장근(2009) 『독도문제의 본질과 일본의 영토분쟁 정치학』제이앤씨, pp.123-128.
58) 「노다 타케오(野田武夫) 국무대신」, [005/254]61-참의원-예산위원회 -17호, 1969년 3월 22일, 『일본국회독도관련기록모음집』, p.1169. 「종래 북방영토(北方領土)는 어느 자치단체에도 속하지 않았고, 또한 면적을 모릅니다. 따라서 일반적인 행정경로를 밟지 않았기 때문에 오늘날 까지 보통교부세의 대상이 되지 않았다.」
59) 「야마노(山野) 정부위원」, [002/219]61-중의원-예산위원회 제1분과회 -3호, 1969년 2월 26일, 『일본국회독도관련기록모음집』, p.1166.

그러나 야당 전문위원 아키야마 죠조(秋山長造)는 1969년 3월 20일 정부의 소극적인 죽도 영토정책에 대해 「지금 논의하고 있는 식관법(食管法)을 조정하여 한국에 쌀 33만 톤을 긴급지원하고 있습니다. (중략) 저는 지금이 기회라고 생각합니다. (중략) 아직 적당한 시기가 아니라는 이유로 방치해두면 결국 이는 상식적으로 말하는 시효에 걸리지 않겠습니까? 그리고 지시마(千島)문제와 마찬가지로 한국의 지도상에 한국령(韓国領)으로 기록되어 그대로 기정사실화되었습니다. 게다가 실제로 한국의 경비대가 상시 점령하고 있습니다. 그리고 그 주변은 한국의 전관수역(專管水域) 안에 들어갔습니다. 일본에서 전혀 출어할 수 없는 상태가 몇 년입니까? 지금 나카무라(中村)씨께서 말씀하신 것처럼 이제 이대로 굳어지는 것으로 정부쪽에서도 포기한 것이 아닌가 하는 생각도 듭니다.」[60]라고 지적했다. 즉 한국이 한국경비대를 상주시켜서 실효적으로 관할하여 지도상에 독도를 한국영토로 표기하고 영토로 간주하고 있다는 것은 일본정부가 죽도를 한국영토로 인정하고 영유권을 포기한 것이나 마찬가지라고 비난했으며, 동시에 정부측에 대해 쌀로서 한국을 경제를 지원하고 있는 지금이 바로 외교적 해결을 위한 적절한 기회라고 주장했다.

## 4.4 미일안보조약의 관할구역에서 제외된 죽도

1960년 미일안보조약을 체결했다.[61] 일본은 죽도를 일본영토화하기 위해 안보조약의 관할구역에 포함되기를 원했다. 미국이 죽도를 일본영토로서 인식하고 있어야만 가능한 일이다. 그렇다면 죽도가 미일안

---

60) 「아키야마 죠조(秋山長造)」, [004/219]61-참의원-예산위원회 -16호, 1969년 3월 20일, 『일본국회독도관련기록모음집』, p.1168.
61) 최장근(2011) 『일본의 독도 영유권 조작의 계보』제이앤씨, p.75.

보조약의 관할범위에 포함되었는지에 관해 고찰해보기로 한다.

1969년 3월 10일 마에카와 단(前川旦)과 아이치 기이치(愛知揆一) 국무위원은 「안보조약의 영향력이 미치는 구역이 일본 본토라면 당연히 오키나와는 포함됩니다. 이는 틀림없죠! 그렇다면 미군이 주둔하기 위한 구역으로서 공식발표한 정부의 공식견해는 필리핀 이북, 일본 및 주변, 한국 및 중화민국의 지배하에 있는 지역을 포함하는 진멘(金門), 마쓰(馬組), 죽도, 하보마이(歯舞), 시코탄(色丹), 쿠나시리(国後)의 북방영토(北方領土)를 포함하고, 북 지시마(北千島)는 포함하지 않는다. 이것은 정부의 확정해석, 움직일 수 없는 것이다.」62)라고 주장했다. 즉 일본정부는 미군이 주둔하는 지역으로서 북방영토와 함께 죽도를 포함하고 있다. 안보조약상 극동지역63)의 일부로서 미일안보조약의 영향을 미치는 미군의 관할 범위에 포함되어 있다고 주장했다. 그러나 일본 자위대가 관할하는 지역에는 죽도가 포함되어 있지 않았다.

1969년 6월 26일 사토 쇼지(佐藤正二) 정부위원은 죽도의 자위대 발동에 관해서는 「죽도가 공격을 받을 경우에 (자위대법) 제5조가 발동하는지 그런 이야기였던 걸로 아는데, 아시다시피 제5조는 일본의 시정(施政) 하에 있는 지역이라는 식으로 되어있습니다. 지금 죽도는 알다시피 분쟁지역입니다만, 유감스럽게도 일본의 시정 하에 들어가지 않는 지역입니다. 따라서 제5조는 발동하지 않는다고 생각하고 있습니다.」64)라고 했다. 즉 일본정부는 사실상 자위대가 일본 국내 지역에만

---

62) 「마에카와 단(前川旦)」, [003/219]61-참의원-예산위원회 -9호, 1969년 3월 10일, 『일본국회독도관련기록모음집』, p.1166.
63) 「아이치 기이치(愛知揆一)」, [003/219]61-참의원-예산위원회 -9호, 1969년 3월 10일, 『일본국회독도관련기록모음집』, p.1167
64) 「사토 쇼지(佐藤正二) 정부위원」, [011/219]61-중의원-내각위원회 -36호, 1969년 6월 26일, 『일본국회독도관련기록모음집』, p.1175.

출동하기 때문에 죽도는 일본의 시정 밖에 있기 때문에 자위대는 죽도에 발동할 수 없다고 시인했다.

야당 전문위원 나라자키(楢崎) 위원은 1969년 6월 26일 이러한 죽도에 대한 관할권이 없는 상황에 대해 「죽도는 빨리 정리한다고 말하면서 현실은 한국에 점령당하고 있죠. 말하지만 만일 관할권이 있다면 한국으로부터 점령되었다면 이는 무력공격입니다. 군대가 와서 점령하고 있다면 당연히 35조가 형식적으로 발동합니다. 그러니 빨리 해결하지 않으면 현재 한국이 점령하고 있으니 만약 과거와 같이 한국전쟁과 같은 사태가 벌어질 경우 당연히 위협지역입니다. 그런 연동문제가 일어날 수 있으니 빨리 결론을 내는 것이 중요하다고 생각합니다.」[65]라고 하여 사실상 한국이 죽도를 점령하고 있기 때문에 죽도에 대한 일본의 관할권이 없다. 그래서 자위대가 일본영토로서 아무런 관리조치를 취할 수 없으므로 외교적으로 독도문제를 신속하게 일본영토로서 해결할 것을 촉구했다.

야당 전문위원 세야 히데유키(瀨谷英行)는 1969년 7월15일 죽도를 미일안보조약의 영향이 미치는 범위 안에 두기 위해 「한일조약 당시 여러모로 문제가 되었던 것이 죽도인데, 니지마(新島) 장관에게서 그 쪽에 주변을 폭격장으로 만들자는 논의는 무리가 따를 것으로 생각되지만, 그런 것을 일본정부는 미군과 논의할 수 없는지, 오히려 적극적으로 나서는 것이 지금 문제가 된 전세기 문제 등을 근본적으로 해결하는데 좋지 않을까 생각합니다.」[66]라고 하여 미국에 독도를 폭격장으로

---

65) 「楢崎위원」, [011/219]61-중의원-내각위원회-36호, 1969년 6월 26일, 『일본국회독도관련기록모음집』, p.1175.

66) 세야 히데유키(瀨谷英行), [0 1 3/219]61-참의원-운수위원회-31호, 1969년 7월 15일, 『일본국회독도관련기록모음집』, p.1177.

지정하자고 제안해야 한다고 했다.

이가와(井川) 정부위원은 1970년 3월11일 자위대의 관할범위에 대해 「죽도는 현재 일본의 시정 하에 있는 영역이 아니기 때문에 현재는 5조의 영역이 아닙니다.」[67]라고 하여 죽도는 지위대가 관할할 수 없는 곳이라고 했다. 이에 대해 가와사키 히로시(川崎寬) 분과원은 「5조의 영역에 60년도에 죽도는 한일조약에서는 포함되었습니다.」[68]라고 주장하기도 했다. 그러나 사실상 1965년의 한일조약은 일본정부는 죽도가 분쟁지역으로 한국정부로부터 인정받지 못했고, 오히려 한국이 실효적으로 관리하는 지역임을 일본정부가 묵인하는 상태로 종결되었다. 따라서 가와사키 히로시(川崎寬)의 주장은 죽도가 일본영토라는 일본정부의 표면적인 주장을 아무런 비판없이 받아들인 것에서 비롯된 것이었다.

요컨대 미일안보조약에 의해 일본영토가 외세의 침입을 받을 때 자동적으로 미군이 관여하게 되는데 죽도는 포함되지 않았다.[69]

### 4.5 '죽도'기점 12해리 영해권 설정의 허구와 외환법, 관세법 적용의 불가능

죽도가 일본영토라면 12해리 영해와 200해리 배타적 경제수역의 기점이 될 수 있고, 또한 외환법과 관세법의 적용을 받게 된다. 그렇다면 일본정부는 죽도에 대해서는 어떻게 처리했을까?

정부측의 가메나가 도모요시(龜長友義) 설명원은 1967년 7월 4일

---

67) 「이가와(井川) 정부위원」, [014/219]63-중의원-예산위원회 제2분과회 -1호, 1970년 3월 11일, 『일본국회독도관련기록모음집』, p.1178.
68) 「가와사키 히로시(川崎寬) 분과원」, [014/219]63-중의원-예산위원회 제2분과회 -1호, 1970년 3월 11일, 『일본국회독도관련기록모음집』, p.1178.
69) 최장근(2011) 『일본의 독도 영유권 조작의 계보』제이앤씨, p.75.

농림성령(외환법과 관세법)의 적용 여부에 대해, 「일본 측으로서는 역사적 사실을 근거로 죽도가 일본 고유의 영역이라고 확신하고 있습니다. 따라서 죽도에도 어업수역을 설정할 권리를 갖고 있습니다. 따라서 이번 농림성령으로 정한 부속 섬에서 죽도를 제외할 생각을 갖고 있지 않습니다. 하지만 외환법, 관세법 적용에 대해 실은 상세히 조사하지 않았기 때문에 지적하신 문제에 대해 이 법들의 적용에 대해 좀 더 조사를 한 후에 외환법, 관세법과 같은 조치를 취하도록 성령(省令)을 정하고자 합니다.」[70]라고 하여 죽도에 대해 외환법, 관세법 적용을 고려하겠다는 것이다.

또한 가메나가는 죽도기점 12해리 영해설정에 대해 「현재 한일조약에서 일본 측은 표면적으로 12해리를 주장하는 입장으로 현재 농림성령에서 시마네현 앞바다 12해리라는 규칙을 만들었습니다. 이 시마네현 앞바다라는 것은 일본 측 해석에서는 당연히 죽도를 시마네현의 일부로 간주하는 입장입니다. 그러나 현재 외환법과 관세법의 죽도에 관한 운용에 대해 잘 모르기 때문에 연구하고자 합니다. 만약 외환법과 관세법을 죽도에도 적용한다는 입장이라면 이 성령에도 같은 적용범위에 넣고자 생각하고 있습니다.」[71]라고 하여 한국이 실효적으로 관할하고 있는 독도에 대해 일본이 「일본 측의 해석으로」는 12해리 규칙을 만들었다고 주장하고 있다. 하지만 그것은 죽도를 12해리 기점으로 정한다고 해도 법적인 효력이 없음을 스스로 시인하고 있는 것이다.

요컨대 일본정부는 죽도영유권을 주장하고 있지만 그것은 형식적인

---

70) 「가메나가 도모요시(龜長友義)」, [251/254]55-참의원-농림수산위원회 -22호, 1967년 7월 4일, 『일본국회독도관련기록모음집』, p.1161
71) 「가메나가 도모요시(龜長友義)」, [251/254]55-참의원-농림수산위원회 -22호, 1967년 7월 4일, 『일본국회독도관련기록모음집』, pp.1161-1162.

것에 불과했다. 사실상 한국이 독도를 실효적으로 관리하고 있기 때문에 12해리 영해를 설정할 수 없었고, 또한 일본의 관할권이 없는 죽도에 대해 외환법과 관세법도 적용이 불가능했던 것이다.

# 5. 맺으면서

이상과 같이 한일협정 이후 일본정부의 독도에 대한 영토의식에 관해 일본국회의 의사록을 분석하여 고찰했다. 이를 요약하면 다음과 같다.

첫째로, 1951년 대일평화조약에서 일본정부는 야당의원에 대해 죽도가 일본영토로 결정되었다고 주장했다. 그러나 국회에서 외무장관이 독도가 한국영역으로 구분된 「일본영역참고도」를 배포했다가 야당의원의 항의를 받고 회수했다. 이를 보면 일본정부도 대일평화조약에서 독도가 일본영토로 규정되지 않고, 오히려 한국영토로 규정되었음을 잘 알고 있었고, 이 사실에 대해서도 야당위원도 잘 알고 있었다.

둘째로, 1965년 한일협정은 「양국의 현안은 외교적으로 해결하고 이것이 불가능할 때는 제3국의 조정으로 해결한다.」고 하는 내용으로 체결되었다. 그러나 이 항목이 일본은 독도를 염두에 두고 규정했을지는 몰라도, 한국은 이것이 독도문제를 해결하기 위한 조항이라는 것에 합의하지 않았다는 사실을 일본정부가 잘 알고 있었다.

셋째로, 일본정부는 한일협정이후에도 죽도의 영유권을 포기하지 않았지만, 한일협정에서 실제로 한국의 독도 점유를 인정했기 때문에 한국정부에 대해 독도영유권을 평화적으로 해결하자고 외교적 해결을 제안하지 못했다.

마지막으로 오늘날 일본은 독도에 대해 영유권을 주장하고 있다. 한국은 일본의 죽도를 무력으로 불법점령하고 있다고 주장한다. 최근에는 우익성향의 인사들이 중심이 되어 독도영유권 주장에 열을 올리고 있다. 이러한 것은 본 연구의 성과에서 볼 때 독도의 본질을 제대로 이해하지 못한 행동이다. 즉 다시 말하면 내셔널리즘에 의한 영유권 주장이라고 할 수 있다.

제10장 │ # 1970년대 '북부 대륙붕협정'에 관한 일본국회의 논쟁

## 1. 들어가면서

오늘날 일본은 독도에 대해 영유권을 주장하고 있다. 그런데 1974년 한일 양국은 대륙붕협정을 체결하였는데, 이때 일본정부는 독도를 공식적으로 한국의 관할로 인정했다. 사실상 영토, 어업, 배타적 경제수역 등 한일 간에 독도를 둘러싼 다양한 경계가 존재하는데, 대륙붕협정은 일본정부가 최초로 독도를 한국의 관할로 공식적으로 인정한 것이라는 점에서 매우 특기할 만한 사건이다. 대륙붕협정의 체결경위는 다음과 같다. 1968년 유엔이 동중국에서 해저자원을 조사하면서 독도주변을 포함해서 한국연안에 석유자원이 매장되었다는 것을 발표했다. 한국정부는 신속히 「해저광물자원개발법」을 만들어 석유개발에 착수했다. 그런데 일본이 이의를 제기하여 결국 양국은 대륙붕협정을 체결

했다. 그때 한일 양국은 '2개의 협정 중에 '북부대륙붕협정'에서는 독도를 한국측에 포함하는 중간선을 설정하였던 것이다. 그것은 당시 한국이 역사적 권원에 의거하여 독도를 실효적으로 관리하고 있었기 때문이다. 한국이 독도를 점유하게 된 과정을 보면, 우선적으로 종전직후 연합국 총사령관이 SCAPIN 677호를 통해 최종적인 영토조치라고 말할 수 없다는 단서를 달면서 독도를 한국영토로 처리했다. 대일평화조약에서는 연합국은 한일 양국이 영유권을 주장하는 분쟁지역으로 간주하여 한국이 실효적으로 지배하고 있는 독도에 대해 아무런 지위변경을 하지 않았다. 한일협정에서는 일본은 한국의 실효적 점유를 인정했던 것이었다. 이처럼 일본이 한일협정에서 사실상 한국의 독도 점유를 묵인했기 때문에 한일협정 직후 일본정부의 독도정책은 아주 소극적이었다. 특히 일본의회 의사록을 보면, 한일협정에 대해 정부측의 정무위원은 '분쟁해결에 대한 교환공문'에 의해 '죽도'를 한일 양국간에 분쟁지역으로 합의했다고 주장했고, 야당 전문위원들은 독도의 실효적 관리를 인정한 것이 아닌가? 라고 반박했다.[1] 그렇다면, 이러한 상황에서 체결된 대륙붕협정에서 독도문제가 양국 간의 대륙붕 경계에 미친 영향은 무엇일까?

본 연구의 목적은 일본의 소극적인 독도영토정책이 '한일대륙붕조약'에 미친 영향을 고찰하는 것이다. 연구방법으로서는 1970년대 당시 대륙붕협정 체결을 둘러싼 정부위원과 전문위원[2]들 간의 논쟁을 '일본

---

1) 최장근, 「현 일본정부의 '죽도문제' 본질에 대한 오해 -독도밀약설과 한일협정 비준국회의 논점을 중심으로-」, 『일본문화학보』제47집, 2010.11, pp. 279-298.
2) 정무위원은 정부의 공식적인 입장에 해당되고, 전문위원은 각 당의 분과 전문위원들의 발언이므로 당을 대표하는 발언이라고 할 수 있다. 특히, 전문위원은 독도문제가 어업문제와 영토문제이므로 주로 농림수산위원회,

국회의 의회 의사록'을 통해 분석하여 일본정부의 독도정책의 소극성을 고찰하고, 또한 그것이 대륙붕조약에 미친 영향을 규명한다.[3] 선행연구로서는 대륙붕협정의 특성에 관한 논증은 있으나, 독도 영유권의 본질을 고찰하는 방법으로서 국회의사록을 통해 분석한 것은 없다고 하겠다.[4]

## 2. 독도 영유권 문제에 의한 '북부 대륙붕협정' 체결

본장에서는 한일 양국 간에 대륙붕협정 특히 '북부대륙붕협정'이 체결된 배경과 그 합의내용에 관해서 고찰해보기로 한다.

유엔 산하의 아시아극동경제위원회(ECAFE)는 1968년 동중국해에

외무위원회, 예산위원회, 내각위원회에 소속되어있다.
3) 본 연구는 회의사록을 분석함에 있어서 일본의회에서 독도의 영유권에 대해 어떻게 인식하고 있었는가를 논증한다는 연구주제의 특성상, 부득이 정부위원과 전문위원들이 진술한 내용 중 많은 부분을 인용할 수밖에 없었음을 일러둔다.
4) 박창건, 「국제해양레짐의 변화에서 한일대륙붕협정의 재조명 국제해양레짐의 변화에서 한일대륙붕협정의 재조명 : 동(북)아시아의 미시-지역주의 관점으로」, 『한국정치학회보』, Vol.45 No.1, 2011. 신창훈, 「대한민국의 대륙붕선언의 기원과 1974년 한일대륙붕공동개발협정의 의의」, 『서울국제법연구』, Vol.13 No.2, 2006. 韓智淑, 「大陸棚에 對한 小考」, 『法政學報』, Vol.9, 1966. 김동기, 「韓日 大陸棚 共同開發 協定의 日本 國會 批准」, 高麗大學校, 석사학위논문, 1980. 오선호, 「大陸棚 境界劃定에 관한 研究」, 성균관대학교 석사학위논문, 2005. 이용국, 「국내대륙붕 석유자원개발 활성화 방안」, 한국산업기술대학교 지식기반기술·에너지대학원 석사학위논문, 2006. 이상의 논문은 대부분 대륙붕조약의 본질을 분석하는 논문들로서 독도 영유권의 본질을 분석한 연구는 아니었다.

"세계 유수의 석유·천연가스가 매장되어 있을 고도의 개연성이 있다"
고 자원조사 결과를 보고했다.5) 그래서 한국정부는 1970년 1월 1일 대
륙붕에서 석유·천연가스 등의 광물자원을 개발하기 위해 「해저광물
자원개발법」을 제정하여 국제법원칙에 따라 한국해안의 자연적 연장
범위로 7개의 해저광구를 설정하고 외국석유회사들과 탐사개발을 계
약하였다. 이에 대해 일본은 영유권이 중복되는 부분에 대해 일본 측의
권리에 이의를 제기했다. 그래서 양국은 1970년 11월 대륙붕 문제에
관해 교섭을 시작하여 1973년 7월 4일 협정문 안에 합의했다. 1974년
1월 30일 대륙붕협정을 체결하고 1978년 6월 22일 발효되었다.6) 1980
년 5월 협정 조인 후 6년 3개월 만에 공동개발을 착수했다. 그 과정을
살펴보면 국제기준에 입각하여 북부해역에 대해서는 중간선으로 정했
고, 남부해역에 대해서는 영유권 주장이 중복되어 난항을 거듭하다가
공동개발로 타협했던 것이다. 즉 「협정은 양국 간의 수역을 중간선으
로 분할하는 '한일 양국에 인접하는 대륙붕 북부의 경계획정에 관한 협
정'과 9개의 소구역을 공동개발구역으로 하는 '한일 양국에 인접한 대
륙붕 남부의 공동개발에 관한 협정'으로 이루어졌다. 전자는 무기한,
후자는 50년의 유효기한을 가진다.」7) 그런데, 한일 양국 간에 대륙붕

---

5) 「한일대륙붕협정」, 한국민족문화대백과(한국학중앙연구원), http://terms.naver.
   com/entry.nhn?docId=526464&cid=1597&categoryId=1597(검색일: 2013년
   10월 1일),
6) 「한일 대륙붕협정」, http://ko.wikipedia.org/wiki/%ED%95%9C%EC%9D%BC
   _%EB%8C%80%EB%A5%99%EB%B6%95_%ED%98%91%EC%A0%95(검색
   일: 2013년 10월 1일). 「제7광구 (JDZ)한일 대륙붕 협정」이라고도 한다.
7) 「합의의사록', '굴착의무에 관한 교환각서'·'해상충돌예방에 관한 교환각
   서'·'해상오염의 제거 및 방지에 관한 교환각서' 등 4개의 부속문서, 그리
   고 전문 4조의 '한일 양국에 인접한 대륙붕북부지역의 경계획정협정'과 이
   협정에 부속하는 '합의의사록' 등이 포함된다.」 「한일대륙붕협정(韓日大陸
   棚協定)」, http://terms.naver.com/entry. nhn?docId=1161410&cid=200000000

협정을 체결하는 데는 4년 5개월이 걸렸다. 그 이유는 한국이 실효적으로 관리하면서 영토주권을 행사하고 있는 독도에 대해 일본이 영유권을 주장함으로써 발생한 독도문제를 갖고 있었기 때문에「한·일간의 협정체결은 일본의회가 협정발효에 필요한 비준을 지연시켜 개발이 늦어지다가 1977년 3월 임시국회에서 동의안이 중의원을 통과하고 참의원에서는 회기시한 만료까지 처리되지 못하여 자동승인의 형태로 가결」되었던 것이다.[8] 아래 본론에서 논증하는 것처럼, 일본 의회가 독도를 자신의 영토로 전제하여 대륙붕협정의 체결을 요구함으로써 일본국회의 동의가 늦어졌던 것이다.[9]

그 결과 주요합의 내용을 보면,「①한국이 설정한 광구와 일본이 주권을 주장하는 중복부분(약 8만4000㎢)을 공동개발구역으로 한다. ② 석유·천연가스 및 이에 부수하여 생산되는 지하자원을 개발대상으로 한다. ③공동개발의 형태는 양국 정부가 지정한 민간기업에 의해 추진하고, 편의상 9개로 나누어진 소구역에 대한 조광권자를 협정발효 후 3개월 내에 지정한다. ④개발비용 및 이익분배방법(조광권자 50 : 50) 등에 대해서는 운영 협정을 체결한다. ⑤4명으로 구성된 정부 간에 위원회를 구성한다.」[10]라고 하는 것이었다.[11]

---

&categoryId=200002646(검색일: 2013년 10월 1일).

8)「한일대륙붕협정」, http://terms.naver.com/entry.nhn?docId=526464&cid=1597&categoryId=1597(검색일: 2013년 10월 1일),「중의원과 참의원은 대륙붕협정비준을 위한 일본국내 절차법인 '대륙붕공동개발에 관한 특별조치법안'을 1978년 4월 7일과 6월 14일에 각각 통과시켰다.」

9) 대륙붕협정은 1971년 3월 10일 공명당 중의원 오니키 가츠도시(鬼木勝利)가 정부의 독도정책 지연을 비난한 것이 계기가 되어 일본의회에서 야당 전문위원과 정무위원 사이에 공방이 확산되어 체결이 지연되었다.

10)「[역사속의 오늘] 한일대륙붕협정 조인」, http://www.imaeil.com/sub_news/sub_news_view.php?news_id=4607&yy=2008(검색일: 2013년 10월 1일).

11)「한일대륙붕협정」, http://terms.naver.com/entry.nhn?docId=526464&cid

그런데 탐사결과 기대했던 성과를 내지 못하고 있는 상황에서 1982
년 10월 '200해리 배타적 경제수역'을 주 내용으로 하는 '해양법에 관한
국제연합협약'이 체결되었던 것이다. 일본정부는 국내정치상황을 이유
로 기존의 협상과정을 원점으로 돌리고 국제 어업질서에 순응하여 동
해어업질서를 대륙붕협정 체제에서 한일어업협정을 개정하는 방향으
로 순회했다. 1985년 3월 한일대륙붕공동위원회의 제5차 회의를 마지
막으로 대륙붕개발에 관한 회의를 중단했다. 일본정부는 1998년 한국
이 국제금융의 위기상황을 맞고 있는데, 1965년에 체결했던 구 어업협
정을 일방적으로 파기를 선언하고, 자신들이 만든 어업협정 안에 한국
정부가 동의할 것을 요구했다.[12] 결국 한국은 1998년 11월 신 한일어
업협정을 서명했다. 신 한일어업협정은 아무런 좌표 없이 독도를 어업
협정 중간 수역에 포함시키고 있었고, 또한 동중국해에서는 한일 대륙
붕 공동수역의 8/10을 일본이 차지하고, 그 나머지를 중간수역으로 정
했던 것이었다.[13]

한국은 한일협정에서 일본정부로부터 독도에 대한 실효적 점유가
묵인되었기 때문에 그 이후에 체결된 대륙붕협정에서는 상당부분 독도
의 영유권이 한국에 있다는 것을 전제로 체결되었다. 그래서 독도가

---

=1597&categoryId=1597(검색일 2013년10월1일), 『한국연감 1970~1985』
(한국일보사, 1971~1986), 『동아연감 1971~1986』(동아일보사, 1972~1986)

12) 최장근, 「어업협정과 독도 EEZ와의 관련성 : 일본외교의 정치문화적 특성
에서 고찰」, 독도학회편, 『한국의 독도영유권 연구사』독도연구보전협회,
2003, pp.315-357.

13) 「한일대륙붕협정」, http://terms.naver.com/entry.nhn?docId=526464&cid=
1597&categoryId=1597(검색일: 2013년10월1일), 제2장은 한일대륙붕협정
의 내용을 확인하기 위한 장으로써, 본 연구에서 중점적으로 논증해야할
부분이 아니다. 그래서 연구자간의 이견이 있을 수 없는 한일대륙붕협정
의 내용을 확인하는 정도의 내용이라 지식백과사전을 활용함을 알려둔다.

중간선의 한국 측에 포함되었던 것이다. 그런데 일본정부는 1982년 국제해양법협약이 체결된 것을 계기로 이를 만회하기 위해 일방적으로 신 한일어업협정을 강요하여 어업에 국한된 협정이긴 하지만, 남부지역을 차치하고라도 독도를 중간수역에 포함시켰던 것이다.

한일 대륙붕 협정

일본국회에서는 한일 대륙붕협정에 대해 부정적으로 생각하여 의회의 승인을 늦추었다. 그렇다면 대륙붕협정에 대한 일본의회의 인식에 대해 고찰해 보기로 한다.

## 3. 전문위원의 '죽도'관리에 대한 정부 비난

### 3.1 일본정부의 독도에 대한 한국 점유의 묵인

일본정부는 1965년의 한일협정이 체결되고 난 후 한일 양국이 죽도[14]문제를 외교협상으로 해결하기로 합의했다고 주장해왔다.[15] 그런데 협정체결 후 5년이 훨씬 지났음에도 불구하고 일본정부는 한국 사

---

14) 본 연구에서 사용되는 '죽도'라는 명칭은 일본의회에서 사용되는 한국 명칭인 독도를 두고 가리키는 것이다. 따라서 본고에서도 일본측의 명칭으로서 '죽도'라는 명칭을 원용하여 사용하도록 한다.

15) 김영수, 「한일회담과 독도 영유권 : 샌프란시스코 강화조약과 한일회담 '기본관계조약'을 중심으로」, 『한국정치학회보』Vol.42 No.4, 한국정치학회, 2008 참조.

이에 죽도문제에 관해 아무런 논의를 하지 않았다.

사회당 참의원 세야 히데유키(瀬谷英行)는 대륙붕협정 체결을 앞두고 1973년 3월 27일 죽도에 대한 일본정부의 죽도정책의 태만에 대해 「한일 국회에 즈음하여 이 문제(죽도)에 대해서 질문을 한 기억이 나는데, 그때부터 전혀 진전되지 않았습니다. 외교상의 경로에 따라 조정한다는 것인데, 아직 미해결상태입니다. 매우 유감입니다.」16)라고 일본정부의 죽도영토정책의 태만을 지적했다. 이에 대해 다나카내각의 오히라 마사요시(大平正芳) 외무대신은 「1952년 1월 18일 이승만선언 이후 일본정부는 한국에 대해서 죽도는 역사적 사실에 비추어도 국제법상의 견지에서도 명백히 일본의 영토라고 반복 주장하고, 종종 한국정부에게 구상서를 제출하였습니다. 본건은 불행하게도 한국과 국교를 회복했을 때도 해결되지 못하여 결국 양국은 외교상의 경로를 통해 해결하도록 노력하고, 이에 따라 해결되지 못할 경우에는 조정하여 해결한다는 취지의 해결에 관한 공문이 체결되었습니다. 지금도 기회를 엿보고 구상서에 의해 일본의 입장을 반복하여 전달하고 죽도 주변의 해상순찰을 연 1회 실시함으로써 일본의 주장을 형식상으로 나타내고 있습니다. 정부로서는 본 건 해결에 적합한 분위기가 조성되는 것을 기다렸다가 외교경로를 통해 협상을 개시하고자 생각하고 있습니다. 최근에는 작년 8월에 실시한 해양순찰 결과에 따라 10월 26일 한국의 죽도 불법점거에 대해서 항의하고 즉시 철수할 것을 요구하는 구상서를 제출했습니다만, 한국 측은 12월 11일 똑 같이 구상서를 통해 동 섬이

---

16) 「세야 히데우키(瀬谷英行)」, [046/219] 71 -참의원-예산위원회- 12호, 1973년3월27일, 동북아역사재단편, 『일본국회독도관련기록모음집 1부 1948-1976-』동북아역사재단, 2009, pp.1227-1228. 이하에서는 '『일본국회독도관련기록모음집』'으로 표기한다.

한국영토라고 주장하고 기존의 태도를 바꾸지 않았습니다.」17) 「현재 양측 주장이 첨예하게 대립하고 있습니다. 그러나 저희로서는 본 건이 해결되는 듯한 분위기 조성을 해야 하고 어떻게 해서든지 외교적으로 해결해야 되는 문제라고 생각하고 있습니다.」18)라고 주장했다. 즉 일본정부는 죽도를 일본영토라고 생각하고 있으며, 한일협상에서 양국의 합의한 외교적 해결을 위해 노력하고 있고, 또한 1년에 1회 죽도를 순찰하고 있으며, 최근 한국이 죽도를 불법으로 점유하고 있는 상황에 대해서는 공문을 통해 항의했다는 것이다.

그러나 일본정부의 이러한 주장은 한일협정이후 5년 이상이 지났지만, '적절한 시기에 외교적으로 해결한다'고 하는 항상 같은 주장만 되풀이 했다. 그 이유는 일본정부는 한일협정에서 한국의 실효적 지배를 묵인한 상태이고, 또한 일본정부는 냉전체제 속에서 미일안보조약을 맺고 있어서 미국의 입장을 대체적으로 순응하고 있었다. 그래서 해결 가능성이 없는 독도문제를 제기하여 한일관계가 악화되면 미국도 이를 원치 않기 때문이었다.

## 3.2 죽도 관리의 방치 및 영유권 포기론의 대두

한일협정 후 일본은 한국정부에 죽도영토문제 해결을 위한 협상을 공식적으로 제의한 적이 없었다.19) 물론 그것은 한국이 그것을 수용할 리 없었기 때문이다. 이에 대해 야당 전문위원들은 일본정부가 한일협

---

17) 「오히라 마사요시(大平正芳)」, [046/219] 71 -참의원-예산위원회- 12호, 1973년 3월 27일, 『일본국회독도관련기록모음집』, p.1228.
18) 「오히라 마사요시(大平正芳)」, [046/219] 71 -참의원-예산위원회- 12호, 1973년 3월 27일, 『일본국회독도관련기록모음집』, p.1228.
19) 『일본국회독도관련기록모음집』을 분석한 본 연구의 연구성과의 일부분이므로 본 연구의 내용을 참조.

정에서 죽도를 영토적으로 포기했다고 주장하기 시작했다.

사토내각의 아이치 기이치(愛知揆一) 외무대신은 1971년 3월 10일 실효적 관리에 대해 「실은 미적지근하다고 비난을 받을 수는 있겠지만 해상순찰로 수시로 상황을 확인하고 있습니다. 조금도 확대되지 않았다는 것은 역시 이런 일본 측의 입장이 한국을 반성하게 한 것이 아닌가 하고 생각합니다.」[20]라고 하여 일본의 항의에 의해 한국 측도 분쟁지역임을 부정하지 못하고 독도에 있어서 시설확충을 행하지 못하고 있다는 주장이었다.

공명당(公明黨) 중의원 오니키 가츠도시(鬼木勝利)는 1971년 3월 10일 일본정부의 죽도관리의 태만에 대해 「외무상의 경로를 통해 해결한다. 이것이 가장 바람직한 이상입니다만 교환공문을 교환하고 이미 10년 이상, 14년 이상, 15년 이상이 지났습니다. 이렇게 시간을 보내면서 일본의 영토에서 제외되지 않았다. 우리는 결코 포기하지 않는다. 우리 것이다, 라고 말씀하셨습니다. (중략) 이미 14,5년이나 지나도 외교상의 경로를 통해 이를 평화적으로 해결한다. (중략) 이는 틀림없이 너의 것이다. 그렇다 네 것이다. 하지만 실제로는 손에 없다. 이런 것들이 10년, 15년, 20년이고 용납될까요?」[21]라고 하여 교환공문을 교환하여 외교를 통해 해결한다고 주장한 지가 벌써 15년이 지났음에도 불구하고 아무런 해결을 못하는 것은 죽도 영유권을 포기한 행위[22]이라고

---

20) 「아이치(愛知)」, [024/219]65-중의원-내각위원회- 6호, 1971년 3월 10일, 『일본국회독도관련기록모음집』, p.1197.
21) 「오니키(鬼木)」, [024/219]65-중의원-내각위원회- 6호, 1971년 3월 10일, 『일본국회독도관련기록모음집』, p.1198.
22) 특히 "이렇게 시간을 보내면서 일본의 영토에서 제외되지 않았다. 우리는 결코 포기하지 않는다. 우리 것이다, 라고 말씀하셨습니다"라는 부분은 일본 의회 내에서는 일본정부가 죽도를 포기한 것은 아닌가? 라고 의심하는 상황까지 대두됐던 것이다.

비난했다.

참의원 사회당 후지타 스스무(藤田進)는 1971년 11월 1일 한국의 독도영유권 인식에 대해「한일 조약 때에 죽도는 저(한국)쪽에서는 이미 끝났다. 사토 에이사쿠(佐藤栄作) 총리와 관저에서 내외기자 앞에서 확실하게 약속했다고 합니다. 한국측 속기록에 그렇게 나와 있습니다. 그런데 죽도문제를 국제사법재판소 등에서 논의하자고 했으나, 한국측은 이미 자신의 영토이기 때문에 그럴 필요는 이제 없다고 합니다.」[23] 라고 하여 한국에서는 사토총리와 합의하여 독도가 한국영토임을 인정받았다는 주장을 했다고 일본정부를 비난했다.

사토내각의 총리청 총무장관 야마나카 사다노리(山中貞則)는 1973년 7월 17일 일본정부의 죽도 영토 포기론에 대해「일반론으로는 그렇게 말할 수 있겠습니다. 즉 전쟁의 결과는 반드시 영토 등 지도의 변경이 동반됩니다. 제2차 세계대전에서 우리는 그렇게 많은 영토적 야심을 갖고 있지 않았으나 결과적으로는 승전국 측의 요구에 따라 결국 일본과 소련 사이에는 북방영토가 남았습니다. 또한 브란트 수상은 국민의 여론지지를 받을 수 없는 듯한 이상한 동방조약을 체결하였습니다. 또한 오데르 나이세선(Oder-Neisse Line) 문제도 남아있습니다. 이렇게 보면 판도는 바꾸는 것은 전력일지도 모르겠습니다. 물론 일본측 주장은 아닙니다. 예를 들어 죽도에 1개 소대가 있다면 일본이 1개 대대를 데리고 가면 뺏을 수 있지만, 일본은 그러한 일을 하지 않고 죽도는 일본의 영토라고 생각하고 있습니다. 다만 실제로는 대한민국이 지배하는 지역에 들어가 버린 상태입니다. 국제사법재판소 제소에도 응하지 않습니다. 이러한 상태가 즉 일본의 입장에서 본 전력의 한계가

---

23)「후지타 스스무(藤田進)」, [031/219]67-참의원-예산위원회- 2호, 1971년 11
　　월 1일,『일본국회독도관련기록모음집』, p.1206.

아닐까요?」[24]라고 하여 한국이 무력으로 죽도를 점유한 것은 한국이 무력적으로 일본보다 강했기 때문에 일본정부가 이를 인정하고 죽도의 주권을 포기했다고 비난했다.

그러나 사실 한국이 독도를 실효적으로 점유하게 된 것은 연합국총사령부의 명령인 SCAPIN677호(1946.1.29)와 SCAPIN 1033호(1946.6.22)에 의해 독도를 일본영토에서 제외한 연합국정책의 연장선상에서 행해진 것이었다.[25]

요컨대 일본정부는 한일협정 이후 죽도영유권을 위해 한 번도 한국정부에 공식적으로 제안하지 않았다. 상황만 지켜보고 있다는 것이다. 즉 이는 교환공문에서 독도를 분쟁지역으로 합의한다고 하는 구체적인 내용이 없었다는 것을 의미하며 교환공문이 독도문제 해결을 위한 것이 아님을 시사해준다.

### 3.3 일본정부의 죽도 '관할권 없음'의 인정

한국 의회에서 사토총리가 독도를 한국영토로 인정했다고 하는 한국측의 보도가 있었다.[26] 그런데 사토총리는 일본의회에서는 당연히 죽도가 일본영토라는 입장을 표명했다. 사토발언의 사실관계에 대해 고찰해보기로 한다.

사회당 참의원 후지타 스스무(藤田進)는 1971년 11월 9일, 독도의 관할권에 대해 「한일조약과 관련」해서 「사토(佐藤) 총리가 한국 국회에서 죽도는 한국의 영토이고, 일본은 이를 인정하고 있다고 말했다고

---

24) 「야마나카 사다노리(山中貞原則)」, [049/219] 71 -참의원-내각위원회- 22호, 1973년 7월 17일, 『일본국회독도관련기록모음집』, pp.1231-1232.
25) 김병렬, 「독도 -독도자료총람-」다다미디어, 1998, pp.414-418.
26) 「야마나카 사다노리(山中貞原則)」, [049/219] 71 -참의원-내각위원회- 22호, 1973년 7월 17일, 『일본국회독도관련기록모음집』, pp.1231-1232.

하는데, 한국의회 의사록을 제출하라는 것에 대해서는 망설이다가 결국 외무성은 이를 제출하지 않았습니다. 그래서 저희가 이 속기록을 서울에서 따로 입수하여 조사한 결과 한국은 자신의 영토라고 주장한 사실이 밝혀졌습니다. 그러나 일본은 일본영토라고 주장하고 있습니다. 그런데 현재의 발언에 따르면 센카쿠제도는 미국으로부터 관할권이 반환되었으나, 죽도에 대해서는 관할권이 없다는 것인데, 언제부터 관할권을 포기하고 영토권을 포기했는데, 혹은 어딘가에 신탁통치 되어 잠재주권만이 있었고, 관할권이 없다는 것인지, 이는 중요한 영토에 관한 문제입니다. 차원이 한 단계 높은 문제이기 때문에 총리나 외무장관 등으로부터 답변을 듣고 싶습니다.」[27]라고 하여 사토내각은 센카쿠제도는 최소한 관할권을 확보했음에도 불구하고, 독도에 대해서는 관할권을 포기했다고 비난했다. 사토총리는 한국의회에서 독도의 관할권이 한국에 있다고 인정했으면서 일본 의회에서는 관할권과 영유권이 일본에 있다고 말했다고 하여 일본정부가 이중 플레이를 하고 있다고 비난했다.

이에 대해, 정부측의 조약국장 이가와 가쓰이치(井川克一)는 「저는 관할권이 없다고 말한 적이 전혀 없습니다. 이는 법률적인 견해와 사실상의 문제의 큰 차이라고 생각합니다. 현실적으로 관할이 미치지 않는 지역이며, 일본은 이에 대해서 영토권을 주장하고 있습니다. 그런데 현실적으로는 일본의 관할이 미치고 있지 않다는 의미에서 안보조약 제5조의 '일본국의 관할 하에 있다'는 지역에서는 제외되어 있습니다. 즉 현실의 관할이 미치고 있지 않다는 점을 말씀드린 것입니다」[28] 「일본

---

27) 「후지타 스스무(藤田進)」, [032/219]67-참의원-예산위원회- 7호, 1971년 11월 9일, 『일본국회독도관련기록모음집』, p.1209.
28) 「이가와 가쓰이치(井川克一)」, [032/219]67-참의원-예산위원회- 7호, 1971

영토이면서 법률적으로는 관할권이 미치지 않는 곳은 제3조의 지역인 오키나와(沖繩)입니다. 또한 실제로 일본영토이면서 관할권이 미치지 않는 곳은 북방영토 및 죽도입니다」[29]라고 주장했다. 즉 일본정부는 죽도에 대해서는 현실적으로는 관할하지 않고 있지만, 법률적으로 일본이 영유권을 주장하고 있기 때문에 관할권이 있다는 것이다. 또 사토 에이사쿠(佐藤栄作) 총리대신은 「조금 전 죽도문제가 미해결상태로 남았다고 말했는데, 아시다시피 한국이 죽도를 점령하고 있으면서 자신의 영토라고 주장하고 있습니다. 일본은 영토권을 주장하고 있으나 관할이 없다는 것, 즉 관할하고 있지 않다는 사실을 말씀드린 것입니다. 관할권을 포기한 것이 아닙니다. 오해하지 않기를 바랍니다.」[30]라고 하여 현실적으로 관할하고 있지 않지만, 법적으로 관할권을 포기하지 않았다고 주장했다.

요컨대 일본정부는 사실상 한일협정에 의해 한국의 실효적 점유를 인정한 상태에서 협정을 체결했기 때문에 죽도관할권을 인정했다. 그런데 일본국민의 비난을 피하기 위해 실질적으로는 한국이 관할하고 있지만, 국제법적으로는 관할권이 일본에 있다고 주장했다. 여기서 간과할 수 없는 것은 일본정부가 이전과 달리, 한국이 독도를 불법적으로 점유하고 있다는 용어를 한 번도 사용하지 않았다는 것이다.

### 3.4 일본지도의 경계 표기에서 '죽도' 귀속의 누락

한일협정 체결을 위한 의회에서 일본정부측은 참고지도를 배포하였

---

년 11월 9일, 『일본국회독도관련기록모음집』, p.1210.
29) 「이가와 가쓰이치(井川克一)」, [032/219]67-참의원-예산위원회- 7호, 1971년 11월 9일, 『일본국회독도관련기록모음집』, p.1210.
30) 「사토 에이사쿠(佐藤栄作)」, [032/219]67-참의원-예산위원회- 7호, 1971년 11월 9일, 『일본국회독도관련기록모음집』, p.1212.

는데, 죽도가 한국영토에 포함되어 있는 지도를 배포하였다가 야당 전문위원들의 비난을 받고 이를 회수하는 사태가 발생했다.[31] 이처럼 일본정부에서는 한일협정을 전후해서 죽도가 일본영토라는 명확한 인식을 갖고 있지 않았기 때문에 지도제작에 있어서도 죽도를 영토경계선 안에 명확히 표기하지 않았던 것이다.

사회당 참의원 가와무라 세이치(川村清一)는 1973년 3월 22일 죽도경계지도에 대해 「외무장관실과 지방자치장관실뿐만 아니라 초등학교, 중학교 그리고 모든 가정에 걸려있는 지도가 일본영토, 국경을 완전히 엉터리로 나타내어도 되는 겁니까?」[32]라고 하여 정부가 제작한 지도에 죽도가 일본영토로서 분명하게 표기되어 있는 지도가 그다지 없다고 비난했다. 이에 대해 다나카 가쿠에이(田中角栄) 총리대신은 「죽도가 일본영토라는 것에 대해서는 적어도 일본인인 이상 다들 찬성할 것입니다. 따라서 알기 쉽게 구별되어야 할 경계선이 지도상에 표기되는 것이 바람직합니다. 그렇게 통일되도록 노력하겠습니다.」[33]라고 하여 향후 지도제작에 있어서 반드시 죽도가 일본영토임을 명확하게 표기하겠다고 답변했다.[34]

사실상 한일협정에서 일본정부가 자신들의 의도한 '독도가 분쟁지역

---

31) 「야마모토(山本利)」, [015/189] 12-중의원-평화조약 및 미일안전보장...- 6호, 1951년 10월 22일, 『일본국회독도관련기록모음집』, p.43. 每日新聞社編, 『対日平和条約』每日新聞社刊, 1952, 「日本領域図」참조.

32) 「가와무라 세이치(川村清一)」, [045/219] 71-참의원-예산위원회- 8호, 1973년 3월 22일, 『일본국회독도관련기록모음집』, p.1227.

33) 「다나카 가쿠에이(田中角栄)」, [045/219] 71-참의원-예산위원회- 8호, 1973년 3월 22일, 『일본국회독도관련기록모음집』, p.1227.

34) 죽도가 일본영토에서 누락된 것을 가와무라 세이치가 지적하자, 다나카 가쿠에이(田中角栄) 총리대신은 「죽도가 일본영토라는 것에 대해서는 적어도 일본인인 이상 다들 찬성할 것입니다.」 라고 답변했다는 것은 의회에서 일본지도에 죽도가 누락된 것이 문제가 되었던 것이다.

이라는 것'을 명확하게 규정하지 못했기 때문에 사토총리는 독도문제
를 소극적으로 다루었던 것이다.

# 4. 전문위원의 한국영토로서
## 미국의 독도조치 확인

### 4.1 SCAPIN 677호의 한국영토로서의 독도 조치

연합국은 종전 후 1946년 1월 SCAPIN 677호를 발령하여 최종적 영
토조치는 아니지만 죽도에 대해 행정상 통치상 일본영토에서 제외한다
고 하여 사실상 독도를 한국영토로 취급했다. 일본정부는 이에 대해 최
종적인 영토조치가 아니라고 하여 죽도는 일본영토라는 주장을 해왔다.
그렇다면 일본의 주장이 논리적으로 합당한 것인지 살펴보기로 한다.

공명당 중의원 오니키 가츠도시(鬼木勝利) 위원은 1971년 3월 10일
SCAPIN 677호에 관해 「대체로 이 죽도가 일본의 행정구역에서 제외
되었다는 점, 이는 당시의 미국 점령군 당국의 문제이겠지만, 저는 이
점이 도무지 이해가 안 됩니다. 정부는 미 당국에 당시 일본 행정구역
에서 왜 제외시켰는지에 대해 반문하거나 바로잡은 일이 있습니까?」[35]
라고 하여 죽도가 일본의 행정구역에서 제외된 이유에 관해 질문했다.
이에 대해 아이치 국무대신은 「솔직히 말씀드려 그 당시 미국과의 사이
에 어떤 절충을 했는가는 자세하게 잘은 모르겠다.」[36]라고 답변했다.

---

35) 「오니키(鬼木)」, [024/219]65-중의원-내각위원회- 6호, 1971년 3월 10일,
『일본국회독도관련기록모음집』, p.1193.
36) 「아이치(愛知)」, [024/219]65-중의원-내각위원회- 6호, 1971년 3월 10일,
『일본국회독도관련기록모음집』, pp.1193-1194.

그것은 연합국이 「일본국은 폭력 및 강박에 의한 약취한 다른 모든 지역으로부터 구축한다」라는 내용의 「카이로선언을 이행한다」[37]고 하는 포츠담선언에 의거하여 1905년 러일전쟁 중에 시마네현이 편입조치를 했다고 하는 것은 사실상 일본이 한국영토인 독도를 도취한 행위라고 판단했기 때문이었다.[38]

그럼에도 불구하고 아이치 외무대신은 연합국의 SCAPIN 677호에서 한국영토로서 처리되었다는 즉답을 회피하고 일본입장을 정당화하기 위해 독도문제의 발단에 대해 언급했다. 즉 「1952년 1월 18일 한국에서 이른바 이승만 라인 선언이 이루어져 당시에도 마치 죽도에 대한 영토권을 전제로 하는 것처럼 보였습니다. 이 선언은 죽도를 이승만라인의 안쪽에 포함시킨 것으로 일본정부는 1952년 1월 28일 정식으로 죽도에 대한 한국영토권은 결단코 인정할 수 없다는 취지의 엄중한 제의를 한 것입니다. 이것이 사태의 발단입니다. 원래 일본정부로서는 이러한 자세로 한일국교 정상회담 때에도 강력한 주장을 했지만, 아시다시피 최종적으로 해결되지 않았습니다. 매우 유감스럽지만 이른바 지속적으로 외교 경로를 통해 해결하자는 선에서 합의되었습니다. 하지만 그걸로 해결되지 않아 경우에는 조정(調停)이라는 길도 남겨놓아 오늘날에 이른 것으로 알고 있습니다.」[39]라고 했다. 즉 원래 일본영토였던 것을 이승만대통령이 이승만라인을 선언하여 죽도를 불법적으로

---

37) 高野雄一, 『日本の領土』東京大学出版会, pp.330-332.
38) 일본이 1900년 칙령41호에 의해 한국영토임에 명확히 확인되는 독도에 대해 「시마네현고시40호」로서 1905년 2월 22일 시마네현에 편입한 '죽도' 편입사실을 한국이 1905년 11월 17일 일본에 의해 외교권을 박탈당한 1년이나 지난 뒤, 1906년 3월에 울릉도에 간접적인 방법으로 그 사실을 알렸다는 것은 강압에 의한 타국의 영토도취행위에 해당된다.
39) 「아이치(愛知)」, [024/219]65-중의원-내각위원회- 6호, 1971년 3월 10일, 『일본국회독도관련기록모음집』, pp.1193-1194.

점령한 것이라는 주장이다. 그런데 한국은 한일협정에서도 한국영토라는 주장을 굽히지 않아서 오늘날 분쟁지역이 되었다는 것이다.

사실은 대일평화조약이나 한일협정을 체결했을 때 독도는 이미 한국이 역사적 권원과 연합국의 조치에 의해 실효적으로 지배하고 있는 한국영토였다. 독도에 대한 일본의 영유권 주장은 일본의 로비에 의해 미국이 독도에 대해 애매한 입장을 취함으로써 생긴 영토문제로서 일본제국주의가 침략한 영토에 대해 영유권을 주장하는 것이다. 한일협정에서도 양국이 국교를 회복하면서 한국은 일본에 대해 독도문제를 외교적 경로를 통해 합의한다고 동의한 적이 없었고, 오히려 일본이 한국의 실효적 관리를 묵인했던 것이었다.

또한 오니키 가츠도시(鬼木勝利) 위원은 1971년 3월 10일 미국의 죽도 영유권 인식에 대해 「이승만라인40)과 영토권을 같다고 하는 것은 언어도단입니다. 이는 장관도 인정하셨습니다.」 「불법적으로 한국이 죽도를 내 것이라고 말하고 이쪽이 상대방의 꼭두각시처럼 그것을 받아들인다는 것은 말이 안 되지 않습니까?」라고 하여 '이승만라인'에 의해 한국에 불법점령 당했다고 주장하는 것은 논리에 맞지 않다. 사실은 「과거 미국이 일본을 점령했을 때 죽도는 미국의 점령 하에 있지 않았

---

40) 「아이치(愛知)」, [024/219]65-중의원-내각위원회- 6호, 1971년 3월 10일, 『일본국회독도관련기록모음집』, p.1200. 일본은 이승만라인이 불법이라고 하지만, 일본도 「영해문제에 관해서도 요즘 매우 바람직하지 않은 세계적 풍조입니다만, 일방적으로 영해 100해리, 200해리라는 것을 주장하는 나라도 상당수 출현했습니다. 이는 역시 일본입장에서도 결코 방치할 수 없다. 일본은 종전에 국제적으로 매우 바람직한 태도를 취해왔다고 생각합니다만 3해리설을 국제적인 법칙으로 지키고 가능한 한 장래에도 지키고 싶다는 일념으로 걸어왔지만 오늘날과 같은 세계적으로도 유감스러운 상황이 일어난 것을 고려하여 저희측도 과거의 방식을 고집하지 않겠습니다.」라고 하여 3해리 포기방침을 나타냈다.

습니까? 그렇다면 한국의 영토를 미국이 점령해서 점령 하에 두었고, 한국의 영토를 미국이 점령했다는 것이 됩니다. 이는 중대한 문제인데, 당신들은 이점을 미국에 시비를 가려서 논의를 했는지 그 점을 아까부터 여쭙고 있는 것입니다.」[41]라고 지적했다. 즉 미국이 일본을 점령했을 때 죽도는 미국의 점령 하의 일본영토였다고 한다면, 미국이 한국을 점령한다면 죽도는 미국이 점령하는 한국영토가 된다. 죽도의 영유권을 미국이 함부로 좌지우지한다고 비난했다.

야당 전문위원은 국익을 위해 미일행정협정에 대해 일본정부의 주장을 그대로 받아들이고 있었다. 일본정부는 미일행정협정에 의해 죽도가 일본영토가 되었다고 했다. 그것은 사실이 아니다. 일본정부의 일방적인 주장이다.

이에 대해 아이치 외무대신은 「카이로선언 이래 당시의 점령국 측에서 대일각서 등이 나왔습니다. 방금 전에도 말씀드렸듯이 최종적인 영토의 귀속에 대해 규정한 것이 아니라는 내용으로 따라서 죽도가 일본의 영토에서 제외되지 않은 것은 확실합니다.」라고 하여 한국영토로 처리했지만 최종적인 결정이 아니므로 최종적으로 한국영토로서 결정된 것이 아니라고 주장했다.

요컨대 연합국은 죽도에 대해 종전 직후 SCAPIN 677호에서 최종적인 영토조치가 아니라는 단서와 함께 한국영토로 분류했고, 대일평화조약에서 영토적 지위를 부여하지 않았다. 한일협정에서는 일본이 한국의 실효적 점유를 묵인하면서 영유권 주장을 포기하지 않았다.

---

41) 「오니키」, [024/219]65-중의원-내각위원회- 6호, 1971년 3월 10일, 『일본국회독도관련기록모음집』, p.1195.

## 4.2 미일안보조약의 반공식별권에서 미국의 '죽도' 제외 조치

1960년에 체결된 미일안보조약에서 죽도가 반공식별권에 포함되었는가에 대해서 논란이 있었다. 후지타 스스무(藤田進) 위원은 1971년 11월 1일 미국의 반공식별권 처리에 대해「(죽도)는 반공식별권에서 제외되어있습니다.」42)「사토(佐藤)총리께서는 소위 의회(미국이나 한국-필자 주)에서 단순한 테크닉으로 답변하고 있다고 생각하시는데, 미국의회에서의 증언과 사토총리가 일본의회에서 행한 답변과는 큰 차이가 있습니다.」43)라고 비난했다. 즉 사토총리는 한국과 미국에 대해서는 한국영토라고 하고, 사실상 일본의회에서는 일본영토라고 답변하고 있다고 하여 사토총리의 이중적인 태도를 비난했다. 따라서 미국은 죽도를 일본의 반공식별권에서 제외했다고 주장했다.

외무성 조약국장 이가와 가쓰이치(井川克一)는 죽도가 반공식별권에서 제외한 이유에 대해,「안보조약(미일- 필자 주) 제5조는 '각 체약국은 일본국의 관할 하의 영역에 둔다. 언젠가 한쪽에 대해 무력공격이 자국의 평화 및 안전을 위협할 수 있다는 것을 인정하고 자국의 헌법상의 규정 및 절차에 따라 공통된 위험에 대처하도록 행동할 것을 선언한다'고 되어 있습니다. 이 '관할 하에 있는'이라는 말은 현실적으로 죽도는 현재 일본의 실제 관할 하에 없다는 것입니다. 따라서 이 제5조의 지역과는 현실적으로 떨어져있습니다. 한편 센카쿠(尖閣)제도는 관할권이 반환됨과 동시에 당연히 일본의 관할권에 애초 일본의 영토권이 있기 때문에 부활해서 제5조 지역에 포함될 것입니다. 그러한 의미에

---

42)「야요이 히데히코(矢追秀彦)」, [032/219]67-참의원-예산위원회- 7호, 1971년 11월 9일,『일본국회독도관련기록모음집』, p.1206.
43)「후지타 스스무(藤田進)」, [031/219]67-참의원-예산위원회- 2호, 1971년 11월 1일,『일본국회독도관련기록모음집』, p.1206.

서 센카쿠(尖閣)제도와 죽도는 차이가 있습니다.」[44]라고 하여 죽도는 현재 한국이 실제로 관할하고 있고 센카쿠제도는 일본이 관할하고 있기 때문에 죽도는 일본의 반공식별권에 포함되지 않는다는 것이었다.

요컨대 사실상 일본이 죽도의 영유권을 주장하고 있지 않지만, 사실상 한국이 관할권을 갖고 있기 때문에 미일안보조약에서는 독도가 한국영토로서 취급된다. 그런데 사토총리는 국내용과 대외용으로 나누어 이중 플레이를 하고 있었던 것이다.

## 4.3 미국의 '죽도' 영유권문제에 대해 중립적 입장

미국의 오키나와 반환을 앞두고 센카쿠제도를 일본영토로 귀속시키는 일에 대해 죽도의 전례를 반복해서는 안 된다는 의미에서 다시 독도 영유권 문제가 일본국회에서 큰 이슈가 되었다.

일본국회에서는 참의원 사회당 모리 모토지로(森元治郎) 위원은 1971년 5월 18일 죽도의 지위에 대해「센카쿠제도 문제는 확실하게 하면 까다로워지기 때문에 대충 '나머지 전지역'이라고 했다고 봅니다. 그런데 그것은 미국의 방식이고, 아울러 막상 문제가 되면 미국 탓으로 돌리려고 할 것인데, 이는 죽도문제를 보아도 잘 압니다. 죽도문제를 논의할 때 저는 국회에서 몇 번이고 논의를 했습니다. 그토록 중대한 문제였기 때문입니다. 샌프란시스코 강화회의 후 안보조약에서 시설 및 구역 용도로 일본이 명백하게 제공하였고, 미군이 폭격기지로 사용했는데, 한국이 이에 참견하니까 미군은 어느새 폭격을 그만두더니 이제 일본 땅이라고 말해주지 않았다는 것입니다. 그리고 이번에는 센카쿠제도문제가 되니, 이번에도 이는 일본의 것이라고 해놓고 혹시 문제

--------

44)「이가와 가쓰이치(井川克一)」, [032/219]67-참의원-예산위원회- 7호, 1971년 11월 9일, 『일본국회독도관련기록모음집』, pp.1208-1209.

가 있다면 관계국과 이야기하면 되지 않느냐는 야속한 태도를 보이고 있습니다.」45)라고 지적했다.

즉 미국은 독도는 물론이고 센카쿠제도에 대해서도 처음에는 영유권을 인정해놓고, 상대가 이의제기를 하면 관할권만을 인정하고 나머지 최종적인 영유권에 대해서는 양자 간의 합의에 의한 해결을 하도록 한다고 하여 미국은 죽도는 물론이고 센카쿠제도에 대해서도 최종적으로 일본영토로서 인정하지 않았다는 것이다.

### 4.4 미국의 '미일행정협정'과 '한일협정'에서의 중립적 입장

일본정부는 미일행정협정으로 미국이 죽도를 일본영토로 인정했다고 주장해왔고, 한일협정에서는 미국의 협조를 기대했으나 일본의 입장을 지지해주지 않았다.46) 이에 대해 일본국회에서는 어떻게 인식했을까?

모리 모토지로(森元治郎) 위원은 1972년 3월 21일 독도에 대한 미국의 입장에 대해 「개인적으로 저는 한일협상 이래 미국이 정말 괘씸하다고 생각합니다. 죽도문제만 해도 종전 후 일본이 독립과 동시에 행정협정에서 죽도를 일본의 것으로 하고 이를 폭격장으로 빌려달라고 해서 빌려줬는데 마구 폭격연습을 하고, 한일협상에서 한국이 이의를 제기하니깐 연습을 그만두고 묵묵히 오늘날까지 온 것입니다.」47)라고 하여 미국은 행정협정으로 죽도를 일본영토로 인정해놓고 한일협정에서

---

45) 「모리 모토지로(森元治郎)」, [028/219]65-중의원-외무위원회- 14호, 1971년 5월 18일, 『일본국회독도관련기록모음집』, pp.1203-1204.
46) 최장근, 「미일행정협정과 '죽도' 영유권과의 무관성 논증 -일본의회속기록을 중심으로」, 『동북아문화연구』제30집, 동북아시아문화학회, 2012, 3, p.509.
47) 「모리 모토지로(森元治郎)」, [038/219]68-참의원-외무위원회- 5호, 1972년 3월 21일, 『일본국회독도관련기록모음집』, p.1216.

는 독도를 일본영토로 인정하지 않고 한국의 입장을 지지하여 독도가 한국이 관리하게 되었다는 주장이다.

사실 미국은 연합국의 일원으로서 독도를 1946년의 SCAPIN 677호에 의해 한국영토로 구분했고, 연합국의 합의로 이루어진 샌프란시스코 평화조약에서는 독도에 대한 법적 지위를 다루지 않았다. 미국이 미일행정협정에서 독도를 일본영토로 처리했다는 것은 일본의 일방적인 주장에 불과하다.[48] 독도에서 폭격연습 오발사건으로 한국어민이 사망했을 때 미국은 1946년의 SCAPIN 677호에서 독도를 한국영토로 인정한 것을 토대로 한국의 항의를 수용하여 독도를 한국영토로 인정했던 부분도 있지만, 근본적으로는 중립적인 입장을 취하려고 노력했다.

## 4.5 국제사법재판소의 '중재재판' 대상에서 제외된 독도

참의원 자민당 야마모토 도시나가(山本利壽) 위원은 1972년 4월 6일 죽도문제와 국제사법재판소 제소와 관련하여 「한국정부는 죽도영유권에 대해서 이미 같은 답변을 하고 있습니다. 죽도가 일본의 영토라는 것은 다양한 자료에 의해 증명할 수 있습니다만 한국정부는 대화에 응하려고 하고 있지 않습니다. 또한 헤이그 국제사법재판소로 가자고 해도 자신의 영토를 다른 재판에 걸어 정해달라고 할 필요가 없다면서 이에 응하지 않고 있습니다. 이는 한국이 죽도를 무력으로 확보하고 있기 때문입니다. 일본은 헌법에서 전쟁은 포기하고 있고 전력을 갖고 있지 않기 때문에 무력으로 죽도를 돌려받을 수 없습니다.」[49]라고 주

---

48) 최장근, 「미일행정협정과 '죽도' 영유권과의 무관성 논증 -일본의회속기록을 중심으로」, 『동북아문화연구』제30집, 동북아시아문화학회, 2012, 3, pp.499 -523.

49) 「야마모토 도시나가(山本利壽)」, [042/219]68-참의원-예산위원회- 6호, 1972년 4월 6일, 『일본국회독도관련기록모음집』, p.1220.

장했다. 즉, 죽도는 역사적으로나 국제법적으로 일본영토임에 분명함에
도 불구하고 한국은 죽도를 무력으로 점령하여 영토문제가 존재하지 않
는다고 주장한다. 그렇다면 제3의 기관인 국제사법재판소에서 해결하
자고 한 일본의 제안을 거절하고 있다. 또한 일본이 헌법상 무력행위를
할 수 없는 것을 이용하여 한국이 죽도를 무력으로 점령하고 있는데,
무력행사를 할 수 없기 때문에 죽도를 회복할 방법이 없다는 것이다.

　사실상 국제사법재판소는 쌍방이 합의한 영토분쟁지역이 아니면 영
토처리를 담당하지 않는다. 독도는 한국이 영토문제가 존재하지 않는
한국의 고유영토인데, 일본이 영유권을 주장하는 것에 주권침해행위에
불과하다는 입장을 갖고 있기 때문에 국제사법재판소에서 중재재판이
불가능하다.

## 5. 전문위원의 '북부대륙붕협정'에서
   죽도기점 요구

### 5.1 야당 전문위원의 소극적인 죽도정책의 비판

　본장에서는 한일 간에 대륙붕협정을 체결함에 있어서 독도를 한국
의 영역에 포함시킨 경위에 관해서 고찰해보기로 한다.

　사토 에이사쿠(佐藤栄作) 내각(1964.11.9~1972.7.6)[50]에서 한일협정
이 체결되었는데, 한일협정에서 한국은 독도[51]를 실효적으로 지배하

---

50) 우지 도시코 외 편저, 이혁재 옮김, 『일본 총리 열전』다락원, 2002, pp.566
　　-586.
51) 명칭 사용에 있어서 일본 입장일 경우는 '죽도'라고 표기하고 한국 입장일
　　경우는 '독도'라고 표기한다.

면서 영유권을 관철시켰다. 이는 한국이 독도를 실효적으로 지배하는 것을 일본이 묵인했다는 것이 된다. 이러한 입장은 사토내각에 이어 들어선 다나카 가쿠에이(田中角栄) 내각(1972.7.7~1974.12.8)에서도 동일했다. 그런데 미키 다케오(三木武夫) 내각(1974.12.9~1976.12.24)에서 1975년 국제해양법협약의 12해리 영해와 200해리 배타적 경제수역이 채택되었다. 일본에서 다시 독도문제가 정치적 이슈가 되었다.

사회당 중의원 도이 다카코(土井たかこ) 위원은 1975년 5월 7일 배타적 경제수역에 관해 「현재 국제해양법회의에서 200해리라는 것이 대체적인 국가의 상식이 된 상태에서 일본이 경제수역에 속하는 섬이라는 것을 확실히 확인하면서 그 섬에 한국의 경비대가 있다는 사실도 인식하시면서 고작 1년에 1회 정도의 형식적인 순찰과 한국에 대한 제의로 해결될 것이라 생각하십니까? 조금 전에 외무장관의 답변을 보더라도 외무성의 단호한 태도를 찾아보기 어렵습니다.」[52] 「여기서 그냥 말나오는 대로 말씀하시고 조정단계를 생각하고 있다고 말씀하셔서 조정의 내용은 무엇인가 물었더니 한일 간에 이에 대해 합의해야하기 때문에 이에 대해서는 뭐라 확실한 대답을 해 드릴 수 없다. 이런 말도 안 되는 답변만 하신다면 처음부터 아예 말을 안 하시는 것이 낫습니다.」[53]라고 지적했다. 즉 200해리 배타적 경제수역이 채택되면 죽도가 배타적 경제수역의 기점이 되면 일본이 해양영토를 엄청나게 확장할 수 있다는 것이다. 그럼에도 불구하고 미키내각은 죽도문제를 일본영토로서 해결하겠다는 의지가 전혀 없다고 비난했다.

---

52) 「도이(土井)」, [058/219] 75 -중의원-외무위원회- 16호, 1975년 5월 7일, 『일본국회독도관련기록모음집』, p.1240.
53) 「도이(土井)」, [058/219] 75 -중의원-외무위원회- 16호, 1975년 5월 7일, 『일본국회독도관련기록모음집』, p.1241.

사실상 한일협정에서 사토내각이 독도의 영토에 대해 영유권을 거의 포기하다시피 했다.

사회당 중의원 시바타 켄지(柴田健治) 위원은 1975년 2월 18일 새로 조각된 미키내각에 대해 「죽도문제에 대해서는 충분히 논의되지 않았습니다. 과거의 한일조약문제와 관련하여 죽도문제가 논의된 의사록을 읽어보아도 어업문제와 관련한 영토문제에 대해서는 충분히 논의되지 않았습니다. 죽도는 일본의 고유영토라고 생각하고 있습니다. (중략) 일본은 독립국으로서 법치국가로서 오늘날 죽도에 어떠한 통치권을 행사하고 있는지?」[54] 「일본은 독립국이라고 하면서 일본의 고유영토에 통치권을 실시하지 못하고 있는데, (중략) 반드시 기한을 정하여 언제까지 죽도문제는 해결될 것이라는 목표를 제시해야합니다.」[55]라고 하여 죽도문제에 대해 기한을 정하여 빠른 시일 내에 해결할 것을 촉구했다. 이에 대해 미야자와 키이치(宮沢喜一) 외무대신은 「아시는 바와 같이 본건에 대해서는 한국과의 사이에 교환공문이 있기 때문에 이 경로를 통해 해결하려고 하고 있고 만약 이것이 불가능할 때는 중재조정을 한다고 되어있습니다. 양국이 외교상의 대화 기회를 가져야 한다고 생각하고 있습니다만 안타깝게도 그러한 기회는 아직 없었습니다. 그래서 일본은 이는 일본의 영토라는 구상서를 일본의 입장을 확실하게 밝히는 의미로 그때마다 한국 측에 보내었고, 작년에도 그러한 일을 하였습니다. 그러나 적어도 한국의 해양경비대원으로 보이는 사람들이 몇 명 죽도에 있다는 점이 안타깝습니다만 현실인 것 같습니다.」[56] 「수시

54) 「시바타(柴田健)」, [053/219] 75 -중의원-예산위원회- 15호, 1975년 2월 18일, 『일본국회독도관련기록모음집』, p.1235.
55) 「시바타(柴田健)」, [053/219] 75 -중의원-예산위원회- 15호, 1975년 2월 18일, 『일본국회독도관련기록모음집』, pp.1235-1236.
56) 「미야자와(宮沢)」, [053/219] 75 -중의원-예산위원회- 15호, 1975년 2월 18

로 이 죽도주변을 해양경찰청 소속 순찰정으로 순찰하고 한국에 대해서는 일본의 영토이므로 거기에 있는 한국의 경찰 및 그 외 사람을 철수시키도록 요청하고 있습니다만 한국은 한국의 영토라는 주장을 펼쳐 의연히 양국의 주장이 대립하고 있습니다.」[57], 「가능한 한 조속히」「역시 외교상 노력으로 해결하고 싶습니다.」[58]라고 주장했다.

미키내각에서도 한국이 실효적으로 지배하고 있는 상황이라서 「적절한 시기에 외교적으로 해결한다.」고 하는 것밖에 독도에 대해 특별한 대안이 없었다. 이전 정권과 조금도 변함없이 한국의 실효적 지배를 묵인하고, 동시에 형식적으로 영유권을 주장하고 있을 뿐이었다.

후지타 스스무(藤田進) 위원도 1975년 3월 8일 미키내각의 독도정책에 대해 「한국측은 군대로 점령하고 있습니다.」「항의했다고 했는데 실제로 침범당하고 있지 않습니까? 이는 영해도 포함한 문제입니다. 영토의 보전, 영해침해, 이는 무엇보다도 우선되어야합니다. 이를 내버려두고 경제협력 운운하는 것은 순위가 틀렸다고 봅니다.」[59]라고 하여 일본은 한국이 죽도를 무력으로 불법점령하고 있는 상황에서 한국에 대해 경제지원을 하고 있는 것은 모순적이라는 것이다. 죽도 영토문제를 우선적으로 해결하고 경제지원을 해야한다고 하여 영토정책을 재검도 해야한다고 비판했다.[60] 이에 대해 미키 다케오(三木武夫) 총리대

---

일, 『일본국회독도관련기록모음집』, pp.1235-1236.

57) 「다카시마(高島)」, [058/219] 75 -중의원-외무위원회- 16호, 1975년 5월 7일, 『일본국회독도관련기록모음집』, p.1240.

58) 「미야자와(宮沢)」, [053/219] 75 -중의원-예산위원회- 15호, 1975년 2월 18일, 『일본국회독도관련기록모음집』, pp.1235-1236.

59) 「후지타 스스무(藤田進)」, [055/219] 75 -참의원-예산위원회- 5호, 1975년 3월 8일, 『일본국회독도관련기록모음집』, p.1237.

60) 「후지타 스스무(藤田進)」, [055/219] 75 -참의원-예산위원회- 5호, 1975년 3월8일, 『일본국회독도관련기록모음집』, p.1236.

신은 「죽도는 일본의 영토라고 생각합니다.」[61] 그러나 「더욱이 한국은 가장 가까운 이웃나라인바 한국의 민생안정에 대해 강한 관심을 가지는 것은 국제적인 책무를 생각해도 우선순위가 매우 높다고 생각합니다. 역시 원조 방식은 조금 더 진정한 한국의 민생안전, 경제자립에 한 역할을 할 수 있는 부모님과 같은 원조를 하도록 해야합니다. 국내문제가 있다고 해서 이를 해서는 안 된다는 논의에 대해서 우리는 찬성할 수 없습니다.」[62]라고 하여 죽도문제는 국내적 문제이고, 경제지원문제는 국제적 일본의 책무이기 때문에 별계의 문제로 경제협력은 불가피하다고 주장했다.

요컨대 미키내각도 실제로 한일협정에서 사토내각이 독도를 한국의 실효적 점유를 인정했다는 사실을 알고 있기 때문에 해결 불가능한 독도문제를 제기하여 양국관계가 악화되는 것을 원하지 않았던 것이다. 사실상 그것은 냉전질서 속에서 한일 모두 미국과 안보조약을 체결하고 있기 때문에 죽도문제로 인해 미국의 극동아시아정책에 차질을 주어서는 안 된다는 이유도 있었다.

## 5.2 일본정부의 대륙붕설정에서 죽도기점 포기

유엔은 1968년 동중국해 해저자원을 조사하여 석유자원이 대량으로 매장되어있다고 발표했다. 한국정부는 1970년 1월 1일 대륙붕에서 석유·천연가스 등의 광물자원을 개발하기 위해 「해저광물자원개발법」을 제정하여 외국석유회사들과 탐사개발을 계약하였는데, 일본이 이의

---

61)「미키 다케오(三木武夫)」, [055/219] 75 -참의원-예산위원회- 5호, 1973년 3월 8일, 『일본국회독도관련기록모음집』, p.1238.
62)「미키 다케오(三木武夫)」, [055/219] 75 -참의원-예산위원회- 5호, 1973년 3월 8일, 『일본국회독도관련기록모음집』, p.1237.

를 제기하여 1970년 11월 양국이 대륙붕 문제를 교섭하여 한일 간에도 1974년 대륙붕협정을 체결해야 했다. 양국이 공동으로 대륙붕을 개발 하였는데, 그 성과는 미흡했다. 그러한 상황에서 1982년 10월 12해리 영해와 '200해리 배타적 경제수역'을 주 내용으로 하는 '해양법에 관한 국제연합협약'이 체결되었던 것이다. 이때에 야당전문위원은 죽도를 기점으로 영해와 배타적 경제수역을 확보해야 한다는 것이었다.

공명당 중의원 세노 에이지로(瀨野栄次郎)는 1976년 3월 4일 대륙 붕조약에 대해「드디어 3월 15일부터 뉴욕에서 제3차 해양법회의가 개 최됩니다. 지난번에 저희 당의 하야시(林) 위원도 다양하게 연안 12해 리 및 경제수역 200해리에 대해서 질문을 했습니다. 3월 15일부터 해 양법회의가 시작되면, 우리도 미일 사이에 있는 여러 해양법 관련 사안 들에 대한 협의가 시작될 것으로 예상됩니다.」[63]라고 하여 미국에서 해양법회의가 진행됨을 지적했다. 동시에 영해와 경제수역설정에 있어 서 죽도 기점에 대해「이번 해양법회의에 있어서 결론이 나올지 여부 를 불문하고 12해리를 설정한다는 것이 방침일 것으로 알고 있습니다. 영해문제와 경제수역과 관련하여 북방영토 하보마이(歯舞), 시코탄(色 丹), 구나시리(国後), 에토로후(択捉) 4개 섬, 그리고 죽도 및 센카쿠제 도(尖閣諸島)의 취급 등이 매우 중대한 문제가 됩니다.」[64]라고 하여 죽도영유권을 확보하여 영해와 경제수역 설정에 있어서 죽도를 기점으 로 삼아야한다고 주장했다.

농림성 사무차관 가메나가 도모요시(亀長友義) 참고인은 1976년 5

---

63)「세노(瀨野)」, [060/219] 77 -중의원-농림수산위원회- 4호, 1976년 3월 4일, 『일본국회독도관련기록모음집』, p.1242.
64)「세노(瀨野)」, [060/219] 77 -중의원-농림수산위원회- 4호, 1976년 3월 4일, 『일본국회독도관련기록모음집』, p.1242.

월 13일 대륙붕조약에 관해 「세계적으로 연안국의 자원획득 사상이 매우 강해져 1958년 약 15년 전 역시 해양법 현재와 같은 해양법회의가 있었습니다. 여기서 4가지의 세계 해양조약이 생겨났습니다. 그 중 3가지는 기존 세계의 관행을 그대로 종이에 옮긴 것이고 대륙붕 조약이라는 것이 새로 생겨났습니다. 대륙붕은 대륙 끝에 있는 것으로 200해리 이상에 이르는 것도 있습니다. 일본 근처와 같이 매우 대륙붕이 짧은 곳도 있습니다.」[65] 「정치적인 문제를 여기서 말씀을 드려서는 안 된다고 생각합니다만, 예를 들어 북방영토, 죽도, 센카쿠제도의 귀속문제가 어떻게 해결되느냐에 따라 그 섬뿐만 아니라 그 섬 주변의 200해리도 한 국가에 귀속될 것인데, 만약 일본에 귀속되지 않을 경우에는 매우 큰일이 되어 버립니다. 죽도도 아시는 바와 같이 죽도 자체는 별로 경제가치가 없습니다. 그렇기 때문에 현재까지 크게 문제가 되지 않았습니다만, 그 주변에 200해리가 붙어있기 때문에 예를 들어 산음지방의 어업이라는 것은 그 귀추 여부에 따라 큰 변화를 받게 됩니다. 따라서 영토문제가 더 예민한 문제가 될 것입니다」[66]라고 하여 200해리 배타적 경제수역을 채택하는 대륙붕조약이 새롭게 채택되게 되면, 죽도의 영유권을 확보하는 일은 매우 중요하다고 지적했다.

사회당 중의원 가와카미 다미오(河上民雄) 위원은 1976년 5월 7일 대륙붕 설정에 대해 「죽도와 한국과 일본의 산인(山陰) 지방(혼슈의 서부 중에 동해에 면하는 지방) 3개를 두고 하나의 중심점을 선택하면 좌표 35가 아닌, 조금 서남쪽에 중심점이 되며, 거기를 연결하는 편이

---

65) 「가메나가 도모요시(龜長友義)」, [062/219] 77 -참의원-농림수산위원회- 7호, 1976년 5월 13일, 『일본국회독도관련기록모음집』, p.1245.
66) 「가메나가 도모요시(龜長友義)」, [062/219] 77 -참의원-농림수산위원회- 7호, 1976년 5월 13일, 『일본국회독도관련기록모음집』, p.1247.

전문적으로는 가장 타당한 것이 아닌가, 35라는 것은 다만 한국이 좌표 35를 선택해서 이에 맞춘 것뿐이라는 의문이 듭니다만, 정말로 과학적으로 어떻게 설명할 수 있을 까요?」[67] 「좌표 35에서 출발하여 한일 양국 영토의 중간선을 지난다고 하면 어느 쪽을 지나는 것입니까? 즉 죽도의 동쪽을 지나는지, 서쪽을 지나는지요?」[68]라고 하여 한일 양국의 중간선을 그을 때 한국이 양국의 등거리도 아닌 경계선을 일방적으로 그어서 죽도가 한국측에 소속되도록 했다고 지적했다. 이에 대해 공명당 중의원 와타나베 이치로 위원은 「좌표35의 기점으로서 죽도를 사용하지 않은 것은 매우 잘못되었다고 생각한다.」[69]라고 하여 죽도를 대륙붕조약에서 경제수역의 기준으로 활용하지 않고, 한일 양국의 중간선으로 죽도를 한국측에 넣은 것에 대해 비난했다.

이에 대해 외무성 조약국장 다테 무네키(伊達宗起)는 「한국측의 제6광구라는 것이 있다는 것을 인식한 후에 이 선을 35도 지점[70]까지 연장한 것입니다. 한일간 협상의 결과 등거리 중간선보다도 일본 쪽으로 조금 나온 부분을 밀어 넣는 쪽으로 수정하여 35도라는 곳까지 일단 정해놓게 된 것입니다.」[71] 「34와 35의 정말 짧은 부분에 대해서는 중간선을 그릴 때 한일 양국 간 미해결상태로 남아 있었던 죽도와 약간

---

67) 「가와카미(河上)」, [061/219] 77 -중의원-외무위원회- 6호, 1976년 5월 7일, 『일본국회독도관련기록모음집』, p.1243.
68) 「가와카미(河上)」, [061/219] 77 -중의원-외무위원회- 6호, 1976년 5월 7일, 『일본국회독도관련기록모음집』, p.1244.
69) 「와타베(渡部一郞)」, [06 4 /219] 77 -중의원-외무위원회- 10호, 1976년 5월 19일, 『일본국회독도관련기록모음집』, p.1251.
70) 35도 지점은 한국이 독도를 한국측에 넣기 위해 일방적으로 정한 지점이었다.
71) 「다테(伊達)」, [061/219] 77 -중의원-외무위원회- 6호, 1976년 5월 7일, 『일본국회독도관련기록모음집』, p.1243.

북서쪽에 위치한 한국령 울릉도가 있습니다만, 이 죽도나 울릉도 모두 절해의 고도(孤島)입니다. 그래서 중간선 결정을 위한 기점으로서는 두 개 섬 모두 고려하지 않고 작도(作圖)하게 된 것입니다.」72) 그래서 「한국의 연안에서부터 거리를 측정했다고 되어있습니다.」73) 「죽도와 같은 절해의 무인도를 대륙붕의 경계획정의 기점으로 하는지 여부에 대해서는 현재 해양법 논의의 양상으로부터도 이해할 수 있듯이 국제 법상에도 정설이 아닙니다.」74) 「죽도라는 것은 심해해저부터 돌출된 암초이기 때문에 그 자체가 대륙붕을 가지지 않으며 그리고 또한 대륙 붕의 거리 측정 기준이 되지 않는 섬이라고 간주되었습니다. 죽도 귀속 에 관해서 한일 간에 문제가 있는 것은 사실이지만 이를 고의로 피하자 는 것에서 발생한 것이 아니기 때문에 조금 전에도 말씀드린 것처럼 학술이론적인 것으로서 죽도는 대륙붕의 분할시의 기준이 되지 않는다 는 입장에서 이를 무시하고 그은 것입니다」75)라고 하여 일본정부가 죽 도를 기점으로 설정하지 않는 이유는 국제법에서 절해의 무인도는 기 점으로 인정하지 않기 때문이라고 주장했다. 사실은 그렇지 않다. 독도 기점을 포기한 것은 한일협정에서 한국의 실효적 점유를 인정했기 때 문에 한국이 독도기점을 설정하는 것을 막기 위해 방패로 삼았다. 만일 일본이 독도를 점유하고 있었다면 죽도를 대륙붕조약에서 배타적 경제 수역의 기점을 요구했을 것이다.76)

........................................................................................................

72) 「다테(伊達)」, [06 4 /219] 77 -중의원-외무위원회- 10호, 1976년 5월 19일, 『일본국회독도관련기록모음집』, p.1251.
73) 「다테(伊達)」, [06 4 /219] 77 -중의원-외무위원회- 10호, 1976년 5월 19일, 『일본국회독도관련기록모음집』, p.1252.
74) 「다테(伊達)」, [06 4 /219] 77 -중의원-외무위원회- 10호, 1976년 5월 19일, 『일본국회독도관련기록모음집』, p.1252.
75) 「다테(伊達)」, [061/219] 77 -중의원-외무위원회- 6호, 1976년 5월 7일, 『일 본국회독도관련기록모음집』, p.1244.

이에 대해 1976년 5월 19일 공명당 중의원 와타베 이치로(渡部一郎)는「지난 위원회에서 말한 대로 오가사와라제도의 가장 남단에 섬이 탄생하려하고 있습니다. 이 섬은 아마도 활화산이며 탄생하자마자 그 지역에 영해 200해리가 설정될 것으로 예상하는데, 그렇게 되면 해양 면적에 대해 일본의 권익이 크게 신장되는 것입니다. 따라서 절해고도이기 때문에 사람이 살지 않는다는 이유로 중간선 설정을 위한 기점으로 사용하지 않는다는 것은 장래 권한을 모두 잃을 가능성이 있습니다.」[77] 라고 하여 인공 섬을 계획하고 있었던 오키노 도리시마에 대해서는 200해리 기점을 삼으면서 죽도 기점을 포기한 것에 대해 비난했다.[78]

또 그는「현재 죽도에 있어서 한국 해양경찰대원이 5명 내지 10명이 교대로 상주하고 있으며, 이들 문제점을 방치한 채로 북부경계획정을 제창한다는 것은 문제라고 생각합니다.」[79]「죽도가 획정한 것은 북부가 아니라 중부입니다. 중부경계획정이라면 저도 이해하겠습니다. 이러한 것을 눈속임이라고 하는 것입니다. 즉 협상능력이 없음에도 불구하고 협상하여 북부가 아닌데도 불구하고 북부라고 호칭하며 이를 국회에 가지고 와서 마치 북부지역에서 한일 간에 아무런 문제가 없다는 것처럼 포장하고 있는데, 심지어는 교환공문에 죽도라는 것을 넣지 못

---

76) 지금 일본은 해저에 있는 오키노도리시마(沖ノ鳥島)에 인공구조물을 건축하여 배타적경제수역의 기점을 주장하고 있다. 일본 이외에도 세계 여러 곳에는 무인도를 배타적 경제수역의 경계로 삼고 있는 국가들이 있다.

77)「와타베 이치로(渡部一郎)」, [06 4 /219] 77 -중의원-외무위원회- 10호, 1976년 5월 19일, 『일본국회독도관련기록모음집』, p.1251.

78) 일본은 도쿄에서 1,700Km 정도나 떨어져 있는 산호초 섬 오키노도리시마에 대해 3년간 3000억원을 들여 2005년에 반경 25m, 높이 3m의 콘크리트 인공섬을 완공했다.

79)「와타나베 이치로(渡部一郎)」, [06 4 /219] 77 -중의원-외무위원회- 10호, 1976년 5월 19일, 『일본국회독도관련기록모음집』, p.1249.

했기 때문에 한국 측에 구실를 주어 오늘날에 이르기까지 죽도문제를 협상할 단서조차 없습니다. 1965년에 체결된 한일협정에 있어서 분쟁 해결에 관한 교환공문에 체결되었을 때 죽도를 빠뜨린 것은 일본정부 입니다.」80)「뭔가 의도적으로 그렇게 한 것이 아닐 가, 하는 생각마저 듭니다. 어떠한 의도로 이러한 문제가 방치되어 감시시설을 설치한 것을 멀리서부터 묵묵히 지켜보고 돌아왔는지, 또 해결하지 않고 가만히 있는지, 큰 문제입니다. 왜 그렇게 합니까? 뭔가 특수한 사정이 있는 것입니까?」81)「게다가 '북부의 경계획정에 관한 협정'이라는 제목은 마치 한일 간의 경계가 북방에 대해서는 전부 결정된 듯한 인상을 줍니다.」82)라고 지적했다. 즉 일본정부는 한일협정에서 죽도의 영토주권을 확보하지 못하고 오히려 한국의 실효적 점유를 인정했다는 것이다. 그래서 대륙붕조약에 있어서 죽도기점을 일찌감치 포기하고 있다고 비난했다.

사실상 1965년 일본정부는 한국이 독도를 실효적으로 관할하고 있는 상황에서 한일협정을 체결했기 때문에 한국의 관할을 묵시적으로 인정하고 있었다. 그래서 1974년의 대륙붕협정에서 일본은 독도기점을 주장할 수 있는 환경이 마련되어 있지 않았던 것이었다.

---

80)「와타나베(渡辺)」, [06 4 /219] 77 -중의원-외무위원회- 10호, 1976년 5월 19일, 『일본국회독도관련기록모음집』, p.1253.
81)「와타나베(渡辺)」, [06 4 /219] 77 -중의원-외무위원회- 10호, 1976년 5월 19일, 『일본국회독도관련기록모음집』, p.1256.
82)「와타나베(渡辺)」, [065/219] 78 -중의원-외무위원회- 4호, 1976년 10월 15일, 『일본국회독도관련기록모음집』, p.1255.

# 6. 맺으면서

본 연구는 한일협정이 체결된 직후 한일 간에 대륙붕협정이 체결되었는데, 당시 일본정부의 소극적인 독도정책이 대륙붕협정에 영향을 미친 영향을 고찰하였다. 본문의 내용을 요약정리하면 다음과 같다.

첫째로, 일본은 독도에 대한 영유권을 포기하지 않고 있으면서도 한국과 일본 간에 대륙붕협정을 체결함에 있어서 한국에 유리하게 했다. 그 이유는 대륙붕협정 체결 이전에 일본이 한일협정을 체결하면서 독도에 대한 한국의 실효적 점유를 묵인하고 있었기 때문이었다.

둘째로, 일본이 독도문제를 해결함에 있어서 미국의 지지를 희망했다. 미국중심의 자유진영과 소련중심의 공산진영이 대립하는 냉전질서에서 미국의 입장은 한국과 일본이 국교를 회복하여 자유진영의 일원으로서 양자가 결속하는 것을 원했다. 미국은 SCAPIN 677호에서는 한국영토로 처리했고, 대일평화조약에서는 일본의 로비를 거부하지 못해 한국영토로 규정되는 것을 방해하여 최종적으로 연합국은 독도의 지위를 규정하지 않았다. 또한 한일협정에서도 미국은 한국의 입장을 지지했다. 그래서 한일협정에서 일본은 한국의 실효적 관리를 묵인할 수밖에 없었다. 이처럼 독도문제에 있어서 일본은 미국의 지지를 희망했지만, 사실상 미국은 한국의 입장을 지지했다.

셋째로, 일본정부는 한국이 독도에 경찰을 주둔해서 실효적으로 관리하고 있는 상황에 대해 야당위원들의 공격을 받고 평화적인 해결을 위한 분위기가 조성되면 그때에 논의하겠다는 이야기만을 반복하고 한국에 대해 독도문제해결을 요구하지 않았다. 이것은 한일협정에서 사실상 한국의 실효적 점유를 인정했기 때문이었다.

넷째로, 한일협정이 1965년 사토내각에서 체결되었는데, 그 다음 정권이었던 다나카내각과 미키내각에서도 사토내각이 독도영유권을 한국의 입장을 관철할 수밖에 없었던 이유를 잘 알고 있기 때문에 독도정책에 대해 소극적이었다.

요컨대, 일본정부가 당시 대일평화조약에서 독도가 일본영토로 결정되었다고 주장을 했다. 그러나 사실상 한국이 연합국의 정책에 의해 독도를 실효적으로 점유하게 되었고, 그 이후 한일협정에서도 이러한 입장을 묵시적으로 일본과 협상에서 관철시켰고, 게다가 한일 대륙붕협정에서 일본정부가 공식적으로 독도를 중간선의 한국측에 넣도록 함으로써 오늘날까지 한국이 독도를 관할해오고 있는 것이다. 그런데 최근 일본정부가 독도영유권을 강력하게 주장하고 있는 것은 이러한 사실을 제대로 이해하지 못했거나, 아니면 알면서도 무리하게 영유권을 주장하고 있는 것이라고 하겠다.

# 일본정부의
# 센카쿠제도 · 북방영토에
# 차별되는 독도의
**제11장** # 영토인식

## 1. 들어가면서

2012년 12월 자민당이 중의원 선거에서 승리하여 아베 신조가 총리로 선임되었다. 아베는 세계보편적인 가치관을 이해하지 못하고 자민족의 자존심과 눈앞의 국익에만 집중하는 편협한 민족주의적 사고를 갖고 있다.[1] 이런 관점에서 아베정권의 대두와 더불어 동아시아의 영토문제가 더욱 복잡해질 것이 예상된다.

---

1) 「아베 극우행보 목적지는 전범역사 탈피」, http://news.mk.co.kr/newsRead. php?sc=60200111&year=2013&no=703155 (검색일 2013년 8월 19일) "아베 정권이 추진하는 극우 행보의 궁극적인 종착역은 국방력 강화다. 바꿔 말해 태평양전쟁을 일으킨 '전범국가' 일본에 그동안 부과돼온 '전범체제'에서 탈피하는 것이다."라는 지적이 있다.

현재 일본과의 센카쿠제도분쟁, 쿠릴열도분쟁, 독도의 영토문제 현황을 살펴보면 다음과 같다. 센카쿠제도에 대해서는 자민당의 아베정권이 섬을 국유화함으로써 중국이 영유권 주장을 강화하여 일본이 실효적으로 지배하고 있는 센카쿠제도의 12해리에 공선을 파견하여 오히려 일본공선의 진입을 막았다.[2] 지금까지 일본정부가 '센카쿠 영유권 문제는 존재하지 않는다'고 하는 입장을 취해왔으나, 중국의 시민단체들이 선박으로 센카쿠제도 진입을 시도하여 상시적으로 양국사이에 분쟁이 일어나고 있었다. 그래서 일본정부는 분쟁을 최소화하기 위해 센카쿠제도에 일본국민의 상륙을 금지하고 시설물의 설치도 자제해왔던 것이다.[3]

북방영토에 대해서는 현재 러시아가 실효적으로 관리하고 있는 상태에서 일본은 4도반환을 원하고 있지만 상황이 여의치 않아서 경제협력을 바탕으로 일단 2도를 반환한 뒤에 나머지 2도를 계속적으로 논의한다는 입장을 갖고 러시아와 협상을 시도하고 있다.[4] 독도에 대해서는 한국이 실효적으로 관리하고 있는 상태에서 일본정부는 일본국민과 국제사회를 통해 한국이 불법적으로 점령하고 있다는 주장을 더욱 노골화하고 있지만, 한국정부는 과거부터 현재까지 일본정부에 대해 한국영토라는 입장을 관찰시켜왔다.

---

2) 「中, 센카쿠 영공·해상 동시 진입」, http://news.mk.co.kr/newsRead.php?
   year=2012&no=829510(검색일 2013년 8월 19일), 「中, 日에 정상회담 조건
   요구 "센카쿠 12해리 이내 진입금지"」, http://www.47news.jp/korean/feature/
   2013/06/068768.html?utm_medium=twitter&utm_source=dlvr.it(검색일
   2013년 8월 19일)
3) 최장근, 「전후 일본의 '센카쿠제도'에 대한 영토전략」, 『독도문제의 본질과
   일본의 영토분쟁의 정치학』제이앤씨, 2009, pp.191-234.
4) 최장근, 「전후 일본의 '쿠릴열도 남방4도'에 대한 영토전략」, 『독도문제의
   본질과 일본의 영토분쟁의 정치학』제이앤씨, 2009, pp.145-189.

이처럼 일본의 주변 3국과의 영토분쟁 및 문제에 관해 대비적으로 일련의 상황을 보면 3지역에 있어서 각국의 우위적인 영토적 권원을 확인할 수 있다. 영유권 문제는 표면적으로 서로가 영유권을 주장하기 때문에 생기는 것이다. 그러나 사실상 외적인 주장과 달리 자신들의 주장이 지나치다는 내적인 입장을 갖고 있을 수도 있는 것이다.

본 연구는 이처럼 일본이 센카쿠제도분쟁, 북방영토분쟁, 독도문제를 두고 주변 3국에 대해 영유권을 주장하고 있지만, 일본의 주장이 얼마나 합당한가에 관해 국회의사록[5]을 분석하여 고찰하려고 한다. 동시에 일본의 독도 영유권 주장의 모순성을 고찰하려고 한다.

## 2. 일본의 영토문제의 발생 경위

1945년 일본이 패전과 더불어 무조건 항복함으로써 연합국이 포츠담선언에 의거하여 영토조치를 단행했는데, 이에 대해 일본이 이의를 제기하여 영토문제가 여러 군데 발생하게 되었다. 일본에 있어서 전후 미결된 지역은 오키나와제도, 아마미오시마, 오가사와라제도, 죽도, 북방영토, 센카쿠제도 등이다. 대일평화조약에서 오키나와, 아마미오시마, 오가사하라군도에 대해서는 일본의 잔존주권이 인정되어 아마미오시마는 1953년, 오가사와라도는 1968년, 오키나와는 1972년에 반환되었다. 독도와 북방영토는 일본이 실효적으로 관리하던 지역이 아니었을 뿐만 아니라, 연합국이 대일평화조약에서 잔존주권을 인정하지 않았음에도 불구하고 일본이 일방적으로 영유권을 주장하여 영토문제

5) 동북아역사재단편, 『일본국회독도관련기록모음집 제1부 1948-1976년』동북아역사재단, p.1-1345.

가 발생되었다. 독도문제는 대일평화조약 이후 1952년 이승만대통령이 평화선을 선언함으로써 영토문제가 표면화되었고, 북방영토문제는 1956년 일본과 소련이 공동선언을 발표함으로써 표면화되었다. 독도는 1965년 한일협상을 통해 한국의 실효적 관리가 일본에 의해 묵인되었다. 북방영토문제는 1956년 일소공동선언을 통해 평화조약이 체결될 때 소련이 하보마이, 시코탄도를 일본에게 인도한다고 명확히 했으나, 1960년 일본이 미일안보조약을 체결함으로써 소련이 공동선언의 내용을 일방적으로 취소했다. 센카쿠제도문제는 1968년 유엔이 동중국해의 해저자원을 탐사하는 과정에 석유자원이 대량으로 매장되어 있다는 사실을 발표함으로써 중국과 대만이 영유권을 주장하여 표면화되었다. 이러한 상황에서 미국이 잠정주권을 인정했던 오키나와를 일본에 반환하면서 영유권을 제외한 센카쿠제도의 관할권을 일본에 넘겼던 것이다.[6]

최근 독도에 대해서는 한국이 실효적으로 관리하고 있고, 일본이 영유권을 주장하지만, 한국의 실효적 관리를 방해하지 못하고 있다. 게다가 1965년 이후 영토주권 의식이 거의 없었는데,[7] 최근에 들어와서 주권의식을 강화하고 있는 상황이다. 최근 북방영토에 대해서는 러시아가 실효적으로 관리하고 있는데 일본이 영유권을 주장하고 있지만 일본이 실효적 관리를 방해하지 못하고 있다. 그러나 다른 지역과 비교하여 일본국민들의 영토주권 의식은 가장 강한 지역이다. 센카쿠제도에

---

6) 최장근, 「전후 일본의 '쿠릴열도 남방4도'에 대한 영토전략」, 『독도문제의 본질과 일본의 영토분쟁의 정치학』제이앤씨, 2009, pp.145-189.
7) 요시오카 요시노리(吉岡吉典), 「다시 '죽도(竹島)문제'에 대하여」, 송휘영 엮음, 『일본학자가 보는 독도의 역사학적 연원』,도서출판 지성인, pp.41-54. 최장근, 「한일협정에서 확인된 일본의 독도 영유권 주장의 한계성」, 『일어일문학』제47집, 대한일어일문학회, 2010.8, pp.429-447.

대해서는 일본이 실효적으로 관리하고 있어서 영토문제가 존재하지 않는다는 입장을 취해왔으나, 최근 중국이 영유권 주장을 강화함과 동시에 공선을 출동시켜 물리적인 방법으로 일본의 실효적 관리를 방해하고 있다.[8]

이렇게 해서 현재 일본은 주변 3국과 북방영토, 센카쿠제도, 독도에 대해 영토문제를 갖고 있다. 일본 입장에서는 현재 일본이 관할하고 있는 센카쿠제도[9]를 일본영토로서 고착시키는 일, 1855년 일소화친조약에 의해 평화적인 방법으로 일본영토가 되어 과거에 일본국민들이 거주했다고 생각하는 북방영토[10]를 회복하는 일, 그리고 일본제국주의가 러일전쟁 중에 편입하여 일본영토가 되었다고 생각하는 한국영토인 독도를 다시 일본영토화 하는 것이 영토정책의 과제일 것이다.[11]

---

8) 「中, 센카쿠 영공·해상 동시 진입」, http://news.mk.co.kr/newsRead.php?year=2012&no=829510(검색일 2013년 8월 19일),
9) 청일전쟁 때 청국의 영토에 포함되는 다오위다오를 중국이 모르는 사이에 은밀히 센카쿠제도라는 이름으로 무주지 선점론을 동원하여 일본영토로 편입 조치했다.
10) 제2차 세계대전에서 일본의 패망과 더불어 전승국이었던 미소간의 얄타협정에 의해 쿠릴열도 전부를 소련이 점령하게 되었다.
11) 「"日방위백서, 올해도 '독도는 일본땅' 주장"」, http://www.yonhapnews.co.kr/bulletin/2013/07/04/0200000000AKR20130704217200073.HTML?input=1179m (검색일 2013년 8월 19일)

# 3. 일본국회의 주변 3지역에 대한 기본적인 영토인식

## 3.1 북방영토

1951년 9월 대일평화조약 이후 일본정부 및 정치권의 북방영토의 영유권에 대한 인식을 살펴보기로 한다.

야당의 전문위원 단 이노(団伊能)는 1953년 12월 24일 대일강화조약 직후 북방영토에 대해「독립 이래 우리나라의 기본적인 문제인 영토관계에 있어서 주변 영토에 매우 많은 불명료한 지점을 남기고 있습니다. 홋카이도(北海道)의 북쪽에 이르는 하보마이(歯舞), 시코탄(色丹)의 문제와 같은 지극히 국제적인 지역에 대해서는 아무런 해결점이 없는 상태가 되어있다는 것은 여러분께서도 알고계시는 대로입니다. 이 점에 대해서는 외무성 당국 등에 자주 질문을 했습니다만 우리나라로서는 이미 독립한 이상 이러한 문제에 대해 상당히 확고하고 자신이 있는 태도로 관계국과 상대해야한다고 생각합니다. 사실 하보마이(歯舞), 시코탄(色丹) 문제에 대해서도 외무성은 과연 어디까지가 회담에 의한 쿠릴열도 범위인가 하는 개념마저도 분명히 하고 있지 않습니다. 1875년(明治8년) 에노모토 다케아키(榎本武揚)가 모스크바에서 체결한 교환조약에서 처음으로 쿠릴열도라는 문자가 나오고 그 안에 18개의 섬의 이름마저도 명확하게 지적하고 있습니다. 이때부터 쿠릴열도라고 부르는 것으로 보고 있는데 그 점도 상당히 애매하고 겨우 하보마이(歯舞), 시코탄(色丹)만이 일본의 영토라고 승인하는 것은 받아들일 수 없다고 생각합니다. 이런 점에서도 일본정부의 확고한 신념이 강하게 요구됩니다.」[12]라고 했다. 이상의 내용을 정리하면 야당위원으로서의 북방영토에 대한 인식은 다음과 같다.

첫째 대일평화조약에서 쿠릴열도의 범위가 어디까지인지 명확히 규명되지 않아 일본정부도 이를 분명히 밝히지 않고 있다.

둘째, 1875년 쿠릴열도, 사할린 교환조약을 체결했을 때에 쿠릴열도를 18개의 섬으로 취급하고 있었으므로 북방 4개의 섬 모두 일본영토임에도 불구하고 하보마이, 시코탄만을 홋카이도의 부속 섬으로서 일본영토로 인정되는 것은 부당하다는 주장이다.

셋째, 일본정부는 쿠릴열도 문제를 외교적으로 해결함에 있어서 쿠릴열도의 범위가 북방4개의 섬 모두임을 분명히 해야한다.

넷째, 대일평화조약 체결당시 일본정부는 쿠릴열도의 범위에 대해 명확한 입장을 갖고 있지 않았다는 것이다.[13]

이상이 대일평화조약 직후 1953년 야당 전문위원의 지적인데, 이에 대해 일본정부의 입장은 쿠릴열도는 대일평화조약에서 「일본정부는 지시마열도(쿠릴열도) 및 일본국이 1905년 9월 5일 포츠머스조약의 결과로서 주권을 획득한 카라후토(사할린)의 일부 및 여기에 근접한 여러 섬 에 대한 모든 권리와 권한 및 청구권을 포기한다.」[14]라는 항목에 홋카이도의 부속 섬인 하보마이와 시코탄, 1955년 러일 화친조약에 의해 평화적으로 일본영토가 된 에토로프와 쿠나시리는 남부 쿠릴열도로서 쿠릴열도의 범위에 포함되지 않으므로 이들 4섬은 대일평화조약에

---

12) 「단 이노(団伊能)」, [096/189]19-참의원-본회의- 2호, 1953년 12월 24일, 『일본국회독도관련기록모음집』, p.214.

13) 每日新聞社編, 『対日平和条約』每日新聞社, 1952의 부속지도를 보면, 사실 대일평화조역에서는 지금 분쟁, 혹은 문제의 한중러와의 3지역은 모두 일본영토에서 제외되었다.

14) 「日本国との平和条約」, 外務省国内広報課編, 『われらの北方領土』外務省国内広報課, 2000, p.18.

서 일본영토로서 결정되었다는 주장이다.[15)]

1954년 자유당[16)]의 입장에서 일본의 북방영토 인식에 대해「세계대전 말기에 행해졌던 얄타회담에서 스탈린 수상에게 양보한 루즈벨트 대통령의 잘못은 결국 미국의 극동정책에 큰 화근을 남겼으며, 소련에게는 로마노프 왕조 이래의 다년간의 숙원이었던 극동침략계획을 실현하기 위한 절호의 기회를 주어버린 것이다. 즉 종전 직전에 우리나라와의 불가침조약을 찢어버려 만주에 침입한 소련은 그 후 중공정권의 수립에 성공하여 북조선도 그 산하에 넣어 지시마(千島), 가라후토(樺太)를 빼앗고 강력한 군사기지를 세워 지금 우리나라를 포위하고 호시탐탐 위협하고 있다.」[17)]라고 했다.

즉 일본정부는 1954년 시점에서 미소간의 얄타협정에 의해 지시마(千島), 가라후토(樺太)가 소련에 넘어갔다는 인식을 갖고 있었다.

야당의 모리시마(森島)위원은 1956년 2월 25일 북방영토에 대해「미국과의 사이에는 분쟁이 없다고 말씀을 하셨는데, 그것은 없는 것이 당연한 것입니다. 미국은 남부 지시마(南千島)를 포기했다는 해석을 하고 있기 때문에 분쟁이 일어날 여지가 없습니다. 오히려 덜레스는 하보마이(歯舞)제도만을 홋카이도의 일부로서 일본의 영토라고 말하고 있기 때문에 시코탄 이북은 전부 소련영토라고도 해석할 수 있습니다. 이것은 당신이 보여준 팜플렛에서도 명백히 나와 있습니다. 그렇다면 미국과의 사이에는 분쟁이 있을 수 없다고 저는 생각합니다. 그러나 당신 쪽에서는 미국은 우리의 견해에 대해 의문점을 품고 있지 않다고

15) 西口光, 『日ソ領土問題の真実』新日本出版者, 1981, p.94. 高野雄一, 『国際法からみた北方領土』岩波ブックレット No.62, pp.30-32.
16) 「自由党」, 高柳光寿・竹内理三編, 『日本史辞典』角川書店, p.463.
17) 「후쿠다(福田)」, [108/189 19-중의원-본회의- 31호, 1954년 3월 31일, 『일본국회독도관련기록모음집』, p.235.

말씀하시지만 일본 외무성으로서는 그에 대해 다른 의견을 가지고 있습니다.」18)라고 했다.

즉 일본정부가 제시한 팜플렛을 보면 미국은 일본의 영토범위에 남부 지사마에 해당되는 하보마이, 시코탄, 구나시리와 에토로후가 포함되지 않았다. 특히 미 국무장관인 덜레스는 하보마이만을 홋카이도의 일부로서 일본영토라는 인식을 갖고 있었다는 것이다. 그런데 일본정부의 논리는 대일평화조약에서 하보마이, 시코탄은 홋카이도의 일부로서 쿠릴열도에 포함되지 않고, 구나시리, 에토로후는 남부 쿠릴열도로서 대일평화조약에서 일본이 포기한 쿠릴열도에 포함되지 않는다는 인식으로 북방4개의 섬은 일본영토라고 주장이다. 결국 일본정부는 미국이 어떤 입장을 취하느냐에 따라 북방4개의 섬의 운명이 좌우된다는 생각을 하고 있었다.

또한 이마즈미 이사무(今澄勇)는 1956년 12월 3일 하토야마 내각에서 북방영토에 대해 일소공동선언에 의해 「북쪽에 있는 두 섬 에토로프(択捉)와 구나시리(国後)에 대해 소일 간에 견해를 달리하여 선언 안을 심의하는 참위원에서도 지금 중대한 문제가 되어 있습니다.」19)라고 했다. 즉 일소공동선언에서 하보마이와 시코탄은 소련이 일본에게 양도하는 것으로 합의되었지만, 소련은 에토로후와 구나시리는 일본에 양도할 수 없다는 입장이었다.

사실상 대일평화조약에서 쿠릴열도에 대한 일본의 잔존주권은 모두 포기되었다. 이는 미소간의 얄타협정에서 결정된 것이기 때문에 일본

18) 「모리시마(森島)위원」 [173/189] 24-중의원-외무위원회- 12호, 1956년 2월 25일, 『일본국회독도관련기록모음집』, p.377.
19) 「이마즈미 이사무(今澄勇)」, [185/189 25-중의원-본회의- 10호, 1956년 12월 3일, 『일본국회독도관련기록모음집』, p.298.

의 영토적 권원은 완전히 상실되었다. 그런데 일본은 자유진영인 미국에 대해 적대관계에 있는 공산진영인 소련의 이익을 인정하지 못하도록 선동하여 쿠릴열도 남방 4도를 일본영토로서 인정받으려고 노력했다. 그러나 일본의 노력으로 인해 미국은 쿠릴열도가 전적으로 소련의 영토라는 입장을 지지하지 않았다.[20] 1956년 일소공동선언에서 소련은 평화조약이 체결된다면 하보마이와 시코탄도는 원래 소련의 영토이지만, 소련이 선의적 차원에서 일본에 제공할 수 있다는 입장을 제시했다.

또한 야마노(山野) 정부위원은 1969년 2월 26일 「북방영토(北方領土)에 관해서는 일본이 실제로 관할권을 행사하지 않고 있습니다만, 고유의 영토이기 때문에 이들 면적은 일본이 전 면적에 포함시키고 있습니다.」[21]라고 했다. 즉 일본정부는 북방영토를 일본의 고유영토임을 전제로 하여 일본영토의 전체 면적에 포함시키고 있었던 것이다.

### 3.2 독도

1951년 9월 대일평화조약 이후 일본정부의 독도에 대해 영유권 인식에 대해 고찰해보기로 한다.

야당 전문위원인 단 이노(団伊能)는 1953년 12월 24일 대일강화조약 직후 독도에 대해 「최근에 문제가 되었던 과거 리앙쿠르암으로 불리고 오키 섬(隠岐)에 속한 죽도가 모든 면에서 일본의 영토임에도 불구하고[22] 일본의 행정권이 미치지 않는 특수한 사태에 처해있다는 것은 우리를 우울하게 하고 있습니다. 머지않아 이승만대통령이 방일한

---

20) 和田春喜, 『北方領土問題 —歴史と未来—』朝日選書, 1999, pp.219-228.
21) 「야마노(山野) 정부위원」, [002/219] 61-중의원-예산위원회 제1분과회- 3호, 1969년 2월 26일, 『일본국회독도관련기록모음집』, p.1166.
22) 송병기, 『울릉도와 독도』단국대학교 출판부, 1999, pp.15-251.

다는 소문이 있는데 외무 당국과 일본정부는 이러한 문제를 국민을 위해서 한시라도 빨리 해결해 주시길 바랍니다. 1946년 1월 29일이었습니까? 총사령부각서에 의해 일본영토이면서 일본의 주권으로부터 제외되었습니다.」라고 지적했다.

단 이노는 1953년 시점에서 죽도에 대해 다음과 같이 인식하고 있었다. 즉 첫째, 죽도가 과거 리앙쿠르암이라고 불리면서 오키 섬의 소속이었는데, 역사적으로나 국제법적으로 모든 면에서 일본영토에 속한다. 단 이노의 이러한 인식은 국회의원으로서 일본국가의 이익을 위해 죽도가 일본영토라고 주장하는 일본정부의 방침을 무비판적으로 받아들이고 있기 때문이다.[23]

둘째, 1946년 SCAPIN 677호에 의해 죽도가 일본의 행정권이 미치지 않는 특수한 사태에 처해있음을 알고 있었다.

셋째, 일본영토인 죽도를 이승만 대통령이 일본을 방문할 때 외교적으로 해결되기를 희망했다.

넷째, 1946년 1월 29일 SCAPIN 677호에 의해 죽도가 일본영토에서 분리되었으며, 대일평화조약에서 죽도가 일본영토로서 결정되었다는 일본정부의 주장에 대해 그다지 신뢰하지 않고 있었다.

사실 독도는 종전 직후 1946년 SCAPIN 677호에 의해 통치권과 행정권이 일본에서 분리되어 한국에 소속되었다. 대일평화조약에서는 일본이 미국에 로비하여 독도를 일본영토로 인정받기를 원했지만, 영연방 국가들은 한국이 실효적으로 관리하고 있는 독도에 대해 한국영토라는 종래의 입장을 포기하지 않았다. 그래서 결국 연합국은 독도문제를 당

---

23) 오늘날에도 이들의 인식을 무비판적으로 받아들여 죽도 영유권을 주장하는 자들이 있다. 대표적인 인물이 下條正男이고, 그의 논리는 『竹島は日韓どちらのものか』(文春新書 377, 2004, pp.7-188)에 정리되어 있다.

사지간의 외교적 해결을 바라면서 법적 지위를 명확히 하지 않았다. 그런데 일본정부는 자의적 해석으로 대일평화조약에서 독도가 일본영 토로 결정되었는데, 한국이 무력으로 불법 점령했다고 주장하기 시작 했다.[24]

야마노(山野) 정부위원은 1969년 2월 26일 「죽도는 현재도 일본의 면적에 포함되어 있습니다. 그리고 이는 특별교부세의 대상이 아닌 보 통교부세의 대상으로서 일단 면적에 포함시킵니다. 하지만 관할권행사 가 실제로 방해받고 있기 때문에 보통지역과 같이 교부세를 산정하는 것은 부적당하다고 생각하고 자치단체에서도 또한 당연히 그렇게 생각 할 것입니다. 따라서 어떤 보정을 해서 현실적인 단위 비용을 산정할 지는 향후 자치성에서 충분히 검토해야할 문제라고 생각합니다.」[25]라 고 했다. 즉 일본정부가 독도를 일본영토 면적에 포함시켜서 보통교부 세의 대상으로 삼고 있지만, 실제로는 한국이 실효적으로 관리하고 있 는 섬이기 때문에 보통교부세의 대상으로 삼는 것은 향후 개선되어야 할 부분이라고 스스로 지적했다.

사실 일본정부가 독도와 북방영토를 교부세 면적대상에 포함시킨다 는 것은 일단 일본영토로 인식한다는 것을 의미하지만, 일본인이 거주 하지 않기 때문에 교부세를 납부할 대상이 없다. 이는 순전히 형식적인 조치로서 정치적 행위에 불과하다.

---

24) 오오니시 토시테루, 「평화조약의 기술」, 『독도개관』인문사, 148-149. 최장 근, 「전후 일본영토처리 특수성과 국경분쟁의 발생」, 『일본의 영토분쟁』 백산자료원, 2005, pp.72-107.
25) 「야마노(山野) 정부위원」, [002/219] 61-중의원-예산위원회 제1분과회- 3 호, 1969년 2월 26일, 『일본국회독도관련기록모음집』, p.1166.

## 3.3 아마미오시마(奄美大島)와 오키나와

야당 전문위원인 단 이노(団伊能)는 1953년 12월 24일 대일강화조약 직후 아마미오시마에 대해, 「오늘 다행히 1946년 1월 29일이었습니까? 총사령부각서에 의해 일본영토이면서 일본의 주권으로부터 제외되어 이른바 특수한 잠재주권이라고 하는 형태를 갖고 입법, 사법, 행정권을 일본에서 떼어놓았던 서남제도 내의 아마미오시마(奄美大島)가 당국의 여러 가지 노력에 의해 미일간의 협정으로 상당히 오래 걸렸습니다만 결국 일본에 복귀됩니다. 아마미오시마(奄美大島) 20만 도민과 또 일본본토에서 열렬한 복귀운동을 전개하고 계셨던 많은 분들께 진심으로 경축을 드립니다.」26)라고 지적했다.

단 이노는 1953년 시점에서 아마미오시마의 영토문제에 대해 다음과 같이 인식하고 있었다. 즉 첫째, 서남제도의 일부인 아마미오시마(奄美大島)는 일본영토임에도 불구하고 1946년 1월 29일의 총사령부 각서에 의해 일본의 주권으로부터 제외되어 입법, 사법, 행정권이 일본에서 떼어져 특수한 잠재주권 상태에 있었다.

둘째, 아마미오시마에 대해 미일 당국이 여러 가지 노력으로 협정을 체결하여 잠정적으로 일본에 복귀하기로 결정했다.

셋째, 아마미오시마(奄美大島)가 일본에 복귀된 것은 20만 도민과 또 일본 본토에서 열렬한 복귀운동을 전개했기 때문이다.

사실 아마미오시마도 오키나와의 과거 왕국이었던 유구의 일부였다. 그런데 일본정부는 1951년 대일평화조약에서 사츠마 번의 일부로서, 오키나와와는 구별된다는 주장을 하여 그것이 받아들여져서 일본에 복귀될 잠정주권으로 남게 된 것이었다.27)

---

26) 「단 이노(団伊能)」, [096/189]19-참의원-본회의- 2호, 1953년12월24일, 『일본국회독도관련기록모음집』, p.214.

야마노(山野) 정부위원은 1969년 2월 26일 오키나와(沖繩)에 대해 「오키나와(沖繩)의 경우에는 잠재주권이 있는 일본의 영토이고, 반환 후에 지도에 들어가고 그 이전에는 교부세의 면적대상조차 되지 않았습니다(오카다 [岡田利])[28]」[29]라고 했다. 즉 오키나와는 대일평화조약에서 잠정주권이 인정되고 미국이 신탁통치를 하고 있었기 때문에 일본이 함부로 영토면적에 포함시킬 수 없었다. 그래서 반환 전에는 실제로 주권관리를 하는 지역이 아니었으므로 교부세의 대상에서 제외시켰으나 반환 후부터 정식으로 일본영토의 면적에 포함시켰다는 것이다.

사실상 역사적으로 보면 오키나와는 유구국가로서 독립된 국가였다. 그런데 일본은 일본의 일부라고 연합국에 로비하여 대일평화조약에서 오키나와의 잠정주권을 인정받았다. 그후 일본은 전 국민운동으로 오키나와 복귀운동을 펼쳤다. 결국 미국은 오키나와를 동아시아의 전략적 군사기지로 활용하기 위해 1972년 일본영토로서 반환하는 대신 미국의 군사기지로 활용하게 되었던 것이다.

## 3.4 일본의 여러 영토문제의 해결책

일본은 대일평화조약 이후 주변 국가들과 많은 영토문제를 초래하여 주요한 외교과제가 되었다. 이런 영토문제 해결을 위한 일본정부의 방안을 살펴보면 다음과 같다.

구마가이 다사부로(熊谷太三郎)는 1967년 5월 24일 정부입장에서

---

27) 최장근, 「대일평화조약에 있어서 영토처리의 정치성」, 『일본의 영토분쟁』 백산자료원, 2005, pp.33-71.

28) 「오카다(岡田利)」, [002/219] 61-중의원-예산위원회 제1분과회- 3호, 1969년 2월 26일, 『일본국회독도관련기록모음집』, p.1166.

29) 「야마노(山野) 정부위원」, [002/219] 61-중의원-예산위원회 제1분과회- 3호, 1969년 2월 26일, 『일본국회독도관련기록모음집』, p.1166.

영토문제 해결방안에 대해 「오키나와(沖繩) 및 오가사와라(小笠原)제도의 반환, 죽도 및 북방영토(北方領土) 문제에 관해서도 질의가 있었지만, 외무장관으로부터 오키나와(沖繩) 반환은 미일회담에서도 꼭 거론될 문제이니 극동정세를 잘 고려하여 여러 가능성을 연구하고 있다는 답변을 들었습니다. 오가사와라(小笠原) 제도에 관해서는 군사시설의 지위가 오키나와((沖繩)와는 다르다고 생각하기 때문에 우선 구 도민(島民)의 귀도(歸島)를 촉진하여 반환하는 쪽으로 했으면 합니다. 영토문제는 조속한 해결은 어렵겠지만 한일(韓日) 소일(蘇日) 모두 매우 관계가 우호적이므로 시간을 들여서 해결하겠다는 답변이 있었습니다.」[30] 라고 언급했다.

첫째로, 오가사와라(小笠原) 제도에 관해서는 "군사시설의 지위가 오키나와((沖繩)와는 다르다고 생각하고 있었기 때문에 우선 구 도민(島民)의 귀도(歸島)를 촉진하여 반환"한다는 것이었다.

둘째로, 오키나와는 군사적 지위가 높기 때문에 미일회담에 의해 논의하여 조속한 시일 내에 일본에 반환한다는 것이었다.

셋째로, 독도와 북방영토에 관해서는 특별한 대안은 없기 때문에 "조속한 해결은 어렵고 한일(韓日) 소일(蘇日) 모두 매우 관계가 우호적이므로 시간을 두고 해결하겠다"는 입장이었다. 그러나 센카쿠제도 문제는 1972년 오키나와 반환 후에 영토분쟁이 표면화되었기 때문에 당시로서는 해결을 위한 특별한 대안이 존재하지 않았다.

---

30) 「구마가이 다사부로(熊谷太三郎)」, [250/254]55-참의원-예산위원회- 18호, 1967년 5월 24일, 『일본국회독도관련기록모음집』, p.1160.

# 4. 센카쿠제도와 독도의 영토적 권원의 비교 인식

## 4.1 1970년 전후의 센카쿠제도와 독도에 대한 일본의 실효적 관리 상황

센카쿠제도문제는 1968년 유엔의 동중국해 해저자원조사에서 석유자원이 대량으로 매장되었다는 결과를 발표함으로써 대만과 중국이 영유권을 주장하여 표면화되었다. 미국은 일본의 요청에 의해 1972년 오키나와 반환과 더불어 센카쿠제도의 관할권을 일본에 주었다. 그렇다면 오키나와 반환 이전의 센카쿠제도에 대한 일본정치권의 인식을 살펴보기로 한다.

야당 전문위원 와다 시즈오(和田静夫)는 1970년 10월 7일 센카쿠제도와 독도의 상황에 대해「센카쿠제도의 영유권 문제라는 것은 센카쿠제도 즉, 지금 논의가 오고간 주변해저에 잠들어 있는 방대한 양의 석유자원은 일본의 국익에 아주 중요한 것이라고 생각합니다. 저는 1965년 한일협상 때 시마네현 앞바다에 있는 죽도의 영유권을 둘러싸고 팽팽한 분위기 속에서 외교를 했습니다. 그러나 당시에 이미 그곳에 한국의 군대가 소수이긴 하지만 주둔하고 있었고 향후 한일 간에 계속 논의를 해가는 분쟁문제로 남아있습니다. 지금 한국은 죽도의 영유를 자주적으로 하고 있습니다. 일본입장으로는 죽도의 영유에 대해 많은 근거를 갖고 있으면서도 죽도에서 손을 떼고 있는 것입니다. 이번 센카쿠제도의 경우에도 지금 장관께서 말씀을 하셨듯이 청천백일기(青天白日旗)가 걸리고 어부도 귀환했다고 합니다. 그곳에 대만의 어부가 거듭해서 상륙하고 죽도와 같은 상황이 된 점에 대해 우려하는 이들이 많습니다.」[31]라고 지적했다.

이상으로 1970년 즈음의 독도와 센카쿠제도에 있어서 일본의 실효적 관리상황에 대해 정리하면 다음과 같다.

첫째, 독도에 대해서는 1965년 한일협정 때 현실적으로는 소수의 한국군대가 주둔하여 한국이 실질적으로 영유하고 있는 상황에서 일본이 외교적으로 영토주권을 확보하기 위해 노력했으나 실패했고, 현재는 일본이 손을 떼고 있고 한국이 자주적으로 지배하고 있다는 인식이었다. 그러나 일본이 영유권을 포기하지 않고 주장하고 있기 때문에 양국 간에 영토문제가 발생하고 있다는 것이다.

둘째, 센카쿠제도에 대해서는 당시 실제로는 대만국기가 게양되었고, 일본어부도 귀환한 상태인데다 대만어부가 상륙하는 섬이 되었다는 것이다. 그러나 동중국해에 석유자원이 많이 매장되어 있기 때문에 독도처럼 센카쿠제도의 관할권을 대만에 빼앗겨서는 안 된다는 것이다.

이처럼 센카쿠제도는 무인도로서 1970년 단계에서 일본이 실효적 관리권을 갖고 있음에도 불구하고 대만은 이를 인정하지 않고 오히려 점유의 우위권을 점하기 위해 상륙을 시도하는 섬이었다.

또한, 야당 전문위원인 이시가와(石川) 위원은 1970년 9월 7일 대만 정부가 센카쿠제도에 대만국기를 세워 영유권을 주장하는 것에 대해 「매우 유감스럽다는 답변이 있었는데, 죽도에 관한 협상결과를 보더라도 지금과 같은 단순한 유감을 느낀다는 것을 피력하는 정도로서는 협상이 원만하게 진행되기 어렵다고 생각합니다. 분명히 센카쿠제도는 일본의 영토이고 이는 역사적으로 명백한 것이고, 미국정부도 오키나

---

31) 「와다 시즈오(和田静夫)」, [021/219]63-참의원-결산위원회- 폐7호, 1970년 10월 7일, 『일본국회독도관련기록모음집』, p.1185-86.

와 정부도 확실히 인정하고 있습니다. 이러한 사실 여부를 확인하지 않으면 안 되겠지만, 단순히 유감이라는 정도로 마무리 지을 문제는 아닌 것 아닙니까? 이는 단순히 민간 어선이 가서 세웠다는 문제와 차원이 다릅니다. 정부의 배가 가서 청천백일기(靑天白日旗)(대만국기)를 세웠다면 무단으로 남의 나라에 들어와 우리 영토라고 선언한 것과 마찬가지로 그것이 정부의 의도라는 식으로 받아들여져도 어쩔 수 없는 것 아닙니까? 따라서 그저 단순히 유감스럽다는 정도로 머물러서는 안 될 것입니다. 왜냐하면 죽도의 전철을 밟게 될 수도 있기 때문입니다. 특히 이 부근에 석유 등 해저자원이 매우 풍부하게 매장되어 있을 것으로 예상된다는 발표가 나온 시점에서 죽도 이상으로 큰 관심을 갖지 않을 수 없는 문제이니 외무성도 보다 집중적으로 협상을 해야한다는 말씀을 드립니다.」[32]라고 지적했다.

즉 첫째, 센카쿠제도는 역사적으로 명명백백한 일본영토이고 미국정부도 오키나와정보도 일본영토임을 인정했다.[33] 그런데 대만정부가 대만국기를 그 섬에 세워서 영토주권을 침범했음에도 불구하고 소극적인 대응으로 단지「유감」표명에 그치고 있다고 비판했다. 일본정부가 적극적으로 대응하지 않으면, 독도와 같이 한국에 점령당하고 만다. 그렇게 되지 않으려면 더욱더 적극적으로 외교적 교섭을 행해야한다고 비판했다. 게다가 그 제도주변에 석유자원이 매장되었기 때문에 더욱이 일본영토로서 포기해서는 안 된다는 것이었다.

요컨대 1965년 한일 협정에서 한국이 독도를 실효적으로 지배하고

--------

32)「이시가와(石川) 위원」, [019/219]63-중의원-과학기술진흥대책위원회- 14호, 1970년 9월 7일, 『일본국회독도관련기록모음집』, p.1184.
33) 선행연구「井上淸,『「尖閣」列島』現代評論社, 1972, pp.9-278.」에 의하면 센카쿠제도는 역사적 권원으로 볼 때 일본영토가 아니다.

있는 상황에서 일본정부가 이를 묵인하여 실제로는 한국이 자주적으로 독도를 관리하고 있고, 일본은 손을 놓고 있는 실정이었다. 그래서 센카쿠제도의 경우도 대만정부가 대만국기를 게양하였기 때문에 독도처럼 관할권을 빼앗기는 일이 일어나지 않도록 노력해야 한다는 것이다.

그런데 야당 전문위원들은 국익을 위해 정부정책을 무비판적으로 수용함으로써 독도와 센카쿠제도가 역사적으로 일본영토로서 권원을 갖고 있다고 주장하지만, 사실상 그것과 달리 일본이 센카쿠제도는 청일전쟁, 독도는 러일전쟁 중에 은밀한 방법으로 불법 도취한 것일 뿐이다.

## 4.2 센카쿠제도의 법적 지위에 대한 일본정부의 인식

일본정부는 1972년 오키나와 반환을 앞두고 센카쿠제도의 법적 지위에 대해 역사적으로나 국제법적으로 일본영토라는 입장을 갖고 있었다. 즉 후쿠다 다케오(福田赳夫) 국무대신은 1971년 12월 16일 센카쿠제도의 법적 지위에 대해 「오키나와 반환협정에 의해 귀속에 영향을 주는 것은 아니라고 말한 것입니다. 저희로서는 명확하게 일본의 것이라고 말해 주면 매우 고마운데, 다들 아시겠지만 다양한 사정이 있습니다. 그러나 이는 오키나와(沖縄) 반환협정 이전의 문제입니다. 청일전쟁 때 우리는 대만, 펑후다오(澎湖島)를 할양받았습니다. 그때 센카쿠(尖閣)제도는 들어가 있지 않았습니다. 그리고 평화조약 제3호에서 우리는 대만, 펑후다오(澎湖島)를 포기했습니다. 그러나 센카쿠(尖閣)제도를 포함하는 오키나와(沖縄) 열도는 신탁통치, 또는 임시로 미국의 관할권 지역이었습니다. 의심이 없는 부분에 대해서 금번 조약이 영향을 미치는 것이 아닌가 하는 것은 사족입니다. 반환협정은 지금까지의 센카쿠(尖閣)제도의 지위에 영향을 미치는 것이 아니기 때문에 항의할 만한 문제가 아니라고 생각합니다.」[34]라고 했다.

즉 센카쿠제도는 오키나와의 일부로서 청일전쟁 중에 일본의 신영
토로서 편입한 것이다. 청일전쟁의 결과인 시모노세키 강화조약과도
무관하기 때문에 오키나와 반환협정에서 센카쿠제도를 일본에 반환한
다고 명확히 할 이유가 없다는 것이다. 사실은 미국이 중국과 대만이
영유권을 주장하고 있어서 센카쿠제도의 영유권에 대해 분쟁지역으로
취급하여 오키나와 반환 때에 단지 관할권에 한정해서 일본에 반환한
것이다.35) 미국은 영유권에 대해서는 중립적인 입장을 취하였다. 그래
서 센카쿠제도문제는 중일 양국 간의 외교문제로서 해결되어야 할 과
제로서 남게 되었던 것이다.

# 5. 북방영토와 독도의
   영토적 권원의 비교 인식

### 5.1 일본정부의 북방영토의 지위

북방영토문제는 1956년 일소공동선언을 합의한 이후 본격적으로 표
면화되었다.36) 야당 전문위원인 쓰지 마사노부(辻政信)는 1960년 3월
21일 공동선언 이후의 일본의 북방영토인식에 대해 「공동선언이 있었
다고 하셨지만, 샌프란시스코조약에 나와 있는 지시마(千島)라는 지명
에는 남부 지시마(南千島)37)가 포함되어 있지 않다는 해석을 하고 있

---

34) 「후쿠다 다케오(福田赳夫) 국무대신」, [033/219]67-참의원-오키나와반환 특
    별위원회- 7호, 1971년 12월 16일, 『일본국회독도관련기록모음집』, p.1213.
35) 최장근, 「중일 조어도 영토분쟁의 발생과 현황」, 『일본의 영토분쟁』백산
    자료원, 2005, pp.305-332.
36) 安岡昭男, 『幕末維新の領土と外交』清文堂出版, 2002, p.227.
37) 일본은 쿠릴열도에서 분리함으로써 대일평화조약에서 「쿠릴열도의 영토

습니다. 이것이 일본영토라고 하는 것은 이전에 기시(岸)총리가 분명히 말씀을 하셨고, 올 봄부터 교과서에서 구나시리(国後), 에토로후(択捉)를 일본영토로 표기하기로 했습니다. 그리고 관할권을 소련에 양도한 적이 없습니다. 우리가 샌프란시스코조약에서 관할권과 영유권을 양도한 것은 구나시리, 에도로후를 포함하지 않는 그 북쪽의 지시마(千島)입니다.」38)라고 했다.

즉 야당의 전문위원은 국익차원에서도 일본정부의 주장을 그대로 아무런 비판없이 북방영토가 일본영토라는 주장을 그대로 수용했다. 일본정부는 1956년 일소공동선언 이후 시점에서 북방4섬이 일본영토임을 일본 국회에서 주장했다. 그리고 일본정부의 논리를 1960년부터 교과서를 통해 구나시리와 에토로후가 일본영토라는 사실을 일본학생들에게 학교교육을 통해 주입시키고 있다는 것이다. 오늘날 북방영토에 대한 대부분의 일본인들은 분명히 일본영토라는 인식을 갖고 있다. 이는 이처럼 학교교육을 통해 영토인식을 주입시켰기 때문이라는 것을 알 수 있다.

정부위원 다카하시 미치토시(高橋通敏)는 1960년 3월 21일 공동선언에 대해 「소일 간에 공동선언이 있었습니다. 공동선언에서는 이러한 도서지역에 대한 최종적인 문제해결은 평화조약에서 하자고 상호약속을 하고 있습니다. 따라서 그러한 약속이 있었기 때문에 그에 근거해서

---

적 권원을 포기한다」라는 규정에 포함시키지 않고 영유권을 확보하기 위해 구나시리(国後), 에토로후(択捉)을 '남부 지시마열도'라고 주장한다. 또한 하보마이 섬과 시코탄 섬은 홋카이도의 부속 섬이라고 주장한다. 이렇게 함으로써 북방 4개의 섬은 쿠릴열도에 포함되지 않는다는 주장이다. 일본적인 논리로서 러시아는 전혀 그렇게 생각하지 않고 북방4개섬을 포함한 22개섬이 쿠릴열도라는 인식을 갖고 있다.

38)「쓰지 마사노부(辻政信)」, [043/254]34-참의원- 예산위원회 - 18호, 1960년 3월 21일, 『일본국회독도관련기록모음집』, p.502.

이들 도서지역의 지위가 그러한 법률적 지위가 생기는 것입니다.」[39]라고 하여 소일간의 도서문제는 공동선언을 통해 평화조약을 체결할 때에 해결하기로 약속했다는 것이다.

1970년대 미일 간의 오키나와 반환협정으로 오키나와가 일본에 반환되는 시점에 북방영토와 독도문제에 대해서도 중대한 외교과제로서 대두되었다.

야당측의 모리야 오사무(守屋治) 참고인은 1969년 5월 7일 북방영토에 대한 일본정부의 인식에 대해 「종래 북방영토에 관해서는 남방(南方)에 비해 국민들의 관심이 매우 저조하고 그 운동도 지역적인 것으로 홋카이도(北海道)의 범위를 벗어나지 못합니다. 이렇게 종래 북방영토(北方領土)에 관해서는 국민들 사이에서도 잘 알려져 있지 않습니다. 따라서 그 범위와 문제점에 관한 이해도와 인식이 낮았고, 운동단체도 인양(引揚)도민과 홋카이도에 있는 영토귀환단체, 홋카이도청, 네무로(根室)시 등 주로 민간단체와 지방자치단체의 선의와 노력에 맡겨진 것입니다. 오키나와(沖繩)에 관해서는 전후 23년 만에 작년에 처음으로 주석(主席)공선이 실현되었는데 이에 대해서도 때가 늦었다는 의견들이 나오고 있습니다. 또 오키나와(沖繩)에는 역대 외무장관 등이 연례적으로 시찰하였습니다. 총리께서도 시찰을 가셨습니다. 하지만 북방영토(北方領土)에 관해서는 어떻습니까? 같은 23년이 되는 작년에 처음으로 총무장관이 시찰을 갔습니다. 이에 대해 도민(島民)은 물론 홋카이도민은 모두 감동을 했습니다. 저는 너무나도 격차가 심하다고 생각합니다. 또 작년 이래 요직에 계신 분들께서 '오키나와(沖繩) 다음은 북방영토다'라는 발언을 종종하고 계십니다. 저희들은 이런 발

---

39) 「정부위원(다카하시 미치토시(高橋通敏)」, [043/254]34-참의원- 예산위원회 - 18호, 1960년 3월 21일, 『일본국회독도관련기록모음집』, p.502.

상에 대해서는 슬프다기 보다는 오히려 분노를 표명하지 않을 수 없습니다. 오키나와(沖繩), 죽도, 북방영토(北方領土) 이런 실지(失地)의 회복은 동일해야 한다고 생각합니다.」40)라고 비판했다.

즉 1969년 시점에서 북방영토에 대한 영토회복운동은 전 국민적으로 영토회복의식이 없었고, 단지 홋카이도 일부 관련자들만이 관심을 갖고 있었다. 그 이유는 일본정부 입장에서 당장 시급한 오키나와 반환에 모든 역량을 동원하고 있었기 때문이다. 오키나와는 대일평화조약에서 이미 일본의 잔존주권을 인정하여 일정한 시기에 반환한다는 약속을 하고 있었던 것이다. 그러나 일본정부에서도 북방영토가 대일평화조약에서 일본영토로 규정된 것이 아니라는 사실을 잘 알고 있었고, 1956년에 일소공동선언에서도 양국이 평화조약을 체결할 경우에 소련이 선의적 차원에서 하보마이와 시코탄을 일본에 양도한다는 입장을 밝힌 것 이외에는 사실상 구나시라와 에도로프의 반환은 불가능한 상태에 있었던 것이다.

야당 전문위원 야마모토 도시나가(山本利寿)는 1970년 3월 24일 북방영토에 대한 일본의 지위에 관해 니시무라(西村) 조약국장이 의회에서 배포한 지도에 대해 「방금 말한 지도(일본영역참고도(日本領域參考圖)에 하보마이(歯舞), 시코탄(色丹)과 같은 섬이 역시 일본영역 외로 되어 있습니다.」41)「북방영토 반환에 대한 협상에서 소련의 대답이 항상 이미 해결되었다는 것으로 해결된 이유에 대해서는 전혀 정부기관이나 보도기관에서 국민들에게 밝히고 있지 않습니다.」42)라고 했다.

---

40) 「모리야 오사무(守屋治) 참고인」, [009/219]61-참의원- 오키나와 및 북방문제에 관해서 - 7호, 1969년 5월 7일, 『일본국회독도관련기록모음집』, pp.1171-1172.
41) 「야마모토 도시나가(山本利寿)」, [015/219]63-참의원- 예산위원회 - 6호, 1970년 3월 24일, 『일본국회독도관련기록모음집』, p.1179.

즉 조약국장이 국회에 배포한「일본영역참고도(日本領域參考圖)에 하보마이(齒舞), 시코탄(色丹)과 같은 섬이 역시 일본영역이 아니라고 표기되어 있었던 것을 보더라도 대일평화조약에서 일본영토로 결정된 것이 아니었다.43) 그러한 이유 때문에 일본정부에서도 북방영토가 일본영토가 아니라는 증거를 제시한 적은 있었지만, 국민들에게는 북방영토의 사실관계에 관해 정확히 설명한 적이 없었다고 비판했다.

또한 야당의 전문위원인 가와무라 세이치(川村淸一)는 1970년 5월 11일 북방영토의 지위에 관해「애당초 정부의 견해가 일관성이 없어서 이렇게 문제가 심각해졌다고 생각합니다만, 영토문제를 들어도 저는 지금 앞으로 영토문제를 원상태로 돌려서 논의할 생각은 없습니다. 하지만 어떻습니까? 생각해보십시오. 정부는 구나시리(国後), 에토로후(択捉), 하보마이(齒舞), 시코탄(色丹)은 고유영토이다, 일본의 영토이다. 평화조약으로 포기하지 않았다, 이 점을 여러 차례 말씀을 드리고 있는 것입니다. 저는 그 점은 부정하지 않습니다. 하지만 이 샌프란시스코 평화조약 제2조 (C)항 -한 때 국회에서 정부위원들이 확실히 포기한 이 지시마(千島)열도 안에는 구나시리(国後), 에토로후(択捉), 하보마이(齒舞), 시코탄(色丹)은 포함되어 있다고 답변한 바 있습니다. 이는 회의록에 확실히 기재되어 있습니다. 그리고 세계대전 이전에 아시다시피 구나시리(国後), 에토로후(択捉), 하보마이(齒舞), 시코탄(色丹)은 홋카이도의 일부로서 홋카이도의 행정구역이었던 것입니다. 그래서 종전 후 점령군이 진주해왔지만, 홋카이도는 아시다시피 미군이 진주

---

42)「야마모토 도시나가(山本利寿)」, [015/219]63-참의원- 예산위원회 - 6호, 1970년 3월 24일, 『일본국회독도관련기록모음집』, p.1180.
43) 不破哲三, 『千島問題と平和条約』新日本出版者, 1998, pp.165-159. 毎日新聞社編, 『対日平和条約』毎日新聞社, 1952의 부속지도 참조.

해 와 있었습니다. 당연히 홋카이도의 일부이기 때문에 이 섬들에도 미군이 진주해서 점령하고 있는 것이 당연합니다. 이는 현지에서 들으셨다면 아시겠지만, 예를 들어서 시코탄(色丹) 섬에서 인양된 사람들은 미국이 올 것이라고 생각했다고 말했습니다. 하지만 온 것은 미국이 아니라 소련 병이었습니다. 게다가 소련 병이 바로 이 섬에 온 것이 아닙니다. 카라후토(樺太)처럼 대거 소련군이 진주해온 것이 아닙니다. 이 섬에 온 것은 8월 15일에 전쟁이 끝나고 8월말입니다. 약 2주가 지난 후에 소련의 군대가 이 섬에 온 것입니다. 이런 점 등을 깊이 생각해 보면 역시 얄타협정에서 미국과 소련이 논의했는지, 저희들로서는 도무지 납득하기 힘든 사실이 여기에 존재하는 것입니다. 그리고 1946년 GHQ의 각서, 이 각서에 일본지역에서 제외된 것으로서 구나시리(国後), 에토로후(択捉), 하보마이(歯舞), 시코탄(色丹)이 확실히 표기되어 있습니다. 그리하여 행정권이 분리된 것입니다. 저는 이 섬들을 샌프란시스코 평화조약에서도 포기했다면 이런 질문을 하지 않습니다. 절대로 포기하지 않았다고 말하니, 하지 않은 것으로 한다면 여기에 있는 사람들에게 어업권을 보상하지 않는다는 것은 정말 앞뒤가 맞지 않는 것이 아닌가 말씀드리는 것입니다. 법률은 모든 국민에게 평등해야합니다. 홋카이도의 본도와 그 근처에 있는 섬 주민에게는 어업권을 전부 보상하여 일본의 영토라고 말하고 있습니다. 지금까지 포기한 적이 없다고 단언하고 있는 섬에 살았던 주민들의 어업권은 이 각서가 나온 이후 소멸되어 버려서 다시 소생할 길이 없으니 보상할 수 없다고 합니다.」[44]라고 했다.

즉 다시 말하면, 해방이후 2주나 후에 소련군이 시코탄 섬에 주둔한

---

44)「가와무라 세이치(川村清一)」, [017/219]63-참의 - 오키나와와 북방영토에 관해서....- 9호, 1970년5월11일, 『일본국회독도관련기록모음집』, p.1181-82.

것으로 보아 얄타협정에서 미국이 소련영토로 인정한 것으로 보인다. 그리고 이미 1946년 GHQ의 각서에서도 북방4개섬이 포함되어 있었다. 그런데 일본정부는 북방영토를 포기하지 않았고, 샌프란시스코 평화조약에서도 일본영토로서 결정되었다고 주장해왔다. 그래서 야당 전문위원이 사실상 홋카이도 주민에게는 어업권을 보상해 주면서 북방4개섬의 주민들에게 어업권을 보상하지 않는 것은 결국 얄타협정에 의해 대일평화조약에서 영토주권을 포기한 것에 해당되기 때문이 아닐까라고 정부주장을 비판했다.

이에 대해 일본정부 측의 입장도 「소련 측이 서류, 기타의 것에서 명확시한 예로서는 1961년 12월 8일, 이케다(池田)내각 당시 총리장관 앞으로 전해진 흐루시쵸프 서한이라는 것이 있는데 거기에서 그 쪽이 주장하는 것은 카이로선언, 얄타협정, 포츠담선언, 그리고 샌프란시스코 평화조약 제2조와 같은 것을 논거로 들고 있습니다. 이것이 글로써 그 쪽의 태도를 밝히는 문서라는 것은 아시는 바와 같다고 생각합니다. 이는 1961년으로 상당히 오래 전입니다.」[45]라고 했다. 즉 1961년 시점에서 소련이 북방영토문제는 존재하지 않는다[46]고 주장했기 때문에 당시로서 일본정부 입장에서는 북방영토가 일본영토라는 확신이 그다지 크지 않았다는 것을 알 수 있다.

요컨대 실제로는 일본정부가 일본국민을 상대로 북방4개섬은 대일평화조약에서 '쿠릴열도의 영토적 권원을 전적으로 포기한다'고 하는 조항에 포함되지 않는다고 주장했지만,[47] 사실상 북방 4개섬은 대일평

---

45)「위원장 퇴장, 이사 요시타케 케이치(吉恵市)착석」, [015/219]63-참의원- 예산위원회 - 6호, 1970년3월24일, 『일본국회독도관련기록모음집』, p.1180.
46) 戸丸広安監修, 『北方領土 一新聞編集一 上巻1947年―1979年』大空社, 1993, p.193.
47) 木村汎編, 『北方領土を考える』北海道新聞社, 1981, p.88.

화조약에서 일본영토로 분리되었다는 사실을 대체로 부정하지 못했던 부분이 있다.[48) 그리고 일본정부는 대일평화조약에서 잔존주권이 인정된 오키나와 반환에 관심을 갖고 있었기 때문에 사실상 대일평화조약에서 일본영토로서 규정되지 않은 북방영토에 대해서는 관심 밖의 일이었다. 그래서 1972년 오키나와 반환 이전에는 사실상 북방영토반환에 관해서는 민간단체에 의해 반환운동이 행해졌던 것이다. 오키나와 반환이후 일본정부가 북방영토문제에 관심을 갖게 되었던 것이다.

## 5.2 일본정부의 독도와 북방영토의 지위에 대한 인식

일본정부는 대일평화조약이 체결되고 난 이후 일본국민들을 상대로 북방영토와 죽도가 일본영토로 결정났다고 설명했다. 정부의 이러한 주장에 대해 야당위원들은 어떻게 대응하고 있는지 살펴보기로 한다.

정부위원 다카하시 미치토시(高橋通敏)는 1960년 3월 21일 죽도문제와 북방영토문제의 법적인 지위에 대해 언급했다.

독도에 대해서는「죽도의 경우는 한국이 사실상 관할권을 행사하고 있습니다. 이것은 사실입니다. 다만 그에 대해 우리가 공동선언을 했거나 저쪽과 협의를 해서 그것을 인정한다고 했거나 아니면 불문에 붙인다고 했거나 하는 아무런 조치도 취하지 않은 상태입니다. 이점은 (북방영토와는-필자주) 법률적으로 본질적으로 다른 문제라고 저는 생각합니다.」[49)라고 했다. 북방영토에 대해서는「죽도문제와 북방영토문제는 법적인 입장이 다르다고 생각합니다. 죽도문제는 북방영토문제처럼

---

48)「千島の放棄と北方領土問題」, 芹田健太郎, 『日本の領土』中公叢書, 2002, pp.52-66.
49)「정부위원(다카하시 미치토시(高橋通敏)」, [043/254]34-참의원- 예산위원회 - 18호, 1960년 3월 21일, 『일본국회독도관련기록모음집』, p.503.

소련 측과 합의한 공동선언 같은 것이 전혀 없는 상태이고, 따라서 북방영토가 우리 고유의 영토인 것은 확실하지만 그 점에 대해서 공동선언에서 일단 평화조약이 이루어 질 때까지는 이대로 간다고 되어있기 때문에 그 점에 대해서는 전혀 다른 문제라고 생각합니다.」50) 라고 했다.

요컨대, 일본정부는「과거의 경위51)에 대해서나 죽도가 우리의 영토이고 관할권을 가지고 있지만 불법적인 침입을 받아 지금과 같은 상태에 있다.」52)고 하는 입장이다. 하지만 독도는 한국정부와 합의를 한 적이 없는데 한국이 관할권을 행사하고 있다. 그러나 북방영토는 일본의 고유영토임에도 불구하고, 러시아와 공동선언으로 합의한 분쟁지역으로 평화조약이 체결되기 이전에는 지금처럼 소련의 점유상태를 유지하기로 했다는 것이다. 그래서 독도와 북방영토는 법적 지위가 다르다고 일본정부는 밝히고 있다.

그러나 사실상 일본정부는 대일평화조약에서 독도가 일본영토로 결정되었기 때문에 일본영토인데 한국이 독도를 불법적으로 점령하였다고 주장하고 있지만, 그것은 사실과 다르다. 그것은 단지 대일평화조약에서 일본의 고유영토를 회복했다는 것을 국민들에게 어필하기 위한 액션에 불과했다. 대일평화조약에서 연합국은 한국이 실효적으로 관리하고 있는 독도에 대해 아무런 법적 지위를 부여하지 않고 한국의 점유

---

50) 「정부위원(다카하시 미치토시(高橋通敏)」, [043/254]34-참의원- 예산위원회 - 18호, 1960년 3월 21일, 『일본국회독도관련기록모음집』, p.502.
51) 신용하, 『독도의 민족영토사연구』(지식산업사, 1996, pp.23-322)와 内藤正中・朴炳渉, 『竹島＝独島論争』(新幹社, 2007, pp.11-342) 등 역사학자로서 한일 양국의 독도연구가들의 인식은 독도가 일본영토가 아니라는 결론이 지배적이다.
52) 국무대신(후지야마 아이치로(藤山愛一郎), [044/254]34-참의원- 예산위원회 - 19호, 1960년 3월 22일, 『일본국회독도관련기록모음집』, p.504.

상태를 인정하였던 것이다.[53]

야당의 전문위원인 가와무라 세이치(川村淸一)는 1970년 4월 27일 독도와 북방영토의 지위에 관해「그쪽 경위는 알고 있습니다. 이른바 대서양선언, 이에 따른 카이로 선언, 포츠담 선언, 뒤이은 일본국의 무조건 항복, 그리고 1951년의 샌프란시스코 평화조약, 이런 식으로 발전한 것입니다. 그리고 평화조약에서 일본은 제2조 (C)항에서 지시마(千島)열도를 포기했다. 하지만 지시마열도에는 구나시리(国後), 에토로후(択捉)는 포함되지 않는다는 것이 정부의 견해입니다. 그렇다면 1946년 1월 29일의 양해각서, 이는 최고사령관의 각서인데, 하지만 그 위의 이른바 연합국의 최고수뇌부가 정치적으로 결정한 이 사항에 군사령관의 각서는 위반된다고 생각합니다. 위반이 아니라면 적어도 중대한 과오를 저지른 것입니다. 그도 그럴 것이 이 각서에는 죽도도 포함되어 있습니다. 일본의 범위로서 제외되는 지역으로서 죽도도 포함시킨 것입니다. 그렇다면 이른바 연합국의 최고수뇌부가 결정한 전략노선에 현지 군사령관은 위반 - 그렇다면 말이 지나칠 수도 있지만 이 방침을 그르치고 있다, 그런 식으로 해석하는 논리는 잘못된 것입니까?」[54] 라고 했다.

즉 야당 전문위원은 대일평화조약에서 독도와 북방영토가 일본영토로 결정되었다는 일본정부의 주장을 아무런 비판없이 수용하고 있다. 다시 말하면 연합국이 대일평화조약에서 북방영토와 죽도를 일본영토로 결정했음에도 불구하고, 1946년 연합군사령관지령 SCAPIN 677호

---

53) 최장근,「일본정부의 대일평화조약 시기의 '죽도' 영유권인식 -일본국회의 사록을 중심으로-」,『일본문화학보』제48집, 2011.2, pp.353-372.
54)「가와무라 세이치(川村淸一)」, [016/219]63-참의원-오키나와 및 북방문제에 관해서...- 8호, 1970년 4월 27일,『일본국회독도관련기록모음집』, p.1181.

로서 죽도와 북방영토를 일본영토에서 제외시켰다는 것은 단적으로 말하면, 연합국의 최고수뇌부가 결정한 전략노선을 현지 군사령관이 위반한 것이라는 주장이다. 이런 야당 위원의 인식은 잘못된 것이다. 사실상 SCAPIN 677호는 대일강화조약을 체결하기 이전에 1946년 연합군최고사령관이 우선 잠정적으로 죽도와 북방영토에 대해 통치권과 행정권을 결정한 것이고, 1951년 9월의 연합국에 의한 대일평화조약은 최종적인 영토조치를 내린 것이다. 대일평화조약에서 북방영토는 일본영토에서 제외되었고, 독도는 영토적 지위가 결정되지 않았다.

이에 대해 아리타 케이스케(有田圭輔) 정부위원은 「이는 일본이 항복하여 점령 하에 두고 어떻게 일본에 대해 점령행정을 하는가 하는 사의(使宜)」적인 조치로 이에 따라 일본국의 영역이 결정되었다는 식으로 생각하지 않으며, 또 그렇게 이해해야할 성질의 명령이 아닙니다. 따라서 일본영역은 샌프란시스코 평화조약에서 결정되고, 또 대 소련 관계에서는 향후 논의를 해서 결정하는 쪽으로 생각하고 있습니다. 그러므로 명령은 명령으로서 그 이전에 연합국 측의 결정에 위반되는 것도 아니라고 해석하고 있습니다.」[55]라고 하여 연합국의 명령은 점령을 위한 행정조치로서 편의적인 것에 불과하고 일본영토를 결정한 것이 아니고, 샌프란시스코 평화조약에서 일본영토를 최종적으로 결정되는 것이라고 했다. 그런데 사실상 샌프란시스코 평화조약에서 죽도와 북방영토가 일본영토로 결정된 적이 없다.[56] 이러한 일본정부의 상투적인 주장은 영유권을 확보하기 위한 전략적인 주장에 불과한 것이다.

---

55) 「아리타 케이스케(有田圭輔) 정부위원」, [016/219]63-참의원-오키나와 및 북방문제에 관해서...- 8호, 1970년 4월 27일, 『일본국회독도관련기록모음집』, p.1181.

56) 不破哲三, 『千島問題と平和条約』新日本出版者, 1998, pp.165-159. 毎日新聞社編, 『対日平和条約』毎日新聞社, 1952의 부속지도 참조.

# 6. 일본의 독도에 대한 국제사법재판소와 미국 인식57)

1960년 미일 간에 미일안보조약이 체결되고 죽도가 미군의 관할구역에 포함되느냐 마느냐는 죽도영유권을 주장하고 있는 일본 입장에서는 매우 중요했다. 미국이 죽도를 일본영토로서 인정하는 것은 국제적인 동조를 받아 내는데 매우 유리하기 때문이다.

야당 전문위원인 지다 다다시(千田正)는 1960년 3월 22일 신안보조약과 독도에 관해서 「미국과 한국이 맺은 한미조약에 죽도를 지칭하지는 않지만 분명히 죽도가 들어가 있고, 한국의 행정권이 미치는 곳이라고 되어 있을 텐데, 우리는 죽도가 일본영토라고 확신하고 있지만 현재는 한국이 점유하고 있는 것이 사실입니다. 이런 상황에서 지금 말씀하신 것, 미일안보조약의 범위에 죽도가 들어간다고 한 국무대신 후지야마 아이이치로(藤山愛一郎)의 말처럼, 일본의 신 안보조약에 죽도가 들어가 있다면 한미 간의 조약과 중복되고 모순되는 점이 있다.」58)라고 하여 한미조약에 의해 미군의 관할구역에 분명히 독도가 들어가 있는데, 이번에 체결된 신 미일안보조약에도 죽도가 들어가 있다고 하는 국무대신 후지야마의 말은 신뢰할 수 없다고 지적했다. 또한 「신 조약의 조약구역에 죽도가 포함되는 것에 대해 미국의 동의를 구했습니까? 또 하나는 한미상호방위조약에 따라 한미 간에 죽도를 한국영토로 보

---

57) 일본의회의 영토인식이라고 하는 것은 특정한 주체가 영유권을 어떻게 인식하고 있었는가를 의미하는 것이다. 영토인식이 바로 전국민을 구성원으로 하는 국가가 영토를 포기한다든가, 영토를 취득한다든가 하는 것처럼 국제법적으로 영유권을 확립하는 것과는 차이가 있다.

58) 「지다 다다시(千田正)」, [0444/254]34-참의원- 예산위원회 - 19호, 1960년 3월 22일, 『일본국회독도관련기록모음집』, p.503

지 않는다는 서로간의 양해가 성립되었습니까?」59)라고 하여 신 미일안 보조약에 죽도가 포함되었다는 사실과 한미조약에 독도가 포함되지 않았다는 사실을 미국의 동의를 받지 않았지 않는가? 라고 지적했다.

즉 미국의 동의를 받지도 않고 일본이 일방적으로 신 미일안보조약에 죽도가 포함되었다고 주장하는 일본정부를 신뢰할 수 없다는 것이다.

그리고 지다 다다시(千田正)는 1960년 3월 22일 국제사법재판소와 독도와 관련해서 「지금 외무부 장관이 말씀하신 국제사법재판소에 제소하는 것은 한국 측이 받아들이지 않으니까 희망이 없다고 보면 됩니다. 그렇다면 이 죽도문제는 결국 평화적으로 해결하는 것 이외에는 다른 방법이 없습니다. 그러면 평화적으로 해결하는 방법을 찾는 것이 중요하고, 또 미국한테 양해를 구하지 못하면 국제법상으로 유효한 조약상의 구역이라고 선언할 수 없다고 생각합니다.」60)라고 하여 일본정부가 죽도문제를 국제사법재판소를 통해서 해결한다고 여러 차례 말하지만, 이것은 한국이 동조하지 않으면 아무런 실효성이 없는 것으로 결국은 한일 간의 외교적 해결을 바랄 수밖에 없는 것이다. 또한 일본정부가 미일 신 조약에 죽도를 포함시켰다고 주장하지만 그것은 사실상 미국의 동의 없이는 불가능하다고 비난했다.

이에 대해 일본정부 측의 후지야마 아이이치로(藤山愛一郎)는 1960년 3월 22일 영유권에 대해 「죽도는 일본의 고유영토이고 그것을 직접 행사할 수는 없지만 일본의 관할권 아래에 있다는데 대해 이의가 없다

---

59) 「지다 다다시(千田正)」, [0444/254]34-참의원- 예산위원회 - 19호, 1960년 3월 22일, 『일본국회독도관련기록모음집』, p.504.
60) 「지다 다다시(千田正)」, [0444/254]34-참의원- 예산위원회 - 19호, 1960년 3월 22일, 『일본국회독도관련기록모음집』, p.504.

는 전제하에 드린 말씀입니다.」[61]라고 하여 일본정부가 죽도를 직접적으로 실효적인 주권행사를 할 수는 없지만, 그 관할권은 일본이 가지고 있다고 주장하는 것은 모순이다. 또한 국제사법재판소에 대해 「이미 우리(일본)는 일본영토라고 주장해 왔습니다. 그 동안 국제사법재판소에 제소하자는 제안을 하거나 죽도는 일본 땅이라는 주장을 계속 해왔기 때문에 이러한 점에 대해 미국도 충분히 이해하고 있을 것이라고 생각합니다.」[62] 「이 문제에 대해 이번에 의사표시를 하지 않아도 미국이 우리의 주장을 인정하고 있다는 것을 확신하고 있습니다.」[63]라고 하여 일본이 지금까지 죽도영유권을 줄곧 주장해왔기 때문에 이번 신미일안보조약에서 죽도가 미군의 관할구역에 포함된다고 직접적으로 동의는 받지 않아도 미국은 충분히 죽도가 일본영토임을 알고 있을 것이라고 주장했다.

야당 전문위원인 아키야마 죠조(秋山長造)는 일본정부의 이러한 입장에 대해 「확신'이라는 것은 몇 번 들어도 같은 말인데, 중요한 것은 주관적으로 이쪽에서 그렇게 생각하고 있는 것이 아니냐는 것입니다. 객관적이고 권위 있는 뭔가가 없다는 생각이 듭니다.」[64]라고 하여 상기와 같은 이러한 모든 주장은 일본정부의 주관적인 주장에 불과하다고 비난했다.

즉 일본정부는 죽도가 일본의 영토이기 때문에 신 미일안보조약에

---

61) 후지야마 아이이치로(藤山愛一郎), [0444/254]34-참의원- 예산위원회 - 19호, 1960년 3월 22일, 『일본국회독도관련기록모음집』, p.504.
62) 후지야마 아이이치로(藤山愛一郎), [0444/254]34-참의원- 예산위원회 - 19호, 1960년 3월 22일, 『일본국회독도관련기록모음집』, p.504.
63) 후지야마 아이이치로(藤山愛一郎), [0444/254]34-참의원- 예산위원회 - 19호, 1960년 3월 22일, 『일본국회독도관련기록모음집』, p.505.
64) 「아키야마 죠조(秋山長造)」, [0444/254]34-참의원- 예산위원회 - 19호, 1960년 3월 22일, 『일본국회독도관련기록모음집』, p.505.

당연히 포함되고, 미국으로부터 죽도가 관할구역 내에 포함되었다고 직접 동의를 받지는 않아도 일본이 계속적으로 영유권을 주장해왔기 때문에 미국도 죽도가 일본영토라는 것을 잘 알고 있을 것이라고 야당 위원들에게 설명했다. 이는 사실과 전혀 다르다. 오히려 독도는 한미방위조약에 의해 미군의 관할구역에 포함되어서 한국영토로 관할하고 있는 것이다. 따라서 일본정부의 주장은 아주 주관적이고 일방적인 생각에 불과했다.

## 7. 맺으면서

본 연구는 1950에서 1970년대 사이 일본의 의회 의사록에서 독도관련 내용을 분석하여 당시 일본정부와 정치권의 영토인식에 관해 고찰했다. 특히 일본정부의 독도에 대한 영토화 의지는 센카쿠제도·북방영토에 비해 훨씬 더 약했다는 것이 사실이다. 이상의 연구 성과를 요약하면 다음과 같다.

첫째로, 일본정부는 한국과의 독도, 중국과의 센카쿠제도, 러시아와의 쿠릴열도에 대해 일본의 영토라고 주장한다.[65] 하지만, 일본 국회에서 야당 전문위원들은 독도문제에 대해 1952년 '이승만라인'에 의해 한국이 실효적으로 관리하게 되었고, 한일협정에서 그러한 상태를 인정하여 독도를 한국영토로서 묵인했기 때문에 일본이 적극적으로 영토화 정책을 펼 수 없게 되었다는 것을 인정했다. 반면 센카쿠제도에 대해서

---

65) 그러나 일본영토 연구서인 「ブルース・バートン, 『日本の「境界」─前近代の国家・民族・文化』青木書店, 2000, pp.37-54」를 보면, 현재 영토분쟁 지역은 일본의 고유영토에 포함되지 않는다.

는 영토화정책을 적극적으로 추진하지 않으면 독도처럼 한국이 실효적으로 관리하는 섬이 된다고 경고했고, 북방영토에 대해서도 일본정부가 4개의 섬에 대한 확고한 영토의식을 갖고 적극적으로 영토화정책을 추진할 것을 재촉했다.

둘째로, 일본국회에서는 센카쿠제도와 독도의 영토적 권원에 관해 비교했다. 즉 일본정부는 센카쿠제도가 청일전쟁 때 시모노세키조약과 무관하게 일본의 영토로서 편입한 합법적인 영토이다. 미국의 점령시기에는 미국의 신탁통치하에 있다가 1972년 오키나와 반환과 더불어 영토권과 관할권을 미국으로부터 양도받았다고 주장해왔다. 사실 미국은 센카쿠제도[66]의 관할권만 일본에 넘겨 준 것이지 영토권을 넘긴 것은 아니었다. 일본정부가 센카쿠제도가 일본영토라고 주장하지만, 일본의회에서 전문위원들은 대만이 센카쿠제도의 점유를 시도하고 있기 때문에 영유권 문제를 소홀히 하게 되면 한국이 실효적으로 관리하는 죽도처럼 대만에 점령당하고 만다고 경고했다.

셋째로, 일본 의회에서 북방영토와 독도의 영토적 권원에 대해 비교했다. 일본정부는 죽도와 북방영토가 일본영토라고 주장했다. 이에 대해 야당 전문위원들은 독도는 해방과 더불어 한국이 실효적으로 관리하고 있는 상태에서 1965년 한일협정에서 일본이 한국의 실효적 관리 상태를 방해하지 못했다고 했다. 또한 북방영토에 대해서도 대일평화조약에서 일본의 영토로서 결정된 것도 아니고, 대일평화조약 체결 이후도 북방4개섬이 일본영토라는 사실을 강력하게 주장하지 않았다고 지적했다.

넷째로, 야당 전문위원들은 일본국회에서 국제사법재판소에 독도문

---

66) 「사토 에이사쿠(佐藤栄作) 국무대신」, [032/219]67-참의원-예산위원회- 7호, 1971년 11월 9일, 『일본국회독도관련기록모음집』, p.1212.

제를 기소하는 문제와 독도영유권에 대한 미국의 인식에 대해 지적했다. 국제사법재판소는 한국이 일본의 제소를 수용하지 않으면 부득이 외교적인 방법으로 해결할 수밖에 없다고 했다. 그리고 일본정부가 1960년에 체결된 신 미일안보조약에 독도를 포함하고 있다고 주장한 것을 비판했다. 사실 미국은 한미방위조약에서 독도가 한국영토에 포함된다는 것에 동의했지만, 일본영토에 포함된다고 동의하지 않았다.

요컨대 야당위원은 이들 3지역이 분명한 일본영토라는 일본정부의 주장을 무비판적으로 수용하면서도 정부의 소극적인 영토화정책을 비판했다. 야당의 전문위원들 입장에서 볼 때 독도, 북방영토의 경우는 일본정부가 주장하는 것처럼 일본영토로서 권원이 부족하다고 지적했다. 또한 센카쿠제도의 경우는 영토정책을 소홀히 하면 독도처럼 관할권을 빼앗길 수 있기 때문에 영토정책을 적극적으로 추진할 것을 주문했던 것이다.

# 에필로그

본서에 수록된 내용은 필자가 2010년 8월부터 2014년 2월까지 일본 관련 학회지에 투고하여 3인의 심사를 거쳐 게재된 연구들이다. 본서 에 수록된 내용의 초출은 다음과 같다.

○ 제1장 〈일본정부의 대일평화조약에서 '죽도'영토 확립의 억측 주장 -대일평화조약 직후의 일본의회속기록을 중심으로-〉, 한국 일본문화학회, 『일본문화학보』제53집, 2012년 5월 31일 발 행, p.261

○ 제2장 〈일본정부의 대일평화조약 시기의 '죽도' 영유권 인식-일본의 국회의사록을 중심으로-〉, 한국일본문화학회, 『일본문화학 보』제48집, 2011년 02월 28일 발행, p.353

○ 제3장 〈일본정부의 '이승만라인 철폐'의 본질규명 -일본의 한일협정 비준국회의사록 분석-〉, 한국일어일문학회, 『일어일문학연 구』제76집, 2011년 2월 28일 발행, p.331

○ 제4장 〈미일행정협정과 '죽도' 영유권과의 무관성에 관한 논증 -일

본의회속기록을 중심으로-〉, 동북아시아문화학회, 『동북아
문화연구』제30집, 2012년 3월 31일 발행, p.499

○ 제5장 〈일본정부의 '이승만라인' 불법성 주장의 부당성 논증 -평화
선 선언 직후의 일본의회 속기록을 중심으로-〉, 대한일어일
문학회, 『일어일문학』제54집, 2012년 5월 31일 발행, p.445

○ 제6장 〈한일협정에서 확인된 일본의 독도 영유권 주장의 한계성〉,
대한일어일문학회, 『일어일문학』제47집, 2010년 8월 31일
발행, p.429

○ 제7장 〈한일협정에 있어서 한국의 독도 주권 확립과 일본의 좌절
-일본 비준국회의 의회속기록을 중심으로-〉, 한국일어일문
학회, 『일어일문학연구』제74집, 2010년 8월 31일 발행, p.269

○ 제8장 〈한일협정 직후에 있어서 일본정부의 '죽도' 영토정책의 소
멸〉(투고 예정)

○ 제9장 〈한일협정 직후의 한일 대륙붕협정에 영향을 미친 독도문
제〉(투고예정)

○ 제10장 〈일본정부의 센카쿠제도·북방영토에 차별되는 독도의 영
토인식 -1950-70년대 일본의 의회 의사록을 중심으로-〉(투
고예정)

○ 제11장 〈현 일본정부의 '죽도문제' 본질에 대한 오해 -독도밀약설과
한일협정 비준국회의 논점을 중심으로-〉, 한국일본문화학
회, 『일본문화학보』제47집, 2010년 11월 30일 발행, p.279

# 참고문헌

**제1장** 일본정부의 대일평화조약에서 '죽도'영토 확립의 억측 주장

김병렬(1998) 「대일강화조약에서 독도가 누락된 전말」, 독도연구보전협회 편, 『獨島領有權과 領海와 海洋主權』독도연구보전협회, pp. 165-195.

동북아역사재단 편(2009) 『일본국회 독도관련 기록 모음집』제1부 1948~1976년, 동북아역사재단, p.191.

川上健三(1966), 『竹島の歷史地理學的硏究』古今書院.

최장근(2005) 『일본영토의 분쟁』백산자료원, pp.33-71.

_____(2008) 『독도영토학』대구대학교 출판부

_____(2009) 『독도문제의 본질과 일본의 영토분쟁 정치학』제이앤씨, pp.123-128.

_____(2009.11) 「'총리부령24호'와 '대장성령4호'의 의미 분석-일본의 영토문제와 독도지위에 관한 고찰-」, 『日語日文學硏究』제71집 제2권, pp.505-521.

신용하(1996) 『독도의 민족영토사 연구』지식산업사, p.260.

송병기편(2004) 『독도영유권자료선집』자료총서34, 한림대학교아시아문화선집, pp.1-278.

이한기(1969) 『한국의 영토』서울대학교출판부, p.299.

나이토 세이추 저·곽진오/김현수 역(2010) 『한일간독도·죽도논쟁의 실체-

죽도・독도문제입문/일본외무성 '죽도'(竹島)비판-』책사랑, pp.57-59.

高野雄一(1962)『日本の領土』東京大学出版会, pp.347-349.

毎日新聞社編(1952)『対日平和条約』毎日新聞社, pp.3-21.

川上健三(1966)『竹島の歴史地理学的研究』古今書院, pp.281-282.

太寿堂鼎(1966)「竹島紛争」, 『国際法外交雑誌』第64巻 4-5合併号, p.130.

塚本学(1996)「竹島領有権問題の経緯」, 『調査と情報』第289号, p.3.

内藤正中・金柄烈(2007)『歴史的検証独島・竹島』岩波書店, pp.199-222.

下條正男(2004)『竹島日韓どちらのものか』文春親書377, 文藝春秋, pp.1-188.

「울릉도/독도연표」, 『독도박물관』, http://dokdomuseum.ulleung.go.kr/board
/history/list.php.

**제2장** 일본정부의 대일평화조약 시기의 '죽도' 영유권 인식

김병렬(1998)「대일강화조약에서 독도가 누락된 전말」, 독도보전협회, 『독도
영유권과 영해와 해양주권』독도연구보전협회, pp.165-195.

동북아역사재단편(2009)『일본국회독도관련기록모음집』1부(1948~1976년),
동북아역사재단, pp.41-137.

송병기(1999)『울릉도와 독도』단국대학교출판부, p.72.

_____(2004)『독도영유권자료선집』자료총서34, 한림대학교아시아문화선집,
pp.1-278.

신용하(1996)『독도의 민족영토사 연구』지식산업사, pp.256-262.

_____(1996)『독도, 보배로운 한국영토 -일본의 영유권 주장에 대한 총비판』
지식산업사, pp.185-193.

이한기(1969)『한국의 영토』서울대학교출판부, p.227-208.

정미애(2010.5)「일본의 국회의사록을 통해서 본 독도에 대한 일본의 대응」,
『일본공간』vol.7, pp.206-221.

최장근(2005) 『일본영토의 분쟁』백산자료원, pp.33-71.

_____(2009) 『독도문제의 본질과 일본의 영토분쟁 정치학』제이앤씨, pp.97-139.

_____(2009) 「총리부령24호와 대장성령4호의 의미 분석-일본의 영토문제와 독도지위에 관한 고찰」, 『일어일문학연구』제71집2권, pp.505-521.

최희식(2009) 「한일회담에서 독도영유권문제-한국외교문서의 분석과 그 현대적 의미-」, 『국가전략』제15권 4호, pp.117-138.

大西輝男(2004) 『独島』제이앤씨, pp.86-87.

下條正男(2006) 『竹島は日韓どちらのものか』文藝春秋, p.109.

高野雄一(1962) 『日本の領土』東京大学出版会, pp.347-349.

田村清三郎(1965.10) 『島根県竹島の新研究』島根県総務部総務課, pp.116-142.

毎日新聞社編(1952) 『対日平和条約』毎日新聞社, pp.3-21.

○ 『大韓毎日申報』1906년 5월 1일자.

○ 総務省(검색일: 2009.5.10) 「法令データ提供システム」, http://law.e-gov.go.jp/htmldata/S26/S26F03401000004.html.

○ 「竹島問題」일본외무성(검색일: 2009.5.10), http://www.mofa.go.jp/mofaj/area/takeshima/.

## 제3장 일본정부의 '이승만라인' 불법성 주장의 부당성

김병렬(1998) 「대일강화조약에서 독도가 누락된 전말」, 독도보전협회, 『독도영유권과 영해와 해양주권』독도연구보전협회, pp.165-195.

가와카미 겐조저 · 권오엽역(2010) 『일본의 독도논리 -竹島의 歷史地理学的 研究-』백산자료원, pp.13-333.

나이토 세이추(内藤正中)저 · 곽진오 · 김현수역(2008) 『한일간 독도 · 죽도논쟁의 실체』책사랑.

독도연구보전협회편(1998)『獨島領有權과 領海와 海洋主權』독도연구보전협회.

동북아역사재단편(2009)『일본국회 독도관련 기록 모음집』제1부 1948~1976년, 동북아역사재단, pp.43-44.

송병기편(2004)『독도영유권자료선』한림대학교아시아문화연구소.

신용하(1996)『독도의 민족영토사 연구』지식산업사, pp.242-322.

최장근(2008)『독도영토학』대구대학교 출판부, pp.69-112.

_____(2004.2)「샌프란시스코조약의 영토조항에 관한 고찰-영토처리의 정치성에 관해서-」,『일어일문학』제21호, 대한일어일문학회, pp.245-270.

_____(2005)『일본의 영토분쟁』백산자료원, pp.31-71.

_____(2004.5)「전후 일본영토 처리의 특수성과 국경분쟁의 발생요인-로컬리즘·내셔널리즘·리져널리즘의 카테고리에서 분석-」,『일어일문학』제22호, 대한일어일문학회, pp.1-19.

_____(2010.8)「한일협정에서 확인된 일본의 독도 영유권 주장의 한계성」,『일어일문학』제47호, 대한일어일문학회, pp.269-286.

_____(2011.2)「일본정부의 '이승만라인 철폐'의 본질규명 -일본의 한일협정 비준국회의사록 분석-」,『일어일문학연구』76집, 한국일어일문학회, p.331.

川上健三(1966)『竹島の歴史地理学的研究』古今書院, pp.1-291.

_____(1953)『竹島の領有』日本外務省条約局.

島根県편(田村清三郎)(1954)『島根県竹島の 研究』, pp.1-83.

下條正男(2004)『竹島は日韓どちらのものか』, 文芸春秋, p.61.

太寿堂鼎(1966)「竹島紛争」,『国際法外交雑誌』第64巻 4-5合併号, p.130.

高野雄一(1962)『日本の領土』東京大学出版会, pp.347-349.

田村清三郎(1965)『島根県竹島の新研究』島根県総務部総務課, pp.1-159

内藤正中·朴炳渉(2007)『竹島＝独島論争一歴史から考えるー』新幹社 연표 참조.

毎日新聞社編(1952)『対日平和条約』毎日新聞社, pp.3-21.

日本外務省ホームページ、「パンフレット '竹島問題を理解するための10のポイント'」,

http://www.mofa.go.jp/region/asia-paci/takeshima/pamphlet_k.pdf

(검색일: 2011.8.30).


## 제4장 미일행정협정과 '죽도' 영유권과의 무관성

김병렬(1998) 「대일강화조약에서 독도가 누락된 전말」, 독도연구보전협회 편,『獨島領有權과 領海와 海洋主權』독도연구보전협회, pp.165-195.

나이토 세이추(内藤正中)저 · 곽진오 · 김현수역(2008)『한일간 독도 · 죽도논 쟁의 실체』책사랑 참조.

송병기편(2004.) 『독도영유권자료선집』자료총서34, 한림대학교아시아문화 선집, pp.1-278.

신용하(1996)『독도, 보배로운 한국영토 -일본의 영유권 주장에 대한 총비판』 지식산업사, p.188.

_____(1996)『독도의 민족영토사 연구』지식산업사, p.260.

이한기(1969)『한국의 영토』서울대학교출판부, p.299.

최장근(2011)〈〈일본의 독도영유권 조작의 계보〉〉제이앤씨, pp.17-328.

_____(2009)〈총리부령 24호'와 '대장성령 4호'의 의미분석〉,〈〈일어일문학 연구〉〉제71집, 2009년 11월 40일, p.505.

_____(2011)〈일본정부의 대일평화조약 시기의 '죽도' 영유권 인식-일본의 국회의사록을 중심으로-〉,〈〈일본문화학보〉〉제48집, pp.353-372.

동북아역사재단편『일본국회 독도관련 기록 모음집』제1부 1948~1976년, 동 북아역사재단, 2009, pp. 46-47.

_____(2012)〈일본정부의 대일평화조약에서 '죽도'영토 확립의

억측 주장 -대일평화조약 직후의 일본의회속기록을 중심으로-〉, 《〈일본문화학보〉》53집, 2012년 5월호.

_____(2005)『일본영토의 분쟁』백산자료원, pp.33-71.

梶村秀樹(1978)「独島問題=日本国家」,『朝鮮研究』第182号, pp.32-35.

川上健三(1966)『竹島の歴史地理学的研究』古今書院, pp.143-189.

外務省条約局(1953.8)『竹島の領有』外務省条約局, pp.8-58.

高野雄一(1962)『日本の領土』東京大学出版会, pp.347-349.


内藤正中(2000)『竹島(鬱陵島)をめぐる日朝関係史』多賀出版, pp.68-134.

_____・朴炳渉(2007),『竹島=独島論争, 歴史資料から考える』新幹社, pp.29-50.

堀和生(1987. 3)「1905年日本の竹島領土編入」, 朝鮮史研究會編,『朝鮮史研究會論文集』제24호, 綠蔭書房. pp.97-125.

毎日新聞社編(1952)『対日平和条約』毎日新聞社, pp.3-21.

山辺健太郎(1964)「竹島問題の歴史的考察」, 民族問題研究所,『コリア評論』, pp.4-14.

○「竹島問題」, 일본외무성, http://www.mofa.go.jp/mofaj/area/takeshima/.

○동북아역사재단 독도연구소, http://www.dokdohistory.com/.

○Web竹島問題研究所(2010.3), http://www.pref.shimane.lg.jp/soumu/.


## 제5장 일본정부의 '이승만라인 철폐'의 본질 규명

곽진오(2010.11)「한국의 평화선과 일본의 대응 한계-일본의회 독도관련속기록을 중심으로(1952-53)」,『일본문화학보』제47집, 한국일본문화학회, pp.175-195.

김영수(2008)「한일회담과 독도영유권 -샌프란시스코 강화조약과 한일회담 기본관계조약을 중심으로-」,『한국정치학회보』제42집 4월호.

_____(2010.4)「한일회담과 독도영유권(2)-과거사인식과 독도영유권 문제와의 관련을 중심으로-」,『민족문화논총』제44집, pp.145-181.

동북아역사재단편(2009)『일본국회독도관련기록모음집』1부(1948~1976년), 동북아역사재단, pp.878-1059.

이원덕(1996)「한일회담과 일본의 전후처리 외교」,『한국과국제정치』Vol. 12, 경남대학교 극동문제연구소.

_____(2005)「한일회담에서 나타난 일본의 식민지지배의 인식」,『한국사연구』Vol. 131, 한국사연구회.

정미애(2010.5)「일본의 국회의사록을 통해서 본 독도에 대한 일본의 대응」,『일본공간』vol.7, pp.206-221.

최장근(2005)『일본영토의 분쟁』백산자료원, pp.33-71.

_____(2002)「어업협정과 독도 및 EEZ와의 관련성 : 일본외교의 정치문화적 특성에서 고찰」, 독도학회편,『한국의 독도영유권 연구사』독도연구보전협회. pp.315-357.

최희식(2009)「한일회담에서 독도영유권문제-한국외교문서의 분석과 그 현대적 의미-」,『국가전략』제15권 4호, pp.117-138.

한국외교문서, 1963A,『제6차 한일회담 제2차 정치회담 예비절충 본회의 V.3(22-32차)』

한국외교문서, 1965A,『제7차 한일회담 본회의 및 수석대표 회담』

毎日新聞社編(1952)『対日平和条約』毎日新聞社, pp.3-21.

○「竹島問題」일본외무성, http://www.mofa.go.jp/mofaj/area/takeshima/.

## 제6장 한일협정에서 확인된 일본의 독도 영유권 주장의 한계성

김영수(2008) 「한일회담과 독도영유권 -샌프란시스코 강화조약과 한일회담 기본관계조약을 중심으로-」, 『한국정치학회보』제42집 4월호.

_____(2010.4) 「한일회담과 독도영유권(2)-과거사 인식과 독도영유권 문제 와의 관련을 중심으로-」, 『민족문화논총』제44집, pp.145-181.

동북아역사재단편(2009) 『일본국회독도관련기록모음집』1부(1948~1976년), 동북아역사재단.

신용하(1996) 『독도의 민족영토사 연구』지식산업사, pp.253-322.

이원덕(1996) 「한일회담과 일본의 전후처리 외교」, 『한국과국제정치』Vol.12, 경남대학교 극동문제연구소.

_____(2005) 「한일회담에서 나타난 일본의 식민지 지배의 인식」, 『한국사 연구』Vol.131, 한국사연구회.

정미애(2010.5) 「일본의 국회의사록을 통해서 본 독도에 대한 일본의 대응」, 『일본공간』vol.7, pp.206-221.

최장근(2005) 『일본의 영토분쟁』백산자료원, pp.33-71.

_____(2009) 『독도문제의 본질과 일본의 영토분쟁 정치학』제이앤씨, pp.235-281.

최희식(2009) 「한일회담에서 독도영유권문제-한국외교문서의 분석과 그 현 대적 의미-」, 『국가전략』제15권 4호, pp.117-138.

田村淸三郞(1965.10) 『島根縣竹島の新硏究』島根縣総務部総務課, pp.116-142.

## 제7장 한일협정에 있어서 한국의 독도 주권 확립과 일본의 좌절

동북아역사재단편(2009) 『일본국회독도관련기록모음집』1부(1948~1976년), 동북아역사재단.

정미애(2010.5) 「일본의 국회의사록을 통해서 본 독도에 대한 일본의 대응」,

『일본공간』vol.7, pp.206-221.

최희식(2009)「한일회담에서 독도영유권문제-한국외교문서의 분석과 그 현대적 의미-」, 『국가전략』제15권 4호, pp.117-138.

김영수(2008)「한일회담과 독도영유권 -샌프란시스코 강화조약과 한일회담 기본관계조약을 중심으로-」, 『한국정치학회보』제42집 4월호.

김영수(2010.4)「한일회담과 독도영유권(2)-과거사 인식과 독도영유권 문제와의 관련을 중심으로-」, 『민족문화논총』제44집, pp.145-181.

이원덕(1996)「한일회담과 일본의 전후처리 외교」, 『한국과국제정치』Vol.12, 경남대학교 극동문제연구소.

이원덕(2005)「한일회담에서 나타난 일본의 식민지지배의 인식」, 『한국사연구』Vol.131, 한국사연구회.

신용하(1996)『독도의 민족영토사 연구』지식산업사, pp.253-322.

최장근(2005)『일본의 영토분쟁』백산자료원, pp.33-71.

_____(2009)『독도문제의 본질과 일본의 영토분쟁 정치학』제이앤씨, pp.235-281.

田村淸三郎(1965.10)『島根県竹島の新研究』島根県総務部総務課, pp.116-142.

## 제8장 현 일본정부의 '죽도문제' 본질에 대한 오해

김영수(2010.4)「한일회담과 독도영유권(2)-과거사인식과 독도영유권 문제와의 관련을 중심으로-」, 『민족문화논총』제44집, pp.145-181.

_____(2008)「한일회담과 독도영유권 -샌프란시스코 강화조약과 한일회담 기본관계조약을 중심으로-」, 『한국정치학회보』제42집 4월호 참조.

나이토 세이추(2005)『독도와 죽도』제이앤씨.

동북아역사재단편(2009)『일본국회 독도관련 기록모음집』1부(1948~1976년), 동북아역사재단 참조.

노대니얼(2007)「한일협정 5개월 전 독도밀약 있었다」, 『월간중앙』4월호 참조.

정미애(2010.5) 「일본의 국회의사록을 통해서 본 독도에 대한 일본의 대응」, 『일본공간』vol.7, pp.206-221.

신용하(1996) 『독도의 민족영토사 연구』지식산업사, pp.253-322.

이원덕(1996) 「한일회담과 일본의 전후처리 외교」, 『한국과 국제정치』Vol.12, 경남대학교 극동문제연구소, 참조.

_____(2005) 「한일회담에서 나타난 일본의 식민지지배의 인식」, 『한국사연구』Vol.131, 한국사연구회, 참조.

이한기(1969) 『한국의 영토』서울대학교출판부, 참조.

최장근(2005) 『일본의 영토분쟁』백산자료원, pp.40-42.

_____(2009) 『독도문제의 본질과 일본의 영토분쟁 정치학』제이앤씨, pp.235-281.

최희식(2009) 「한일회담에서 독도영유권문제-한국외교문서의 분석과 그 현대적 의미-」, 『국가전략』제15권 4호, pp.117-138.

한국외교문서(1962A) 『제6차 한일회담 제2차 정치회담 예비절충 본회의 V.1(1-3차)』

_____(1962B) 『제6차 한일회담 제2차 정치회담 예비절충 본회의 V.2(4-21차)』

_____(1962C) 『김종필 특사 일본방문 1962.10-=11』

_____(1963A) 『제6차 한일회담 제2차 정치회담 예비절충 본회의 V.3(22-32차)』

_____(1963B) 『속개 제6차 한일회담 본회의 개최를 위한 예비교섭 및 본회의』

_____(1965A) 『제7차 한일회담 본회의 및 수석대표 회담』

_____(1965B) 『이동원 외무부장관 일본방문 1965』

フリー百科事典 『ウィキペディア（Wikipedia）』

○ 「竹島問題」, http://www.mofa.go.jp/mofaj/area/takeshima/ (2009년 11월 23일 검색).

## 제9장 한일협정 직후에 있어서 일본정부의 '죽도' 영토정책의 소멸

김병렬(1998)「대일강화조약에서 독도가 누락된 전말」, 독도보전협회, 『독도
　　　영유권과 영해와 해양주권』독도연구보전협회, pp.165-195.

나이토 세이추(内藤正中)저·곽진오·김현수역(2008)『한일간 독도·죽도논
　　　쟁의 실체』책사랑 참조.

동북아역사재단 편(2009)『일본국회 독도관련 기록 모음집』제1부 1948~1976
　　　년, 동북아역사재단, pp.1162-1178.

요시오카 요시노리(吉岡吉典), 송휘영 엮음(2013)『일본학자가 보는 독도의
　　　역사학적 연원』, 도서출판 지성인, pp.41-54.

이한기(1969)『한국의 영토』서울대학교출판부, p.299.

송병기편(2004)『독도영유권자료선집』자료총서34, 한림대학교아시아문화선
　　　집, pp.1-278.

신용하(1996)『독도의 민족영토사 연구』지식산업사, pp.23-322.

최장근(2010.8)「한일협정에서 확인된 일본의 독도 영유권 주장의 한계성」,
　　　『일어일문학』제47집, 대한일어일문학회, pp.429-447.

_____(2009.11)「'총리부령24호'와 '대장성령4호'의 의미 분석-일본의 영토
　　　문제와 독도지위에 관한 고찰

_____(2011)『일본의 독도 영유권 조작의 계보』제이앤씨, p.75.

川上健三(1966)『竹島の歴史地理学的研究』古今書院, pp.1-291.

下條正男(2004)『竹島は日韓どちらのものか』, 文芸春秋, p.61.

高野雄一(1962)『日本の領土』東京大学出版会, pp.347-349.

太寿堂鼎(1966)「竹島紛争」,『国際法外交雑誌』第64巻 4-5合併号, p.130.

内藤正中·金柄烈(2007)『歴史的検証独島·竹島』岩波書店, pp.199-222.

太寿堂鼎(1966)「竹島紛争」,『国際法外交雑誌』第64巻 4-5合併号, p.130.

毎日新聞社編(1952)『対日平和条約』毎日新聞社, pp.3-21.

日本外務省ホームページ、「パンフレット'竹島問題を理解するための10のポ

イント」,
http://www.mofa.go.jp/region/asia-paci/takeshima/pamphlet_k.pdf
(검색일: 2011.8.30).


**제10장** 1970년대 '북부 대륙붕협정'에 관한 일본국회의 논쟁

김동기(1980)「韓日 大陸棚 共同開發 協定의日本 國會 批准」, 高麗大學校,
　　　석사학위논문.

김영수(2008)「한일회담과 독도 영유권 : 샌프란시스코 강화조약과 한일회
　　　담 '기본관계조약'을 중심으로」,『한국정치학회보』Vol.42 No.4, 한국
　　　정치학회 참조.

동북아역사재단편(2009)『일본국회독도관련기록모음집 제1부 1948-1976년』
　　　동북아역사재단, p.1-1345.

박창건(2011)「국제해양레짐의 변화에서 한일대륙붕협정의 재조명 국제해
　　　양레짐의 변화에서 한일대륙붕협정의 재조명 : 동(북)아시아의 미시
　　　-지역주의 관점으로」,『한국정치학회보』, Vol.45 No.1.

신창훈(2006)「대한민국의 대륙붕선언의 기원과 1974년 한일대륙붕공동개
　　　발협정의 의의」,『서울국제법연구』, Vol.13 No.2.

오선호(2005)「大陸棚 境界劃定에 관한 硏究」, 성균관대학교 석사학위논문.

우지 도시코 외 편저, 이혁재 옮김(2002)『일본 총리 열전』다락원, pp.566-586.

이용국(2006)「국내대륙붕 석유자원개발 활성화 방안」, 한국산업기술대학교
　　　지식기반기술·에너지대학원 석사학위논문.

최장근(2012.3)「미일행정협정과 '죽도' 영유권과의 무관성 논증 -일본의회속
　　　기록을 중심으로」,『동북아문화연구』제30집, 동북아시아문화학회,
　　　p.509.

韓智淑(1966)「大陸棚에 對한 小考」,『法政學報』, Vol.9.

## 제11장 일본정부의 센카쿠제도·북방영토에 차별되는 독도의 영토인식

동북아역사재단편(2009), 『일본국회독도관련기록모음집 제1부 1948-1976년』 동북아역사재단, p.1-1345.

송병기(1999) 『울릉도와 독도』단국대학교 출판부, pp.15-251.

신용하(1996) 『독도의 민족영토사 연구』지식산업사, pp.23-322.

오오니시 토시테루(2011) 『독도개관』 인문사, 148-149.

요시오카 요시노리(吉岡吉典) 「다시 '죽도(竹島)문제'에 대하여」, 송휘영 엮음, 『일본학자가 보는 독도의 역사학적 연원』(2013), 도서출판 지성인, pp.41-54.

최장근(2009) 『독도문제의 본질과 일본의 영토분쟁의 정치학』 제이앤씨, pp.191-234.

_____(2011.2) 「일본정부의 대일평화조약 시기의 '죽도' 영유권인식 -일본 국회의사록을 중심으로-」, 『일본문화학보』제48집, pp.353-372.

_____(2005) 『일본의 영토분쟁』백산자료원, pp.72-107.

_____(2010.8) 「한일협정에서 확인된 일본의 독도 영유권 주장의 한계성」, 『일어일문학』제47집, 대한일어일문학회, pp.429-447.

井上清(1972) 『「尖閣」列島』現代評論社, pp.9-278.

外務省国内広報課編(2000) 『われらの北方領土』外務省国内広報課, p.18.

木村汎編(1988) 『北方領土を考える』北海道新聞社, p.88.

下條正男(2004) 『竹島は日韓どちらのものか』文春新書377, pp.7-188.

芹田健太郎(2002) 『日本の領土』中公叢書, pp.52-66.

高野雄一(1986) 『国際法からみた北方領土』岩波ブックレット No. 62, pp.30-32.

戸丸広安監修(1993) 『北方領土 一新聞編集一 上巻1947年一1979年』大空社, p.193.

内藤正中·朴炳渉(2007) 『竹島＝独島論争』新幹社, pp.11-342.

西口光(1981) 『日ソ領土問題の真実』新日本出版者, p.94.

不破哲三(1998)『千島問題と平和条約』新日本出版者, pp.165-159.

ブルース・バートン(200)　『日本の「境界」—前近代の国家・民族・文化』青木書店, pp.37-54.

安岡昭男(2002),『幕末維新の領土と外交』清文堂出版, p.227.

毎日新聞社編(1952),『対日平和条約』毎日新聞社 부속지도 참조.

和田春喜,『北方領土問題　—歴史と未来—』朝日選書, 1999, pp.219-228.

# 찾아가기

**▌저자약력▌**

## 최장근(崔長根)

1962년 경북 출생
대구대학교 일본어일본학과 졸업
일본 大東文化大學 국제관계학과 수학
일본 東京外國語大學 연구생과정 수료
일본 中央大學 법학연구과 정치학전공 석사과정졸업(법학석사)
일본 中央大學 법학연구과 정치학전공 박사과정졸업(법학박사)
서울대학교 국제대학원 연수연구원 역임
서울대학교 국제대학원 책임연구원 역임
동명대학교 교양학부 교수 역임
일본 中央大學 사회과학연구소 객원연구원
미국 머레이주립대학 방문교수
현재 대구대학교 일본어일본학과 교수
현재 대구대학교 독도영토학연구소 소장

**주요학회활동**
· 간도학회                · 독도학회
· (사)한국영토학회          · 한국일어일문학회
· 한국일본문화학회          · 대한일어일문학회
· 동아시아일본학회          · 한일민족문제학회
· 동북아시아문화학회        · 일본지역연구회
· 조선사연구회

**주요저서**
·『한중국경문제연구』백산자료원
·『왜곡의 역사와 한일관계』학사원
·『일본의 영토분쟁』백산자료원
·『간도 영토의 운명』백산자료원
·『독도의 영토학』대구대학교출판부
·『독도문제의 본질과 일본의 영토분쟁 정치학』제이앤씨
·『일본문화와 정치』(개정판) 학사원
·『일본의 독도·간도침략 구상』백산자료원
·『동아시아 영토분쟁의 패러다임』제이앤씨
·『일본의 독도 영유권 조작의 계보』제이앤씨
·『한국영토 독도의 '고유영토론'』제이앤씨
  그 외 다수의 공저와 연구논문이 있음.

대구대학교 독도영토학연구소총서 ⑥

# 일본 의회 의사록이 인정하는
# '다케시마'가 아닌 **한국영토 독도**

**초판인쇄** 2014년 2월 20일
**초판발행** 2014년 2월 28일

**저　　자** 최장근
**발 행 인** 윤석현
**발 행 처** 제이앤씨
**책임편집** 김선은
**등록번호** 제7-220호

**주소** 서울시 도봉구 창동 624-1 북한산 현대홈시티 102-1106
**전화** (02)992-3253(대)
**전송** (02)991-1285
**전자우편** jncbook@hanmail.net
**홈페이지** http://www.jncbms.co.kr

ⓒ 최장근, 2014. Printed in KOREA

ISBN 978-89-5668-902-9 93340　　　　**정가** 26,000원

본 저서는 경상북도 독도연구기관 통합협의체의 지원금으로 인쇄되었음.